リベルタス学術叢書 7

精神の現実性
──ヘーゲル研究──

ミヒャエル・クヴァンテ
後藤弘志【監訳】
桐原隆弘／硲智樹【訳】

凡 例

1. ヘーゲルの一次文献の出典を明示するに際しては、原著で用いられている以下の略号をそのまま使用した。
   - (ENZ) Enzyklopädie der philosophischen Wissenschaften im Grundrisse (1830)
   - (GW) Gesammelte Werke. In Verbindung mit der Deutschen Forschungsgemeinschaft herausgegeben von der Nordrhein Westfälischen Akademie der Wissenschaften, Hamburg 1968 ff. (批判版『ヘーゲル全集』)
   - (HE) Enzyklopädie der Philosophischen Wissenschaften im Grundrisse (erste Auflage Heidelberg 1817)
   - (MM) Werke. Herausgegeben von Eva Moldenhauer und Karl M. Michel als Werkausgabe in 20 Bänden, Frankfurt/M. 1986 ff.
   - (R) Grundlinien der Philosophie des Rechts oder Naturrecht und Staatswissenschaft im Grundrisse (1820)

   原著での引用は、批判版『ヘーゲル全集』に収められているかぎりは、この全集に従って行われ、該当巻数とページが挙げられている。さらにこれに、ズールカンプ版全集 (Werke in 20 Bänden mit Registerband - Gesamte Werkausgabe. Suhrkamp Verlag 1986) の該当巻数とページが併記されている。翻訳に際しては、主として岩波書店出版の『ヘーゲル全集』全20巻32冊 (1994-2001) を参照し、該当巻数とページ数を付した (例：GW 12, 17/MM 6, 253；全集8, 15)。

   パラグラフ構成になっている *Enzyklopädie der Philosophischen Wissenschaften im Grundrisse* と *Grundlinien der Philosophie des Rechts oder Naturrecht und Staatswissenschaft im Grundrisse* の出典は、原著に倣ってパラグラフ番号のみによって示し、邦訳の該当ページをかならずしも併記しなかった。また、これらの文献においてインデントを施して収録されているヘーゲルの Anmerkung および Randnotiz への言及に際しては、パラグラフ番号に A もしくは RN を付して示すという原著のルールをそのまま流用した (例：R§4RN)。

   岩波書店出版の『ヘーゲル全集』に収録されていない文献については、他に日本語訳がある場合、それを参照したうえ、該当ページを明記した。

   引用箇所の訳出に当たっては、訳語の統一、現代的表記への書き換えなどのために、表現に手を加えた場合があるが、一切の最終的な責任は、本書の訳者にある。

2. 二次文献については、巻末の文献表に邦訳の書誌情報を追記し、原著において特定ページへの言及がある場合は、邦訳の該当ページを付した。

3. 記号について
   イタリック→傍点
   »Natur« →「自然」
   〔　　〕：著者クヴァンテによる補足や強調、既存の邦訳中の補足は、その都度そのことを明記した。とくに断りがない限りは、本書の訳者による補足である。

目　次

日本語版序文　5
ロバート・ピピンによる序文　7

第1章　序　論 …………………………………………………………………………… 11

第Ⅰ部　形而上学とコモン・センスのあいだ

第2章　形而上学とコモン・センスのあいだ ……………………………………… 26
　第1節　客観性に対する思想の三つの立場　30
　第2節　理念の構造――自然と精神　40
　第3節　方法の問題？　47

第3章　治療としての思弁哲学？ ………………………………………………… 50
　第1節　哲学の立場　50
　第2節　治療的な哲学と構築的な哲学の諸形態　54
　第3節　治療としての思弁的な哲学？　58
　第4節　ヘーゲルの体系には出口がない？　65

第Ⅱ部　精神とその自然

第4章　観察する理性の批判 ……………………………………………………… 74
　第1節　『精神現象学』全体の議論展開における観察する理性の位置　75
　第2節　観察心理学およびヘーゲルの心的なものの構想　82
　第3節　人相術と頭蓋論　87
　第4節　観察する理性に関するヘーゲルの議論のアクチュアリティ　96

第5章　精神の措定および前提としての自然 …………………………………… 98
　第1節　誰にとって自然は精神の前提なのか？　100
　第2節　自然の真実態にして絶対的優先者としての精神　103

第6章　階層形成か措定か ………………………………………………………… 121
　第1節　階層形成モデルの特徴　122
　第2節　反省論理モデルの特徴　126
　第3節　保持し難い形而上学？　134

第Ⅲ部　精神の客観性

第7章　自己意識と個別化 ………………………………………………………… 138
　第1節　普遍性、特殊性、個別性　139
　第2節　定在にまで達した概念としての自己　142
　第3節　即自かつ対自的に自由な意志の論理的規定　146
　第4節　抽象的概念における即自かつ対自的に自由な意志　149

第8章　意志と人格性 ……………………………………………………………… 153
　第1節　抽象法への導入の構造　155

第2節　抽象法への導入の論理構造　*158*
第9章　行　為..*171*
　　第1節　科学主義的行為論に対する『精神現象学』におけるヘーゲルの批判　*172*
　　第2節　ヘーゲルの行為論：『法の哲学』第二部　道徳　*174*
　　第3節　現代の体系的文脈におけるヘーゲル行為論　*180*
第10章　責　任..*181*
　　第1節　方法論に関する前置き　*182*
　　第2節　責任の帰属というわれわれの実践に関するヘーゲルの分析　*184*
　　第3節　体系の観点から惹起される諸問題　*193*

第Ⅳ部　ヘーゲル精神哲学のアクチュアリティ

第11章　承認の文法..*200*
　　第1節　精神の概念　*203*
　　第2節　自己意識の概念　*205*
　　第3節　承認の純粋概念　*210*
第12章　個人、共同体、国家..*220*
　　第1節　現代の議論の基本構造　*222*
　　第2節　ヘーゲル社会哲学の基本原理としての意志　*229*
　　第3節　ヘーゲル社会哲学の利点　*240*
第13章　議論の余地のある人倫..*243*
　　第1節　プラグマティズムの中心的な特徴　*243*
　　第2節　親近性と障害：プラグマティストとしてのヘーゲル？　*246*
　　第3節　客観的精神の脆さ　*251*
　　第4節　プラグマティズム的な根拠づけ戦略としての
　　　　　「人倫における道徳性の止揚」　*256*
第14章　人格の自律..*261*
　　第1節　今日の哲学における人格の自律　*262*
　　第2節　人格の自律に関するヘーゲルの構想　*274*
　　第3節　ヘーゲルの構想の問題点　*284*
第15章　無際限の自律？　展望..*288*
　　第1節　自然、自然性、自由　*288*
　　第2節　個人の自己決定と社会的同一性　*292*
　　第3節　生命医療倫理学の方法としての全体論　*297*

　　訳　注　*300*
　　文献リスト　*301*
　　初出一覧　*307*
　　訳者あとがき　*309*
　　索　引　*313*

日本語版序文

　ヘーゲルの体系全体が最初に刊行された当時と、現代の読者であるわれわれとの間には、200年の隔たりがある。この時間的な隔たりは、われわれとヘーゲルの思索との間に横たわる歴史的および言語的なずれの克服という二重の困難を引き起こす。両者、すなわちヘーゲル哲学の語り口、そしてヘーゲルがその読者に自らの哲学を伝えるために使用したドイツ語は、われわれにとって大いなる挑戦状である。

　このことは、ヘーゲルの死後、同じドイツ語を母語として生まれ、ヘーゲルと歴史的背景を共有するわれわれとはまったく異なる出自を持つ読者の場合には、なおさらである。それゆえに私は、献身と忍耐と熱意とを持ってこのドイツ観念論の哲学者と取り組む日本の大学の同僚諸氏、学生諸君、研究者各位に対して、感嘆を禁じ得ない。ヘーゲル哲学の内にちりばめられた様々な洞察に肉薄しようとするその道のりがどれほど長く、その労苦がどれほど大きいものであるのか、私にはその程を傍から推し量ることしかできない。

　本書に取りまとめられたヘーゲル哲学に関する各論考は、ヘーゲルの思索が現代の哲学的諸問題に対して有している体系的な潜在的可能性の解明を意図して書かれたものである。古典的なドイツ哲学の伝統を分析哲学のアプローチと結び付けるという試みであるかぎりで、これらの論考は、それ自体が容易に咀嚼できるものではなかろう。私としては最大限の明晰さを目指したとは言え、それでもなお、私の考察対象と考察戦略のいずれもが、決して理解しやすいものでないことは承知している。

　それだけに私は、拙著の日本語版の出版という光栄なる機会を与えてくれた後藤弘志氏、桐原隆弘氏、硲智樹氏に対して、心からの謝意を申し述べたい。専門家としての能力を備え、自らの役割に徹することを知る翻訳者との共同作業は、すべての著者にとって何ものにも代えがたいものである。また、本書の訳者はいずれも一級の哲学者であり、ドイツ哲学とヘーゲルの著作についての深い造詣を持つことは証明済みである。このことは私にとって大いなる幸運と言うほかない。私は、後藤弘志氏、桐原隆弘氏、硲智樹氏がその徹底性と哲学的見識とをもって、拙著の日本語版を編集し、日本の読者が拙著に触れるためのハードルを引き下げてくれたことを誇りに思う。

もし本書の刊行によってドイツと日本の間の哲学的対話に新たな章を書き加えることができたとすれば、望外の喜びである。日本の読者にヘーゲル哲学の体系的なアクチュアリティを伝えることに本書がいささかなりとも貢献してくれることを期待しつつ。

2017年11月　ミュンスター市
ミヒャエル・クヴァンテ

ロバート・ピピンによる序文

　現代のヘーゲル研究は、カエサル支配下のガリアのように、三つの部分に分かれている。第一に挙げられるのは敬虔主義者の党派である。このグループを代表する人びとにとっては、解釈がテキストに依拠したものであることが最も重要な尺度とみなされる。実際の作業としては、それはパラフレーズを続けていくことになる。なぜなら、彼らが試みるのは、ヘーゲルが語ったことをもう一度語ることであり、その際、ある仕方でより明確に表現すること、だがそれにもかかわらずできるかぎりヘーゲルの定式化に近いままにとどまることであるからである。それゆえ、ヘーゲル独特の散文を完全に正しく評価するとされる。そして、望むらくは、数多くの新たな定式化によって物事をより明確にするパラフレーズが作られる。ヘーゲルは体系的な哲学者であったので、そしてまた彼の体系は多くの部分からなるので、このアプローチの支持者の重要な目標は、体系の個々の部分のあいだの正確な関係を明らかにすることにある。その場合「明らかにする」とは、たとえば「論理学」と「実在哲学」とのあいだの正確な関係についてヘーゲルがいろいろ問われたならヘーゲル自身が答えたであろうことを語るという試みを意味している。この問いに関心のある人びとにとってこれまでもっともやっかいな問題であり続けたのは、1807年の『精神現象学』とヘーゲルの体系のそれ以外の部分との難しい関係であった。他の重要な目標は、ヘーゲルの思想的発展の正確な歴史、とくに揺籃のイエナ期とその直後の関係を解明することにある。後のヘーゲルが「より保守的に」、そしてより宥和的になったのかどうかという問いはこのグループの本質的なテーマであり、最終的にはヘーゲルのテキストの、とりわけ講義テキストの信頼性への厳密な文献学的問いも同じく中心的なテーマである。その際、美学についての講義が注目されている。

　第二次世界大戦後、この第一のグループに属する研究者は感慨深い成果を獲得した。それにはヘーゲルの著作の新しい批判的な版〔＝アカデミー版ヘーゲル全集〕や上述の時期〔＝イエナ期とその直後〕についての多くの重要な注釈書や歴史的な論文が含まれる。しかしながら、哲学者たちは一方でなぜヘーゲルは特定の主張が当たっていると考えたのかを知りたいとも思っているし、他方、これが最も重要なことなのだが、ヘーゲルの主張が賛意を得られうるのかどうかを彼らは知りたいの

である。たとえば、われわれに理解可能なあらゆるものの根本構造は存在論理、本質論理、そして概念論理を要求するとなぜヘーゲルは確信していたのかと誰かがたずねて、そうした問いは、『論理学』の無前提だと称される始元へと立ち戻って、その著作の自己産出的な概念的構造が全体としてあとづけられることによってのみ答えられうるのだとそのひとに返答するなら、ほとんど何も明らかにされてはいない。ひとはヘーゲルの答えが繰り返されるのを望んでいるのではなく、むしろそれについての評価を望んでいるのである。この問いへの関心は解釈者の第二の学派の形成へと導いた。彼らは——自分の体系は全体としてのみ適切に理解されうるということをヘーゲルが繰り返し固持しているのに反して——今日の哲学的な議論に貢献することのできる立場と論拠をヘーゲルのもとに見いだしたいのである。この意図は納得できるものである。それゆえ、注釈者たちが試みるのは、体系全体から切り離されて考察されたヘーゲル哲学の一つの側面にその都度集中することである——それだけで取り上げられても哲学的な論拠として説得的なものであると彼らがみなす一つの側面へ。このグループにおいてはとくにヘーゲルの政治哲学や倫理的哲学への取り組みが非常に丹念になされているので、自由主義に対する彼の批判、契約論に対する彼の批判、"my station, my duties"（訳注1）の倫理に対する彼の擁護、あるいは、ヘーゲルの美術史についての価値ある研究が見いだされる。このグループのパルチザンは、とくに、これらのテーマとより論争的な思弁的なテーゼとのあいだには不可避の依存性があるというヘーゲルの理解を退けたいと思っている。

　ヘーゲルへのこの接近方法はとくに英語圏の哲学の内に確認できる。アメリカやイギリスの大きな研究機関において持続的に関心が持たれている最後のドイツの哲学者はカントである。ヘーゲルの思考を認識可能な現代の形式へともたらす「翻訳」の問題はかなり困難であることが明らかになった。このことが断片的で野心的ではない接近方法へと導いたのであるが、この接近方法は明らかに問題を伴っている。すなわち、やたらと現代の専門用語でヘーゲルの立場を「再構成」すること、彼の思弁哲学をあまりにも性急に拒絶することなどがそうで、すでに歴史的なヘーゲルとのつながりが失われ、それによって現代の選択肢の領野では手に入らないものを彼から学ぶというチャンスも同時に失われているのである。「テキストから自由な」解釈の危険が立ち上がる。

　ところで、今述べた二つのアプローチは、それらが必然的な仕方で相互に排除しあうかのように考えられてはならない。ひとは、典型的なヘーゲル流のやり方で、

二元性が止揚されうることを、そして、たしかにヘーゲルの論証の複雑な細かい点についてはきちんと伝えはするが、同時に、哲学的な明晰さ、分析、そして評価といった要求にも配慮した解釈が可能であることを望むだろう。さらに、時代錯誤に陥ることなく、現代の哲学的なテーマに由来する問いをヘーゲルに投げかけることが、つまり、歴史的なヘーゲルがいかなる立場をとるだろうかということではなくて（そのように神格化されたヘーゲル像は、いずれにせよ現代における問題設定を正当と認めることはないだろう）、むしろ歴史的なヘーゲルが事実として主張した見解を前提した上で、理想化されたヘーゲルがそうした別の新たな文脈において語るであろうことを突きとめることが可能であるかもしれない。

　この第三のアプローチの支持者は、テキストに依拠して丹念に研究する（ヘーゲルの対話の相手、彼の時代の文脈、発展史、テキストのヴァリエーションなどについてよく知っていることも含む）という前提条件を厳格に受け入れ、ヘーゲルを彼固有の体系的な野心という光のうちで解釈するという課題を引き受ける。それにもかかわらず同時にこのアプローチの支持者は、ヘーゲルの著作のうちには現代でも哲学的な価値を有するものがたくさんあるということに賛成する。それらは、今述べたような義務を引き受けた上でもなお、言及され、評価されるべきものである。おおよそここ60年間のうちにはこのアプローチの感銘深い一連の例があった。けれども、その仕事の明晰さ、深さ、学問的な慎重さ、そして哲学的に感銘深い成果という点で、ミヒャエル・クヴァンテがここ20年間で提示した仕事を凌駕しているものはそのなかにはない。

　クヴァンテは多くの著作を出版している世才に長けた道徳哲学者であり、政治哲学者である。さらに彼はマルクス研究者としてもかなりの功績をあげている。なかでも、1993年に公刊され、多くの影響を与え、非常に議論された彼の著作『ヘーゲルの行為概念』（*Hegels Begriff der Handlung*. 2004年には英訳も出版）（訳注2）は、ヘーゲルについての彼のこれまでのもっとも重要な仕事である。この著作はヘーゲル研究者の第三のグループのアプローチとして先に挙げられたアプローチの理想的な例である。

　クヴァンテはヘーゲルの最も野心的な哲学的関心事の意義を熟知しており、彼の仕事は慎重な研究の模範を示している。彼は、今日では「行為論」として知られている専門領域の中心的な問いとつながりうる仕方でヘーゲルを解釈するという必要に敏感であるところを示した。同様に、ヘーゲルのアプローチをこうした最近の論

争のいくつかの次元へと単純には組み込めないこと、それどころかそれに対する批判ともなりうることについても承知していた。自由、意志、規範性の本性と地位、そしてまた行為の論理的構造に関するヘーゲルの立場への関心と同じく、英語圏でヘーゲルの「心の哲学」とみなされているものへの関心が増大したが——その際、クヴァンテの著作はこの新しい議論において十分に認められて、その重要な一部となっている。

本書の各章は、精神性と行為についてのヘーゲルの構想への著者の関心を継続し、かつヘーゲルの最も感銘深く最も難しいテーマを包括するほどにまでそれを拡大している（思弁哲学の本質、自然 - 精神 - 関係、自由についてのヘーゲルの概念、意志そしてまた責任や個体性についてのヘーゲルの構想）。そして、それらは倫理学や政治哲学の最も重要な問題のうちのいくつかにとって、ヘーゲルへの取り組みがもたらす結果を有効なものにしている。

以上のことから、総じてこの著作は現代のヘーゲル研究の最良のものを代表しており、すべての章はとりわけ次の事柄を明確にしているのである。すなわち、哲学における最も重要な現代の問題、つまり人間的自由の本質とその意義が問題である場合、クヴァンテのヘーゲルが重要な役割を演じるのにふさわしいということを。[1]

　　　　　　　　　　　　　　　　　　　　ロバート・ピピン　シカゴ大学

（1）翻訳はダーフィット・シュヴァイカルトによる。

第1章
序　論

　ここ数十年間における政治哲学や社会哲学の議論を決定的に形作っていたのは個人主義（自由主義）と共同体主義との対立であった。個人主義は近代において優勢な政治哲学であり社会哲学である。その核心をなしているのは、存在論的な観点においても評価的な観点においても合理的主体としての個々人に優位性が与えられねばならないというテーゼである。この考え方によれば、社会的な諸制度の価値は、合理的主体が掲げる倫理的に受け入れ可能な要求から引き出される。個人主義においては個々人もしくは個々人の行為へ還元できない実在を社会的構築物が有しているとは認められないように、これらの個々人の利害関心や必要を満たすことを超える価値を社会的構築物が有しているとは認められない。共同体主義を主張する人々は、ここ三十年のあいだ、個人主義に対立する立場を展開するよう試みてきた。共同体主義は、ただ私的な幸福を追求するだけの「アトム化された」諸個人と社会的あるいは政治的構築物とのあいだでますます広がる疎外から出発することで、社会的な諸制度が有する存在論的な固有性を強調し、またこの社会的な諸制度には固有の倫理的価値があることを認める。それゆえ、個人主義の場合とは異なり、社会的構築物は諸個人の利害関心を満たすための単なる道具でもなければ、存在論的に個々人あるいは個々人の行為へ還元可能でもない——これには、還元不可能性を想定する相対的に弱いテーゼから、個々人に対する社会的構築物（たとえば、家族、信仰共同体あるいは国家）の評価的な優位を主張する強いテーゼに至るまでの様々な立場がある。

　この最前線とそこで展開されているあれかこれかの選択肢によって、現在の哲学は二百年以上も前にヘーゲルもまた彼の実践哲学において解決しようとしたのと同じ問いと問題に直面している。彼の実践哲学全体の中心目標は、宗教、倫理的な伝統そして社会的実在性からの諸個人の疎外を哲学的な道具でもって理解し、社会的な諸制度についての適切な理論によってこれを取り除くことである。彼の哲学体系が総じて関心を寄せている事柄は、理論的また実践的な領域において要求されてい

る知の根拠づけ可能性に対する日常的な懐疑と哲学的な懐疑を克服することである。そのためには、そしてこれがヘーゲルの根本的想定なのだが、近代において社会生活においても哲学においても対立関係へと固定化された二元論を克服しなければならない。これは社会哲学や政治哲学にとっては、現存するあるいは発展しつつある社会的な諸制度の理性性を哲学的な道具によって洞察することを意味している。さらにそれは個々人の利害関心と人倫的共同体とのあいだにある廃棄できない緊張関係を哲学的に分析し、また、そこから生じる規範的な緊張とコンフリクトを理解し解消することを要求する。

したがって、実践哲学の領域におけるヘーゲルの思考を特徴づけている問題設定によって、現在の政治哲学や社会哲学もまた特徴づけられうる。さらに、自由主義的あるいは個人主義的な伝統に属している著述家のうち、哲学史の中心人物たち（たとえばホッブズ、ロックあるいはカント）も、現在の議論にとってそうであるように、ヘーゲルにとっても立脚点を提供する。実践哲学において現在の多くの共同体主義者（たとえばアラスディア・マッキンタイア）にとってもそうであり、それに先立つヘーゲルにとっても決定的な模範であったアリストテレスにも同様のことが当てはまる。倫理学についてのアリストテレスの構想を近代の社会的な条件に合うような仕方で展開すること、ヘーゲルの実践哲学の目標は疑いなくこのように定式化されうる。少し大げさに定式化するとすれば、彼が『法の哲学』において具体的に論述したところのヘーゲルの円熟した実践哲学は、アリストテレスをカントおよびルソーと媒介するという、つまり「ポリスを形成する動物 zoon politikon」としての人間というアリストテレスのテーゼを近代の自律の構想と結び付けるという試みを示しているのである。

また、ヘーゲルが三十年間にわたって彼の法哲学を展開した歴史的背景に少し目を向けるならば、現在の状況とのさらなる平行関係が見えてくる。啓蒙は、自然科学の意義を増大させるとともに、世俗化を進める力を伴っている。現実についての近代的な説明と宗教的な世界観とのあいだの、世俗化によって引き起こされる衝突は今日まで続いている。同時に、資本主義的市場経済が発展し始め、それ以外の生産形態に対するその経済的機能の強さを証明している。この発展の進行において政治的な重点が移動し、商品交換社会に直接関わる生活領域が変化する。最後にこれらのプロセスは政治的な支配の構造と正統性に影響を与える。後戻りできない遺産とともに失敗に終わったフランス革命は、当時の人々にとって中心的な歴史的かつ

政治的な経験であった。ヘーゲルは彼の実践哲学の枠組みにおいてこの経験を理解し評価することを試みたのである。

　これらのプロセスは相互に絡み合いながら、ヘーゲルが生きていた時代にはもうすでに、社会的な局面で生活形態のアトム化へ、政治的支配のための根拠づけ形態の必然的世俗化へ、そしてまた個々人の自律という観念が中心的な規範的主導理念になることへと導いた。これらすべてのプロセスは、それらの根本傾向においてもそれらの内在的な緊張関係においても、また様々な社会的な分裂を伴っているという点においても今日まで続いている(1)。それゆえヘーゲルの実践哲学がいまでもなおアクチュアルであるということはなんら驚くことではない。彼はそこにおいてこれらの諸経験を自分なりに消化し、近代社会における複雑な状況のために、哲学的に適切な構造を展開するという試みを企図したからである。

　本書の関心事は何と言ってもまずはヘーゲルの精神の哲学を現在の中心的な問いにとって実り豊かなものにするという点にある。そのためには、個々の章において、大抵はヘーゲルのテキストへの詳細で集中的な取り組みに支えられた一貫した解釈に基づき、ヘーゲルの体系的な構想を現在の哲学的な立場と対話させるという試みが企てられる。今日における哲学の主流にとってヘーゲルの思考は、彼の断固たる反科学主義（これは自然科学それ自体の拒絶を含むものではない）と同じく、哲学的懐疑主義（デカルトの主観性理論に対する批判と、精神〔心〕の哲学における二元論的な構想に対する批判とを含む）に対する一貫した拒絶のゆえに、常軌を逸した不可解な要塞か、あるいは、哲学的な刺激として受け止められる。本書に集められている、ヘーゲルの精神の哲学の中心的な観点についての研究が目指しているのは、後者、すなわち彼の思考の魅力的な特徴を際立たせることである。

　私の考えによれば、この魅力というのはプラグマティズムに対するヘーゲルの哲学の本質的な近さにある。この近さは彼の構想の三つの特徴の中に確認されうる。第一に、哲学の問いや方法を自然科学の理論を手本にして構築することに対するヘーゲルの拒絶。第二に、心的な出来事を自律の承認や責任の帰属という社会的実践へと位置づける、精神の社会外在主義的な構想。そして第三に、ヘーゲルの反懐疑主義の特殊な形態であり、これは哲学的な根拠づけを最終的に根拠づけられた個々の原理に基づかせるのではなく、むしろ体系全体の整合性によって確かなもの

（1）これに関する詳細な論述は Quante/Schweikard (2010) を参照せよ。

とするよう試みる。これによってヘーゲルは、後述するように、それらを外部からあらかじめ与えられた原理へ還元する必要もなく、われわれの様々な議論の実践や認識論的なプロジェクトをその多元性と内在的な文法において真剣に受け止めることができるのである。

　たしかに、こうしたヘーゲル解釈は多くの読者にとってさしあたり魅力的かもしれないが、同時に二つの困難と闘わなければならないということを私は承知している。一方で、そのような解釈は、別の仕方で解釈することも正当性を持ちうるようなヘーゲルの哲学における緊張と曖昧さを、一つの方向へ解消するということに部分的には基づいている。このことはここで提示されている解釈が、それ自体としてはたとえ納得しうる、また体系的な観点で多くの成果を約束する解釈であるということを主張するとしても、唯一の正しい解釈であるとは主張することができないということである。他方で、ヘーゲルの著作は扱いにくく、それに詳細に取り組む準備ができている者だけにその哲学的洞察が開示される。まさにここで提示される解釈のうちのいくつかのものは標準的なものからは逸脱しているので、私の考えでは、それらはとりわけテキストに依拠した詳細な解釈によって擁護されねばならない。以下の章では、ヘーゲルのテキストに対する部分的には苦労の多い接近と取り組みが一貫して行われる予定だが、ここではただ導入として、ヘーゲルの精神の哲学の魅力的でアクチュアルな特徴であると私が考えていることについて、さしあたり簡単に素描することを試みたい。

　(a) ヘーゲルの哲学体系は、現実の持つ理性性は一つの実体が内在的に自己を差異化し規定して、主体としての性格を実在化し認識するプロセスとしてのみ理解されうるという形而上学的な前提から出発する。それゆえヘーゲルの思考は第一に包括的な全体論によって特徴づけられる。というのも、すべてのカテゴリー（そしてそれとともにあらゆる現象）はこのプロセスにおけるその位置づけによってその意味が確定されるからである。第二に、ヘーゲルは思考と認識されるべき対象（あるいは図式と内容）との分離をいかなるヴァリエーションにおいても受け入れない。それゆえ彼の方法は整合主義によって特徴づけられる。なぜなら、真理はこの一つのプロセスのうちであらゆるカテゴリーや現象が適合し合っていることにあるからである。ここで述べられた二つの方法論的な側面は、三つの内容的なポイントと密接に絡み合っている。第一に、ヘーゲルの哲学はラディカルに一元論的である。つまり、存在論的な観点においてはただ一つの実体（絶対的なもの、あるいは

理念）のみが存在し、方法論的な観点においては絶対的な主体性というただ一つの原理（自己認識と自己実在化の原理）のみがあるにすぎない。第二に、ヘーゲルは一貫した合理主義を主張する。この合理主義は現実が原理的に認識可能であり理性的であるということから出発するのだが、これは心理主義的な mentalistisch 存在論という意味で誤って理解されてはならず、むしろ命題的な構造を持つ存在論として把握されねばならない。しかも、この命題的な構造は静的なものとみなされるのではなく、むしろ——カントやフィヒテの主観性哲学とのつながりにおいて——プロセスとして、そして部分的には社会的な実践として構想されているのである。第三に、これらの二つのポイントは本質主義的で目的論的な存在論へ組み込まれている。ヘーゲルは、たとえば空間時間的な個物や出来事や現象の実在について異を唱えることはないが、哲学的認識に対してはこれらの実在の理性性を、したがってそれらの現実性を証明するよう要求する。そのためには二つの歩みが必要となる。第一の局面では、個々の存在者がその特殊的概念に適合しているのかどうか、つまり、その特殊的概念（たとえば動物、国家あるいは芸術作品であること）の「真の」顕現 Manifestation であるのかどうかが問われねばならない。続いて、第二の局面では、それぞれの本質 Essenz は絶対的な実体の展開プロセスのうちへと組み込まれねばならず、そしてまた必然的で同時にその特殊的位置によって規定された概念として証明されねばならない。これによって有限な事物は、その本質が規定された概念のうちにあるがゆえに、その目標を完全に達成し、同時に、まさにその点においてその不完全性（あるいは有限性）を示しうるのである。それゆえヘーゲルが彼の哲学的存在論においてより現実的あるいはより高次の存在者について語るとき、彼はそれによって下位にある存在者の実在について異を唱えているのではなく、むしろそれらが哲学的なものさしから見てより下位の段階にあることを言い表しているのである。哲学的な尺度は、ヘーゲルの場合、存在者が、主体性の構造を展開する絶対的なものの契機として理解されるという点にある。この自己規定的なプロセスおよび自己産出的なプロセスの目標は、そのうちで主体性の根本構造が顕現し、同時に表現〔表出〕repräsentieren される諸契機および諸部分を産出することである。

　(b) ヘーゲルの体系全体の根本原理としての主体性がたどる展開は、その主要な諸段階それ自体もさらに規定された原理によって形成されている。そしてこのさらに規定された原理自体が、個々の体系部分の「地域的な」根本原理として機能する。そうした地域的な原理は、体系における先行する諸段階で生じたカテゴリー的展開

の帰結である。同時に、ヘーゲルによれば、規定された対象領域は、それに応じた根本原理の開陳Explikationと具体的展開によって適切な仕方で哲学的に理解されうるのである。

　ヘーゲルの実践哲学の根本原理は「自由な意志」であり、これは「主観的精神」という体系部分の最後に「理論的精神と実践的精神との統一」（ENZ§481；全集3, 412）として生じたものである。自由な意志がこのような仕方で生じたということは、とりわけ以下の事柄を意味している。つまり、ヘーゲルの場合、意志は、思考が内容的にさらに規定された形式として、したがってまた認識の形式としても理解されているということである。ヘーゲルが『法の哲学』の第四節に対する彼自身による欄外注記で注意しているように、理論的なものと実践的なものは「そもそも二つの能力ではなく」（R§4RN）、むしろ、意志はヘーゲルが「実践的表象」と呼ぶところの命題的態度からなるのである。このことはヘーゲルの実践哲学にとっては二重の点で決定的に重要である。一方では、それによって社会的実在性の根本構造はその本質において理性的であるということが言われている。なぜなら、それは理性的な意志の顕現であるからである。他方では、ヘーゲルは実践哲学におけるこの基盤に基づいて、認知主義的な立場を主張することができる。倫理的要求が表現されるところの言明は命題的な構造を持った意志の外的表出であり、それゆえに根拠づけ可能ないし真である。「法 Recht」ということでヘーゲルが理解しているのはそうした正当な権限を与えられた要求一般なのである。それゆえ彼の法〔正しさ〕の哲学 Rechtsphilosophie は実践哲学全体をも包括しており、狭い意味での権利の哲学 Philosophie des Rechts へは制限されていないのである。

　彼は『法の哲学』の緒論を意志についての彼の構想を具体的に展開するために用いているのだが、このことによって自由な意志は実践哲学の根本原理であるというヘーゲルのテーゼが強調されている。簡潔な仕方でそこでは以下のように定式化されている。

　　法の基盤は一般的にいって精神的なものであり、法のより正確な場所と出発点は自由なものである意志である。したがって、自由が法の実体と規定とをなすのであって、法体系は現実化された自由の王国であり、第二の自然として、精神自身から生みだされた精神の世界である。（R§4；全集9a, 36）

自由な意志は法の根本原理（「基礎」）であるということがはっきりと述べられてい

ることのほか、ここでヘーゲルの実践哲学にとって根本的な二つの事柄が述べられていることがわかる。第一に、「自由」は意志の「実体と規定」としてみなされねばならないということが語られている。そして第二に、ヘーゲルは「法体系」を「現実化された自由の王国」として特徴づけている。

　第一の言明でもってヘーゲルは以下のようなテーゼを立てている。すなわち、「自由」は意志の概念に分析的に属しており、それゆえに「意志の概念ないしは実体性をなし、意志の重さをなすのは、重さが物体の実体性をなすのと同様である」(R§7；全集9a, 45)。自由であることが意志の本質、その特殊的概念であって、したがってまた意志に対して地域的な根本原理としてのその固有性を与える。こうしてそれはその存在論的な機能を果たすことができるのである。同時に、本質的な特徴としての自由は、意志が現実化しなければならないその「規定」(R§4；全集9a, 36)でもある。こうした規範的な含意のゆえに意志の概念は、ヘーゲルから見れば、実在する社会的構築物、倫理的要求、行為あるいは規範を評価するための基準として用いられうるのである。

　第二の言明によってヘーゲルはあるテーゼを定式化しているのだが、このテーゼは一方では彼の一般的な形而上学に由来し、他方では彼の実践哲学の中心的な特殊性をも表現している。意志の概念はその内在的構造ゆえに哲学的に最も要求の多いかつ最も価値のある概念の一つである。なぜならそこにおいては主観と客観、思考と精神との対立の克服が、前もって思考され意欲された現実性の能動的産出として考えられているからである。ヘーゲルによれば、絶対的なものに本質的な特徴として帰属していなければならない理性的な自己規定の能動的側面が意志のうちで表現されている。したがって意志はいまだなお理念（絶対的なものの完全かつ最高の構造としての）――理念は意志のうちでのみ「現象する」(ENZ§482；全集3, 413)――の適切な実在化ではないとしても、意志はその概念構造からして理念の形式なのである。なぜなら意志は客観的精神として、それによって外的に見いだされる世界のうちで自分に「現実性」(同上)を与えなければならないからである。これは、自分に相応しい現実性を能動的に創りだすということが意志の概念に属しているということを意味している。自己現実化へのこの傾向の成果が、これが実践哲学にとって特有なヘーゲルのテーゼなのだが、最も広い意味での法体系のあらゆる形式と構成部分、つまり、最終的には、社会的世界のあらゆる根本的要素なのである。ヘーゲルはそれを「第二の自然」(R§4；全集9a, 36)と特徴づける。というのも、それは言

わば意志の本質から生じる自然な諸規定でもあり、また、個人の明確な決定によって生み出されたのではない自然的な先与条件でもありうるからである。このように述べるヘーゲルの意図は、彼から見れば誤っている想定を退けることにある。つまり、社会的制度は、それが理性的かつ規範的に拘束力を持って妥当しうるためには、個々の主体の合理的な意思決定へと還元されねばならないという想定である（それゆえ彼は社会的あるいは政治的制度を契約論的な仕方で正当化することをはっきり批判する。たとえばR§75を参照）。同時に、意志それ自身の内容的な規定がこの自己現実化のうちで起こる。これは以下のように考えるのが最もよい。人間は、意志の自由を適切に顕現し表現するところの社会的な法体系を展開する試みにおいて様々な諸制度の成功と失敗を経験するのだが、この経験自体が自由な意志の概念の実質に属している、というように。

したがって、ヘーゲルの実践哲学にとって中心的なのは、意志の自由が法体系において——包括的な社会秩序という意味で——現実化するということである。それゆえ意志は存在論的な意味で、「理性的な」実践哲学のうちに位置づけられている各々の社会的な諸制度の「実体」として規定されている。同時に、自由としてのこの意志の「規定」は様々な実在化形態や顕現形態を評価するための規範的な尺度でもある。では、「自由」ということでヘーゲルは何を理解しているのであろうか。

哲学において自由な意志が語られる場合、われわれの倫理的な自己理解にとって必然的な自由が決定論と統合できるのかできないのかが通常は問われる。両立論者が自由と決定論の統合の可能性を擁護し、それに対して非両立論者が両者の統合不可能性を証明しようと試みるこの対決のコンテクストにおいては、行為の自由と意志の自由が区別される。前者は主体が意志するものを行為によって実現する能力である。意志の自由ということで理解されているのは、この能力に加えて、主体が自分自身にある一定の意志内容を与えることのできる能力である。通常、後者の自由の形式は、決定の自由、選択の自由あるいは恣意の自由として特徴づけられる——決定論と調和可能か否かが問題になっているのは自由のこの形式である。

それゆえ、ヘーゲルが自由な意志について語る場合、彼はこの理論的枠組みのなかでその論述を行っていることが期待される。だが、読者のこの期待は二重の観点で外れることになる。第一に、そもそもヘーゲルは自由と決定論の統合可能性という古典的な問題には興味がなく、そして第二に、彼の意志論は選択の自由あるいは恣意の自由に対する鋭い批判を含んでいる一方で、古典的な仕方で両立論者のも

とに見いだされるような自由概念をヘーゲルは擁護しているわけでもないと思われる。それゆえ、自由な意志についてのヘーゲルの理論を両立論あるいは非両立論という古典的な枠組みに組み込むことは難しい（哲学上のこの論争への言及は『法の哲学』においてはただ一カ所（R§15）だけに見いだされる）。ヘーゲルが古典的な問題設定を無視するのは、その根底にある二つの前提を受け入れないからである。一方で、彼は因果による説明方式よりも目的による説明方式の方をより基礎的であるとみなしている。行為論的な概念を用いた説明方式もまたこの目的による説明方式に含まれる。このことは、彼が『論理学』においてそれを示すことを要請しているように、因果性のカテゴリーは目的のカテゴリーを前提するということと関わっている。他方で、行為者の決定が本当の因果的な原因（動力因 causa efficiens のモデルに従って）として解釈されるような、選択の自由や恣意の自由という意味での自由概念が必要であるということをヘーゲルは受け入れない。彼にとって自由とは因果連鎖それ自体を起動することができるという点にあるのではない。選択の自由や恣意の自由に対するヘーゲルの批判（R§5および§6）に見られるように、意志がその理性的な内容を、社会的制度とそこにおいて承認された主体の要求という形式において、つまり規範的に構造化された社会的世界として産出するという点に自由の決定的な契機が見いだされねばならない。選択の自由というモデルにおいては、自由な主体は選択されるべきオプションの一群を前にして、そこから自由な決定に従って選択することができるというように想定されている。それについてヘーゲルは二つの欠陥を批判する。一方では、あらゆる内容は選択されるべきオプションの側にあって、もはや決定それ自体を拘束するようないかなる内容もない。結果、このような仕方で危険な形式主義や主観主義が倫理学の基盤となってしまうであろう。他方で、現存する内容（たとえば、社会において受け入れられている規範、規則あるいは要求）はその妥当要求に関して価値が引き下げられる。なぜなら、それは主体の決定によってはじめてその規範的な拘束性を獲得することができるからである（そうでなければ主体はそれらに対して自由ではない）。ヘーゲルが決定論に対して与える同意（R§15）はこの点、つまり決定論によって、恣意的な決定という形式的な自由に反対して、あらかじめ与えられた内容が、決定力も持つ条件として議論へと引き入れられるという点に関わっている。だが、ヘーゲルがこの議論に対して与える特有な言い回しが示しているのは、ここで彼は因果的な規定ではなく、むしろ社会的な世界において確立されている規範的な規則という形式における理性

的な枠組み条件について考えているということである。ヘーゲルの考え方は次のように理解されうるであろう。主体はつねに、あらかじめ理性的かつ規範的に構造化された世界という枠組みの中で、つまり理由と正当化された要求という社会的空間の中で決定するのである。すなわち、主体はあらかじめ与えられた慣習、期待そして社会的な制度に関わるのであり、これらは主体の自由の制限としてではなく、むしろ個人の自律を具体的に展開するための必然的なコンテクストとして理解されるべきである。ヘーゲルは客観的精神についての彼の理論において、社会的な世界は自分自身に自律的に内容を与える自由な意志の構造に従って理解されうる（し、されねばならない）ということを示そうと試みている。したがって、個々の主体が、社会の中で直面する規範的な要求に関わる場合、本質的に疎遠な実在性に関わるのではない。むしろ、社会的なものは、自らが与えた自律的な規則と理由からなる意志の構造に従って組織化された空間であり、こうした規則と理由のうちで主体は、正当化された要求が諸主体によって承認されることを通じて、個人としての自由を実在化することができるのである。

　さらに、ヘーゲルの本質主義的で目的論的な存在論の枠組みにおいては社会的な諸制度（たとえば家族や国家）に存在論的な優位性が与えられる。なぜなら、それらは概念としての意志のより高次の実在化形態を示しているからである。これは、そうした社会的な諸制度において、それ自体がすでに意志の顕現であるところの個人的な主体は社会的な諸関係の中に置かれており、また、この諸関係自体も概念としての意志の構造を実在化している、ということによる。それによって、社会的な諸制度は、それら自身のみならず、それらを構成している構成部分もまた意志概念の実在化形態、つまり自由な主体であるという、ヘーゲルによって要求された条件を満たすことになる。社会的な諸制度を欠いては自律を具体的に展開することや主張することができないという個人の依存性は、ヘーゲルから見れば、社会的な諸制度が持つ存在論的な優位性と同時に、個々人を生存させるというその能力を十分に表しているのである。これをまとめるなら、たしかに社会的な諸制度はヘーゲルにとって自由な主体から独立に実在するのではなく、むしろその構成員の規範的な自己理解の内部でのみその実在性を有する（ヘーゲルの場合、個人を超越して実在する思考し意欲する「メガ主体」は存在しない）。だが、それらには個人に比べて一層高次の哲学的なステータスがある。というのも、それらは絶対的な主体性の構造のより適切な顕現であるからである。

以上をまとめれば、次の三つのメルクマールによってヘーゲルの自由概念は特徴づけられる。（ⅰ）自由の本質は、理性的な理由に従って自分自身で自分に規範的な規則を与えることができるという点にある。同時にこの規則は意志の概念的構造の適切な顕現である。（ⅱ）その場合、自由は社会的な現象一般の根本構造として理解されねばならず、個々の主体の決定が持つ質へと還元されてはならない。（ⅲ）自律的な主体と社会的な現実性との二元論を克服して、それらとは別の選択可能なモデルを打ち立てねばならない。このモデルにおいては、一方で、個人の生活遂行を可能にすることが社会的な諸制度に内在する目標として証明される。他方で、個々の主体の理性的で自律的な生活遂行は、理性的な社会においては正当なものとしてある要求や規範を、自由な主体としての個々人自身の本質の充足として認識し承認するという点にあるということが示される。

　では、社会哲学のこうした意志論的な基礎づけは、ヘーゲルの実践哲学における社会的な制度と個人の自由の関係の規定にとって何を果たすのであろうか。

　第一に、個人の意志と普遍的な意志との根底にあるとされた構造的な同一性は、個人の自由と人倫的な共同体との関係を、頭から決めつけて、疎外関係、道具的理性の関係あるいは一貫した不信の関係として描く必要がなくなる。個人が自分の共同体（たとえば家族や国家）と、信頼と忠誠という基本的姿勢において自己同一化することができるということが、ヘーゲルにとって、共同体が機能するための必要条件なのである。この肯定的な根本心情を社会が生みだすことができないとすれば、これは、ヘーゲルにとって、個人の自律的でよき生活を可能にするというその哲学的課題を社会が果たしていないということの指標なのである。したがってまた、この社会構造の欠陥を突きとめ、必要な場合にはそれを修正することは許容されるし、哲学的に要求されているのである。

　第二に、個人が国家の犠牲になることはありえないということが、自律的な諸個人と社会的な諸制度との存在論的な相互依存的関係から帰結する（ただし、ヘーゲルは国家の存在論的な優位性より高次のステータスから、個人は国家を守る責務を負うことがありうるということを引き出す）。だが同時に、国家を個人の自己実現や利害関心を実現するための道具へと還元することもやはりできない。これは、ヘーゲルから見れば、契約論的な正統化理論において生じていることである。むしろ、国家のうちで、また、国家の能動的な市民としてその自由を実現することが自律的な主体の本質に属しているのである。

ヘーゲルの社会哲学において強調されるべき第三の観点は、その還元不可能な規範性のうちにある。社会的構築物の存在論が理解されるのは、社会的世界の構造が要求、規範そして規則として理解される場合のみであり、これらの要求、規範そして規則の妥当性は哲学的な根拠づけによって証明されうるのである。そうした規範的な記述言語を放棄して行われる社会的構築物の再構成は――少なくともヘーゲルから見れば――社会的な制度の本質を捉えることができない。そして、自由な主体の生存と自律的な生活遂行のための空間を作ることが社会的構築物の本質に属しているがゆえに、ヘーゲルの社会哲学はその基盤からして、そこでは個人が、神格化された国家の犠牲になるという非難に曝されることはない。ただし、個人の自由と人倫的な共同体との関係は具体的に――制度、要求の承認あるいはまた法律によって――どのような仕方で形作られているのかという問いは、変化する歴史的条件というコンテクストのうちでつねに新たに答えられねばならない。ここには、それどころかすでにヘーゲルの理論枠組みの内部にも、理性的な社会的世界における自律的な生活の新たな――そしてヘーゲルを超え出ていくような――構想のための、十分すぎるほどの余地がある。

　(c) ヘーゲルが『論理学』において示そうと試みているのは、主観性〔主体性〕は諸カテゴリーのネットワークであって、これらの諸カテゴリーは相互に産出し合いながら、完全な、他の選択肢を持たない、それゆえに最終的に根拠づけられた一体系へと組み立てられるということである。これによってヘーゲルは、純粋な自己意識から普遍的に妥当する思考の根本カテゴリーを展開するというカントの要求とフィヒテのプログラムを引き継いでいる。それと同時に彼は決定的な仕方で両者を超え出ていく。なぜなら、ヘーゲルはその論理学を同時に存在論として営んでいるからである。これは、そのような仕方で獲得されるカテゴリーは単に思考の規定であるのみならず、むしろ同時に実在性が持つ思考可能な構造――ここでヘーゲルは理性を持ち出す――それ自体をもなしているからである。われわれは思考においてその構造においては把握されえない認識不可能な物自体に関わるという想定に代わって、ヘーゲルの場合、認識する主体と認識されるべき客体とのあいだには構造的な同一性があるというテーゼが登場する。カテゴリーが相互に展開する展開プロセスは根底に置かれた統一であって、ここから精神と世界、認識する主体と認識されるべき実在性という対立が生み出されるのである。同時に、この展開プロセスは自己差異化と自己展開と自己規定という自己関係的な、純粋に内在的に進行するプ

ロセスである。というのも、ヘーゲルが「絶対的なもの」とも呼んでいるこの一つの実体は、それから区別されるものを自己に対峙するものとして持っておらず、むしろあらゆる区別を自己自身から産出するからである。自己関係的なプロセスにおいて自己を差異化し、そこにおいて自分自身の本質を実在化するという、実体のこうした本質的なあり方は全展開の目標であり、あらゆる実在性一般の根本構造である。ヘーゲルにとって実在性は、それが理性的であるかぎりで、つまり、この一つの自己規定プロセスの顕現として理解されうるかぎりで、「現実的」である。これを証明することが哲学の課題であり、哲学はそれ自身このプロセスの構造を哲学の体系性において表現しなければならず、それによってそのような仕方で獲得された（ヘーゲルの）体系は同時に絶対的な実体の適切な自己認識として、それゆえまたその展開の目標として理解できるのである。この展開プロセスと自己認識プロセスはヘーゲルによって単に認知的な出来事として記述されるのみならず、ヘーゲルの見解によれば、社会的な制度や芸術、宗教そして哲学の歴史的な変化を解釈するための鍵でもある。

　本書は四部に分かれており、その各部を通して、精神についてのヘーゲルの構想のアクチュアルで魅力的な側面に次第に接近していくことを試みる。ヘーゲルが彼の哲学体系によって哲学の根拠づけ要求を定式化しており、哲学的な議論がなしうることにかなりの信頼を置いているということは争いえない。今日われわれはもはやこの信頼を共有したいともできるとも思っていない。第1部の各章の目的は、われわれはヘーゲル哲学のこの形而上学的な特徴を、もしわれわれが彼の議論を「実際の価値以下」に見積もって退けたいとか、中心的な観点を度外視することで、何の証明もなしに見慣れぬものにしてしまいたいと思わないのであれば、真剣に受け止めなければならないということを証明することにある。しかしまた同時に、われわれはヘーゲルの体系が設定した形而上学的な枠組みの内部でそのプラグマティズム的洞察を発掘し、体系的観点において生産的にそれ〔プラグマティズム的洞察〕を足場とすることができるということ、そしてそれがいかなる仕方で可能かということも示したい。続いて第2部の各章では、『精神現象学』および『哲学的諸学のエンチクロペディー綱要』を取り上げて、精神についての科学主義的な哲学に対するヘーゲルの批判と、自然と精神の関係についての彼の反省論理的な規定を具体的に論述する。第3部の四つの章は主にヘーゲルの『法の哲学』に取り組み、彼の実践哲学全体を組織している意志の理論について論述する。その際、ヘーゲルの構想が

含む主体性理論という側面や、行為や道徳的責任の帰属というわれわれの社会的実践についての彼の解釈を叙述して、客観的精神についての彼の理論の帰属主義的で社会外在主義的な根本特徴を解明する。続いて第4部の各章では、ヘーゲルの承認論や人格の自律について論じる。これらは現在のプラグマティズム的な実践哲学に重要な貢献を果たしうるものである。

　本書の各章は私がここ十五年間で刊行した論考をさらに発展させたものである。そのうち第十二章に関しては、下敷きとなっている元の論文は共同で執筆したものである。ダーフィト・シュヴァイカルトには私が本書のためにわれわれが共同執筆したテキストを用いることを許可してくれたことに対し感謝する。

　この間、私はヘーゲルや彼の哲学に対する私の解釈について友人や同僚と議論をする機会を得た。たしかに多くのケースで思っていたほどには私は彼らの批判に従ってはいないけれども、これらの哲学的な異論反論によって私は多大な利益を得ている。そのことに対し私は、ジモン・デルプマン、クラウス・デュージング、クリスティーナ・エンゲルハルト、クリストフ・ハルビッヒ、ヘイキ・イケヘイモ、アッティラ・カラクス、ジュシ・コトカヴィルタ、アルト・ライティネン、バーバラ・メルケル、ゲオルク・モーア、ディーン・モイヤー、ロバート・ピピン、エルゼベト・ロージャ、クリストフ・シュミット・アム・ブッシュ、ダーフィト・シュヴァイカルト、カティヤ・シュトッペンブリンク、アンドレアス・フィート、マンフレート・ヴェッツェルそしてマルクス・ヴィラシェックに感謝する。

　様々な技術的援助なしには本書が日の目を見ることはなかったであろう。それゆえ私はその援助に対してクリスティアン・ブルーム、アンナ・ブルンデル、そしてカテリーナ・クヴァンテに感謝する。だが、とりわけアミール・モーゼニには彼の関与と数多くの有益な指摘に対して感謝している。これらの指摘は本書にとって、そしてまた望むらくは読者にとっても役に立つものであると信じている。

　単なる謝辞では決して尽くせないであろう格別な役割と立場を担った人の名を挙げたい。ルートヴィヒ・ジープは私と私の哲学的歩みにいまや二十五年間にわたって批判的に、だが同時に好意的に、そしていつも勇気づけながら付き添ってくれた。彼がいなければヘーゲル哲学についてのこの諸研究はなかったということではすまないほどである。よって、私は本書を彼に捧げる。

第Ⅰ部　形而上学とコモン・センスのあいだ

第2章
形而上学とコモン・センスのあいだ

　ジョン・マクダウェルが『心と世界』(Mind and World)において「『精神現象学』読解への序説」として記述している自身のプロジェクトについての理解を基礎に置くならば、ヘーゲルが『エンチクロペディー』において展開した哲学体系と比較するための納得のいく動機がすでにここにはあるように思われる。マクダウェルによってなされたこのような発言は、ヘーゲルの哲学を体系的に真剣に受け止めようとしている現在の（ポスト）分析哲学における喜ぶべき傾向を表している。だが、そうした再発見がなされうるために決定的に重要なのは、ヘーゲルへのアプローチの仕方が、〔ヘーゲルの〕本質的な洞察と認識を最初から排除してしまうような前提条件を背負わされてはいないということである。本章での考察は、（ポスト）分析哲学によるヘーゲル哲学の（再）受容が、それと気づかないままに狭隘化のプロセスを最初から被ってしまうことがないことを保証するのを手助けするはずである。

　さらに、マクダウェルと比較し、ヘーゲルの論述と用語をその一部であれ『心と世界』の概念体系へ読み替えるという試みは、ヘーゲルの体系的な考察と論述をよりよく理解することに貢献しうる。なぜなら、こうすることでヘーゲルは「昔日の思想家」のように取り扱われるのではなく、むしろヘーゲルの哲学的な成果が試される対話の一部となるからである。

　そうした比較はマクダウェルの立場をよりよく理解するためにも有益であるかもしれない。というのは、ヘーゲル哲学のうちにはマクダウェルが格闘している哲学

（1）McDowell (1994, ix；邦訳 iv–v 頁).
（2）たとえば Bowie (1996, 515；独訳はクヴァンテによる) は、「国際的な哲学的環境の歓迎すべき転換のさらなるしるし」と語り、パトナムに次いで、二人目の重要な分析哲学者としてジョン・マクダウェルが、ヘーゲルを真剣に受け止めるに値する一連の哲学者のうちへ数え入れていると指摘している。
（3）このような過去の哲学者との結び付けは、カント哲学を出発点にした方がより簡単で、より納得のいくものとなる。というのも、マクダウェルにおいてはカントへの関わりが明らかにより強く現れているからである。同時に、カント研究の内部でも彼の哲学の根本的な特徴に関して本質的により大きな一致がある (Willaschek 1997を参照)。

的な問題や問いに対する一つの答えが見いだされるからである。そしてヘーゲルの答えが、たとえマクダウェルが期待するようなものではないとしても、その成果が無駄になるわけではない。なぜなら、このような仕方でわれわれはマクダウェルの議論のうちの哲学史に関わる部分が批判的な吟味に耐えるのかどうかをテストすることができるからである。[4]

　一般に、二つの哲学的な立場あるいは体系の比較は、それらの核となる要素が相互に関係づけられる場合にのみ、その意義を主張することができる。ヘーゲルの場合、比較が最初から失敗を運命づけられることなく、実りあるものとなるためには、なお二つの側面が顧慮されねばならない。第一に、われわれはヘーゲルの哲学的な思考の発展史を考察に引き入れなければならない。われわれはヘーゲルの初期の――したがって『論理学』以前の――草稿に見いだされる理論的要素を後期の体系と単純には結び付けることはできない。それぞれの個別的なケースごとに、体系における言明とヘーゲルの別の考察がどのように適合するのかという、しばしば答えることが難しい問いが持ち上がる。さらに、ヘーゲルの体系の内部でさえも慎重さが求められる。つまり、体系のいかなる局面に、あるいは、いかなる「論理的」位置にいるのかということがつねに考慮されねばならない。[5] たとえば、ヘーゲルの論理学のカテゴリー的構造が彼の法哲学のカテゴリー的構造といかにして結びつけられうるのかということに対しては、いかなる一般的な原理も打ち立てられない。ここでも最終的には個々のケースの分析と詳細な問いに取り組むことが肝要である。

　『心と世界』においてマクダウェルが示そうとしているのは、心と世界との関係が、

---

(4) マクダウェルの論証のうちで歴史を論じた部分が単なる例示以上のものを目論んでいるかぎり、マクダウェルのテーゼが納得のいくものであるためにはこのテストは決定的である。『心と世界』において歴史的な診断が論証の中心課題だとすれば、この診断が正しいものであることの比重は大きい。ここには三つの可能性がある。第一に、歴史的な要素が何の働きもしていないという可能性がありうるであろう。第二に、問題の歴史がカントから始まるのか、それとも――フリードマン(1996)が考えているように――クワインから始まるのかということがマクダウェルの目的にとっては重要でないとしても、歴史的な展開があるということがマクダウェルの論述にとっては意味があるということも考えられる。第三に、哲学史的な診断が当たっているということがマクダウェルの考察にとって原理的に重要であるということもありうるであろう。この三番目のケースの場合にのみ、マクダウェルの理論に対するフリードマンの批判は敏感なポイントに触れている。私の考えでは、マクダウェルの考察の体系的重要性に関わるものとしては、はじめの二つの選択肢だけが納得のいくものである。

(5) シジウィック(1997)が到達した帰結は、ある程度この条件に対する無関心さに起因する。なお、本書において「論理的」という形容詞がそれ以上の限定なしに用いられている場合には、つねにヘーゲルの意味での「思弁的‐論理的」という意味で用いる。

所与の神話と「摩擦のない」整合主義とのあいだのシーソー運動へ導く解決不可能な問題となっているということである。マクダウェルによると、このジレンマを解消するためには、経験を概念的に構成されたものとして、また世界を概念的に構造化されたものとして、つまり「思考可能」として理解することが要求される。だが、マクダウェルによれば、われわれがこの選択肢を選ぶことができるのは、自然（第一の自然ではない！）を少なくとも部分的に再魔術化するようにわれわれが企て、第二の自然というアリストテレスの構想を日常実在論と結び付ける場合のみである。この実在論的かつ穏健な自然主義的立場、そして決して科学主義的ではない立場を再び手にすることができるのは、マクダウェルのウィトゲンシュタイン的信条によれば、心と世界の関係についての問いを解決不可能にするのみならず、むしろこの問題の温床である懐疑主義という哲学的な病をわれわれが治療することによってのみなのである。それゆえわれわれは、マクダウェルの方法論的な薦めに従い、ここで「構築的な」哲学を放棄して、その代わりにその問題が生じた条件を分析し、そこに含まれている受け入れることのできない前提を放棄することによって、問題を解消しなければならないのである。

　ヘーゲルの体系においても、方法は決定的な理論的基礎である。唯一、思弁的で弁証法的な方法のみが哲学の要求に十分に答えることができるということを、ヘーゲルは繰り返し強調している。理念についてのヘーゲルの構想が彼の哲学において中心的な地位を占めていることについては、ヘーゲルの体系をまったく熟知して

（6）この三つの要素については McDowell (1994, 8, 9, 14；邦訳32-33、40-41頁) を参照。
（7）McDowell (1994, 78；邦訳136-137頁).
（8）マクダウェルは第二版の序論で「構築的」哲学についての彼の語り方が持つネガティヴな意味を説明し、彼の考察を厳密にしている (2000b, xxiii)。心と世界の関係についての問題は、ただ構築的な哲学という病を治療しそれを避けることだけがここでは有効であるというあり方をしている (1994, 9)。これは、この問題を定式化するために必要となる諸条件のうちに、問題の解決を不可能にする諸前提が含まれていることによる (2000b, xxi)。一見マクダウェルは第二版の序論では、別のタイプの哲学的問題もありうるかもしれないということを受け入れているように思われる。結びのあたりでは、彼による「問いの駆逐」(2000b, xxiv；独訳はクヴァンテによる) はポジティヴな意味での構築的〔建設的〕哲学を意味していると述べられている。しかしこのことは、マクダウェルがウィトゲンシュタインによって提案された治癒あるいは治療としての哲学の方法のみを有意味なものとみなしており、それ以外のすべての哲学的な問題は疑似問題とみなしていることを推測させる。したがって、『心と世界』第二版の序論に加えられた説明にならおうとしても、悪い構築的哲学ではなく、またウィトゲンシュタイン的な意味で治療可能なわけではない哲学的な問題もありうるとマクダウェルが考えているのか否かは不明のままである。しかしながらマクダウェルの哲学理解は、そうした選択肢を排除している可能性がある。(McDowell 2000a を参照)。

いない者にとってすら争いえない。それによれば方法論、存在論そして認識論は理念において一致する。したがって、少なくともヘーゲルの自己理解によれば、理念という構想は最終的に哲学のあらゆる根本問題の解決も可能にするものである。それゆえ、理念の構想と方法論の地位に関してはわれわれの比較の重要性に対しいかなる疑いも起こりえない。これに対して、『エンチクロペディー』の「予備概念」の探求は、それが重要ではないという正当な非難に曝されるように思われる。「予備概念」が体系そのものの叙述には決して属さないとすれば、なおさらである。だが、ヘーゲルは「予備概念」を導入のようなものとして利用している。第一に、読者に彼のプロジェクトの唯一性についての明確な理解を伝えるためにである (ENZ §§19-25)。そして第二に、それに続けて、哲学史のミニチュア版のような仕方で、彼が心と世界の関係についての問いに関して議論する様々な立場を素描するためにである。三つの「客観性に対する立場」は、ヘーゲルの体系がそれに対する解決を与えようとしている哲学的な問題の歴史的な発生についての記述と診断として理解されうる。[9] それゆえこのテキストも比較のために用いることにする。なぜなら、少なくともそれは先に述べられた問題と自らの解決戦略の特殊性についてのヘーゲル自身の理解を表現しているからである。

　以下においてはヘーゲルの考察とマクダウェルのそれとを三つの仕方で比較したい。まず (第一節において)『エンチクロペディー』の「予備概念」(ENZ§§19-78) の構造が多くの点で『心と世界』の根底にある論証構造と同じであるということを示したい。第二に、(第二節において)「理念」(ENZ§§213-44) というヘーゲルの構想および「自然」(ENZ§§245-52) と精神 (ENZ§§377-86) についての彼の理解が、マクダウェルの自然理解と多くの点で一致するということを示してみたい。[10] 理念、自然、精神というヘーゲルの三つ組の布置関係と、自然、第一の自然、第二の自然というマクダウェルの三つ組の布置関係とのあいだにはかなりの平行関係がある、と

---

(9) ヘーゲル自身「予備概念」における考察には単に教育的な価値を認めているにすぎない。というのも、この考察に対する証明は体系それ自身の内部でのみもたらされうるからである (ENZ §19A, 25A)。したがって、哲学史についての探求の地位も、マクダウェルの場合と同様に不明なままである。一方でヘーゲルは次のように主張する。「哲学の歴史のなかで現示されるのと同じ思惟の展開が哲学そのもののなかで、ただしあの歴史的外面性から解放され、純粋に思惟の領域のなかで」(ENZ§14；全集1, 80) 現示されるのだと。他方、哲学史は自己を具体的に展開し生成する具体的なものとしてカテゴリーの意味の一部であり、それゆえ哲学史の展開はヘーゲル自身の哲学体系の単なる指標以上のものである。

(10) これについては本書第5章も参照。

いうのがこれに関する私のテーゼである。第三に、(第三節において)最後に哲学の方法について少しばかり述べるつもりである。そこでの主導的な問いは、ヘーゲルとマクダウェルの哲学理解の相違と、そこから生じる両者の方法論的な構想の相違が、どの程度まで、この二人の哲学者の立場が相違しているとみなす根拠となるのかというものである。この考察は次の章でも再び取り上げられる。

第1節　客観性に対する思想の三つの立場

　ヘーゲルの自己理解によれば、「予備概念」[11]は単に「あらかじめ述べておかれた諸概念を、それゆえ「全体の概観から、そして概観の後に汲みとられた」(ENZ§19；全集1, 90)定義を含むにすぎない。したがって、体系それ自身の内部でのみ獲得されうるとヘーゲルが考える証明力が、そこでの論述には欠けている。それゆえ「予備概念」の機能はただ、ヘーゲルの議論が持つ特殊な性格について、読者に暫定的な理解を与えるという点にのみある。

　「予備概念」は二つの部分へと区分されうる。第一の部分(ENZ§§19-25)においてヘーゲルは自らのアプローチの特殊性を説明し、その哲学をわれわれの日常的な考え方の先行理解と直接的に結び付けようとしている(ENZ§§20, 25)。それに続いて、「ここで論理学にたいしてあたえられている意義と立場を明らかに〔…〕するために」(ENZ§25；全集1, 122)、哲学の歴史的な経過において定式化されているところの、客観性に対する思想の三つの立場(ENZ§§26-78)が提示され、分析される。

1.　§§19-25

　ヘーゲルは思考の主観的な側面と客観的な側面を区別し、思考に主観的な地位のみを認める考えに反対している。これが、第一の部分の核心的思想であること

---

(11) 「予備概念」の根本構造についての以下の分析においては、ヘーゲルが客観的思想と真理についての自らの論述に結び付けている本質主義的で目的論的な次元は度外視する。程度を異にする真の客観のあいだに区別を設けるためにヘーゲルが依拠している存在論的な比較基準は、一方では客観がその概念を実現する程度に、他方では本質構造それ自体の複雑さに関わっている。しかしながら、ヘーゲルの考察とマクダウェルのそれとの決定的な一致点は、ヘーゲルの補足的想定によって影響を受けることはない。本書の考察と本質的に合致するさらに詳細な分析についてはHalbig (2002, 第6-8章)およびSiep u. a. (2001)を参照。

は疑いない (ENZ§24)。カントと同じくヘーゲルもまた思考を主観の活動として、つまり自発性と自由として理解している (ENZ§23)。けれども同時に、思想を「た・だ・意・識・的・な思惟の諸形式とのみ解される」(ENZ§24；全集1, 107) ものとみなす定義を退ける。むしろ、ヘーゲルによれば、「客・観・的・な思想」(ENZ§24) が重要なのである。ヘーゲルはこれを「知性、理性が世界の内にある」(ENZ§24 A；全集1, 108) と定式化し、これと連関して「思想」という用語の不適切さを指摘している。なぜなら、この用語は「ただ精神、意識に属するものとしてのみ用いられるのがあまりにも普通であるし、また客観的というのもまずはただ非精神的なものについてのみ用いられる」(ENZ§24 A；全集1, 108) からである。ヘーゲルによれば、哲学はこれまで二つの意味で思考を、有限なもの、あるいは、単に主観的なものとみなすという誤りに陥っていた。つまり一方では、個々の概念あるいはカテゴリーの意味が――原子論的に――これら自身によってのみ確定され、したがって相互に区切られている、あるいは、「有限」であるという前提から出発するべきだとされた。他方で、それら個々の概念あるいはカテゴリーが思考から独立した「客観的」世界と比較され、そのような仕方で単に「主観的」で悟性に属している存在者として理解された結果、それらには認識不可能な指示対象が属していなければならないとされたのである。ヘーゲルは「主観的」対「客観的」という区別を原理的に放棄することはないが、にもかかわらず〔「有限」対「無限」、「主観的」対「客観的」という〕これら二つの二分法の妥当性を疑う。そして、その帰結としてヘーゲルは「概念図式と内容」の分離および「分析的と総合的」の厳密な対立を退けるのである。

概念図式と内容の分離には二つの想定が結び付いている。この「経験主義の第三のドグマ」[12]にとって基礎的であるのは、概念図式――根底にあるカテゴリー体系として理解された――を、それが適用される内容から切り離すことができるという第一のテーゼである。この第一の想定に基づいて、通訳不可能な複数の概念図式が存在しうるという第二のテーゼが主張される。ここにはさらに還元不可能な概念相対主義が含まれている。この問いにおいてデイヴィッドソンを踏襲するマ

---

(12) デイヴィッドソンはその有名な論文「概念図式という観念について On the very idea of a conceptual scheme」において概念図式と経験的内容との二元論を、クワインに依拠して「経験主義の第三のドグマ」と特徴づけている (1984, 189；邦訳200頁)。デイヴィッドソンの議論についての詳細な分析は Quante (1998 c) を参照。

クダウェルと同じく、ヘーゲルはこれらの二つのテーゼを誤りとみなす。彼の考えによれば、この二つのテーゼで問題となっているのは——言葉の二重の意味で——有限なカテゴリー理解の産物なのである。カテゴリーが悟性にのみ属するものと（それゆえあるひとつの意味で有限なものとして）みなされた結果、カテゴリーは、それから独立している客観領域へ適用されるかのように見られてしまう。これに対しヘーゲルは、客観の領域は思考と同一のカテゴリー的構造を持つと反論する。思考の概念は主観的でありかつ同時に客観的である。それゆえ概念図式と内容という二元論は不可能である。互いに通訳不可能な多くの概念図式が存在しうるというテーゼに対しては——ヘーゲルとともに——このような印象は（単に）悟性的なカテゴリー理解のせいであると反論することが可能だろう。カテゴリーが孤立させられた原子的な意味として（それゆえもうひとつの意味で有限なものとして）理解される場合にのみ、選択可能な別のカテゴリーセットが存在しうると考えることができるかのように思えてしまうのである。ヘーゲルが『論理学』において示そうとしているのは、ひとつのカテゴリーの意味はあらゆる思考概念の体系全体におけるその位置づけによって構成されるということである。これに従えば、個々のカテゴリーの交換は一切不可能である。そして、ヘーゲルは同時に、主観性はまさに『論理学』において展開されているようなカテゴリーを必要とすると主張するので、彼の最終的な哲学的説明は、選択可能な別のカテゴリーセットを原理的に排除するのである。

　分析的な側面と総合的な側面が厳密に区別されうるという理解は、ヘーゲルの前提からすれば、同じく受け入れられえない。この想定は、概念図式に属する分析的な内容と客観の領域から生じる経験的な内容との明確な対立を要求するか、あるいは、個々のカテゴリーを相互に切り離しても、それぞれの意味の分析的な内容は規定可能であるということを出発点としなければならない。だが、これらの戦略はヘーゲル哲学の全体構造によって排除される。カテゴリーの主観的かつ客観的な本性およびそれらの全体論的な結び付きによって、概念図式と内容を、あるいは、分析的な関係と総合的な関係を区別し、かつ、これらの区別を言わば単に文脈的なものとして理解することができるようになる——絶対的な妥当性や、実在の全体に関する存在論的な適切性を要求することなしにである。したがってヘーゲルの思弁的な哲学は「感覚のうちに、つまり経験のうちにないものは思考のうちにはない」という原理も、その反対ヴァージョンである「思惟のうちになかった何ものも感覚のうち

にはない」(ENZ§8A；全集1, 72)をも受けいれるのである。

　ところで、ヘーゲルの考察のこの側面は、世界そのものは思考可能である、思考は世界の構造を直接に把握する、本物の経験において世界そのものが経験される、というマクダウェルのテーゼと同じであるということが容易に見てとれる。クワインと、クワインによる経験主義の二つのドグマ（すなわち、分析的 vs. 総合的という厳密な二元論および意味の原子論）に対する批判を踏まえつつ、マクダウェルは、概念図式と内容の厳密な分離に対するデイヴィッドソンの批判を借用して、これを図式-世界の二元論と特徴づけている。ヘーゲルと同様に、マクダウェルは概念図式を世界の構成的な構成部分である「パースペクティヴ」として理解する。したがってマクダウェルもヘーゲルも、あれかこれかの厳密な二分法は誤っているという結論に至る。概念図式は、消去されることも、世界そのものから完全に切り離されることもできないので、伝統的な二分法はもはや有意義な仕方では定式化されえないのである。ただし、ここで単なる消極的な結論で満足して立ち止まるように思われるマクダウェルとは異なって、ヘーゲルは精神についての構想によって、観念論と実在論という二分法の止揚として解釈されうる哲学的な解答を展開する（これについては本書第5章と第6章を参照）。精神の展開は存在論的な観点においても認識論的な観点においても把握され、したがって〔精神の〕自己産出であると同時に自己認識としても解釈され、これによってそれは観念論的な契機を獲得する。だが、この自己構成が、客観世界の根本構造であると同時に他の選択肢のない必然的な自己開陳としても理解されねばならないという事実に訴えることで、ヘーゲルは主観主義的で構成主義的な混入物を自らの観念論から根絶することに成功しているのである。

---

(13) ヘーゲルは「ヌースが、そしてもっと深い規定において言えば精神が、世界の原因である」(ENZ§8A；全集1, 72)ということを指摘して、この第二の命題を説明している。これに関しては、ヘーゲルにとって無限な対象の次元での原因は「即自かつ対自的に自己原因」(ENZ§153A；全集1, 390)であり、その結果において自己を顕わにし、規定するということが顧慮されるべきであろう。デイヴィッドソン他の人びとにとって基礎的であるところの出来事因果性は、こうした仕方で、ヘーゲルにとっては単に「因果の間柄の普通の意味においては」(同上；全集1, 391) 有限な因果性となる。
(14) McDowell (1994, 26；邦訳58-59頁).
(15) Ebd., 143.；邦訳232-233頁。
(16) Ebd., 157f.；邦訳255頁以下。
(17) McDowell (1994, 155；邦訳252-253頁).

2. §§ 26-78

『心と世界』における哲学的な議論の一部は哲学史的な診断からなっており、これによってマクダウェルは以下の二つの事柄を示そうと試みている。第一に、どのようにして心と世界の関係が現在の哲学における解決不可能な問題となったのかを示そうとする。第二に、マクダウェルはこの問題の成立に対して責任があり、かつ同時に彼が支持する解決を覆い隠している暗黙の諸前提を暴こうとする。

　このシナリオ全体の背景をなしているのは――マクダウェルの言葉を用いるなら――現代の露骨な自然主義("bald naturalism")であって、それによれば自然は意味のための空間も規範性のための空間も残されていない脱魔術化された因果システムに他ならない。そのような理論構想には――志向性と自発性という概念領域に関して――ただ還元を試みるか、もしくは、消去することに固執するという可能性しか残されてはいない。[18]だが、この両者のうちのいずれも、結局は、概念の規範的使用、あるいは自発性にともなって現れる知への要求を不可能にする。第二の場合には志向性はまったく存在しないし、第一の場合には規範性は因果性へ還元される。それゆえ、概念図式と世界の二元論は崩壊し、規範性や意味を欠いた同質的で一次元的な因果的世界が出現することになる。しかし、消去の戦略が誤って導かれたものとみなされ、志向性の還元に基づく自然化のプログラムが原理的に不可能なものとみなされるならば、唯一の可能な選択肢としては志向性の自律的な領域を要請することが残されているだけである。だが、この自律は世界の喪失へ――したがって最終的には概念図式と世界の二元論を招くことになる。

　ここにおいて、いかにして世界についての経験的な知が可能なのかという問いが差し迫ったものとなる。マクダウェルによれば、理論的背景の構造がこの問題の解決を排除している。なぜなら、規範性は知にとって放棄することのできないものであるが、同時に自然主義的な存在論とは統合できないからである。その結果、所与の神話と整合主義的な内在主義とのあいだでのシーソー運動が起こるのだが、両者のうちのいずれによっても経験は正当化された真なるものとしては理解されえない。所与の神話に依拠する理論は不可能な存在者を要請する。エヴァンズとクワインについての分析においてマクダウェルが示しているように、非概念的内容(エヴァンズ)あるいは純粋に因果的な刺激（クワイン）として理解されるこの存在者は、自

---

(18) ヘーゲルはこれをカントの整合主義的な二元論に対してより一貫した経験論のヴァージョンとみなしている (ENZ§60A)。

然の一部でありかつ同時に規範的に正当化するものでなければならない。けれども、マクダウェルがデイヴィッドソンとともに指摘しているように、これでは自己矛盾となる。もしわれわれがこの認識を突き詰めるならば（デイヴィッドソンの答え）、正当化は志向的なものと規範的なものの領域の中でのみ成立し、因果的な世界によって刺激されるにすぎなくなる。だが、世界へのそうした因果的な結び付きは、志向性の領域においては、正当化としてではなく、せいぜい免責としてしか認められない。[19] 世界についての正当化された知はこうした仕方では獲得されえない。したがって非還元的な道の行きつく先は、摩擦なき空転（"frictionless spinning in the void"）というマクダウェルのメタファーである——これは世界の喪失である。このジレンマに対するマクダウェルの答えはよく知られている。彼はわれわれの日常実在論の失われてしまった素朴さに立ち帰ることを提案する。それによれば、われわれには世界への問題のない認知的な通路が開かれているのである。この立ち帰りを可能にするためには以下の二つの事柄が必要となる。すなわち、もはや概念的なものは思想の領域へ制限されるべきではなく、世界は概念的に構造化されたものとして理解されねばならない。同時に、規範性と実在性とのあいだの境界は究極的な仕方では固定されえない。それゆえマクダウェルはアリストテレスに依拠して自然の部分的な再魔術化に賛成し、その結果として自発性と規範性は承認され、人間の生活形式の自然的側面として尊重されることになる（第2節の2を参照）。[20]

　ヘーゲルもまた「予備概念」において具体的に展開された哲学史的な診断によって自らの哲学的な反省を裏づける。ただし、マクダウェルとは違って、ヘーゲルの関心は、無限な対象に関する懐疑主義的な結論に向けられている。それにもかかわらず、ヘーゲルにとってこの無限な対象は経験において与えられておりかつ実在的であり、しかも彼の理解によれば哲学は神についての知のみならず、それどころか実在性そのものについての知をも失っているので、診断に関して両者の不可避的な平行関係が生じる——少なくともヘーゲルが有限な経験対象と無限なそれとを区別していることが度外視されるとすればである。このような単純化は、本章で主題化されている問題領域に基づいてのみならず、内在的な理由からも正当化される。つまり、無限な対象はヘーゲルにとって経験の一部である。つまり、無限な対象は意識によって独立した実在的な客観として経験される。他方、マクダウェルによって

---

(19) これについては McDowell (1994, 8, 脚注7；邦訳308-309頁) を参照。
(20) これについては Quante (2000b) を参照。

批判された諸立場に立ち戻るならば、これらの立場にとっては無限な客観と同様、有限な客観も思考にとってはかけ離れていると言うことができる。ヘーゲルにとって中心的な問いが絶対的なものの認識可能性にあるとしても、総じて彼の考察は原理的には、心と世界の関係へも適用されうる。このことは、ヒュームの懐疑主義に対するヘーゲルの評価にも示されている通りである (ENZ§39A)。この読み方によれば、「予備概念」の第二の部分においてヘーゲルが目指しているのは、主観主義的で観念論的な整合主義について叙述することである。ヘーゲルがヒュームの経験主義を有限な認識として、カントの理性批判を無限な対象の認識として理解しているとすれば、この前提のもとではそれはまったく一貫している。実在性の認識可能性および思考の定義とその客観の定義との関係に関して、有限な知についてのヒュームの構想と無限な対象の知についてのカントの理論は一致する。様々な哲学的な立場をこのように整理することで、ヘーゲルは有限な経験についてのカントの構想に内在している緊張関係を示すことに成功している。なぜなら、有限な経験の領域のケースとは違って、無限な客観に関しては整合主義を超越する要素は存在しないからである。カントが有限な経験のために展開している理論的な要素は実在論的な構想へと統合されうるし、マクダウェルもまったくそれに賛成する。したがって、マクダウェルはカント哲学との建設的な結び付きを打ち立てる試みにおいて、無限な客観の次元を無視する。言い方を変えれば、ヘーゲルとマクダウェルはカントの超越論哲学についての評価という点で一致しているのである。[21]それゆえ以下においては次のことが考察されるべきだろう。つまり、ヘーゲルはカント哲学を、マクダウェルがカントの経験構想との建設的な結び付きにおいて度外視したパースペクティヴから——すなわち超越論的な主体のパースペクティヴから論じているということである。

ヘーゲルは、(a)直接的な知、(b)経験論または批判哲学、そして(c)形而上学という三つの思考態度を区別している。これらは、マクダウェルによって展開された立場にそれぞれ対応している。

(a)神に関する直接的な知についてのヤコービの理論は所与の神話のひとつのヴァージョンを提示している。ヤコービによれば、信仰において人間の理性は神へ

---

(21) McDowell (1994, 97；邦訳163-164頁) 参照。これは少なくとも『心と世界』におけるマクダウェルの立場に当てはまる。1997年のウッドブリッジ講義においてマクダウェルはこの批判に多少距離を置いている。

の直接的な、概念によってあらかじめ形作られていない通路を手にしている。ヘーゲルの批判の核心は、この立場の基礎は個人的で主観的な所与以外にないということである。「自我が自我の意識のうちに或る一定の内容を見出すという断定と主観的知が真なるものと称されるものの基盤である」(ENZ§71；全集1, 206)。ヤコービのアプローチは、与えられた内容に正当化の機能が付加されるということに基づいている。この正当化の機能は、相互主観的に証明可能な次元に基づいてではなく、むしろまさにその主観的な明証性のゆえに内容に帰属する。相互主観的な正当化を裏づけるとされるこの私的で主観的な基盤は、ヤコービの著作において「誰もの意識のうちに見出されるところまで高められて、それが意識そのものの本性だといわれる」(同上)。したがって、ヘーゲルが不平を言っているように、様々な異なる主観的な明証性の事実的かつ偶然的な一致が相互主観的な正当化の基盤に置かれる。知の直接性 (ENZ§71A) が正当化の基盤をもなすので、それに対応する内容についてのいかなる反省的探求も排除される。同時に、偶然的で文化によって、また、個々人によって異なるどんな内容も、その根拠が問われないままに知の基盤として受け入れられねばならない。けれどもヘーゲルにとってはそのような基盤に立つかぎり、いかなる知もありえない (ENZ§75)。というのも、知は本質的に正当化に、したがって媒介に基づいているのであって、孤立させられた直接的な事実という意味での意識の事実は存在しないからである (ENZ§66)。最終的には、まさに「直接性の形式の普遍的性質」(ENZ§74；全集1, 209) が、この場合にいかなる知も存在しないということの理由である。なぜなら、「それの内容そのものを一面的に、ひいてはまた有限的にするのはこの形式そのものだからである」(同上；全集1, 209)。だが、ヘーゲルが想定しているように、哲学的な正当化が整合主義的で全体論的なプロセスにあるとすれば、直接性と正当化は相互に排除し合わざるをえない (ENZ§75)。

（b）客観性に対する思想の第二の立場が純粋な整合主義の立場に対応しているということをあとづけることは、もう少し難しい。これは、ヘーゲルがこの第二の立場を経験論と批判哲学へと下位区分し、カント哲学を第一義的に絶対的なものについての可能的な知の制限という観点で論じているということによる。[22]

---

[22] 宗教的、美的、そして倫理的な経験があるという事実は争いえないので、マクダウェルの日常実在論からいかなる帰結が生じうるのかとここで問うことはもっともであるように思われる。形而上学的な仕事においてマクダウェルは――ヘーゲルと同じく――少なくとも倫理的な領域に対しては実在論的な帰結を引き出しているように思われる。これについてはMcDowell (1998c) を参照。

経験論においては世界への関わりは個人的な知覚によって打ち立てられるのだが、この知覚それ自体は決して正当化する力を持たない (ENZ§38)。他方で、経験を構成する「形式」(ENZ§39；全集1, 149)、つまり概念図式は、経験的な基準に従って正当化されうるのではなく、むしろ経験から独立している (ENZ§39 A)。ヒュームの懐疑的な哲学とは違って、カントの超越論哲学は概念図式のうちにある構成的な条件を超越論的に正当化することを試みる。ヘーゲルは、思考の基礎的な定義に関して懐疑主義を克服することは可能であるというカントのテーゼを受容する。しかし、ヘーゲルの理解によれば、カントはこの可能性を、同時に、哲学的に制御可能な適用と妥当性を現象の領域へと制限することによってのみ獲得する (ENZ§40)。これを達成するために、カントは、ヘーゲルによって拒絶された概念図式と物自体との (ENZ§44 A)、あるいは、超越論的な自我と世界との二元論を導入する。カントによれば、人間理性が物自体へ関わることを試みるならばアポリアに陥る——知はそのような仕方では不可能となる。それゆえ世界それ自体は認識不可能なままにとどまり、したがって懐疑主義は打破されないままである。また、現象への関係においては、思考は根本前提としてのそれ自身の構成的な機能を再発見するにすぎない (ENZ§§41, 43, 52)。これには、マクダウェルが純粋な整合主義と同一視する、思考の摩擦なき空転が対応する。ヘーゲルは自発性の自己規定と規範性が実践理性についてのカントの理論のうちに働いていることは認めるが (ENZ§§53 以下)、同時に、カントはこの領域を現象の領域と統合することができないと批判する。したがって、われわれがヘーゲルのカント批判にならうならば、実践理性の領域のうちには「またしても、……知性 Verstand のあの同じ抽象的同一性があるだけである」(ENZ§54；全集1, 181)。「実践理性」でさえ「理論理性の究極のあり方とされる形式主義を超え出ることはないのである」(同上)。[23]

　ヘーゲルから見れば、カントの解決法のために支払うべき犠牲は大きすぎる。ヘーゲルは、すべてを包括する形而上学から出発して、カントによってあらかじめ設定された制限を克服することを試みる。その際、ヘーゲルがカント哲学の中心的要素を利用していることは言うまでもなく明らかである。たとえば、ヘーゲルは——セラーズ、デイヴィッドソン、あるいはマクダウェルらもまたそうであるように——、「自己を把握する思惟」(ENZ§60 A；全集1, 189) を「自発性」(ENZ§40；全集1, 151) および「自

---

(23) ここで、この考察の背後に隠されている倫理学的そしてメタ倫理学的な含意を詳述することはできない。私のここでの関心事は意味の形式主義の構造的等価物だけである。

由の原理」(ENZ§60A；全集1, 189) とみなすカントの理解を、志向性の還元不可能性と規範性の源泉として承認する。さらに、ヘーゲルにとっては、自己意識と自発性とが不可分離の全体をなすということは争いえないことである (ENZ§23)。[24]

(c)客観性に対する思想の第一の立場によれば、「思惟はまっすぐに対象へ向かって〔いく〕」(ENZ§26；全集1, 124)。つまり、思考は「思惟の諸規定を事物の根本規定とみなした」(ENZ§28；全集1, 125)。ヘーゲルの理解によれば、「最初のあらゆる哲学、あらゆる学問、それどころか意識の日常のいとなみですら」、素朴実在論という「この信念のうちに」(ENZ§26；全集1, 124) 生きている。ヘーゲルの見方では、このアリストテレス的形而上学は、「存在するところのものは思惟されることによってそれ自体としてのあり方において認識される」(ENZ§28；全集1, 125) という実在論的な想定に基づいており、この前提によって「後の批判哲学よりも高い」(同上) ところに位置している。[25]

この形而上学的な思考は、思考と思考されたものとのあいだの対立に思い至ることがまったくなかったので、不適切で独断的な哲学になる危険に曝されている。そこで次にヘーゲルはまさにこの否定的要素を考察対象とする。「ここ序論のなかでは、思惟のこの態度をそれの限界の面で考察すること……だけが関心事たりうる」(ENZ§27；全集1, 125)。つまり、その極端な形態においてそれを批判的に考察することだけが関心事となる。だが、この極端な形態は、原子論的な意味論 (「有限な思惟諸規定」、ENZ§27；全集1, 124) と命題の特殊な構造 (「判断の形式」、ENZ§28A；全集1, 126) のうちにのみある。これに対して、ヘーゲルがその哲学体系のなかに取り入れることを試み、したがって、同時に健全な人間悟性の、コモン・センスの構成要素とみなしている、古代の形而上学を構成している他の決定的な要素については、そこでは触れられないままである。だとすれば、ヘーゲルはある意味で、素朴さが取り戻されねばならないというマクダウェルの要求におそらく心の底から同意するであろう。他方でヘーゲルは、そうした立場は決して非哲学的であるわけで

---

(24) 体系思想の展開とその原理としての自己意識の役割については Halbig/Quante (2000) を参照。
(25) ヘーゲルは、哲学が日常的な思考と共有しているのは、世界の認識可能性と思考可能性に関する実在論のみではないということから出発する。ヘーゲルは、この思考可能性が同時に事物の本質をなすという考えも、日常的な思考に帰属させる。本章では、ヘーゲルの存在論の本質主義的で目的論的な次元には取り組まないので、これらの前提は無視することにする。コモン・センス-実在論に関するヘーゲルの解釈とマクダウェルの解釈とのあいだの共通性をなしており、両思想家の哲学的な構想の核心的な前提となっているものは、別の根本想定である。コモン・センス-実在論については Willaschek (2003) を参照。

はないということ、そうした仕方で取り戻された素朴さは——それが媒介された直接性の立場であるかぎりで——哲学以前の立場と同等視されてはならないことを強調するであろう（これについては次章を参照）。なぜなら、後者の立場は実証主義的な悟性形而上学の意味での切り詰めの危険に対して抵抗力を持たないのに対して、前者の立場は、哲学的に正当化された直接性の側面を保持しており、同時に、この形式の直接性に付随するあらゆる哲学的な不十分さを免れている（ENZ§74）ということによって、特徴づけられるからである。

以上の客観性に対する思想の三つの立場は、大抵の部分で、マクダウェルが取り組んでいる体系的な立場に対応している。ヘーゲルの理解によれば、ヤコービとカントは、互いに真実を語っている。前者は、直接的な知の可能性について、後者は、直接的な経験構成要素の放棄不可能性についてである（ENZ§62以下）。そして、マクダウェルの論述におけるエヴァンズとデイヴィッドソンも、まさにこれと同じことをしているのである。ヘーゲルもマクダウェルも、そこに、第三の思考態度であるコモン・センスにおいては解消されているか、そもそもまだ現れていないジレンマを見る。ヘーゲルの答えがこの第三の選択肢、つまりヘーゲルが分類した客観性に対する思想の第一の立場とどの程度異なっているかという問いは、マクダウェルの哲学的に動機づけられた思考態度がそもそもどの程度コモン・センスに対応しているのかという問いと同じく、重要な考察対象となりうる。この二つの問いに完全に答えることができたなら、それは同時に、ヘーゲルとマクダウェルの哲学的な答えが事実としてどれくらい近い位置にあるのかという問いに対する答えでもあるだろう。だが、この答えは、哲学的な方法の問題が解明されてはじめて与えられうる（本章第3節）。しかしその前に、まずヘーゲルとマクダウェルの存在論の根底にある構造を比較することが肝要である。

第2節　理念の構造—自然と精神[26]

マクダウェルは、いかにして世界についての認識が可能であるかという問いに対する解決のための構想的〔概念的〕基盤を、露骨な自然主義とこの理論のうちに含まれている存在論的な前提に対する批判と結び付ける。この問題含みの前提は、自然をい

---

[26] ヘーゲルのこの哲学的な構想の体系的な意義の解明については、本書第2部を見よ。

わゆる第一の自然へ還元することにある。存在論的なモデルとしては、この第一の自然は学問的探求の対象を意味し、自然科学の成功史において次第に貫徹していく脱魔術化の帰結である。現代の心の哲学は自然科学の説明方法を存在するもののすべての領域へ拡大し、自然科学的な説明可能性それ自体を存在論の標準という地位にまで高めることを目指している。この立場は、それが存在することをわれわれが前提している存在者や法則性は自然科学の説明方法によって完全に把握しうるという想定に基づいている。したがって意味や規範性は世界の本当の構成要素ではない。このアプローチが心的なものの領域へも適用されたならば、これは自発性や志向性が持つ規範性を還元することを試みるか、あるいはそうでなければそれを完全に消去することを試みるかのいずれかに帰結する。第三の選択肢は、心的なものには、還元不可能で固有の領域が属しており、この領域は非自然的な第二の実体として、あるいは、道具的で反実在論的な意味で存在論的に二次的なものとして理解される、ということを認めることにある。マクダウェルは、自然を脱魔術化された第一の自然と同等視するテーゼに、第一の自然 (自然科学の自然) も第二の自然 (文化的なものの自然) も包括する再魔術化された自然という自身の構想を対置する。二つの領域は異なる原理に従って構成されており、これに従って認識されうる。「法則の領域」と呼ばれるところの第一の自然にとっては空間、時間、そして因果性が構成的であり、それゆえ観察者のパースペクティヴからの説明方法 (いわゆる「傍からの眺め sideways-on picture」) がここでは適切である。これに対し、第二の自然は広い意味での合理性によって構成されており、それゆえここでは参加者のパースペクティヴからの解釈学的な方法が、つまり理解という方法が適切である。アリストテレスに倣って、マクダウェルは、生物学的な存在としての人間は第一の自然に属しているという争いえない事実と同様に、意味に満ちた社会的世界の一部として存在するという人間の自然な能力を正当に評価する広い自然概念を再‐確立するよう努力する。それゆえ、マクダウェルの要求は、一方の規範性、

---

(27) これについての詳細は Quante (2000a) を参照。
(28) マクダウェルはもっぱら自然の再魔術化については語っているけれども、第一の自然を再び意味や規範性で満たすことについてはけっして語らない。マクダウェルは、包括的な自然概念以外に、世界そのものについても語っており、ここからさらなる緊張関係が生じる。だが、マクダウェルにおいて自然と世界が一致しているのかどうかはけっして明らかではない。いくつかの箇所では、少なくとも、非自然的な存在者も存在しうるという選択肢をマクダウェルが手元に残したいと思っているように見える
(29) McDowell (1994, 35；邦訳71-72頁).
(30) McDowell (1994, 78；邦訳136-137頁).

自発性、意味と、他方の第一の自然とのあいだにある深淵を構築的な哲学によって架橋することにあるのではなく、むしろ、そのような深淵がそもそも開かないように、「第二の自然の自然主義」によって保証することにある。[31]

マクダウェルが『心と世界』において指摘する問題領域は、第一の自然と第二の自然についての存在論的な読み方と認識論的な読み方のあいだの緊張関係である。マクダウェルは二つの自然を、ある文化の内部で形成された自然認識のモデルとみなしているように思われる。しかしながら、第一の自然と第二の自然についてのいかなる議論にも存在論的な次元が属している。明らかにマクダウェルは、自然は（少なくとも）二つの性質領域を持ち、それらが、各々に対応するモデルによって把握されうるという考えから出発している。[32] マクダウェルは、実在論者でありまた方法的多元主義者として、自然科学的な記述も解釈学的な解釈も、特定の領域において、あるいは、特定の側面のもとで、実在を適切に理解することができるということを認めなければならない。彼がデイヴィッドソンの非法則論的一元論を我がものとしており、認知科学を認めているということは、世界の多 - 側面 - 理論 Multi-Aspekt-Theorie のようなものをマクダウェルが主張していることの証拠である——われわれは世界についてそれ以上のものを経験することはできないにもかかわらず。[33] それゆえ、マクダウェルの自然理解が実在論と観念論との対立を超えたところにあるということを確認することは不適切ではない。というのも、存在と知は彼にとっては同程度に自然を構成する部分だからである。実在的な事実でありかつ同時に社会的なプロセスによって構成されるということが第二の自然にとって構成的である。様々な概念図式は世界の構成要素であって、それゆえ世界はつねに同時に・・・・・・・・・・・・・・・・・・・・・・・・・・・・・・われわれの世界であるというマクダウェルの核心的テーゼは、「概念図式 vs. 内容」という二元論的モデルに従っているかぎり生じるにちがいないような、世界と世界についてのわれわれの像とのあいだの存在論的な分離が遂行されないならば、（文化相対主義的な）観念論へ後戻りはしない。

第二の問題はマクダウェルが構築的な哲学を避けることから生じる。彼は第一の自然と第二の自然は一にして同一の類（自然）の二つの種として理解されねばな

---

(31) 第二の自然のこの自然主義については Quante (2000b) も参照。
(32) McDowell (1994, 78 ; 邦訳136-137頁).
(33) McDowell (1994, 121 ; 邦訳200-201頁) を参照。身体と行為についてのマクダウェルの構想〔概念〕とデイヴィッドソンの心の哲学の道具主義的な側面についての拒絶が考慮されるならば、ここで彼がトークン同一性の理論を思い浮かべているということがわかるであろう。

らないであろうと語る。ところで「自然」という類を単に唯名論的に理解しようとするのでないならば、なにゆえ第一の自然と第二の自然がひとつの類の二つの種であるべきなのかということが示されねばならない。この点に関して、プラトン的あるいはデカルト的二元論者は、種は単に人間が「二つの世界の住民」であるという事態のうちにのみあると口を挟むかもしれない。もしマクダウェルがこの存在論的二元論に反論するつもりならば、その哲学的な理由を述べなければならない。だが、彼はこの挑戦を無視しているように思われる。マクダウェルが構築的な哲学を拒絶していることは、彼が架橋できないものとみなしている第一の自然と第二の自然のあいだの深淵を塞ごうとする試みに対する批判として理解される。この場合、根源的な統一としての自然についての彼のテーゼは、別のオプションという意味での答えを示している。けれども、このモデルを説得力のあるものとするためには、より包括的な哲学的理論が必要である。そのような理論はもはや悪い構築的な哲学として片づけられえるものではないし、しかも、二元論的な直観もわれわれのコモン・センスの一部であるということをわれわれが認める場合にはとくにそうなのである。

　ヘーゲルの理念論が、第一の自然と第二の自然（ヘーゲルにとっては自然と精神）の統一を哲学的に理解可能にするという試みであることは明白である。ヘーゲルの理念についての構想の複雑な構造を詳細に分析し、ましてや納得いくものにすることはここではできない。その代わり、私はより慎ましい要求を追求する。つまり、私はマクダウェルの構想とヘーゲルの構想のあいだにあるいくつかの基本的な共通性を、あるいは少なくとも類似性を明らかにしたいと思う。

---

(34) エヴァンズへの取り組みにおいてマクダウェルは以下のような考えを批判する。それは、動物の知覚（第一の自然）と人間の知覚（第二の自然）が依拠しうる共通の基盤が存在しており、人間の場合には単に動物の知覚が有する以上の要素が付け加わるにすぎないというものである。これとは反対に、マクダウェルは人間の知覚を固有の知覚形式とみなしている（1994, 64；邦訳113-114頁）。

(35) McDowell (1994, 75f.：邦訳131頁以下）を参照。

(36) 哲学の歴史においては露骨な自然主義が登場する以前にすでに、人間の自然についての二元論的な構想が展開されていたということは争いえない。プラトンの霊魂論はこれについての明らかな一例であるが、アリストテレスの場合にも、霊魂の自然的な部分と超自然的あるいは神的部分とのあいだにそうした二元論の痕跡が見いだされうる。その一つの理由は、同じくコモン・センスの一部に属しており、人間の自己理解を形づくっている倫理的そして宗教的なイメージのうちにある。その限りで（人間的自然の）統一は、論証によって根拠づけられねばならない一つのテーゼである。

ヘーゲルは、彼の体系における理念は概念図式であると同時に実在性であって（ENZ§213）、「何か或るものについての理念」（ENZ§213A；全集1, 486）として理解されるべきではないと繰り返し強調する。主観的な概念図式と客観的な実在性とのあいだの対立は理念において止揚されている。理念は――理性的なコンテクストにおいて理解されるところの――存在するところのものである。それは実在性そのものの統一を理解可能にする。(37)　絶対性として理念はそれ自身の外部に何も持ちえない。それは世界の概念的な構造そのものを表す。ヘーゲルは、その論理学の最後の部分で理念の概念構造を論じ、それに続いて、(第一の)自然と精神（マクダウェルの第二の自然）が理念の存在と自己認識の諸形式として理解されねばならないことを証明しようと試みている。

　理念の基礎的で存在論的な構成要素は「過程」（ENZ§215；全集1, 491）と「生命」（ENZ§216；全集1, 493）――「魂〔心〕と身体」の統一（同上）――である。つまりヘーゲルは――マクダウェルの自然理解と一致する点だが――人間の生命と行為のうちに直接現れているところの第一の自然と第二の自然の統一を、自らの探求の出発点とするのである。(38)　この場合ヘーゲルにとっては、根源的な統一が問題となっている。そして、「それ〔クヴァンテによる補足：それに対応する個体〕が死んでいるかぎりで、理念のあの二つの側面は異なる構成部分なのである」(39)（同上）。それゆえ、第一の自然の外面性と心の内面性は、結合する必要のある二つの分離した「付属品」としては理解されえない。むしろ根底に置かれている基礎的な統一から始められねばならず、ここを出発点としてそこから差異が展開されうるのである。(40)　このプロセスにおける他の決定的な要因は、認識（ENZ§226以下）と意欲（ENZ§233以下）の目的論的な態度である。これらによってヘーゲルは志向性という根本態度一般だけでなく、むしろまた学問、社会的実在性、真理、そして規範性の根本構造を解明している。論理学は、絶対的な理念としての、つまり自己自身を思考する理念としての理念――つまり論理的な理念（ENZ§236）――というヘーゲルの構想でもって終わる。

---

(37) マクダウェルのプログラムに対するヘーゲルの近さは、彼が身体と魂〔心〕の統一を理念の本質として理解している点で明らかになる。
(38) たとえば McDowell (1994, 78；邦訳136-137頁)。
(39) この箇所でのヘーゲルによる言葉の選択はいい加減である――実際にヘーゲルが考えているのは側面である。
(40) ヘーゲルが有機的な自然と非有機的な自然を存在論的な領域として認識させるための手掛かりにしている個々の概念的な展開については、ここではこれ以上論じることができない（ENZ§218）。だが、決定的なのは、ヘーゲルがここで第一の自然と第二の自然の基礎的な統一と差異化を理解させようと試みているということである。

ヘーゲルはこれによって、芸術、宗教、そして最終的には哲学をも含む文化的な顕現における理念の自己認識を理解しており、このうち哲学は合理的な統一の自己現前化過程および反省的理解として把握されねばならないのである。

だが、理念は自己自身を思考する理念、したがって論理的な理念（ENZ§236）のみではない。自己自身へと反省することによって、それは自然でもある。第一の自然の場合、ヘーゲルの体系においては「他在の形式における理念」（ENZ§247；全集2a, 21）が問題となる。マクダウェルの用語に立ち戻るならば、ヘーゲルにとって第一の自然は絶対的理念の傍からの眺めを示していると言える。ヘーゲルによると、自然科学は、理念のこの側面を認識するための適切な手段である（ENZ§248A）。自然にはいかなる内在的な意味もなく（「偶然性」、ENZ§248；全集2a, 27）、それは因果的に秩序づけられている（「必然性」、同上）──「だから自然がその現存在の中で示すものは、自由ではな〔い〕」（同上）。哲学的観点からは、われわれは自然の様々な局面を、その理性性が哲学的な観想を通じて明らかにされるところの、「さまざまな段階からなる一つの体系」（ENZ§249；全集2a, 31）とみなさねばならない。精神、したがってまた自由、認識、そして意欲は、生きた個体において、人間存在においてはじめて現れる。精神としては、理念は具体的な人間的個体の志向性を通じて認識と意志の構造を現実化する。根底にある統一としての理念は、人間的個体の志向的な態度と社会的な行為において認識され、現実化される。マクダウェルと同様に、ヘーゲルは精神を（第一の）自然へ還元する試みを避ける。第一に、彼は質料を存在論的に基礎的なものとしては、そして哲学的な原理として機能することができるような「真なるもの」（ENZ§389A；全集3, 52）としてはみなさない。第二に、精神は第一の自然の存在論的なモデルに従っ

───────────────

(41)「傍からの」というマクダウェルによって用いられている言い回しは、その隠喩的な内実のゆえ、あえて翻訳しなかった。それは観察者の非参加者的な態度を特徴づけている。
(42) この箇所でヘーゲルは、自然の個々の段階は「自然的に生みだされる」という考えを退ける（ENZ§249）。第一の自然から第二の自然への移行において、そのような進化論的な理解を持ち込んだ場合、露骨な自然主義のカテゴリーミステイクを繰り返すことになろう。ここでヘーゲルは次のような最終結論に到達しているように思われる。それは、進化論が自然科学的に理解される場合、精神の進化論的な理論は不可能である、というものである。進化論を自然科学的な説明モデルとみなすのではなく、むしろ解釈学的で道具主義的な解釈とみなすというデネットの提案が一つの解決方法となるかもしれない。これについては Dennett (1987、第7章) を参照。
(43) この点に関してヘーゲルの見解は完全に明確であるわけではないが、精神についての彼の哲学はもっぱら人間の精神の基礎的な段階と取り組んでいる。マクダウェルと同様にヘーゲルは、自発性と自己意識を人間のあらゆる心的な現象の本質的側面とみなしている。これに対して、人間以外の生命体の心の地位は、両者ともに、問題を残したままである。

て「・事・物・として」(同上) 理解されるべきではない、と彼は考える[44]。これらの前提が受け入れられるならば、「心と身体との共在」(ENZ§389A；全集3, 53) への問いはもはやいかなる問題も提示しない。マクダウェルとまったく同様に、ヘーゲルはこの形式における、そして、先に述べられた前提のもとでの心身問題は解決不可能とみなす。「・心・身・共・在・は・不・可・解・な・秘・密・であるということが、通常の解答であるとみなされることができる。なぜかと言えば、実際もし心と身体とが・絶・対・的・に・独・立・的・なものとして前提されるならば、そのとき両者は相互に浸透することができないからである。そしてそれはちょうど、各物質が他の物質に対して〔そうであるのと同様である〕」(同上)。したがって精神の哲学は、それが露骨な自然主義として営まれるならば、マクダウェルにとってのみならずヘーゲルにとっても、悪い構築的な哲学なのである。だとすれば、哲学者の適切な態度は治療的な態度であって、問題が依拠している前提のうちにある誤りを示すことにある、ということになる。

　突き詰めて言えば、理念はマクダウェルにおける自然と同一の構造を持っている。つまり、存在論的に第一の自然と第二の自然 (精神) へと枝分かれするところの基礎的な統一が重要なのであって、この統一は社会的実在性の認知的かつ意志的volitionalな構造においてそれ自身のモデルを第一の自然 (科学) として、第二の自然 (社会的な共同体、文化、歴史) として、そして包括的な理念 (芸術、宗教、哲学) として構想するのであって、こういう仕方で自己自身を求め、理解するのである。この包括的な意味で、空間、時間、そして因果性は、意味、目的、真理、規範性あるいは自由と同様に、世界の実在的な構成要素なのである。けれども、マクダウェルとは違って、ヘーゲルは、この統一が理性的であり、自分自身の正当化を自分のうちに含んでいるということを証明しようと試みている。これを果たすためにヘーゲルは、コモン・センスとその素朴な実在論 (物理的な実在性と意味に関する) のパースペクティヴと並んで、自己自身を知り意欲する絶対的な主体のパースペクティヴを利用する。体系の必然性と完結性は、そうした絶対的な主体の自己認識と自己実現の必然的および適切な〔十全的〕諸条件を通じて達成される[45]。この第二のパースペクティヴは、ヘーゲ

---

(44)「真なるもの」という表現によって、ヘーゲルは、彼の哲学的考察から帰結するところの、本質主義的、規範的、そして目的論的な価値水準を問題にしている。それによると、第一の自然は「真」ではないとするヘーゲルのテーゼを、この存在領域はいかなる実在性も持たないという意味で理解することは間違いであろう。ただしヘーゲルは、哲学的には、物理的な現実性は心的なあるいは精神的な現実性よりも意義と価値において劣る、と考えている。

(45) さらに詳細な分析についてはHalbig/Quante (2000) を参照。

ルにとって、コモン・センスと単純には一致しない。それは言わばトマス・ネーゲルの意味での「どこからでもない眺め」[46]でもなくて、むしろ、第二の自然の文化的な成果において顕れ、それゆえコモン・センスと少なくともつながりうる自己理解である。総じて言われうるのは、ヘーゲルの理念論がマクダウェルの自然概念〔構想〕と共通に持つところの根本構造は、ヘーゲルの場合には包括的な哲学的理論へ組み入れられているということである。したがって、ヘーゲルとマクダウェルとのあいだの明らかな共通性が度外視されるならば、両思想家のあいだにある明白な違いも証明されうる。この違いの根拠は形而上学的な区別に求められる[47]。

第3節　方法の問題？

　最後に、哲学する仕方に関するマクダウェルとヘーゲルのあいだの違いを、哲学的な方法という観点のもとで比較しておきたい。ただし、ヘーゲル自身は哲学的な方法の問題に取り組んでいるわけではない。直線的な叙述形式を全体論的な体系構想と一致させるというヘーゲルの困難はよく知られている。哲学的な方法の問題に対するヘーゲルの取り組みは、哲学における適切な始まりについての彼の論述の一部であり、一般的には体系の外部で営まれる。というのも、方法は、彼の自己理解によれば、その遂行から切り離されては理解されえないからである。体系内でヘーゲルの方法論が取り扱われうる唯一の箇所は、理念それ自体についての彼の構想である（ENZ§234）。

　この点に関して私にとって決定的に興味深いのは、ヘーゲルとマクダウェルが哲学に向ける要求である。マクダウェルは、ウィトゲンシュタインに依拠して、哲学の中心的な課題を治療と癒しのうちに、つまり自分で種を蒔いて作り出した哲学的問題を

---

(46) これについては第8章も参照。
(47) マクダウェルの理論が不完全なため、ここでは段階的な逸脱だけが問題となっているのか、あるいは明確な相違が問題となっているのかどうかは、確実には言われえない。マクダウェルは、事実として与えられているいかなる概念図式も不完全であるか誤っているかもしれないということを強調する（1994, 40；邦訳79-80頁）。だが同時に、完結したかつ完全な体系がありうるという可能性を排除してはいない。それどころか、厳密に受け取られるならば、マクダウェルの論述は、そうした体系を原理的に排除するいかなる理由もないと語っているようにも思える。しかし、マクダウェルの思考のこの側面は、彼の基本的に実在論的な直観と緊張関係にある。というのもこの直観には概念図式と世界とのあいだの原理的差異が暗に含まれているからである。

解消すること、そして構築的な哲学を回避することのうちに見る。哲学的手段によって解決されるべきであり、殊に哲学的な問題とみなされるところの他の種類の問題もありうるのかどうかという問いに関してマクダウェルは曖昧なままであり、この問いに対してはっきりと答える責任がある。だが、そのような問題の候補は、コモン・センスそれ自体の内部での概念的なコンフリクトや、参加者のパースペクティヴと観察者のパースペクティヴは互いにどのように関わり合うのか、あるいは、関わり合うべきなのかというものであるかもしれない。われわれの日常実在論はいかにして学問的な存在論と一致させられうるのかという問題もまた同じカテゴリーに属している。ここでマクダウェルは古典的な自然科学を受け入れるだけでなく、むしろそれどころか認知科学において心理学の有意義な部門に目を向けているように思われる。だが、『心と世界』のなかにはこの緊張を解決するいかなる着手点もないのである。

　ヘーゲルが哲学に対して向けており、自らの体系によって解決したと信じているところの要求は決してこれより高いものではないようである。それによると、哲学の目標は、包括的で完全な、ほかの選択肢がないという意味で最終的に根拠づけられた体系であって、この体系は哲学のあらゆる専門領域と対象をすべて含み、それらを唯一の原理へと還元する。ヘーゲルは体系思想だけでなく、根底に置かれているその原理は主観性でなければならないという考えをもほかのドイツ観念論の思想家たちと共有している。ドイツ観念論はまさにこの前提に基づいている。シェリング以来、だがとりわけヘーゲルにおいて、まさにこの主観性が同時に実体としても理解され、精神 - 世界 - 二元論および観念論と実在論の二分法はきっぱりと解決された。突き詰めれば、主観性はヘーゲルにとって以下の理由でのみ優位を持っている。すなわち、それが――自己意識という現象へ立ち戻ることにおいて――内的で完全な自己解明を可能にするという理由によってである。そのように考えられるならば、ドイツ観念論の基盤は存在論的な性格というよりも説明的な性格を持つ。

　ヘーゲルは、そのような体系に対して、それがコモン・センスのパースペクティヴを完全に取り込み、自己認識と自己実現の絶対的なプロセスというパースペクティ

---

(48) 第二の自然というアリストテレス的な概念を再び組み込むことで自然を再魔術化するというマクダウェルのプロジェクトは、よい構築的な哲学を必要とするように思われる。Quante (2000b) を参照。
(49) この問題に関するさらに詳細な探求については Quante (2000a) を参照。
(50) ヘーゲル哲学のこの体系的な側面を真剣に受け止めるさらに詳細で有意義な試みは Siep u. a. (2001) に見いだされる。

ヴ全体へ統合しなければならないということを要求する。これを達成するためヘーゲルは、自然と精神のあいだの交互関係の中に表れる二つの表出的 repräsentational パースペクティヴを用いる。有限な視点からは、あるいはヘーゲルの表現を使えば「われわれにとっては」、自然は精神の前提条件を意味する。これに対し哲学的な視点からは、精神は「自然の真実態 Wahrheit であり、そしてそのことによって自然の絶対的優先者 absolut Erstes」(ENZ§381；全集3, 13) である。ヘーゲルは、存在論的な関係としても認知的な関係としても理解されるこれら二つのパースペクティヴを、以下のことを示すことによって基礎づける。すなわち、ここで問題となっているのは主観性そのものの構成的な構造——その反省的な構造に基づいて「同時に世界を独立の自然として前提すること Voraussetzen であるところの」自由な「措定すること Setzen」(ENZ§384；全集3, 30) だということである。人間的個体における第一の自然と第二の自然の存在論的な堅固さと、第一の自然と、芸術、宗教、哲学としてもあるところの第二の自然の文化的モデルにおけるパースペクティヴ的で認知的な限定は、ヘーゲルによると、絶対的理念の必然的で内的に完全な構造をなしているのであり、この理念は、主観 - 客観として、同時に概念であり存在なのである。

マクダウェルが、哲学の唯一の成果を、あらゆる哲学を終わらせるある種の自己治癒のうちに見るという危険に曝されているのに対し、ヘーゲルにおいては、哲学的な正当化へのあまりにも高すぎる要求という正反対の危険が浮き彫りになる。いずれの場合にも、選択された方法は哲学的な思考とコモン・センスとのあいだの解消されていない緊張関係に導く。マクダウェルにおいては、目指されている素朴実在論への回帰は素朴ではないし、元来の意味でのコモン・センスでもないとの反論がなされうるであろう。ヘーゲルに関しては、彼が日常的思考の実在論的な言明に対してその完全な修正を迫るような内容を与えるかぎり、われわれの日常的思考が彼の哲学的な「絶対的」パースペクティヴによってラディカルな意味変容を被らないのかどうかという問いが立てられる。(51)これに関してはさらに、ヘーゲルの方法とマクダウェルの方法は世界に対する哲学的なパースペクティヴと日常的なパースペクティヴとのあいだでのシーソー運動の二つの両極を示しているのではないかという疑問も湧いてくるかもしれない。

---

(51) マクダウェル自身の哲学理解およびヘーゲル哲学の両義性については McDowell (2000a) を見よ。ヘーゲルにおけるコモン・センスと哲学との関係についての詳細な分析については Halbig (2000, 第4章) を参照。

第3章
治療としての思弁哲学？

第1節　哲学の立場

　ヘーゲル哲学は正反対の異なる受け取り方を経験した。序論で示したように、この理由は事柄それ自体のうちにある。なぜならヘーゲルの哲学的思考自体が両義的だからである。一方で、それは悟性的な思考およびそれに基づいて構築された哲学的営為に含まれている諸々の伝統的な対立を克服するというヘーゲルの要求から生じている。だが、対立のそうした止揚は、その対立の中で格闘する思考にとっては、両義性という印象をもたらすにちがいない。他方で、ヘーゲルの哲学はその受け取り手に両義的な態度を強制する——少なくとも彼の思想構築物に体系的関心から関わろうとする場合にはそうである。ヘーゲルの哲学は閉じた体系であって、いかにしてそこへ入り込むのかというのが第一の問いとなる。この問いが解決されるならば、次に、いかにして再びそこから抜け出るのかという、ひょっとしたらさらに決定的な第二の問いがある。

　ヘーゲルは第二の問いを認めることはなかったであろう。なぜなら、彼は自身の体系をあらゆる哲学的展開の最終地点とみなしたからである。[1] これに対して、彼は第一の問いを非常に真剣に受け止め、何度もそれに取り組んでいる。たとえば、一方で、彼の著作のうちの一般向けの部分では、つまり序文と緒論においては、哲学は何でもって始められねばならないのかという問いへの考察が見いだされる。哲学の始元についてのこの問題はヘーゲルの体系の基本構想と要求から直接生じる。なぜなら、この体系のうちにはいかなる直接的もしくは「独断的な」前提もあるべきではなく、個々の定理の根拠づけは全体系そのものによってなされるべきであるからである。他方で、ヘーゲルは自らの哲学に対して、それが各々の思考の、つまり日常的な、そしてまた、哲学的な意識の必然的な最終地点であるということを要求する。

---

(1) このことは、ヘーゲルの『哲学史講義』(MM 18-20) の構想全体からはっきりとわかる。

同時に、一般の読者にとっては、思弁的思考の哲学的立場を我がものとするまでには、はるかな道のりがあるということをヘーゲルは理解している。それゆえ、ヘーゲルはエンチクロペディー論理学の「予備概念」において、この思弁的な思考の特殊性をあらかじめ明確にするよう努力している。さらには、『精神現象学』によって「意識の経験の学」を提示するよう試みたのである。この学は、さまざまな知の形態および知の要求、そしてまた、暗黙的また明示的なさまざまな認識論を通過して、ヘーゲルの体系の根底にある「絶対知」の立場へ至るまでの必然的な歩みがあるということを証明するためにある。日常的意識における知および知への要求のあらゆる形態、さまざまな社会的実践のうちに顕れている形態、そしてまた、自然科学や哲学理論のさまざまな根拠づけモデルは、ヘーゲルの考えと要求によれば、絶対的なものがそれ自身の適切な認識へと到達する展開の歩みとして理解されうるのである。

　ヘーゲルは、彼の哲学体系が哲学の最終的な答えであり、この答えはそれ自体において完全で他の選択肢がなく必然的であるということを要求する。このことは、彼の哲学がデフレ化する解釈を繰り返し引き起こすにもかかわらず、争われえない。ヘーゲルの途方もない要求は、体系的な関心から彼の哲学に取り組むすべての者を、両義的な状況へともたらす。

　第一に、ヘーゲルの体系の個々の部分の特殊な根拠づけは、つねに体系全体に負っているという周知の困難がそこにはある。一見するかぎり、このことは、体系的関心からこの哲学と関わるときに、全面的に関わるか、さもなくば、まったく関わることができないかのいずれかしかないという帰結に導くように思われる。確信を持ったヘーゲル主義者としてそれに関わる者ならば、概念の労苦はすでになされてしまっているがゆえに、自分自身の自己理解に従って、その労苦を引き受けることなく哲学的に失業することになるだろう。ヘーゲルの哲学を受け入れられない者ならば、オール・オア・ナッシングの選択肢のうちで残っているのは、歴史的なパースペクティヴにおいて彼の著作に取り組むという道である。(2) そうした純粋に歴史的な関心は——これが第二の困難なのであるが——ヘーゲルの自己理解を捉え損ねて

（2）この立場はひょっとしたらロルフ-ペーター・ホルストマンによってもっとも決定的に主張されているかもしれない。彼は、ヘーゲル哲学を再構成する際、繰り返し、そうした立場は体系的にはもはや主張されえないという結論に至る。こうした所見からの帰結は、ヘーゲルの体系に対してはその全体論的な性格ゆえに、今日では単に哲学史的な関心が向けられうるにすぎないというものである。ホルストマンの立場に関する議論については Siep u. a. (2001) を参照。

いるのみではない。さらに、それは体系的な哲学への要求を完全に放棄しなければならないか、あるいは、ヘーゲルの構想と両立しえない体系的な基盤に基づかねばならない。ここで第三の困難が生じる。再びヘーゲルの哲学へ差し戻されることになるのである。なぜなら、ヘーゲルの哲学では、選択肢となりうる他のありとあらゆる立場が止揚されているとヘーゲルは主張しているからである。このことを真剣に受け止める者は、各自の立場の基礎的な想定をヘーゲルがすでに議論し、十分な論拠でもって批判しているかどうかが検討しなければならない。それゆえ、ヘーゲルの挑戦に立ち向かう者は、同時に、自分自身の前提を意識するようつねに強制されている。ヘーゲルの体系が、選択肢となりうる他の立場の前提を批判したり統合したりするいかなる手だてをも準備していない場合、彼のプロジェクトは失敗したものとみなされうる。しかし、ヘーゲルがそれに成功している場合、選択肢となりうる他の立場は放棄されねばならない。

　おそらく今日では誰もヘーゲル哲学のとてつもない要求をもはや受け入れないであろう。その場合、問いは、いかにしてヘーゲルの哲学となおも付き合うことができるのかというものになる。ショーペンハウエルが独我論に対抗するために薦めたところの、無視するという戦略は、ヘーゲルの体系に対しては採用されえない。ヘーゲル哲学も、誰もそこから逃れることのできない難攻不落の要塞である（これはショーペンハウエルが独我論に認めたものである）とするならば、ヘーゲルは正しい。なぜなら、彼の考えによれば、われわれのうちの誰もが合理的な存在者としてこの体系の一部であるからである。それゆえ、第一の選択肢としては、われわれ自身の思考の諸前提がヘーゲルの体系に対抗する真の選択肢を提示するのかどうかということを検討することだけがわれわれに残されているにすぎない。このことは同時に、ヘーゲル哲学の歩みが本当に必然的で完全で、そして他の選択肢がないのかどうかを問うことを意味する。

　第二の選択肢は、ヘーゲルがそもそもこのとてつもない根拠づけ要求を掲げたということに異議を唱えるという戦略に基づいている。これに代わる提案として、彼の体系は治療的な哲学として理解されえないのであろうか。つまり、単に哲学的な誤解を批判し、現実性および自己自身と調和した日常的な意識の回復に役立つところの治療的な哲学として理解するという提案である。

　一見驚くべきことのように思われるかもしれないとしても、この読み方もまたヘーゲルの哲学的営為の本質的な側面を突いているということを主張することがで

きる。しかしながら、この読み方がヘーゲルの自己理解の中心を正しく捉えているかどうかは私には疑わしく思われる。ヘーゲルの思弁的な思考を哲学的な治療と同等視するという提案が斥けられるなら、この戦略は第一の選択肢へと導くことになる。ヘーゲルを治療的な哲学者として読むという提案のモチーフは、ヘーゲルの哲学的な洞察をすべてひっくるめて非難する羽目に陥ることなく、とてつもない根拠づけ要求から解放されたいという欲求のうちにある。このような解釈による戦略が失敗するならば、その場合には、いかなる論拠でもって、哲学は必然的な仕方でそうした強い要求を掲げなければならないというヘーゲルのテーゼが反論されうるのかという問いが残されている。ヘーゲル自身、たとえばヤコービへの取り組みにおいて示しているように、そうした他の選択肢となりうる哲学構想の可能性をしっかりと見ており、それを体系の契機として彼の体系へ統合することを試みたのである。ヘーゲルが選択肢となりうる他の哲学理解を止揚することに成功していないならば、ヘーゲルの哲学体系にとって外在的な哲学的立場が存在することになる。

　そのような外在的な立場が確保された場合、その立場から、第一に、ヘーゲルの体系全体が崩壊しても残り続けるのは、ヘーゲルの思考のいかなる側面かが問われうる。それどころか、第二に、もしかしたら、そのような仕方で変えられた哲学理解に基づいて、先に述べられた第一の困難からの出口が提示されるかもしれない。この困難は、ヘーゲルの体系の個々の基本的要素は、最終的に根拠づけられた全体論的な全連関の外部ではいかなる根拠づけをも持たないという点にあった。ヘーゲルとそれ以外の選択肢となる立場との違いは哲学的な根拠づけの水準に関わるので、ヘーゲルがその提供を約束する特殊思弁的な根拠づけを取り去ることは、もしかしたら、これがヘーゲルの前提のもとで見えるよりも、問題がなく、成果があるのかもしれない。それどころか、第三に、このような仕方で、ひょっとしたら、思弁的な思考の——選択肢となりうる他の哲学的な立場から見ると——誇大な要求それ自身が治療されるという可能性が、つまり、誤った哲学的な前提への誤った反応であることが証明される可能性が生じるかもしれない。その場合、それによってわれわれは最終的には、ひょっとしたらそれどころか、ヘーゲルの思想構築物を単に哲学史的に扱うのみならず、むしろ引き続き体系的関心からその中心的な基本的要素のいくつかに関わることをわれわれに許すような戦略を手にするかもしれない（これについては本書第4部の各章を参照せよ）。

　本章では私は第一の歩みで満足しておくつもりである。そして、いかなる治療も

適切な診断なしにはなされえないのだから、次の二つの問いを中心に以下の論述を進めることにする。

問い1：いかなる意味でヘーゲルの思弁哲学は治療的あるいは構築的であるのか？
問い2：ヘーゲルは、自身の哲学的な要求が放棄しえないものであるということを示すことができるのか？

これらの問いに答えるためには、若干の用語についてあらかじめ区別しておくことが必要である。

第2節　治療的な哲学と構築的な哲学の諸形態

治療的な哲学の形態と構築的な哲学の形態とのあいだの移行関係が流動的であるとしても、以下でなされる区別はとても役に立つと私は思う。一方では、治療としての哲学についての狭義の理解と広義の理解が区別されうる。他方では、構築的な哲学についての四つの異なる構想がある。

1．治療的な哲学の二つの形態
1．1　狭い意味での治療としての哲学
哲学が狭い意味での治療として理解されるのは、哲学の唯一の課題が、哲学的な誤りによって呼び起こされている誤解を治療することにある場合である。その際、この誤りの影響は哲学者集団へ制限されうるのだが、それは自然科学やそれどころかコモン・センスといった他の知的領域までも汚染してしまっていることもありうる。狭い意味での治療として哲学を理解することにとって決定的であるのは、哲学的な誤解以外に哲学的な治療を必要とする問題はないという想定である。哲学的な誤りの汚染から解放されるなら、他の信念体系は、少なくともそれがさらなる哲学的な治療を必要としていない限り、正常である。治療的な哲学についての狭義の構想を主張する者として理解されうるのは、後期のルートヴィヒ・ウィトゲンシュタインである。現在、この治療としての哲学の狭義の構想は、とりわけジョン・マクダウェルやペーター・ハッカーによって主張されている。[3]

---
(3) これについてはHacker（1997および2007）そしてMcDowell（1994）、そしてまたQuante（2000b）における私の議論を参照。

1.2 広い意味での治療としての哲学

　広い意味での治療としての哲学という構想によると、哲学の課題は、コモン・センス（あるいはまた他の信念体系）の信念が、それを持つ人びとに苦しみを与える場合に、それを哲学的に治療することである。医療とのアナロジーで考えられる哲学の課題はよき生活に貢献することにある。苦しみを引き起こす信念を哲学的な議論によって反駁するか、あるいは、少なくとも懐疑的な考慮によって鎮静化することこそが、まさに哲学の特有な機能である。この構想は、哲学的な誤解に起因するわけではないが、にもかかわらず哲学によって処置することができる問題があるという想定によって、狭い意味での治療としての哲学からは区別される。とりわけ古代のうちには哲学のこうした理解を示す多くの例が見いだされる。たとえば、著名なものとしては、哲学的な議論によって人間を死への不安から解放しようとするエピクロスの試みが挙げられる。

　治療としての哲学の二つの構想が共有しているのは、哲学的営為はまず何よりもよき生活を可能にするという実践的な目標に向けられているという考えである。その際、広い意味での治療的な哲学を支持する者は、狭い意味での治療的な哲学によって把握されるあらゆるケースもまとめて一緒に処置することができる。狭義の構想の枠組みのうちには、哲学的な誤解から生じる問題だけが哲学的に処置されうるという主張が含まれているという点に両者の違いがある。それに対し、広義の構想は、哲学によって引き起こされてはいないが、にもかかわらず哲学によって治療されうる問題があるという想定から出発する。(4) これら二つのメタ哲学的な立場のあいだの内容的な違いは、私が今から区別しようと思う構築的な哲学の様々な形態からどれくらい隔たっているのかという点において明らかになる。

（4）「哲学的な問題」という語り口は多義的である。哲学的に処置可能な問題は例外なしに哲学によって生み出されるという想定がそれによって理解される場合には、哲学的な問題と哲学的な誤解は一致する。そこから帰結するのは、狭い意味での治療としての哲学というメタ哲学的な立場はトリヴィアルになるということであろう。それゆえ、「哲学的な問題」という語り口は、「哲学という手段によって処置可能な問題」として理解されねばならない。哲学的な問題はあらゆる可能的な問題の部分量にすぎないということは争いえない。だが、狭い意味での治療としての哲学のメタ哲学的な立場と広い意味での治療としての哲学のメタ哲学的な立場のあいだでは、哲学的な問題の量と哲学的な誤解——したがって「自ら招いた」哲学問題の——の量は同じなのかそうでないのかが争われる。そしてこのことは実質的な哲学的問題であるように私には思われる。まさにひとつの哲学的な問題として。私は、ジョン・マクダウェルに、ディスカッションにおいてなされた彼の反論によって不明瞭さを取り除く機会を与えてくれたことに対し感謝する。

2．構築的な哲学の諸形態

　問題解決にとって有意味な、もしくは、とても役立つ貢献をするものは「構築的 konstruktiv」〔建設的〕でありうる。これに対し、目前の問題にほとんど適合していない、もしくは、それに何のかかわりもない解釈や解決の提案は「構成されて konstruiert」〔訳者補足：でっちあげられて〕いる。さらには、そのように構成されたものが構成されたものであるということがもはや見とおされない場合、それ自体が、元の構成されたものなしには生じなかったであろう新たな問題や困難の源泉となる。[5]

　これら二つの含意を踏まえると、「構築的な哲学」という特徴づけによって肯定的なものも否定的なものも考えられている可能性があることは驚くべきことではない。通常その際にはコモン・センスが基盤とみなされるが、肯定的なものか否定的なものかを判断するこの基準を、たとえば自然科学のような他の十分に確立された知の形態へ、あるいは、芸術や宗教における長く伝承されてきた文化的解釈形態にまで拡大するということも、十分に考えることができる。けれども、以下においては、コモン・センスが、問題解決のために依拠すべき基盤であり、かつ問題が発生する場所であるという単純化から出発する。

2.1　軽蔑的な意味での構築的な哲学

　今から私が区別したいと思っている構築的な哲学の四つの構想のうちの第一の構想は、狭い意味での治療的な哲学についての理解に基づいている。この基盤に基づくなら、「構築的な哲学」は、哲学的な誤解を真の哲学的な問題と認め、それに対して哲学的な解決を見いだそうとする誤りに対する、価値を貶める特徴づけでしかありえない。したがって、第一に、軽蔑的な意味での構築的な哲学はそのように特徴づけられた哲学者自身によっては受け入れられないであろう特徴づけである。第二に、狭い意味での哲学的な治療の唯一の対象を形成することこそが、否定的な意味での構築的な哲学の哲学的な解決である。ウィトゲンシュタインがガラスの容器からの出口を示そうとしたのはまさにこの軽蔑的な意味での構築的な「哲学者のハエ」である。

（5）私の考えによれば、この現象は、現代の心の哲学の内、認知科学に定位した部門において非常によく見いだされうる。もともと心的な概念性はコンピュータの機能を隠喩的に記述したものとして引き合いに出されたのだが、この隠喩的な性格はそうこうするうちに完全に失われてしまった。こうして、その存在がもっぱら以下の事実に負うところの擬制的な心的実在についての存在論が生みだされる。すなわち、この枠組みのなかで仕事をしている哲学者たちが、もはや隠喩としては認識されていない彼ら自身の隠喩に騙されてしまうという事実である。これについては第4章を参照。

2.2　狭い意味での構築的な哲学

　これに対し、狭い意味での構築的な哲学の構想は、広い意味での哲学的な治療という構想に基づいている。この第二の構想は、よき生活の危機を招くような、コモン・センスが抱える真正の問題のために建設的な解決を展開することを試みる。その際、これらの問題は、コモン・センスがはっきりと定式化している特定の信念のうちに位置づけられうるか、それとも——明らかにされないまま——矛盾へと導くところの暗黙の前提のうちに位置づけられうるかのいずれかである。

　哲学の要求と目標が広い意味での治療的な哲学と同等視されるなら、広い意味での治療的な哲学と狭い意味での構築的な哲学は相互に合致する。ここでもやはり、狭い意味での治療的な哲学は、広い意味での哲学的な治療という構想の構成要素でありうるということが妥当する。それゆえ、広い意味での治療としての哲学という構想に基づいて、「構築的な哲学」という特徴づけを軽蔑的な意味でも狭い意味でも用いることは十分にありえる。

2.3　広い意味での構築的な哲学

　広い意味での構築的な哲学という構想は、狭い意味での構築的な哲学というモデルを一歩超え出ていく。これによって、哲学を広い意味での治療的な哲学と同等視することが放棄される。コモン・センスによっては根拠づけられえない暗黙の想定や妥当要求がコモン・センスのうちに含まれているという考えがこれを導いている。われわれの日常的な意識のうちにある暗黙の想定や妥当要求に、哲学的標準に沿った仕方でそれらを根拠づけ、体系化するための哲学的な枠組みを与えることが、ここでの目標となる。広い意味での構築的な哲学は、暗黙の想定や妥当要求がコモン・センス内部での問題へ導くか否かとは関係なく、この目標を追求する。それゆえ、この哲学は、その自己理解からして、治療モデルや問題の除去へはもはや制限されえない。さらに、構築的な哲学のこの形態は、たしかにコモン・センスをなおも出発点や適切性の条件として真剣に受け止めるが、もはやそれだけに依拠するつもりはない。

2.4　修正的な意味での構築的な哲学

　続いて、最後の形態は修正的な意味での構築的な哲学である。この構想が修正的であるのは、それがコモン・センスの想定に対する一般的な懐疑から出発して、これを哲学的に根拠づけられた信念によって置き換えようとするからである。それどころか、極端な形態においては、この修正的な構築的な哲学は、広い意味での治療

的な哲学の限界事例として理解されうる。つまり、まさに、コモン・センスそれ自体がよき生活にとっての問題であると宣告され、治療として、哲学的な体系による置き換えを処方される場合がそうである。構築的な哲学のこの形態は、しばしば、広い意味での構築的な哲学の急進的形態としても現れる。その場合、修正的な意味での構築的な哲学は、哲学の課題は最終的には治療のうちにあって、その目標はよき生活を可能にすることにあるという考えを拒否することを、広い意味での構築的な哲学と共有している。両者の違いは、修正的な構築的な哲学はもはやコモン・センスを出発点や適切性の条件として受け入れないという点にある。

　以上の区別は、さらに精密にするべき余地を多分に残してはいるが、この区別に基づいて、ヘーゲルの思弁的な哲学は治療として理解されうるのかどうかという問いを、多少なりともより厳密な仕方で探求する地点に立つことができた。

第3節　治療としての思弁的な哲学？

　まず、治療的な哲学および構築的な哲学のさまざまな形態に位置づけられうるヘーゲルの言明や論証戦略を取り上げる。このことは、上述した区別の（少なくともヘーゲル解釈にとっての）真理発見的な価値を裏づけるのみならず、ヘーゲルの哲学が経験した正反対の評価をも説明し、本章における二つの主導的な問いのうちの第一の問いに答えることを可能にする。それは、いかなる意味でヘーゲルの思弁的な哲学は治療的あるいは構築的であるのかという問いである。

1. 狭い意味での哲学的な治療と軽蔑的な意味での構築的な哲学

　ヘーゲルには、彼自身の論証戦略を狭い意味での治療的な哲学として理解するための数多くの例が見いだされうる。ヘーゲルは自らの体系の枠組みのなかで伝統的な哲学的カテゴリーを批判し、また部分的にその解釈を変更しており、その意味で、彼は多くの哲学的な問題設定に対して狭い意味で治療的な態度をとり、それらを誤った対立設定の表れとして、つまり、不適切な哲学的前提からの帰結として叙

（6）この典型的な例は人格の通時的な同一性についてのパーフィットの考察である。彼の考えによれば、われわれの日常的な見方は強力な誤りに基づいており、この誤りは哲学における誤った理論形成を必然的に伴うのみならず、むしろまた、われわれがこの誤った想定から解放されうる場合よりも、われわれの生活がよく（あるいは成功してい）ないという結果も招くのである。これについては Parfit (1989, 第 13-15 章、とくに 281 頁；邦訳 387-388 頁)を参照。

述していると言える。この戦略のとくに顕著な例は、魂〔心〕は非物質的であるかどうかという問いをヘーゲルが退けていることである。これについては『エンチクロペディー』の第389節において以下のように述べられている。「心の非物質性に関する問題は、ただ、一方においては物質が真なるものとして表象され、そして他方においては精神が事物として表象されるときだけ、なお意義をもつことができる。」(ENZ§389 A；全集3, 52)。

　ヘーゲルは、古典的な心身問題についても、魂と身体が「絶対的に独立的なものとして前提される」(同上；全集3, 53) かぎりは解決不可能とみなす。すなわち、古典的な形而上学は「この共在 Gemeinschaft」を「事実 Factum」(同上) として認めたが、「通常の解答」であるとみなされうるのは、その問題設定の前提に基づいて、「心身共在は不可解な秘密である」(同上) ということである。そこからヘーゲルは以下のように結論づける。「まさにこのような設問は許されることができないものとして認識されなければならない」(ENZ§389 Zusatz；全集3, 58)。彼にとっては、身体と魂の共同の可能性に対する憂慮は、誤った哲学的前提からの帰結以外の何ものでもないのである。[7]

　まったく同様のことが、たとえば、『法哲学』において講じられている、「ヴォルフ形而上学の時代にとりわけ行われた論争、すなわち、意志は現実的に自由であるのかどうか、あるいは、意志が自由だという知は単なる錯覚にすぎないのかどうか、という論争」(R§15 A；全集9 a, 56) に対する診断に当てはまる。ヘーゲルにとって意志の自由についてのこの問題は、彼の論述が示しているように、そこで前提されている自由概念に基づくかぎりは解決できない。意志の自由を恣意や選択の自由と同等視するという前提から解放されるなら、この哲学的な論争からその基盤が取り除かれるであろう。[8]

　ヘーゲルが提案する解決策が事柄に即して適切かどうかにはここではこれ以上立ち入る必要はない。二つの例は、はっきりと——そしてここではこれだけが肝要なのだが——ヘーゲルが狭い意味での治療としての哲学の自己理解に相当する論証戦略を追求しているということを裏づける。同時に読み取れるのは、そのように誤った仕方で行われている哲学的な議論の特徴を表すために、ヘーゲルは軽蔑的な意味

---

(7) これについては Wolff (1992)、Merker (2004)、そして本書の第5章、第6章を参照。
(8) これについては Pippin (1997a, 1999および2004)、そして Quante (2003および2011の第10章) を参照。

での構築的な哲学の概念を手にしていたということである。それに該当するヘーゲル自身の用語は「悟性形而上学」であり、あるいは、制限つきではあるが、「反省哲学」である。

2. 広い意味での哲学的な治療と狭い意味での構築的な哲学

　ヘーゲルが自分の哲学を広い意味での治療として理解し営んでいるということについても、多くの証拠が見いだされうる。哲学的な思索を始めて以来ヘーゲルにとって問題であったのは、彼の時代の哲学のみならず、彼の同時代人たちの倫理的そして文化的な自己理解をも特徴づけているとヘーゲルが考えていた対立、分裂、破裂を診断し治療することなのである。[9]たとえば、1801年に出版された『差異論文』においてすでに次のように言われている。「合一する力が人間の生から消え失せ、対立項が、それらの生き生きとした関係と交互作用を失って自立的になった時、哲学の要求が生ずる」(GW 4, 14/MM 2, 22) (訳注1)。

　「分裂こそ哲学の要求の源泉である」。後者〔哲学〕において精神は「引き裂かれた調和を〔……〕自分で」回復する (GW 4, 12/MM 2, 20；前掲邦訳、15頁)。ヘーゲルが後の著作において定式化しているように、個人が現実と和解することこそが哲学の目標なのである。ここでヘーゲルが「現実 Wirklichkeit」という表現で考えているのは、単に、存続しているものの肯定というような単純なものではない。「和解」は、1830年の『エンチクロペディー』においてもなおも絶対的精神の目標として規定されている (ENZ§555；全集3, 501)。1818年のベルリン大学での教授就任演説の構想の中には、哲学の要求と目標について、『差異論文』で詳述されているものとほとんど同一の規定が見いだされる (GW 18, 20f./MM 10, 407)。さらに、ヘーゲルが自らの哲学体系を総じて広い意味での治療として理解していたということの例を、そしておそらくは最もよく知られた例をもう一つだけ挙げるとすれば、『法哲学』への序文の次の一節が思い起こされるであろう。そこには同じく「和解」という標語が見いだされる。「理性を現在という十字架のうちのバラとして認識すること、そうすることで現在を享受すること、この理性的な洞察こそは、……現実との和解である」(R Vorrede；全集9a, 21)。

　ヘーゲルが広い意味での治療として哲学を営んでいるとすれば、それと同程度の

---

(9) これについては Siep (1992a および2000)、Rózsa (2005) そして Pippin (1997b) および Pinkard (2000) を参照。

仕方で、――私の用語では――狭い意味での構築的な哲学をも営んでいる。近代において個人が経験したこととしてヘーゲルが理解し、またとりわけ『精神現象学』においてさまざまな仕方で定式化し、叙述している方向喪失や疎外は、思弁的な哲学によって止揚されねばならないし、また、止揚されうる。ヘーゲルの法哲学も、人倫的な基盤や社会的な諸制度の理性性に対する個人の信頼喪失を取り除こうとする努力として理解されうる。(10) これらの分裂現象は個人のよき生活や普遍的なよき生活という目標に至る妨げとなるので、これらの経験を哲学的に止揚することは、明らかに狭い意味での構築的な哲学を示している。(11)

3. 広い意味での構築的な哲学？

哲学は、それがコモン・センスの枠組みから外れる想定を用い、そうした妥当要求を擁護する場合、広い意味で構築的に営まれる。その場合、たしかにコモン・センスは相変わらず出発点および適切性の条件として妥当するが、もはや哲学的な言明の唯一の基準点や適切性の尺度としては認められない。

ヘーゲル自身は、自らの哲学に広い意味での構築的な哲学の目標を帰属させたとしても、きっと何の問題も感じなかったであろう。第一に、彼はすでに言及した就任演説において「一般に［……］哲学の本来の要求の根底にあるものはいかなる（思考する）人間のもとでも前提され」(GW 18, 20/MM 10, 406；全集1, 8) ねばならないと主張している。第二に、彼は『精神現象学』の緒論において、自身のプロジェクトを「真実の知にまで迫って行く自然的意識の道程」として、そして、

> 魂が己れの本性によって予め設けられている駅々としての己れの一連の形態を遍歴して行き、その結果、己れ自身をあますところなく完全に経験することによって、己れが本来己れ自身においてなんであるかについての知に到達して、精神にまで純化させられるさいの道程 (GW 9, 55/MM 3, 72；全集4, 80)

として記述している。そして『エンチクロペディー』の予備概念においてヘーゲルは、

---

(10) これについては Rózsa (1997) および (2004) を参照。
(11) ヘーゲルにとって、客観的精神の脆さゆえに、自然、社会、歴史と人間との円滑な和解が長く続くことは期待されえないので、その和解戦略の大部分は、よき生活への過度の期待を哲学的に鎮静化することにある。ヘーゲルの実践哲学のこのストア的な根本特徴のゆえに、ウィトゲンシュタインの静寂主義および狭い意味での治療としての哲学というメタ哲学的な構想との違いをはっきり見てとることは難しい。

「以前の形而上学」(ENZ§27；全集1, 125) と科学的な研究とコモン・センスの一致を主張する。「最初のあらゆる哲学、あらゆる学問、それどころか意識の日常のいとなみですら、この信念のうちに生きている」(ENZ§26；全集1, 124)。

ここでヘーゲルが言及している、科学／学問 Wissenschaft や哲学がコモン・センスと共有する暗黙の信念は、事物の認識可能性と思考可能性というテーゼである。この基礎的な想定のゆえに、この思考は「真正の思弁的哲学的思惟」(ENZ§27；全集1, 124) でも、悟性形而上学でもありうる。というのも、この思考においては思考と対象の対立がまだなお適切に展開されてはいないからである。ヘーゲルの記述には、思弁的な哲学は基礎的な想定をコモン・センスの見方と共有しており、それゆえ前者は後者を引き継いでいるという含意がある。さらにそれは、この基礎的な想定の正しい解釈と正当化はコモン・センスにおいてではなくて、思弁的な哲学においてはじめてなされうる、ということを含意している。

事柄から見ると、これに等しい関係規定は『精神現象学』における自然的な意識と絶対知の関係のうちにも見いだされる。「自然的意識は自分が知の概念であるにすぎないことを、言いかえると、実在的知ではないことを自証するであろう」(GW 9, 56/MM 3, 72；全集4, 80)。

この構想は広い意味での構築的な哲学である。なぜなら、尺度は外から自然的な意識あるいはコモン・センスにあてがわれるのではないからである。つまり、「概念と対象、尺度と吟味せらるべきものとが意識自身のうちに現にあるという側面から言って、我々のほうからする手出しが無用である」(GW 9, 59/MM 3, 77；全集4, 87) からである。

しかし同時に思弁的な哲学は、コモン・センスや自然的な意識の根底に置かれている想定を変形する。後者〔自然的な意識〕は、それが単に概念にすぎず、まだなお知の実在性ではないにもかかわらず、「むしろ自分が実在的知であると思いこんでいるので、この道程はこの意識にとっては否定的な意味をもち、概念の実現であるところのものが却ってこの意識には自己喪失をきたす」(GW 9, 56/MM 3, 72；全集4, 81) のである。

これを別の仕方で定式化すると次のようになる。教養形成の歩みの終わりではじめて、つまり絶対知においてはじめて、自然的な意識の暗黙の想定と妥当要求が満足いく仕方で解釈される。思弁的な哲学においてはじめてコモン・センスの妥当要求が根拠づけられ、その基礎的な想定の正しい意味が解き明かされるのである。こ

のようにヘーゲルは理解されうるだろう。

したがって、ヘーゲルが自分自身の哲学に広い意味での構築的な哲学の目標を帰属させるということもまた明らかである。彼は、コモン・センスを引き継ぐという要求も、構築的な哲学における解釈によってコモン・センスがその直接的な自己理解から逸脱し、変容を被ることになることについての知も、広い意味での構築的な哲学の構想と共有している。しかし、コモン・センスあるいは自然的な意識から出発して、必要とされている変化をこれらが洞察することを〔ヘーゲルは〕要求するのであって、それゆえ、思弁的な哲学は、修正的な構築的な哲学になることなく、広い意味での構築的な哲学にとどまるのである。これに成功するなら、妥当要求は事柄に即して正当化され、誤りとして退けられる必要はなくなる。だが、その根拠づけはコモン・センスに基づいては不可能であり、むしろ思弁的な哲学を必要とするのである。

これまで論述されたことのうちに暗黙に含まれている、治療的な哲学と広い意味での構築的な哲学の関係規定に、おそらくヘーゲルは同意しなかったかもしれない。上記の概念的な確定によれば、後者は前者を超え出ていく。なぜなら、後者はよき生活を可能にするという課題だけに拘束されえない真の哲学的な問題があるということを認めるからである。ヘーゲル自身、コモン・センスの暗黙の妥当要求と根拠づけ可能性とのあいだにある深淵、そしてまた、知の概念と知の実在性とのあいだにある不一致は必然的に懐疑主義へ導き、この基礎的な分裂を廃棄するという目標を追求する誤った哲学的な理論を生みだすと考えていた。後者の哲学的理論によって、暗黙の妥当要求に応えることとしての真理が放棄されるのみではない。同時に、この解釈はあらゆる疎外現象の源泉なのであって、この疎外現象のゆえに近代的個人にとってのよき生活は達成不可能な彼方へ追いやられてしまっているように思われるのである。(12) それに対応する仕方でヘーゲルは『エンチクロペディー』第二版への序文において次のように述べている。

> 彼らが哲学を取り扱って、それを把握したり判定したりするとき、哲学そのものは彼らの手のもとでもっともひどい目にあうことになる。自然的あるいは精神的、とりわけまた宗教的な生命性の事実が、その事実を摑む能力のないあの省察によって形をくずされるのである (GW 20, 7/MM 8, 17;全集1, 30)。

---

(12) これについては Rózsa (2007) における研究を参照。

コモン・センスの暗黙の妥当要求に応えることは、広い意味での哲学的な治療というプロジェクトの必然的な構成要素である。このようにヘーゲルは理解されうるだろう。ヘーゲルが彼自身の二つのテーゼを根拠づけることに成功するなら、広い意味での治療的な哲学と広い意味での構築的な哲学は相互に一致する。次に取り上げられるべき第二の主導的な問いが目指すのはこの連関である。だがその前にもう少し修正的な意味での構築的な哲学に対するヘーゲルの関係が明確にされねばならない。

4. 修正的な意味での構築的な哲学？

　ヘーゲル自身は修正的な構築的な哲学を、矛盾しており有害であるとみなしている。理論的な専門領域としてのそれは矛盾している。なぜなら、ヘーゲルによると、そもそもコモン・センスや他の知の形態にその出発点を求めないような知の形態は一切ありえないからである。あらゆる知の形態を貫徹する意識の必然的で完全な展開の歩み、『論理学』の完結性、完全性、そして他の選択肢を持たないという性格、そして自分の哲学体系において哲学的な展開が終わるというヘーゲルのテーゼが本当なら、そこから独立した修正的な哲学は決してありえない。

　実践的な観点においても、つまり人倫的な諸制度の中でよき生活を可能にすることに関しても、ヘーゲルは修正的な構築的な哲学を以下の意味で矛盾したものとみなしている。すなわち、この哲学は善を実現するというその目標をそれ自身の行為と営みによって破壊してしまうという意味においてである。道徳的な当為に対するヘーゲルの批判は、さらには実在的な社会的諸制度に抽象的な哲学的構築物を対置することに対する、法哲学における拒絶もまた、「ミネルヴァの梟」（R Vorrede；全集9a, 22）としての哲学という彼のよく知られたイメージがぴたりと当てはまる哲学の射程距離についてのこうした評価の表れなのである。

　だが、たとえヘーゲルが彼自身の体系を修正的な構築的な哲学として特徴づけることは自分とは縁がないとしてきっぱり拒否していたとしても、彼の思弁的な哲学が繰り返し曝されてきたのはまさにこの非難なのである。シェリング、フォイエルバッハ、マルクス、あるいは、ロルフ・ペーター・ホルストマンのような今日の解釈者たちであれ、彼ら全員が——哲学についての彼ら自身の、多かれ少なかれ証明されたメタ哲学的な理解に基づいて——ヘーゲルに対して、（『精神現象学』においてヘーゲルが自分自身で用いているイメージを取り上げるなら）コモン・センスを逆立ちさせているとか、自然的な意識をまるきり後ろ向きにさせたと非難している。

これらの解釈者たちによれば、コモン・センスの暗黙の想定の体系的な再構築と、自然的な意識が暗黙に掲げる妥当要求に応えるというヘーゲルの要求は誤った方向へ導くものであり、決して果たされてはいないのである。ヘーゲルをこうした仕方で批判した哲学者たちのリストが示しているように、ここで問題となっているのは、狭い意味での治療的な哲学のメタ哲学的な基盤にのみ立脚して投げ掛けられた非難では決してない。その事柄に即した具体的内容は、先に定式化された問いのうちの第二の問いが立てられる場合にのみ、評価されうる。すなわち、ヘーゲルは、自身の哲学的な要求が放棄しえないものであるということを示すことができるのだろうかという問いである。

第4節　ヘーゲルの体系には出口がない？

　思弁的な思考を修正的な構築的な哲学と見なすことはヘーゲル自身の視点からも非難として評価されるべきなのだが、この見方を覆すためには、ヘーゲルは以下の事柄を示さなければならない。
　すなわち、思弁的思考の中には、コモン・センスあるいは自然的な意識のあらゆる中心的な想定や暗黙の妥当要求が保持されており、新たな解釈が施されてはいないということ（証明目標1）、
　そしてまた、
　ヘーゲルの体系は、コモン・センスのこの「止揚」を果たすことができる唯一の体系であるということ（証明目標2）、である。
　この証明にヘーゲルが成功した場合、――先の区別に従えば――次なる問いは、ヘーゲルは以下の事柄をも示すことができるのかどうかという問いになろう。
　すなわち、彼の思弁的な哲学の認識論的そして形而上学的な想定は、必然的に、広い意味での治療的な哲学を営むことに賛成する、ということをである（証明目標3）。
　さらにこのことも示されうるとしたら、その場合には本書で提案されている、狭い意味の構築的な哲学と広い意味の構築的な哲学とのあいだの区別は無用となるか、あるいは、ヘーゲルの体系において止揚されているということになるであろう。この証明が失敗した場合、ヘーゲルの哲学は広い意味で構築的であり、彼は最終的には治療的な哲学という構想を追い求めているのではないことになるであろう。
　私の理解によれば、広い意味での治療的な哲学と広い意味での構築的な哲学は一

致するという信念がヘーゲル哲学の根底にある。このことは、なにゆえに彼の体系は二つの視点から解釈されうるのかということを説明する[13]。これまでの議論の歩みによれば、私が次のようなテーゼを主張しても、ここではおそらく驚かれはしないであろう。すなわち、ヘーゲルはこれら三つの証明目標のいずれも達成しなかった。なぜなら、コモン・センスあるいは自然的な意識が、彼の体系において展開され、明示的に定式化されるような想定や妥当要求を暗黙に含んでいるということを示すことができないからである。そして、ヘーゲルがこの第一の証明目標ですでに躓いているなら、残りの二つの証明目標ももはや解決可能ではないことは明白である、というテーゼである。

そこで以下ではこのテーゼを、どのようにしてヘーゲルは彼の三つの証明目標を達成しようと試みているかを叙述することを通じて、哲学的な診断によって根拠づけたい。そうして最後に、なにゆえヘーゲルは、私の考えによると、それと関連して生じる証明の負担を担うことに成功しないのかということの理由を提示してみたい。

1. 古代の懐疑とデカルト

ヘーゲルが治療的な哲学と構築的な哲学を位置づけている特殊な布置関係を解明する鍵は、ヘーゲルにおける古代の懐疑主義とデカルトの主観性哲学の受容のうちにある。『哲学史講義』が示しているように、ヘーゲルはデカルトの哲学を懐疑主義としては理解していない。なぜなら、デカルト哲学の目標は、知の確実な基盤を獲得し、懐疑を認識方法としてのみ用いるという点にあるからである（MM 20, 127；全集14b, 78）。同時にヘーゲルは、彼が取り組んだヒュームやシュルツェなどの近代の懐疑主義よりも古代の懐疑主義がいっそうラディカルであるということを認識した最初の者たちのうちの一人であった。ヘーゲルによると、近代の懐疑主義者は、たとえば生得的な観念の実在やア・プリオリな総合判断の可能性に異を唱えるというような仕方で、特定の認識可能性や根拠づけ可能性に対する懐疑だけを定式化しているにすぎない。同時に懐疑のこの形態は、それ自身の論証においては、疑いえないものとして前提される特定の根本想定から出発する。すなわち、感

---

[13] さらに、私の考えでは、それは思考と意欲との〔理解することが〕困難な関係、そしてまた、認識の理念および意欲の理念の絶対的理念に対する関係の構造を適切に規定するための鍵を与える。これについては Siep (2004) も参照。

覚的経験の確実性や、——この点でデカルトに近いのだが——自分自身の心的状態の確実性である。それゆえヘーゲルは、すでに彼の初期の論文「懐疑主義と哲学との関係」(GW 4, 197-239/MM 2, 213-272)（訳注2）において、近代の懐疑主義は決して懐疑論ではなく、むしろ隠された独断論であると結論づけている。

　ヘーゲルは古代の懐疑においては以下の二つの事柄が中心的であるとみなしている。第一に、懐疑主義者は、自分が無制限に真とみなすようないかなる言明をも定式化しない。懐疑主義者はいかなる可能的な想定 p にも、説得力をもって誤りであるということが示されえないところの、想定 p と両立不可能な想定 q を対置することで懐疑する。この論証の歩みでもって、懐疑主義者は q が真理であることに責任を負うのではなく、むしろ、ヘーゲルによれば、単に p の確実性を掘り崩すにすぎないのである。同時に、合理的な論証に与するこの「思考する懐疑主義」(MM19, 359；全集13, 293) は——ヘーゲルから見ても——決して合理性に与することのない反駁不可能な懐疑からは区別されねばならない。ヘーゲルは後者の状態を「麻痺」(同上) の状態と比較しているが、この言葉によってヘーゲルは、懐疑のこの形態は思考として働かせるべきではないということを言おうとしているのである。

　これに対し、懐疑主義者が「思考する懐疑主義者」として働くなら、第二に、思弁的な哲学に一つの着手点を提供する。たしかに思弁的な哲学は、その個々の諸前提を懐疑主義者に対して独断的に主張することはできない。イソステニー Isosthenie（訳注3）という方法は、ヘーゲルによれば、懐疑主義の真正の原理であり、それゆえ思弁的な哲学へ統合されねばならない。だが、いかなる他の選択肢も考えられず、懐疑を真正の契機として含む原理があるということが示されうるなら、その場合には懐疑主義の戦略は克服されている。周知のようにヘーゲルの『精神現象学』はまさにこのことを証明することに捧げられている。理性の外部には何もないというテーゼは、思考する懐疑主義者もまた理性の一部であり、絶対知のうちで統合された契機としての自己を、自己を「完遂する懐疑主義」(GW 9, 56/MM 3, 72；全集4, 81) として再認することができるということを指し示すものとして理解されうる。[14]

　哲学は個々の諸前提から始められるべきではなく、むしろ、いかなる有限なあるいは一面的な原理にもそれと同等の価値をもつものが対置されうるということは、ヘーゲル哲学の中心的な方法論的前提の一つである。あらゆるものを包括する全体

---

[14] これについては Heidemann (2007) における詳細で歴史的に包括的な叙述を参照。

論的な根拠づけという彼の試みは、各々の個別的な原理に関しては懐疑主義に正当性を与えるが、同時に、それを克服する。なぜなら、ヘーゲルは懐疑的な運動を新しいカテゴリーの弁証法的産出のために利用するからである。古代懐疑主義についてのヘーゲルの解釈は、コモン・センスあるいは自然的な意識の知の要求は思弁的な哲学においてのみ応えることができるという彼のテーゼの第一の礎石なのである。

　この目的のためにヘーゲルは主観性理論の中心的な要素へ立ち戻る。すなわち、デカルトによって最初に定式化された哲学のこの構想によって、「教養形成」が「そのいっそう高い精神という原理を思想において捉える」(MM 20, 126；全集14b, 77) ことに成功したというわけである。哲学に新たな基礎を提供するのは（個々の表象や信念の確実性ではなく）、まさに、あらゆる存在の原理でありかつ同時にあらゆる確実性の原理としての自我 Ich である。ヘーゲルにとって、自己自身についての純粋な思考としての自己意識が概念と対象の関係についての存在論的な基本モデルとなり、そしてまた、確実性のための認識論的な基本モデルとなる。それゆえヘーゲルによれば、デカルト哲学の根本想定のうちの第一と第二の想定は、いかなる前提も置かないこと (MM 20, 128；全集14b, 78)、そして、自己意識の確実性から出発すること (MM 20, 130；全集14b, 81) というものである。これがヘーゲルの第二の礎石である。ところで、ヘーゲルによると、デカルト的モデルと懐疑主義とのあいだには二つの絡み合いがある。一方で、懐疑主義が単に疑いの感情を意味するのではなく、むしろ自己を治療として理解している哲学の思考する懐疑主義を意味するならば、それは思考の一つの形態である。そうしたものとしての懐疑主義は理性の一部であり、理性にとって外的ではない。他方で、デカルト的なアプローチ

---

(15) 方法論的な独我論と切り離しがたく結び付いているところの、デカルトに見いだされうる自己意識についての認識論的な構想に対して、ヘーゲルにおいては――とりわけ『精神現象学』において――社会的外在主義という、自己意識の構想についてのもう一つの選択肢が見いだされる。これについては Pinkard (1994) および本書の第11章を参照。『論理学』におけるヘーゲルの概念全体論を強力な足場として、とりわけロバート・ブランダムがその根本特徴を提示した、社会的実践の「推論主義的意味論」としてのヘーゲル哲学の再構成は、心的なものについてのヘーゲルの社会的外在主義によって説得力を得る。これについては Brandom (2002, 第6および7章) を参照。しかしながら、ピンカードの再構成もブランダムのそれも、それらがヘーゲルによる図式−内容−二元論の止揚のラディカルさを十分には顧慮していないという欠点を共有している。これについては第2章を参照。こういう理由で、客観的観念論についてのブランダムによって提案された再構成は最終的に社会的構成主義となるのだが、これはヘーゲルの存在論を正当に評価していない。

(16) ただし、確実性は体系的な観点においてはデカルトの論証の出発点ではあるが、叙述という側面からみるとそうではない。

は懐疑主義の本質的な特徴を含んでいる。なぜなら、それは、「ひとはあらゆるものを疑わなければならない、つまりあらゆる前提を放棄しなければならない」（MM 20, 127）ということから出発するからである。

　ヘーゲルがコモン・センスと思弁的な哲学を、自分の望むように結合するための第三の礎石は、以下の考察のうちに見いだされる。古代の懐疑主義もデカルトの主観性理論も、その論考において、思考と存在、概念と対象のあいだには原理的な深淵があるということを前提している。古代の懐疑主義はこれを外的な客体についての言明にのみ適用する。なぜなら、自分自身の心的な出来事についての言明は真偽に関わるものではありえないとみなされているからである。だが、外的な現実性についての言明は、思考と存在の差異ゆえに、古代の懐疑主義にとって不確実なものとみなされる。ヘーゲルによれば、デカルトにおける懐疑の方法も、概念と対象とのあいだには深淵があるという想定に基づいている。この想定は思考と存在が同一である純粋な自己意識のケースに限っては反駁される。ヘーゲルが論じているように、「その場合、存在は思考でもあるところの単純な直接性以外の何ものでもない」（MM 20, 134；全集14b, 83）。それゆえ、思考と存在のあいだには原理的な深淵があるという想定はあらゆるケースで妥当するのではなく、一つの――文脈的にのみ正当化されるべき――想定を意味しているにすぎないのであり、この想定は思弁的な哲学によってその妥当領域のうちへ制限されねばならないし、また、そうされうるのである。[17]

　この想定が制限されねばならないのは、ヘーゲルがコモン・センスそしてまた以前の形而上学に対して、思考と存在のあいだには架橋できないいかなる深淵もないという想定を帰属させているからである（ENZ§§26以下）。この想定が制限されうるのは、それが自己意識の場合には適用されえないからである。これによって、懐疑主義的な懐疑に対して抵抗力を持つ存在の概念が主観性理論的に展開されているのである。絶対知のこの立場は、思考がその客体への関係において自己自身に関係する場合、つまり、『精神現象学』において言われるように実体が同時に主体として概念把握されている場合に、達成されている。認識的な要求を掲げるいかなる主体

---

(17) この点において、『心と世界』におけるマクダウェルの考察とヘーゲルの哲学のあいだにマクダウェルが平行関係を見いだしていることは適切であるように思われる。これについては第2章を参照。しかしながら、まさにブランダムやピンカードによる再構成には見いだされる世界への関係の社会的媒介性が、マクダウェルの分析においてはほとんど考慮されていないという Wetzel (2004) の指摘は正しいと認められねばならない。

もこの自己意識という審級であって、したがって思考と存在の同一性という真理の尺度を暗黙に自己のうちに持っているのである。しかしこれはなおも直接的な前提を表しており、この直接性は自己にとって完全に透明な純粋な思考としての自我の構想と合致しえないので、懐疑主義は知の概念から知の実在性へという意識の展開のうちにその権利と係留点を持つ。『精神現象学』が描くのはこの必然的で完全に閉じられた展開の歩みである。この歩みは、思考と存在そしてまた概念と対象とのあいだの差異が止揚されているところの認識論的かつ存在論的なパースペクティヴにまで通じている。[18]

2. 体系からの出口？

　ヘーゲルはその体系要求を実現することに成功したのかどうかという問いがある。大抵この問いには否定的に答えられるし、私はここでこの問いをさらに追究しようとは思わない。その代わりに、その体系要求を自然的な意識のうちに繋ぎとめることに、あるいは、コモン・センスの必然的な要素として証明することにヘーゲルは成功しているのかどうかということを問うことにしたい。

　私の考えでは、相互に関連している三つの理由でヘーゲルはそれに失敗している。第一に、彼は懐疑主義の一般的な挑戦を真剣に受け止め、懐疑主義者の暗黙の要求とイソステニーの原理を満たす認識論的な基礎を展開しようと試みている。この意味で、ヘーゲルは特定の根拠づけ要求を懐疑主義者と共有する。しかし、われわれが日常において必要としているのが、このような種類の根拠づけであるのかどうかは疑わしい（これについては私の第三の反論も見よ）。[19]信念の確実性は、われわれ

---

(18) これについては Siep u. a. (2001) を参照。だが、たとえばフィヒテの場合と違って、ヘーゲルの場合、この「自我」は内容を伴った具体的な演繹原理を与えるのではなく、むしろ批判的な吟味のための審級として最もよく理解されうる。

(19) ルートヴィヒ・ジープはある議論のなかで以下のような異論を唱えている。コモン・センスの本質的な構成要素である宗教的な信念のうちには、それでもやはり最終的な根拠づけのモデルが暗黙に含まれている、と。これに対しては二つ反論すべきことがある。第一に、最終的な根拠づけのかたちは、宗教的な態度それ自身のうちに含まれているというよりも、むしろ宗教的な態度の神学的な解釈であると私は思う。第二に、宗教的な信念はその「実存的な義務性格」によって、つまり、それがある人格の実践的なアイデンティティと生活遂行を構成するということによって特徴づけられる。この意味で、それは異論の余地なく基礎的である。しかし、この実存的な直接性が最終的な根拠づけへの根拠づけ主義的な要求という意味で解釈されるなら、それは哲学的な誤解であろう（し、そのようなものとして治療されねばならないであろう）。

が他の可能な選択肢を案出できるということによって掘り崩されるのではなく、むしろ重要でよく根拠づけられた他の選択肢によってのみ掘り崩される。ヘーゲル自身、その実践哲学においては、このプラグマティックな方法を受け入れている（これについては第十三章を見よ）。だが、体系それ自体の局面でヘーゲルが目指しているのは、文脈から解放された積極的な最終的根拠づけである。この根拠づけは彼の方法論的な基盤のゆえに、結局は全体論的になるにもかかわらず、である。哲学は現実性が持つ理性性に対する、とりわけ人倫的諸制度に対する哲学的に動機づけられた懐疑を最終的な根拠づけによって一掃する場合にのみ、その治療的な目標を達成することができるというヘーゲルの想定は、疎外経験の発生と哲学の根拠づけ力に関わる、哲学に対する二重の過大評価に基づいている。[20]

　第二に、ヘーゲルがこの根拠づけの仕事を果たすことができると信じているのは、デカルト、カント、フィヒテの主観性哲学という、自己意識の哲学的なモデルを手にしており、誤りえない知と、思考と存在のカテゴリーの、必然的で完全で自己自身にとって透明な体系という意味での最終的根拠づけとを組み合わせるからである。だが、この評価はあまりにも楽観的なものであることが判明した。付け加えるならば、ヘーゲル自身、『精神現象学』においても『エンチクロペディー』においても自己意識の外在主義的な構想を、萌芽的な形ではあれ、展開している（第11章を見よ）。だが、体系の全体構成という局面では、引き続きデカルト的な内在主義にとらわれたままである。

　第三に、有限な主体としてのわれわれがこのような確実性の要求と根拠づけの要求を暗黙に掲げているということを示すことにヘーゲルは成功していない。これが成功するのは、有限な主体が自己意識というこの哲学的なモデルの事例であって、この主体に暗黙に帰属している構造、想定そして要求を、哲学的な議論によって、明示的に、自分たち自身のものとして承認するところにまでもたらされうる場合のみであろう。しかし、そのような知の要求を掲げることのできる主体についての説得力のある、他の選択肢を持たないモデルを提示することにヘーゲルが成功しているかどうかは疑わしい。この点でヘーゲルが失敗しているなら、ここでヘーゲルは、それ自身がすでに哲学的な構築の結果であるところの暗黙の想定や証明要求を持った構造を、日常的な意識やコモン・センスにこっそりと押しつけていることになろう。

---

[20] これについては Quante (2011) における私の再構成も参照。

そうすると、無視することによってではなく、十分な根拠をもってヘーゲルの要求から退却しようとする哲学の課題は、懐疑主義に対する他の選択可能な答えを展開し、人間の自己意識についての他の哲学的な解釈を提示することにある。その場合、われわれは健全な人間悟性のもとにとどまることができる。ヘーゲルが言うように、この健全な人間悟性の理性的な洞察は「それ自身総体性の夜から高揚して、それでもって人間が理性的にその生命を通り抜ける」「光り輝く点」である。そして、われわれはヘーゲルの以下のような判断に従う必要はない。つまり、人間がこの理性的洞察を信頼することができるのは、ただ「絶対者が感情において人間に付き添い、この感情が唯一これらの立脚点に意義を与えているから」のみである、という彼の判断に（GW 4, 20/MM 2, 30 f.）（訳注4）。

第Ⅱ部　精神とその自然

第4章
観察する理性の批判

　「観察する理性」の章は『精神現象学』のうち最も分量の多い章の一つで、たとえば、しばしば注目される、自己意識を扱った第IV章の二倍の分量に相当する。それにもかかわらず、同章は影響力の大きい同書のうち、注釈され、解釈され、生産的に受容されることの最も少ない箇所に属する。同章がこのように相対的に軽視されていることには二つの理由がある。第一に、ヘーゲルは同章において同時代の自然哲学的、自然科学的諸理論を扱っている。(1)これらは少なくとも一見したところ、『精神現象学』本来の根本主題、ならびに社会的および歴史的に解釈された、今日の観点からは魅力的な心の理論のモデルからはかけ離れている。ヘーゲルが同章で扱う諸問題の大部分は、大半の『精神現象学』解釈者が関心を寄せるもの、または彼らになじみ深いものの枠外にある。『精神現象学』におけるヘーゲルの哲学プログラム全体が、まさに同章においては、彼自身の探求する対象領域との密接な連関を見いだすことができないかのように見えるのである。そこで著作全体の体系的有効性に関心を持つ解釈者は、むしろ同書の他の箇所の中に、われわれのあらゆる認識のプロジェクトが絶対知へと至る道筋の必然性を証明するというヘーゲルの試みの論拠を見いだそうとするのである。
　第二に、ヘーゲルは同時代の自然科学的・自然哲学的諸構想を用いることで、多くの人びとにとって今日の観点からは克服されたと考えられている対象領域を論じていることになる。この疑念が当てはまるのは、人相術や頭蓋論といった、ヘーゲルが大いに注目している個々の分野にとどまらない。自然哲学という理念そのものがここ200年の歴史の中で信用を失墜しているのである。(2)『精神現象学』に取り組むことで、（作品の全体構想からではなく）具体的対象に関するヘーゲルの議論から哲学的成果を引き出そうとする者にとっては、観察する理性の章において、ヘーゲルの体系的関心からしてそこに依拠できるような洞察を優先的に求めることをしないのには一見したところ、十分な理由があるように思われる。

（1）「観察する理性」の論述形式（トポス）の思想史的背景についての詳細はMoravia（1973）に見られる。
（2）この点についてはQuante（2006）を参照。

それにもかかわらず、以下においては心理学、人相術および頭蓋論に関するヘーゲルの議論をそれらの持つ体系的重要性の観点から問いただすことになるため、上述のような困難は取り除いておく必要がある。このことを試みるにあたり、私は「自然の観察」(GW 9, 139/MM 3, 187；全集4, 245)のさまざまな構想へのヘーゲルの議論に立ち入るのではなく、心的なものに取り組む「諸学 Wissenschaften」に関する彼の言及に限定して考察する。ここで私は「観察する理性」に対するヘーゲルの異議申し立ての有効性を心的なものとの関連において吟味することだけに関心を持っているため、ヘーゲルがさまざまなモデルを発展系列の中に組み入れる際に用いている概念論理的構造を捉え直して再提示すること、またはその構造の客観的信憑性を吟味することは試みない。本章においては『精神現象学』全体の証明目標ではなく、ヘーゲルによる心理学、人相術および頭蓋論に対する批判を取り上げる。私の目標とするところは、これら「諸学」の論証タイプおよび説明戦略についてのヘーゲルの分析について、それが体系的観点からどの程度使用に耐え得るかということを問いただすことにある。

　当然のことながら、そのような制限された考察といえども、考察される章が『精神現象学』全体に占める体系的位置について明確化することは不可欠である。それゆえ私は、ヘーゲルの論証において以下の論述にとって重要な諸前提を確認するために、ヘーゲルが「理性の確信と真理」(GW 9, 132/MM 3, 178；全集4, 231)および「観察する理性」(GW 9, 137/MM 3, 185；全集4, 242)の冒頭で述べている章句を分析する（第4章第1節）。それに続く節においては、ヘーゲルによる心理学の扱い（第4章第2節）、ならびに人相術および頭蓋論の扱い（第4章第3節）を取り上げる。最後に、以上の考察の成果からヘーゲルの心的なものの哲学に取り組むために生じる関連諸問題を定式化する（第4章第4節）。

第1節　『精神現象学』全体の議論展開における観察する理性の位置

　「観察する理性」は『精神現象学』第Ⅴ章の最初の節をなす。ヘーゲルは第Ⅳ章において自己意識を哲学的原理にして経験的現象であるものとして分析することによって、「自己確信の真理」(GW 9, 114/MM 3, 152；全集4, 192)を探り当てた。この真理とは、不幸な意識の一人称的自己関係の基本構造が意識の認識態度の客体とされる点にある。このことによって理性の基本構造が獲得されることになるが、ヘーゲルによればその基本構造は、自己意識が今や「自分自身が実在であることを確信」(GW

9, 132/MM 3, 179；全集4, 232) する点にある。自己意識は理性として「あらゆる現実が自分以外のものではない」(同上) と想定する。ヘーゲルによれば理性の存在論的基本態度とは「観念論」(同上) なのである (理性の存在論的基本命題として思惟と存在との構造的同一性が主張されているのである以上、この立場は「合理主義」と分類するのがより適切である)。このことによって意図されているのは、思惟と存在の二元論を前提とする単なる認識的または主観的観念論でも、ましてや基本的な存在論的実体を心的なもの (たとえば感覚与件など) として規定する心理主義 Mentalismus でもない。[3] この確信によって自己意識の態度は現実へと根本的に転換される。以前の形態においては自己意識にとって重要であったのはもっぱら自己主張であり、また「世界ないし自分自身の現実を犠牲にして、自分自身のために自分を救い出し維持する」(GW 9, 132/MM 3, 178f.；全集4, 232) ことであった。今や「自己意識がこれまで他在に対してとっていた否定的な態度は一変して肯定的な態度となる」(GW 9, 132/MM 3, 178；全集4, 232)。自己意識は理性として、現実としての独立性を「持ちこたえ」(GW 9, 132/MM 3, 179；全集4, 232)、理論的知識欲を伴う認識態度においてその現実に目を向ける。理性は世界を自分の「新しい現実的な世界」として「発見」し、その世界は「〔これまでのように「消失すること」においてではなく〕存続することにおいて自己意識の関心事なのである」(GW 9, 133/MM 3, 179；全集4, 233)。

　理論的知識欲を理性に組み込まれたものと見なすこの合理主義的構想は、はじめはただ確信としてのみ存在し、真理において存在するのではなかった。なぜなら理性は意識の新たな形態としての自己展開を始めるにあたって、理性自身の行程を「背後にして、これを忘却している」(GW 9, 133/MM 3, 180；全集4, 234) からである。理性の存在論的および認識論的諸前提の正当化根拠を、単独で理性に提供し得るような自己意識の経験というものは存在しない。観察する理性というこの新たな形態は、「無媒介に理性として登場してくる」ときには、自己意識の「かかる真理の確信」(同上) となるにすぎない。この確信が同時に「理性の真理」(GW 9, 132/MM 3, 178；全集4, 231) となり得るためには、理性の三形態をすべて通過することが必要とされる。観察する理性として理性はたしかに存在論的および認識論的基礎に与るが、それ自身としては主題化することのできない明証的な前提という形においてであるにすぎない (GW 9, 137f./MM 3, 185f.；全集4, 242以下参照)。自己自身を開

───────
(3) この点については Brandom (2002)、Halbig (2002)、Jaeschke (2004) および本書第2章の考察を参照。

陳する主観性というヘーゲルのモデルの内部では、そうした直接的確信というものは媒介性の欠如であり、それゆえ一方では、独立した実在性を持つものとして前提された世界が理性に対峙するということの根拠となる。他方において、この欠如により理性は、自身の確信をさらに強め、思惟と世界との構造的同一性という想定を単独で確証することを余儀なくされる。

1. 二種類の困難

　理性章 B および C においてヘーゲルの扱っている理性の他の二形態とは異なり、観察する理性は確信という認識段階にとどまり、純粋に受動的な方法論的態度に固執する。「観察する理性」の節においてヘーゲルの展開する論証の運びは、さまざまな理由から追跡するのが困難である。ヘーゲル自身は以下のように簡潔に全体の見通しを与えている。

> 観察する理性の為すこと Thun がその運動の諸契機において考察せられなくてはならない。即ちこの理性が自然と精神とを、そうして最後には両者の関係とを感覚的存在としてどのように受け取るか、またこれらすべてにおいて存在する現実としての己れをどのように求めるかが考察されなくてはならないのである (GW 9, 138/MM 3, 187；全集4, 244以下)。

　これは「自然の観察」(同上)、「自己意識をその純粋態において、またその外的現実への関係において観察すること、論理学的法則と心理学的法則」(GW 9, 167/MM 3, 226；全集4, 299) および「自己意識が自分の直接的な現実性に対してもつ関係の観察、人相術と頭蓋論」(GW 9, 171/MM 3, 233；全集4, 308) を言い換えたものである。これに加えてヘーゲルは、観察する理性はその客体を「存在する現実として求める」(GW 9, 138/MM 3, 187；全集4, 244以下) と述べており、これは観察する理性を他の二つの形態から区別する重要な構造契機となっている。

　ヘーゲルのテキストをわれわれが理解しようとする際に直面する、二種類の困難な問題がある。一方においてわれわれは、われわれの認識上の関心に基づいてヘーゲルの論証における三つの局面をつねに区別しなければならない。第一に、『精神現象学』全体の問題意識に由来するヘーゲルの思惟過程の構成的側面を、心的なものに関する論述から区別する必要がある。第二に、われわれは観察する理性の自己理解に関するヘーゲルの分析と、この自己理解に関するヘーゲルのコメントとを区

別しなければならない。そして第三に、観察する理性自身に対して（この理性固有の先与条件において）立ち現われてくる限りでの心的なものに関するヘーゲルによる規定と、心的なものの本質に関するヘーゲル自身の想定との違いを見いださなければならない。というのは、観察する理性が心的なものについて与える分析の限界および射程のヘーゲルによる規定が、心的なものの本質に関する彼自身の仮定に依存していることは明らかだからである。

これに加えて、観察する理性のヘーゲルによる分析における論証構造は二種類目の困難を伴う。そのうちの一つの問題は、「観察する理性」の導入部分（GW 9, 137/MM 3, 185；全集4, 242）においてヘーゲルは観察する理性の基本構造を提示しているものの、この基本構造の本質的諸要素は「自然の観察」（GW 9, 139/MM 3, 188；全集4, 245）に関する諸理論について論じる際に初めて詳述されているという点にある。本章ではこのヘーゲルの構想の詳細には立ち入らず、そこでの彼の言明を、以下で観察する理性の基本構造を叙述する際にいっしょに扱うこととしたい。別の問題もあらかじめ簡潔に述べておこう。この問題は、ヘーゲルが『精神現象学』の全体意図に基づき、「観察する理性」のｂおよびｃにおいて論じられる諸構想を、頽落の歴史として描き出しているという点にある。

『精神現象学』全体の論証過程の内部では、理性に関する章は意識および自己意識という形態をさらに展開したものを表現している。とはいえ、存在論的により高次の原理としての合理主義は、当初は二つの不備を抱えている。その不備とは、一方においては確信の認識論的直接性であり、他方においては純粋な受動性という方法論的基本態度である。いずれの不備も『精神現象学』の理性章のＢおよびＣにおいて克服されることになる。だが観察する理性にはこれら二つの不十分な点が終始つきまとっている。

さて、「観察する理性」の節においても概念論理のさらなる展開が見られる。ヘーゲルはこの節を対象領域に即して「自然」「精神」および「両者の関係」に区分する。それと同時に、目下の関心対象であるｂおよびｃにおいては、諸構想の細かな階梯がある。これらはより高次の段階への発展ではなく、むしろ反対に頽落の階梯を表現している。ヘーゲルが示そうとするのは、観察する理性はそれ自身の準則の枠内では、ますます心的なものの本質から遠ざかる（そしてそうならざるを得ない）ということであり、それを通じて最終的には心的なものの基本理解を結晶化させ、それが根本的な転換を強いることになるということである。ヘーゲルは頭蓋論に関連して次のように述べている。

しかしながら、この点にまで到達したことによって、観察する理性もじっさいその絶頂に達したようであり、この絶頂でこの理性は己れ自身をふり捨てて、とんぼ返りをしなくてはならぬようである。なぜなら、劣悪さを極めたものにして初めてすぐにも転回しなくてはならぬという必然性を負うているからである (GW 9, 188/MM 3, 257；全集4, 342以下)。

ヘーゲルの主張によれば、心的なものの満足のいく構想を展開するという、観察する理性の試みは挫折し、このことから受動的方法論を放棄して、次なる概念形成として「理性的自己意識の己れ自身を介する現実化」(GW 9, 193/MM 3, 263；全集4, 351) が可能となる。

以下の分析においては、ヘーゲルが観察する理性の分析の基礎に据えた概念論理的深層構造はいかなる役割も果たさない。ヘーゲルが論じた順に従って心理学、人相術および頭蓋論を取り上げはするが、それとは別にこれらの諸構想そのものの間に明確な概念的発展が見られるのかどうかという問題には立ち入らないことにする。

2. 観察する理性の基本構造

ヘーゲルは観察する理性の二つの特徴的性格を際立たせている。第一に、観察する理性は方法論的手順を踏み、経験を体系化することによって自身の観察を統制しつつ行う (GW 9, 137/MM 3, 185；全集4, 242)。観察する理性がその際、観察の与件に対して要求するのは、「感覚的な「このもの」の意義をもつ」ことではなく「少なくとも普遍者の意義をもつ」(GW 9, 139/MM 3, 188；全集4, 245) ことである。この普遍者は観察する理性によって独立した存在として前提されており、残る作業はこの独立した存在を「見出す」(GW 9, 139/MM 3, 188；全集4, 246) ことだけである。この基本的意味において、観察する理性は、外部から取り入れる役割を与えられているにすぎないために、理論的態度としては受動的であるにとどまる。ヘーゲルによれば、観察する理性は、諸物の認識において事物における「感覚性を概念に」(GW 9, 138/MM 3, 187；全集4, 244) 転換するときには、あるいは「本質的なものと非本質的なもの」(GW 9, 140/MM 3, 189；全集4, 247) を区別するときには、なるほど能動的ではある。だがヘーゲルによれば、観察する理性は諸物の合理性を対象的存在として認識することを目指しているため、理性の能動的・構成的機能を見落としているのみならず、現実においてこの理性の発見する構造もまた根本的に

は理性それ自身が持つ構造であるということをも見逃している (GW 9, 103f., 26/ MM 3, 138, 34-36；全集4, 172以下、29以下参照)。

　理性の目標は、理性自身の本質構造を事物において存在するものとして発見することにあるが、この目標は理性を促して、この存在を内部の諸要素が相互に関連し合う普遍性へと変形させる。そこで第二の特徴的性格として、観察する理性は現実の「法則とその概念とを」(GW 9, 142/MM 3, 192；全集4, 251) 求める。その際理性は、これら法則と概念とをその諸前提に基づいて、「存在する現実として」(GW 9, 138/MM 3, 187；全集4, 244以下) 把握することを試みる。したがって観察する理性は法則に適う関係性を認識するにあたって「なにか外的な疎遠なものを受け取る」(GW 9, 142/MM 3, 193；全集4, 252) ように私念する。観察する理性によれば、法則とは現象を整序する普遍的・合理的構造である。法則が普遍的であるのは、法則においては具体的な出来事そのものではなく、出来事の様態の方が重要な意味を持つからである。法則においては個々の事物ではなく、普遍的属性が互いに関連づけられている。ヘーゲルはこのことを、理性は「諸述語をそれぞれの主語から自由にする」(GW 9, 144/MM 3, 195；全集4, 255) と表現した。それと同時に、法則と呼ばれるためには、この関連性は必然的でなければならない (GW 9, 139f./MM 3, 188f.；全集4, 245頁以下参照)。こうして観察する理性が他の理性形式と共有している法則の概念は内的緊張を孕むこととなる。一方において、法則の構成要素は互いに独立した存在者であるべきなのだが、同時に他方において必然的な関係性を有するため、個々の構成要素の独立性は部分的に否定されることになる。この内的不備によって、ヘーゲルの体系においては法則概念の限界が、それゆえまた法則論的説明の限界が根拠づけられる。それだけでなく、「観察する理性にとっては法則

---

(4) 観察する理性が様相的規定の存在論的地位に関して「動揺におちいること」(GW 9, 140/MM 3, 189；全集4, 248) もまた、ヘーゲルはこの自己誤認から説明している。

(5) ヘーゲルの法則概念は因果法則に限定されていない。むしろ因果法則は観察する理性の内的展開における特定の一段階において、当該理性の特殊な前提として導入される。それに加えてヘーゲルはもろもろの属性間の (もしくは普遍的性質間の)、因果的または分析的必然性とは異なる様相を持つ関係〔＝目的論的関係〕も熟知していた (GW 9, 146f./MM 3, 198；全集4, 259参照)。

(6) ここで法則論的説明の限界について言及する際、観察する理性の用いる因果概念や法則概念よりも、目的概念の方が内的意味において複雑であるという理由から、ヘーゲルにとって目的論的説明こそが真の説明でありかつ一層高い哲学的権威を有しているということに留意すべきである。ヘーゲルにおける法則概念については Bogdany (1989) を参照。「力と悟性」の節 (MM3, 107-136；全集4, 128-167) の法則概念に関するヘーゲルの議論における科学主義批判の側面については Redding (1996, 88-98) において議論されている。

第4章　観察する理性の批判　　81

の真理は経験のうちにおいてあるが、「経験のうちにおいて」というのは、感性的な存在がこの意識に対してあるという仕方においてということである」(GW 9, 142/MM 3, 192；全集4, 251) という、観察する理性の特殊な前提条件に由来するこの説明戦略には、二つの不適切な点が存在する。すなわち法則は第一に、事物から導き出されたのであって理性の概念としての性質に基づくのではない必然性を持つ客体として実体化される。このことは、法則において意図されている普遍性を根拠づけるためには結局のところ、観察事例がいくら増えても不十分であるかぎりで、帰納問題へと行き着くことになる (GW 9, 143/MM 3, 193；全集4, 252参照)。そこで法則の妥当性は「蓋然性」(GW 9, 143/MM 3, 193；全集4, 253) へと引き下げられるが、これでは、普遍性および必然性への妥当要求によって法則の妥当性を「真理」(同上) として要求することは失敗せざるを得ない。法則は第二に、現象の背後にある普遍を志向するものであるから、つねに抽象作用を意味している。そこで観察する理性において重要であるのは、「法則の純粋な諸条件を見出す」(GW 9, 143/MM 3, 194；全集4, 254) ことである。その際、観察する理性は自身の能動性を理解しておらず、純粋に受容的であるとの自己理解を持っているために、特殊で具体的な出来事と、法則の形で表現可能な普遍との間には断絶が生じる。

　理性本能は自分の諸実験において、この又はあの事情のもとにおいてなにが起るかを見出すことに向っているから、一見すると、これによって法則はますます深く感覚的存在のうちに浸されるにすぎぬかのようであるが、しかし実験しているうちに感覚的存在は消え失せていく (同上)。

観察する理性の認識論的諸前提および存在論的諸前提に照らせば、ここから、このような法則はそもそも実在論的に解釈することが許されるのか、それともナンシー・カートライトの表現を用いるなら、このような法則はむしろ「虚構」ではないか、という問いが生じざるを得ない。

　全体として見れば、観察され得る外なるものとしての実在性は「内なるものの表現である」(GW 9, 149/MM 3, 202；全集4, 266)にすぎない、という見解に理性は達する。

---

(7) ヘーゲルはこの箇所で、蓋然性を高めることによって真理へ接近し得るとする考え方も同時に批判している。彼によれば両者の間には決定的な相違がある (GW 9, 142f./MM 3, 193；全集4, 253参照)。
(8) Cartwright (1983) を参照。

このことによって理性は法則の概念自体を把握する。ヘーゲルによれば法則の概念とは、(「外なるもの」の) 現象の「内なる」本質連関を意味するからである。それと同時に観察する理性の先与条件によれば、内なるものと外なるものは、必然的に相互に関連づけられているにもかかわらず、どこまでもそれぞれ独立しており、かつ「外的な存在と形態とをもつ」(GW 9, 150/MM 3, 203；全集4, 267) のでなければならない。というのも、内なるものもまた観察する理性から見れば「対象であり、言いかえると、内なるものもそれ自身存在するものとして、そうして観察に対して現にあるものとして定立せられている」(同上) からである。このことによって、観察する理性が心的なものに取り組むための一般的諸前提が説明されたことになる。

第2節　観察心理学およびヘーゲルの心的なものの構想

　ヘーゲルは観察する理性による心的なものの扱いに関する議論を開始するにあたって、自己意識のみが、観察する理性の暗示的な認識目標にとっての適切な対象であり得ると注記している。それというのも、観察する理性は「この類のような自由な概念、即ち普遍態が普遍態でありながら展開せられた個別態をもっており、しかもこれを全く己れ自身のうちにもっている自由な概念を、ただ概念として現実にあるところの概念自身のうちにのみ、〔中略〕見出すということになる」(GW 9, 167/MM 3, 227；全集4, 300) からである。

　観察する理性は、自らの方法論的先与条件に従って心的なものの法則を探求する。一方において、観察する理性は自己意識を「その純粋態において」(GW 9, 167/MM 3, 226；全集4, 299) 対象化しようと試み、そうして論理法則を探求する。他方において、観察する理性は自己意識と環境との関係に目を向け、心理法則を定式化しようとする。これら二つの観察する理性の認識論的プロジェクトの扱いに関するヘーゲルの論述は、人相術と頭蓋論に比べて簡潔である。ヘーゲルのこの論述が重要であるのはとりわけ、そこでの彼の批判が心的なものに関する彼自身の中心的前提のいくつかを明らかにしているからである。

1．論理法則？

　観察する理性を手段として用いることで思考法則または論理法則を発見するという具体的な試みには、ヘーゲルは詳細には立ち入っていない。彼はただ、観察する理

性がこれらの法則を「もろもろの関係の静的な存在」(GW 9, 167/MM 3, 228；全集4, 301)として、これらの法則を活動的に行使しつつ行われる思考に対置することを試みるということを確証しているにすぎない。だがこのことによって観察する理性は自己意識の能動的構造を捉え損ねていることになる。「もしもかりにこれらの法則が思惟の統一のうちにおける消失する諸契機として真実態におけるものであるとすれば、これらの法則は知識として、言いかえると、思惟する運動として受け取られざるをえないのであって、これに対して知識のもろもろの定立された法則として受け取られざるをえないということはないであろう」(GW 9, 168/MM 3, 228；全集4, 302)。

そこでヘーゲルは法則を実体化すること、および自己意識を物として理解することを誤りだとしてこれらに反対する。知ることと思惟することは、ヘーゲルの論述によれば、観察可能な静的な存在としてではなく実践の過程として理解しなければならない。さらに彼は、観察する理性がその法則構想に基づいて思考の基本的諸要素を仮定しなければならないということを、すなわち「〔観察の内容が〕相互に分離されたもろもろの必然態の群となり」、これらの「必然態が各自に固定的な内容であるのに即自且対自的に(絶対的に)真理であると唱えられ、これらが限定せられているがままに真理であると唱えられ」(GW 9, 167f./MM 3, 228；全集4, 301)なければならないということを批判する。

このようにして自己意識の全体論的構造が捉え損ねられることになる。この構造はヘーゲルによれば、心的なものの区別し得る諸要素または諸側面が、それら相互の関連づけを通じて構成されるという点に存する。そのような心的統一態の内容、意義および機能を把握し得るのは、これら諸要素、諸側面を自己意識の契機として理解する場合においてのみである。そのような連関は解釈学的にのみ解明することが可能であり、それゆえ観察する理性の方法論的・存在論的諸前提には反する。論理法則の可能性に対するヘーゲルの異議は、精神物理学的法則に対するドナルド・デイヴィッドソンの異議と同様に、「〔事柄の〕普遍的な本性」(GW 9, 168/MM 3, 228；全集4, 302)によるものである。したがってヘーゲルの観点からは、観察する理性のさまざまなモデルを詳細に分析する必要はなくなる。なぜなら、それらのモデルは認識論的・方法論

---

(9) この基本的異議は、ヘーゲルがのちに1830年の『エンチクロペディー』の主観的精神の理論(とくに§389)において展開した、心的なものの不十分な理論への批判の中心要素でもある。この点については Halbig (2002)、Wolff (1992)および本書第2章および第5章を参照。
(10) Davidson (1980, とりわけ第11章)を参照。

的に両立し得ないことの明白なカテゴリー・ミステイクに基づいているからである。[11]

2. 心理法則？

　ヘーゲルの第一の想定によれば自己意識は「個体性の原理」(同上)であるため、観察する理性の説明が目的とするところは、個人に固有の構造における個人的自己意識でなければならない(GW 9, 169/MM 3, 230；全集4, 304以下参照)。さらにヘーゲルの第二の想定によれば、自己意識は「その実在性からいえば行為する意識である」(GW 9, 168/MM 3, 229；全集4, 30) ため、その能動的構造が説明されなければならない。観察する理性は、自身に備わる使用可能な手段によっては自己意識を純粋な形で把握することができないため、それを環境との相互作用を介して説明しようと試みる。その際心理法則は相互に対立する二つの方向の影響作用を定式化する。すなわち、一方において自己意識は、環境世界の影響作用を「己れのうちに受け取り」(GW 9, 169/MM 3, 229；全集4, 303)、その環境世界に「適合したものと成る」(同上)のでなければならない受動的な意識として想定されている。他方において自己意識は、環境世界を「自分に適合したものと為す」(同上)べく努力する能動的な意識として把握されている。[12]「観察する心理学」(GW 9, 169/MM 3, 230；全集4, 304) はその方法論的準則に従って、「さまざまの能力や傾向や激情」(同上) を発見することによって自己意識をその構成諸部分へと分岐させる modularisieren ことに依拠している。だが個々の自己意識をその能動性において説明するよう腐心することに基づいて、観察する心理学は「こういう収集品の一々を列挙し物語っていく」(同上) にあたって自ら、こうしたやり方では自己意識の統一を十分に把握することはできないということに気づく。とりわけ、観察する心理学は心的なもののこれら構成諸部分 Module を「死せる静止せる諸物」(同上) として理解していながら、同じ心理学においてこれら構成諸部分が「不安定なもろもろの運動として現われくる」(同上) という分裂状態に直面することになる。

---

(11) ルートヴィヒ・ジープ (Siep, 2000, 135) は、ヘーゲルの批判を、後年フレーゲやフッサールにおいても定式化されることになる論理学の反心理主義の意味において理解することを提案している。私の分析はこのことと一致し得るが、反心理主義によって要請されている存在者の存在論的地位を説明する必要がないという利点を有する。

(12) ヘーゲルはここで環境を「前に見出される慣習や風俗や考えかた」(GW 9, 168f./MM 3, 229；全集4, 303) からなる社会的世界として理解している。だが彼の反論は心的なものを生物的・進化的に理解された環境世界に順応しこれを形成するものとして捉える目的論的意味論 Teleosemantik の試みにも援用可能である。この点については Millikan (1984) を参照。

3. ヘーゲルにおける心的なものの構想

　心理法則の可能性に対するヘーゲルの異論もまた本質的性質に関するものであるため、彼はまたしても観察心理学の詳細には立ち入る必要がない。「何が個体性に影響を及ぼすはずか、またそれがどんな影響を及ぼすはずか――これら二つの問いは厳密に言えば同じことを意味している――はただ個体性自身のいかんによってのみ決まることである」（GW 9, 170/MM 3, 231；全集4, 306）。

　一方において、特定の個人は、その個体的属性に関しては、環境世界による影響の帰結として把握される。他方において個人は、環境世界を解釈しまた作り変えながら、能動的に振る舞う。ヘーゲルの異論によれば、この能動性においてすでに自己意識の特別な個体性が働いている。個人の自己意識に対する環境世界の具体的な影響作用は、その個人の自己意識の特別な構造に由来するため、自己意識の個体的刻印を環境世界からの影響によって説明することは不可能である。したがってヘーゲルの総括としては、観察する心理学は普遍的言明を超えるものではなく、この言明は具体的な自己意識を「これこれしかじかに限定せられた個体性」（同上）において把握するのではなく、「個体性の不確定な本質」（同上）に表現を与えることしかできない。[13] ヘーゲルはこの総括からさらに、方法論的に重要な一つの結論を導き出す。すなわち、自己意識の特定の個体性は自己意識「自身からのみ把握せらるべき」（GW 9, 171/MM 3, 232；全集4, 307）であるという結論である。そこで意味連関の理解を目指し、自己意識の能動的かつ全体論的な構造および自己意識の「自由」（同上）を考慮に入れた解釈が、適切な説明戦略として要求される。[14] それに加えてヘーゲルの異論は、彼自身の心的なものの構想にとっても重要な意味を持つ。なぜなら、彼は社会的環境世界の機能が個人の自己意識を構成する要素であることを認めているからである。

> もちろん、もしも、これこれしかじかの環境、考えかた、風俗、一言をもってすれば、世界のしかじかの状態が凡そなかったとしたならば、たしかに個体は現にあるごときものとは成らなかったであろう。なぜなら、世界のこの状態

---

[13] 因果論的行為論の内部で、行為の因果法則を定式化しようとする試みがたどる運命は、〔ヘーゲルの論じている〕この困難の現代における事例として理解することが可能である。
[14] その際決定的に重要なことであるが、ヘーゲルの自由概念は行為者の因果性 agent causality という意味において理解されているのではなく、（社会的）環境世界の合理的構造に対して開かれていることとして理解されていることを考慮に入れなければならない。この点については Pippin（1999, 2004b および 2008）を参照。

のうちに生活するすべての人々がこの状態をもって普遍的な共通の実体(基体)としているのだからである (GW 9, 170/MM 3, 231；全集4, 306)[15]。

　ヘーゲルが心的なものの構想を展開している文脈を考察すれば、起こりうる二つの誤解を回避することができる。第一に、個人の自己意識を自己意識「自身からのみ」(GW 9, 171/MM 3, 232；全集4, 307) 把握すべきであるというヘーゲルの要求は、心的なものを一人称単数の通路によって把握すべきであるという提案と見なすことはできない。内観心理学の方法論的唯我論に基づく構想は、心的なものの社会的構造を考慮に入れず、したがって観察する心理学の本質的諸前提を吟味することなく受け入れているために、観察する心理学の欠点を先延ばしするだけである。第二に、内観心理学における方法論的唯我論に対するヘーゲルの批判は、行動主義として理解することはできない。なぜなら、観察心理学の方法論的・認識論的想定は行動主義と内観心理学が共有する当のものであり、ヘーゲルはまさにこの想定を批判し却下しているからである[16]。一方、われわれの分析によれば、ヘーゲル自身の心的なものの構想は社会外在主義的構想であることが明らかとなる[17]。

───────

(15) ここに見られるような心的なものの社会的構造〔社会的に構成されたものであること〕は、Pinkard (1994, 89) における同内容に関する節をめぐる議論が第一義的に念頭に置いていたものである。心的なものは社会的に構成されているとするヘーゲルのテーゼのより厳密な規定は本書第11章および第12章において行う。
(16) この点で、心的なものの構想においてヘーゲルとウィトゲンシュタインの間には深い所にまで達する類似性がある。ウィトゲンシュタインの構想に関しては Ter Hark (1995) 参照。
(17) 私の論証を理解するために、以下三点の説明ないし補足が重要である。第一に、以下においては心的なものに関するヘーゲルの社会外在主義的構想は科学主義に対抗する論拠として前提されていると主張するのではない。この構想とは独立した〔科学主義に対する〕異論が〔ヘーゲルには〕見いだされるし、またヘーゲルの社会外在主義的構想はさらに展開されて初めて十分にその輪郭が明らかとなる。第二に、心的なものに関するヘーゲルの社会外在主義は、ドナルド・デイヴィッドソンの提唱するような、最終的に行動主義の準旗に依拠した心の理論と同一視してはならない。ヘーゲルの社会外在主義はむしろ、「われわれ」の(または精神の)参加者の観点から展開されているという意味において、本来的に「社会的」である。この点については本書第12章を参照。第三に、ヘーゲルは社会外在主義だけでなく、思惟と世界との二元論を却下する、心的状態の存在論的外在主義をも支持している。この点については本書第2章および Halbig (2002) を参照。以上のことからヘーゲルの構想は、思惟がそれ自身の中でまたは社会的領域において空転し、世界との接点を作り出すことのできなくなる危険を免れてもいる。

第3節　人相術と頭蓋論

　以上のことより、観察する心理学はカテゴリー上の根拠により挫折を余儀なくされるため、観察する理性は心的なものを説明しようと試みる際、個人の自己意識の可能な説明根拠としての身体的直接性へと押し戻されることになる。この直接性は「対自存在と即自存在との対立を己れの絶対媒介において消去して内包している」(GW 9, 171/MM 3, 233；全集4, 309)。

　ヘーゲルが論じた人相術と頭蓋論は、この種のもの〔訳者補足：身体的直接性に依拠した個人の自己意識の説明〕として当時のアクチュアルな二つの研究プロジェクトに属する。いずれも今日の観点からは多くの点で時代遅れのものであると言わざるを得ないが、それにもかかわらずこれらの構想に対するヘーゲルの異論は体系的意味において今なお重要性を持つ。なぜなら彼の批判はこれらの構想の基本想定に向けられており、その基本想定自体は今日に至るもなお影響力を保っているからである。とりわけ人相術を扱う際にヘーゲルは、その必然的な終極段階である頭蓋論に至るまでのこの構想のさまざまなヴァリエーションを概念展開の系列に位置づけることを試みている。これは『精神現象学』におけるヘーゲルの論証の目的に関わる論点であり、この点の詳細そのものに本章で立ち入ることは差し控え、この系列を五段階に分けてそれぞれを概観する。これに続いて、その核心部において観察する理性の行為論であるとヘーゲルが見なしている人相術への彼の批判を分析する。その際、人相術批判から読み取ることの可能な、ヘーゲル自身の行為論の諸要素をまとめ、心的なものに関するヘーゲルの社会外在主義的構想の像を補完することを目指す（この点に関しては第9章および第10章も参照）。最後に、この像をヘーゲルの頭蓋論批判の分析により完成させる。

1．「内なるもの」と「外なるもの」のヴァリエーション―五つの対立

　法則の基本理念、それどころかヘーゲルによれば法則の概念そのものは、一連の外なるものが、それらを現象形態とする内なるものを通じてその意義を得るという思想に存する。観察する理性のさらなる方法論的・認識論的準則に基づけば、内なるものと外なるものとは単に、相互に独立していると同時に必然的に相互に関連し合うだけではなく、いずれも存在として把握されるのでもなければならない。この

ことを背景としてヘーゲルは、人相術において定式化される内なるものと外なるものとの五つの対立を区別している。これらの対立項はいずれも、観察可能なある外なるものから出発して一つの自己意識をその具体的な個体性において説明することを目指している。内なるものの立場は人相術の最初の四つの段階においては、主体の活動を身体器官（典型的なものとして手や口）を介して捉える。これに対し外なるものは前諸段階の不十分さゆえにその都度変形される（GW 9, 172f./MM 3, 234；全集4, 311参照）。[18]

　第一の対立においては、外なるものが「個体から分離せられた現実としての為されたもの That」（GW 9, 173/MM 3, 235；全集4, 311）として規定されている。この構想に従えば、行為において表現される内なるものは、個体から区別される行為の結果において現れる。この説明モデルに関しヘーゲルは、それが人相術の前提を二重に損ねると批判している。一方において、外なるものにおいて対象化される内なるものは、個体から切り離された為されたものにおいて独自性を獲得し、この独自性に対し個体はもはや自己主張を行い得ない（この点において内なるものは、外なるものに対してそれが有していると主張される独立性を失う）。だがまさにこの欠点ゆえに、個体は他方において、自身の意図へと退却して、為されたものの客観的意義からは距離を置くとき、為されたものに対し批判的・反省的に振る舞うことができる。

> だから為すこと Thun はこれを完遂された仕事として解したときには相対立する二重の意義をもっているのであって、一方では内的な個体性であって、その表現ではないか、それとも他方では外なるものとして内なるものから自由で内なるものとは全然ちがった或る他者であるところの現実であるかのいずれかである（GW 9, 173/MM 3, 235；全集4, 312）。

この欠点を取り除くためには、「まだ個体自身においてあり、個体自身に即してありながら、それでいて見られることができ、言いかえると、外面的であるような」（GW 9, 175f./MM 3, 235f.；全集4, 312以下）内なるものが見いだされなければならない。さてそこで、これが第二の対立となるが、個体の外面的な形態を「静止せる全体」（GW

---

(18) ヘーゲルによる人相術モデルの展開に関する描写（GW 9, 171ff./MM 3, 233 ff.；全集4, 311以下）はその複雑性にもかかわらず単純化されている。内的なものも外的なものもヘーゲルの理解によれば反省概念であって、それゆえ一方の意味を変更すればつねに他方の意味もこれに伴い変更される。私の見る限り、ヘーゲルは最初の四つの対立において内的なものの展開を主題化したのではなく、外的なものの側面にとどまったままである。

9, 173f./MM 3, 236；全集4, 313）として、為されたものの代わりに据えてみることとしよう。すると内なるものと外なるものとの間のあまりにも弱い関係が生じてくる。それは事柄そのものに根差すわけではない、単なる慣習上の「しるし」（同上）の関係である。このように「勝手に結合すること」（同上）は人相術そのものの準則によれば「決して法則を与えることはない」（同上）。そのためヘーゲルは、このようなやり方では学問としての要求を満たすことができないと結論づける（GW 9, 172f./MM 3, 234；全集4, 310参照）。手相から個人の運命を予見することもまた同様に偶然の結合であるにとどまるが、同様に人相術とは「その他の劣悪な諸技術や済度しがたい諸研究」（GW 9, 174/MM 3, 236；全集4, 313）の中の一つであるにとどまる。それゆえ、件の為す働きの器官の外面的な性状を内なるもの、すなわち特定の個体性の現象として説明する第三の対立の構成もまた十分なものではない。手相や「声の音質と音量」（GW 9, 183/MM 3, 238；全集4, 316）、さらには「手書」（同上）といったものは個体性を外化したものとして把握することはできない。なぜなら個体はこれらの特徴に対して反省的に振る舞い、これらを意識的に採用することができるからである。この自己解釈の能力をヘーゲルは「現実的な外化に関する反省としての外化」（同上）と称するが、この能力は、人相術の引き合いに出す外面的特徴が、人相術自身の観点において適切に把握することができないことの理由を説明している。意図的行為の表現として、これらの外面的特徴は、観察する理性の観点ではなく、解釈による理解によってだけアプローチ可能である。[19] 自己の為すことと為されたものとに対して「内面的」に反省しつつコメントを与え得るという能力により、意図的行為の特質が前面に現われ、これが第四の対立として用いられる。「現実的な外化」（同上）としての自己の為したものについての内的反省は、それ自身観察可能な外的側面を持つのでなければならない。身振り演技はある言明が真剣に述べられているか否かを表現するものであることが求められる（この文脈でヘーゲルの挙げる事例ではそのように述べられている）。だがこのこともまた観察する理性の諸前提のもとでは不適切である。身振り演技は「存在の規定（水準）のうちに」「転落する」（GW 9, 176/MM 3, 239；全集4, 317）ことを余儀なくされるため、またしても特定の個体性への単なる約束の上での関係においてのみ存し、この個体性はこの身振り演技を恣意的に採用することが可能である。それゆえ個体性における内なるものの

---

(19) これは MacIntyre (1998) におけるこの箇所についての解釈から得られた体系的成果である。

この外化は、特定の個体にとっては「その顔であり、面であると同時に個体性が自由にぬぎすてることのできる仮面でもある」(GW 9, 176/MM 3, 240；全集4, 318)。この可能性においては、意図および意志と為されたものとの区別が前提されている(同上参照)。このことから人相術が第五の対立を作り出すことによって、ヘーゲルの以下の叙述に見られるように、人相術は行為論となる。

2. 人相術の「転倒した関係」

　ヘーゲルによれば第四の対立からは本来、以下の結論を導き出すことが可能である。「個体性は相貌のうちに表現せられているところの、あの当の自己内還帰的存在 Insichreflektiertsein をすてて、自分の本質は仕事のうちにあるとするのである」(同上)。人相術のモデルを洗練することにより、この「学」が行為論の基本問題に行き当たることが認識可能となる。

> この観察がここで突きあたる対立は、形式から言えば、実践的なものと理論的なものとの対立である。ただし両方とも実践的なもの自身の内部において定立されたものであるが、対立とは——行動(ただしもっとも普遍的な意味において解した)において己れを実現しつつある個体性とこの行為 Handeln のうちにありながら同時に行為から出て己れのうちに還帰し反省して行為を己れの対象としているところの同じ個体性との対立である (GW 9, 176f./MM 3, 240；全集4, 319)。

しかしながら、ヘーゲルの示唆する解決策は観察する理性の前提とは両立しない。むしろ、

> 個体性は、自己意識をもつ個体性の観察に精魂を傾ける理性本能によって、この個体性の内なるものと外なるものとがなんであるべきかに関して確定せられる〔邦訳中の補足：人相術的〕関係に抗議している (同上)。

ヘーゲルは彼の理論的枠組みの中でならこの結論を受け入れることが可能であるが、その一方で観察する理性は、それ自身の発見した意図的行動の基本構造を「それ〔クヴァンテ補足：この対立〕が現象において規定されている〔邦訳中の補足：真実とは〕逆の verkehrt 関係にしたがって受け取るのである」(同上)。これはつまり、観察する理性のパラダイムにとどまる行為論は現象の構造を受け入れはするも

のの、それを概念によって適切に規定することができる状態にはない、ということである。この「逆転した verkehrt」行為論は、ヘーゲルによって以下のように略述されている。

　観察にとって非本質的な外なるものとして妥当するのは、為されたもの That そのものであり、また仕事、即ち言葉のうえのものであろうと、もっと確乎たる現実性を得たものであろうと、とにかく仕事 Werk であり、——これに対して本質的な内なるものとして妥当するのは個体性の自己内存在である。実践的意識が自分で具えているところの内外両側面のうちで、すなわち意図と為されたものとのうちで、——実践的な意識が己れの行為 Handlung についていだく私念と行為自身とのうちで、観察は前の側面を真実の内なるものとして選びとる（同上）。

この行為論はその前提に基づいて、為されたものの中で外なるものだけを見ることが可能である。そしてこの外なるものから、観察可能な出来事から行為への転換をはじめて可能にする内なるものが推論されるのである。内的な意図と外的な行為の出来事との間の相違は消し去ることができないと前提されており、そのため単なる自然事象から行為を区別する意図性の表徴は、事象の観察において推論し得、またそうしなければならない独立した単位として想定されることになる。つまり、ヘーゲルによれば行為は間主観的にアプローチ可能な空間における対象であり、その意味において、私的内面性というあり方における個人にとって同時に外的でもある（第9章および第10章参照）。ところが観察する理性はこの「見られえないものの見られうるようになったものとしての見られうるもの」（GW 9, 177/MM 3, 241；全集4, 320）を把握する。そして観察する理性にとっては内なるものが、外なるものにおいて表現を付与される本質的なものとして妥当するため、行為者の意図が本質的表徴となる。実現された行為からは区別される意図は、社会的文脈によって規定される為されたものと必ずしも合致するわけではないため、意図は、認識論的にはアプローチ不可能、かつその意味において「私念された存在」（同上）であるような理論的単位を表現する。さらにこの理論によれば行為は社会的解釈空間によってではなく、個人の自己理解によって構成されるため、行為もまた「私念された定在」（GW 9, 177/MM 3, 241；全集4, 319）となる。そのため、意図と当該意図によって本質的に構成される行為とを、法則に要求される条件づけ関係のもとに置くいかなる法

則も存在し得ないことになる。意図は原理的に観察不可能な何ものかへの、認識上容認し難い推論を前提としているため、意図は観察する理性の枠組みにおいて有意味に構想することはできず、任意の構築物であるにとどまる。さらに行為は——為されたことを社会的空間において解釈する場合とは異なり——なによりまずこの構築物によってはじめて構成されるため、この行為もまた観察可能な存在者ではない。行為は観察可能な出来事であると考える行為論は、出来事から行為への転換をはじめて可能にするそれ自身の構成的解釈の遂行を洞察していない。そしてこの行為論は、意図を原理的には私的であり単に推論し得るにすぎない種類の存在者としてしまうのは、この行為論自身の想定する内なるものと外なるものという像であるということもまた理解していないのである。

　社会的空間に存する為されたものは、ヘーゲルの見解によれば「人間の真実の存在」であり、そこにおいては、行為する個人はこのようにして「私念されたものを〔邦訳中の補足：内外の〕両側面においてなくする」ため、「個体性が現実的である」(GW 9, 178/MM 3, 242；全集4, 322)。このことにヘーゲルは何ら疑問の余地を与えていない。人相術は観察された行為の出来事から行為主体の本来の意図を推論することを試みるが、この試みに対しヘーゲルは、個体は自身の行為の真の意義について誤認している可能性があり、かつ社会的空間において現実化されてはじめて「為されたものの性格」(GW 9, 179/MM 3, 243；全集4, 323) が何であるかが示されると反論している。つまり、観察する理性が要求する内なるものと外なるものとの像が前提していることとは異なり、意図を為されたものにおいて対象化することは、越えがたい断絶を意味するわけではない。「およそ対象性は為されたもの自身を変更するものではなく、為されたもののなんであるかを示すものである」(同上) にすぎない。行為が何であるかを同定するための諸条件は社会的尺度および社会的文脈によって確定されるのであり、自己の為すこと Tun を見る行為主体の私的観点によって確定されるのではない。したがって行為論の本来の場所は客観的精神であることになる。というのも、倫理的実践および法的実践においてのみ、いかなる実践の記述のもとで、為されたものを主体に帰属させ得るか、すなわちいかなる実践の記述のもとで、為されたものの責を主体に問い、または主体自身の観点から軽減

---

(20) このことは法則に必要な諸タイプ間の関係を除外するにすぎない。このことによっては、具体的な心的エピソードが観察可能な出来事に対しいかなる関係にあるかという問いにはまだ回答されない。

Entlastungや免責Entschuldigungを要求し得るかということに関する規則を突き止めることができるからである。[21]ところが現実性が持つこの社会的側面に対しては、観察する理性はその前提により目を向けておらず、それゆえ行為の説明に関し主体の特定の個体性を説明するという目標には達していない。

3. 頭蓋論

　観察する理性は行為に関して特定の個体性を把握することができないため、ヘーゲルによれば「個体性が己れの直接的で固定的な、純粋に定在する現実性において己れの本質を表明するであろう」(GW 9, 179/MM 3, 244；全集4, 324以下) という命題を吟味する必要がある。今や活動の外的側面ではなく、個体的主体の直接的な身体的実在こそが、主体自身の性状を解明する糸口を与えなければならない。ここでヘーゲルの念頭に置く頭蓋論は、頭蓋の属性から主体の特殊な心的属性を推論することを試みる学問であり、時代遅れのものではある。それにもかかわらずヘーゲルの議論はアクチュアルである。なぜならヘーゲルが頭蓋論批判の中であばきだした頭蓋論の構想の基本的前提は現在もなお心の哲学において影響力を有しているからである。

　頭蓋論はその前提により、心的なものと身体的なものとの関係を「因果連関の関係」(GW 9, 180/MM 3, 245；全集4, 324) として把握することを余儀なくされ、それゆえ「精神的個体性が〔中略〕原因であることを要するから、それ自身が身体的たらざるをえない」(GW 9, 180/MM 3, 245；全集4, 325)。観察する理性は脳および脊髄の中に、精神的個体性の座を見いだす。そこで頭蓋論においては、「精神の身体的な対自存在」(GW 9, 181/MM 3, 247；全集4, 328) として把握される脳および脊髄と、「固定的な静止せる物」(同上) とされる頭蓋および脊柱との間の因果関係が焦点となる。[22]

　この箇所においてヘーゲルは、頭蓋論においては脳に二重の役割が与えられ、そのことによって基本的な両義性が生じていることに注意を促している。これはヘーゲルの頭蓋論批判における最も重要な論点の一つである。一方において脳はそれ自身単なる客体——「他者に対する存在であり、「そこ」に存在すること」(GW 9, 181/MM 3, 246；全集4, 327)——として考えられている。そのような「死せる存在」としては、脳はもはや、他方において要求されるように「自己意識の現在」(同上)

---

(21) この点についてはPippin (2004a), Quante (1993a) および本書第10章を参照。
(22) 私自身のここでの叙述と同様に、ヘーゲルは脳の役割に限定して叙述を行っている。

ではあり得ない。ヘーゲルは、脳の機能活動と身体器官としての脳とを区別しなければならないと指摘する。前者の理解では心的なものの活動としての性格がふたたび把握されるものの、観察する心理学との相違は消え去る。後者の理解においてはたしかに頭蓋論は心的なものの心理学的把握に真に取って代わるものではある。だがヘーゲルが強調するように、いかにして「死せる存在」としての脳を特定の個体性と説明上明確に結び付けることができるのか、理解することができない。この両義性において、心的なものという「本来の意味における対象的な存在ではない」(GW 9, 180/MM 3, 245；全集4, 326) ものを探求する頭蓋論の、目標をめぐる葛藤が表面化する。

　脳と頭蓋との間の因果法則を批判する際、ヘーゲルはこの構想の更なる両義性を指摘している。それは「生命的な部分」にして「自己意識をもっている個体性の存在」(GW 9, 183/MM 3, 250；全集4, 333) としての脳という、もう一つの二重の役割において表面化する。この二重の役割は、心に関する述語を使って脳に、単に転義的な意味において用いられるにすぎない属性や働きを帰属させることにつながる可能性がある。そうするとやがて、これが比喩的言い回しであることを見抜かないまま、同一の客体〔脳〕に生物学的属性と心的属性とを同時に帰属させるという誤謬推論に陥りかねない。このことから結果として、ここで問題となるのは一つの対象領域（それが脳の活動、属性、状態のいずれであれ）の二つの記述方法なのではないかという疑念が生じてくる。脳の両義的な役割をこの文脈において明確化したとき、このような想定は信憑性を失うことになる。[23]

　第一の両義性の指摘が重要であるのは、ヘーゲルの異論はもはや単に脳と頭蓋との間の因果関係への批判としてのみ理解する必要はなく、脳の機能的状態と物理的状態との間の因果連関を主張し、前者を心的なものと同一視する諸構想への批判として読み替えることができるためである。このことによりヘーゲルの分析は、心と脳との関係に取り組む現代の心的なものの哲学にとっても重要性を持つことになる。脳において心的なものを把握する機能的次元と物理的次元との間には内的な緊張があることから、ヘーゲルは両者の間に情報の連関を生み出すことは不可能であると見なしている。脳の物理的次元には、心的なものを特徴づける志向的な意味という側面が欠けている。物理的性状は「しるしとしての価値」(GW 9, 184/MM 3,

---

[23] ヘーゲル自身も頭蓋に関して、述語のこのような誤用について指摘している (GW 9, 182/ MM 3, 247 ff.；全集4, 329)。

251；全集4, 334）を持たないからである。それゆえ最終的には「没概念的な勝手気ままな予定調和しか残っていないし、またそうなるのが当然である」(GW 9, 185/MM 3, 252；全集4, 336) が、それ以上のことを説明するものではない。[24]

このことに関連して、ヘーゲルは現代の心の哲学においても同様に重要な役割を果たしている連関を指摘する。脳はその二重の役割において心の内的構造を反映していなければならないため、(機能的統一体としての) 脳の機能の構成諸部分への分岐 Modularisierung を「存在する分肢 Gliederung」(GW 9, 181/MM 3, 246；全集4, 336) と見なすという発想が生まれてくるのは不思議ではない。この「存在する分肢」に (物理的客体としての) 脳の次元において対応するのが、特定の種類の心的過程を脳の特定領域に局在化させるというイメージである (GW 9, 182/MM 3, 248；全集4, 330以下参照)。構成諸要素への分岐の様式という、今日の議論においてもなお重要なヘーゲルの指摘は、心理学における理論形成の仕方に依存している。彼の注釈 (同上) から分かるように、観察する理性の枠内で心的なものの説明が成功するかのような見せかけは、観察する心理学と頭蓋論との協働によって生じる。なぜならそこにおいては、心的なものの二つの不適切な構想が手を携え相互に強め合っているからである。

心的なものの本質的属性を本当に説明することは、観察する理性の枠内では不可能であるというのがヘーゲルの結論である。[25] 結局のところ、頭蓋論の試みは心的なものと物理的なものとの根拠を欠いた同一性の主張に行き着く。これは「自己意識的な理性の訓練のない粗野な本能」(GW 9, 188/MM 3, 257；全集4, 342) によってすら不十分だと見なされることを免れない主張である。それゆえ理性は観察する理性のパラダイムを立ち去り、心的なものの本質を、したがってまた自己自身を把握するための別の方法を探求することになる。

---

(24) ヘーゲルの特徴づけは、たとえば包括的付随 global supervenience の関係に当てはまる。この立場では、あらゆる心的属性の総体があらゆる物理的属性の総体に対し、明快な説明を与えることはできないものの必然的な依存関係にあると主張される。
(25) とはいえ、ヘーゲルが局在化理論も、心的なものと物理的なものとの間の因果関係の実在も、概念上の根拠ゆえに排除していないということを確認しておくことは重要である (GW 9, 184/MM 3, 251；全集4, 335参照)。もっとも彼の見解は、このような方法では確実な認識を得ることはできないし (GW 9, 183/MM 3, 250；全集4, 332以下)、また心的なものの本質的諸側面も視野に入ってこない、というものであった。どのようにすればヘーゲルの行為論の中に心的なものの原因性を組み込むことができるかという問いについて私は以下で論究した。Quante (1993a, 236ff.；邦訳『ヘーゲルの行為概念』198頁以下)。

第4節　観察する理性に関するヘーゲルの議論のアクチュアリティ

　ヘーゲルが『精神現象学』において論じた心的なものの自然科学的・哲学的諸理論は歴史的に克服されたものであることは言うまでもない。それにもかかわらず、ヘーゲルのこれら諸理論への批判が依然として体系的重要性を失っていないことが示された。なぜなら、観察する理性の中心的諸前提は、今日に至るまで、自然科学的方向づけを伴う心の哲学において影響力を行使しているからである。それと同時に、この批判の中には、のちに主観的精神および客観的精神の理論において展開されることになるヘーゲル自身の心的なものの構想の基本的諸特徴が垣間見られる（この点に関しては以下の両章を参照）。心的なものの自然科学的（「観察する」）探求は、今日では認知科学および脳神経科学によって遂行されているが、ヘーゲルの見解が正しいとすれば、たとえこの視点が心のエピソードの主体としてのわれわれの実在のさまざまな側面に適合しているとしても、心的なものの本質はこれによって把握することはできない。しかしそれ以上に、ヘーゲルの批判は、観察する理性に含まれている存在論、認識論、または方法論を手続き上引き受けたり、これらを模倣するという、心の哲学が自らに課す強制に対する拒否として理解しなければならない。このように心的なものに関する自然科学的諸理論を模倣することによって、学問としての価値が増すわけではないばかりか、活動ないしはわれわれの生活形式としての心的なものが持つ、理解しつつ参加する者の視点からのみ明らかとなる社会外在的な性格を見逃すことにもなる。この点に関し、心的なものと物理的なものとの関係のヘーゲルによる反省論理的形態による捉え直しは、問題を解明する潜在能力を持つが、このような潜在能力は観察する理性の基本理解に近い現代の比喩である「法則の空間」、「根拠の空間」には備わっていないものである（第6章参照）。
　哲学一般および心的なものに関する哲学の特殊部門は自然科学の準則に従属していなければならないという観念を、ヘーゲルは決定的に拒否する。このことによってヘーゲルは、心的なものの哲学的分析の持つ独自性と自然科学よりも高い品位に固執する。[26]それにもかかわらず、彼は終始自然科学的諸理論および経験的所見に取り組み、心的なものに関する彼自身の理論をこれらと関連づけている。したがって

---

[26] 心的なものの日常的解釈、自然科学的解釈、および哲学的解釈の相互関係に関する一般的議論については Quante (2000a) を参照。

問われなければならないのは、日常的見解、自然科学的見解および哲学的見解の相互関係をいかにしてヘーゲルの体系において考えなければならないか、ということである。心的なものに関するヘーゲル自身の構想が、『精神現象学』においてよりも後期の体系において一層首尾一貫した形で展開されていることに疑いはない。だがある点においては、この問いに対する答えを展開していくうえで『精神現象学』の基本的問題関心の方がより適切であるように私には思われる。後期の体系においてはたしかに「自然」と「精神」は反省概念として導入されるが、意味論的相互作用は自然哲学と精神哲学との間にのみ見いだされる（この点については次章を参照）。経験諸科学がこれら双方の体系部分に対して持つ関係は説明されないままであるため、そこではわれわれの問いに対してわずかな知見しか得ることはできない。これに対し『精神現象学』においてはあらゆる認識論的プロジェクトは絶対知へ至る意識の道のりに貢献をなさなければならない。それゆえ心的なものの自然科学的分析の内部で、われわれ自身の経験を介して得たものは、心的主体としてのわれわれ自身の哲学的に適切な構想の構成要素である。この問題を探求することは、心的なものに関する概念的に適切な哲学において観察する理性の残した痕跡を突き止めることを意味する。ただし、この痕跡を追うことは別の著作のテーマとしなければならないであろう。

第5章
精神の措定および前提としての自然

　ヘーゲルは論理学から自然哲学への移行を、理念が自己を「自̇然̇と̇し̇て̇自̇由̇に̇自̇己̇か̇ら̇放̇出̇す̇る̇」(ENZ§244；全集1, 519)ことによってその「絶̇対̇的̇自̇由̇」(同上)を証明する決断として描いている。この移行はヘーゲルの体系における最も不明瞭な箇所に属するにとどまらず、最も非難されてきた箇所に属する。ヘーゲルの生前においてすでに、同時代の人びとはこの思考形象を、根拠を欠き理解不可能なものであると、あるいは当該哲学の根本的な失敗の兆候であると評していた。[1]これに対し、自然哲学から精神哲学への移行の方は、はるかに批判的でない仕方で取り上げられてきた。このことは一方においては、体系的観点からはヘーゲルの自然哲学よりも彼の精神哲学の方に依拠するのがより建設的であるとする、今日なお続いている一般的評価の表現として理解し得る。他方、このことは自然と精神との間の相違を、宥和し難い二元論の裂け目が生じないように哲学的に規定するというヘーゲルのプログラムが、今日に至るまで多方面で共感を得ていることの結果でもある。[2]
　論理的理念から自然への移行を規定するためにヘーゲルが神学的思考モデルおよびメタファーを要求したことは、今日われわれにとってもはや時代遅れであるように思われ、かつ彼の自然哲学もまた曖昧模糊としたものであるように思われるが、[3]ヘーゲルのような全体論的体系的思想家において、体系全体においてこれほど大規模な位置を占める領域を看過しながら、なおかつ全体の有効性に影響を与えないでいるということは、まったくありそうにないことである。ヘーゲルが『エンチクロペディー』の「精神の概念」(ENZ§381)に捧げたパラグラフの以下の分析が示すように、この概念も、また自然哲学から精神哲学への移行も、ともにヘー

---

(1) この点については Burkhardt (1993) を参照。
(2) この点については Siep (2000, 258) を参照。第三の根拠として挙げることが可能なのは、論理学は後に実在哲学として統合されることとなる他の両体系部分に対峙しているとする、ヘーゲル研究においてもいまなお広がっている誤解である。だがこのような二分法はヘーゲルの体系全体を組織立てている理念構造を軽視している。
(3) この傾向を示す事例としては、Bonsiepen (1997, 482 ff., 557 ff.) を参照、

ゲルの理念論に言及することなく理解することはできない。それゆえ、ヘーゲルの体系内部の全体連関を考慮に入れてはじめて、彼の精神概念または自然と精神との関係に関する構想の生産的継承が、解釈上の観点から成功を収める可能性が開かれるのである。[4]

精神の哲学への簡潔な導入 (ENZ§377-380) の後、ヘーゲルは§381において精神の概念の解明に着手する。以下の考察にとってこの章は中心的意義を持つため、全文を引用しよう。

> ①精神はわれわれに対しては自然を前提として持っているが、〔邦訳中の補足：しかしそれ自体においては〕精神は自然の真実態であり、そしてそのことによって自然の絶対的優先者である。
> ②〔邦訳中の補足：精神という〕この真実態においては自然は消滅してしまっており、精神は対自存在へ到達した理念、すなわちその客観が主観と同じく概念であるような理念であることがわかった。
> ③概念は自然において自分の完全な外面的客観態を持っているが、しかし〔邦訳中の補足：精神においては〕概念のこの疎外〔外化 Entäußerung〕は止揚されており、そして概念はこの疎外において自己と同一になっているが故に、〔邦訳中の補足：精神における主観と客観との〕この同一性は絶対的否定性である。
> ④精神はこうして同時にもっぱら自然からの復帰としてこの同一態である (ENZ§381；全集3, 13)。（訳注１）

『エンチクロペディー』のすべての中心パラグラフは体系の手足としての位置を占めているが、この文章もその例に漏れることなくヘーゲル哲学の基本概念に満ちあふれており、この基本概念によって体系全体への連関が作り出されている。そのためこのパラグラフはヘーゲルの『エンチクロペディー』解釈につねにつきまとう一般的困難を突き付けている。以下においてはこのパラグラフを構成する四つの文を解釈することによって、このパラグラフの内容を解明することを試みよう。その際、当該箇所の解釈に必要であることが示される場合には、ヘーゲルの体系における他の箇所を引き合いに出すこととする。

（４）このような叙述としては Peperzak (1987) を参照。

①精神はわれわれに対しては自然を前提として持っているが、〔邦訳中の補足：しかしそれ自体においては〕精神は自然の真実態であり、そしてそのことによって自然の絶対的優先者である。

　今触れた一般的困難を超えて、この最初の言明は、ヘーゲル自身によって強調されている「われわれに対して」という言い回しによって生じる特殊な問題を提起している。この表現をヘーゲルは第一版においてもすでに用いているが、このことは一見したところ意外である。(5) というのも、『エンチクロペディー』の文脈においては、イエナ期の『精神現象学』において見いだされるのと同一の使用法であるという前提から出発することはできないからである。周知のように『精神現象学』において「われわれに対して」は、概念の展開に関与する主体ではなく、哲学的考察者または哲学的読者にとってのみ洞察可能な局面を指し示している。一方における「寓話の次元」に巻き込まれている諸々の意識と、他方における「俯瞰的 auktorial」説明者との間の相違は、『精神現象学』における概念展開にとって特有な構造的表徴であり、こうしたものの占める余地は『エンチクロペディー』の体系構造には存在しない。だがそうだとすれば「われわれに対して」という言い回しによって何を表現しようとしているのだろうか。そこで第一の問いは以下のようになる。精神は本来自然の「真実態」にして「絶対的優先者」であるにもかかわらず、諸主体にとって精神が自然を「前提」するとしたならば、その諸主体とは誰であるのか。そして第二の問いは次のようにならなければならない。ヘーゲルはいかにしてこの「われわれに対して」により示された視点を概念展開の過程に組み入れることが可能であるのだろうか。

第1節　誰にとって自然は精神の前提なのか？

　自身の哲学体系において事象自体の（思弁的に把握された）展開過程が顕示されて

（5）第二版および第三版ともに§381の文言は同一であるが、最初の二文については、これに対応する第一版の§300からは変更が施されている。第一版の第一文においては「そしてそのことによって自然の絶対的優先者である」という表現は見られない。さらに第二文は次のようになっていた。「この真実態において、すなわち精神の概念においては自然は消滅してしまっており、精神は理念、すなわちそれの客観が主観と同じく概念であるような理念であることがわかった。」(HE§299)。ヘーゲルがこの変更により、第一版に見いだされる当初の定式化に対する批判をどの程度考慮に入れようとしていたかという問題を探求するのは興味深い課題であろう。この変更が持つ具体的な意味については、以下においてあらためて論じる。

いるとするヘーゲルの要求を額面通りに受け取るなら、精神の概念の分析は、適切な、すなわちヘーゲルの視点から妥当する哲学的言明として理解することが可能である。その場合精神は§381の第一文により、一方において自然の「真実態」にしてまた自然の「絶対的優先者」となり、他方において同時に——「われわれに対して」と特徴づけられる視点から——当該自然を前提とするという状態にある実在として規定されていることになる。したがって、「われわれに対して」と述べられる視点は適切な哲学的解釈を把握したものではない。可能な候補としては二つ考えられる。すなわち経験的主観の日常的態度か、または経験的自然科学の視点かのいずれかである。[6]

ヘーゲル自身が1822年から1825年の間に執筆したと推定される、彼自身は公刊しなかった『精神哲学の断章』の一節が解釈の糸口を与えている。これを§12から引用しよう

> 精神の概念を確定するためには、この概念を精神としての理念とする規定性を与えることが必要である。ところで規定性はすべて他の規定性に対する規定性である。さしあたりまず、精神の規定性一般にはそもそも自然の規定性が対立する。そのため精神の規定性を把握するためには同時に自然の規定性を把握することが不可欠である。精神と自然とのこの相違がさしあたりまずわれわれに対して、すなわち主観的反省に対して存在するとき、その次にこの相違そのものにおいて、自然と精神がおのずから相互に関連し合うこと、およびいかにそれらが相互に関連し合うかが示される (GW 15, 218/MM 11 §12)。[7]

この箇所はいくつかの点で解明の糸口を与えている。第一に、ヘーゲルは「自然」と「精神」という規定性はいずれも反省規定であり、暗黙裡に相互に関連づけることによってのみ意味を持つというテーゼを立てている。つまり彼によれば、自然の適切な概念を得るためには精神の適切な概念を得ることが不可欠であり、その逆もまた成り立つ。[8] 第二にヘーゲルは、適切な哲学的叙述によって、この暗黙の相互連

---

(6) 第三の可能性としては不十分な哲学の視点も考えられるが、これは二つの理由から除外されると思われる。第一に、ヘーゲルが「われわれに対して」という表現によってこのような視点に言及することは考えにくい。第二に、哲学的に誤った精神の解釈は『エンチクロペディー』の体系的行程ではなく、『精神現象学』に属している。
(7) 歴史的・批判的版 historisch-kritische Ausgabe においては断章の各パラグラフには番号が振られていないため、ここでは該当する頁数を記載する。
(8) このような構想については Brandom (1979) を参照。

関が事象そのものからいかに展開されるかが示されなければならないとする要求を堅持している。さしあたりまず「主観的」反省は事象そのものにとっては外面的な相違を特徴づけるにすぎないが、この反省から当該事象そのものの本質に属する連関が展開されなければならない。第三に、ヘーゲルはこの箇所において、この反省論理的な指示連関が「さしあたりまず」われわれに対してのみ存在するということは、自然と精神の関係にとって無視できない重要性を持つと（少なくとも暗黙裡に）主張している。『エンチクロペディー』の文脈においては空間的継起および時間的継起はそれ自体としてはなんら哲学的重要性を持ち得ないものである以上、ヘーゲルは「さしあたりまず」、「その次に」によって示唆される関係が思弁的・論理的観点から構成的であり得るのはどうしてなのかを説明しなければならない。

　先に引用した『断章』においても『エンチクロペディー』においても、ヘーゲルは1813年の『論理学』における「本質論」のうち「反省」の節のカテゴリーを用いている。ヘーゲルは「前提」の用語を中心概念として用いているが、その一方で、『断章』において見られる「主観的反省」という表現は本質論理においては間接的に言及されるにすぎない。外的反省への注においてヘーゲルは、一般に反省は外的なものとして、したがって「主観的な意味に」(GW 11, 254/MM 6, 30；全集7, 25) 把握されていると述べている。したがって、『断章』においてヘーゲルが言及している主観的反省を一種の外的反省として捉えることができる。というのはこのように捉えることによって第一に、『断章』と『エンチクロペディー』との間の内容上の一致が生じるし、第二に、精神が「われわれに対しては、自然をその前提として持って」いるという〔『エンチクロペディー』§381第一文における〕ヘーゲルのテーゼが意味をなすからである。

　「前提」の概念はたしかに第一の、すなわち措定的反省の分析においてもすでに用いられてはいるものの、外的反省の分析においてはじめて特別な意味を有することになる。この意味に基づいて、「われわれに対して」与えられているかぎりでの自然と精神との関係のヘーゲルによる規定が意味をなす。というのも外的反省がはじめて、

　　或る有を前提とする。しかし、そのことは第一に、この有の直接性が単に被措定有または契機であるという意味においてではなく、むしろこの直接性は自己への関係〔邦訳中の補足：自立的な有〕であって、この規定性〔邦訳中の補足：自立的な有という規定〕が契機としてあるにすぎないという意味においてである (GW 11, 253/MM 6, 28；全集7, 23)。

外的反省の内においてはじめて、前提されたものは反省から独立した存在〔有〕としての地位を獲得する。ヘーゲルがさらに論じているように、この反省はそれゆえ「一つの直接的な前提」を持つ、すなわち「その措定を」「措定が反省の出発点となる」「ようなものとして」「見出す」(GW 11, 253/MM 6, 29；全集7, 23以下)。措定的反省においては「前提」(GW 11, 251/MM 6, 26；全集7, 21)は、本質の反省的自己関係の内在的契機であるにとどまり、この内在的契機は最終的には自己客体化によって媒介される自己関係としての自己意識の構造に負っている。これに対し外的反省は、反省がその前提を外在的な、反省する本質としての自己自身から区別される独立した客体として把握するということによって特徴づけられる。

ヘーゲルが本質論理において、反省の諸形態が自己意識の必然的諸契機であること、あるいは言い換えると「絶対的否定性」(GW 11, 245/MM 6, 19；全集7, 12)としての本質の実在化における必然的諸形態であることを証明することに成功したと考えるならば、そのことによって一般的に示されるのは、外的反省としての自己意識には実在論的な基本的確信が固有に備わっていなければならないということである。「われわれに対して」と言及される主体としてわれわれは、われわれの主観性の働きからは独立した先与の存在としての自然に関与する。ヘーゲルの立場を要約するなら、われわれは絶対的否定性の能力を有する自己意識であると同時に、われわれの主観的体験からは区別されるものに関して、つねに同時に実在論者でもある。とりわけこの後者を支持するのが（ちょうど現代哲学における心的なものと物理的なものとの区別と同様に）ヘーゲルにおいては精神と自然との相違なのである。

第2節　自然の真実態にして絶対的優先者としての精神

哲学のあらゆる領域における二元論を克服することがヘーゲルにとって中心的関心事の一つであった以上、前節で突き止めたような見解は彼の眼差しからは最終的な哲学的知見ではあり得ない。そこで当然にもヘーゲルはさらに論を進め、「われわれの」視点からは精神にとっての前提である自然が、哲学的見地からはそれとは異なる仕方で把握されなければならない、とする。この視点からは精神は「真実態」であり「絶対的優先者」となる。このことは何を意味するであろうか。

『エンチクロペディー』第一版を一瞥して最初に明らかなことは、「そしてそのことによって自然の絶対的優先者である」という文言がそこには見られないということで

ある。このことから、ヘーゲルはこの表現を、この箇所で真実態〔真理〕概念を使用するための説明として補足したのだと推測される。ただし、真実態概念は実際には自明でも単純でもないため、ここで当該概念に立ち入ることはできない。けれども、「絶対的優先者」という言い回しによって十分明らかとなるのは、ここでの真実態が真なる言明という意味において、すなわち言明が言明からは独立した事態に対応しているという意味において用いられているのではない、ということである。ここではむしろヘーゲルは、真実態とは事象の本質と事象の現象とが合致することであるという観念に依拠している。言い換えるなら、彼は本質主義的・目的論的構想を想定しているのである。このことに基づくなら、ヘーゲルの述べていることは、精神とは自然を形成する本質の適切な実在化形態であると理解することが可能である。この理解は自然哲学の最終章に適合する（ENZ§376；全集２ｂ, 703参照）。というのもそこでヘーゲルは、自然に——哲学的見地からは——内在している目的（テロス）が、その自然が知覚能力を有する有機体を含んでいるということによって達成されるということを示そうとしているからである。すなわちその有機体においては、「自然の最後の自己外存在 Außersichsein は止揚され、自然のなかに単にもともと自体的に an sich 存在しているにすぎなかった概念は、いまや単独に für sich なった」（同上）。

　ヘーゲルは「絶対的優先者」という言葉を使って、この箇所での真実態概念の用法を説明しているが、そこで念頭に置かれているのは、時間的優先者ではなく、現象の根底にある本質である。この本質が「絶対的」であるのは——少なくとも精神と自然との関係においては——自然における展開からは独立して、また自然と精神との相違からも独立して、精神が自然の本質であり、またそれゆえに自然の真実態であるということがすでに確証されているからである。この哲学的テーゼに対しては、自然哲学および精神哲学における論述に論理的に先行する根拠づけが存在しなければならない。ヘーゲルの体系においてはこれこそが『論理学』における展開過程に他ならない。そこでこの論述においては、ヘーゲルの自然哲学と精神哲学双方の根底にある二つの前提が示唆される。すなわち第一に、自然および精神を絶対理念の様態であるとする彼の規定であり、この絶対理念に基づいて双方の領域が哲学的規定を受け取る。そして第二に、この絶対理念の本質とは、自然の様態においてではなく、精神の様態において充足されるとするヘーゲルのテーゼである。自然と精神との関係のヘーゲルによる規定のこの基盤を叙述するに先立ち、四つの問いを定式化しておきたい。これらの問いは従来、ヘーゲルの思弁的哲学を前提にしても

第5章　精神の措定および前提としての自然　105

なお未解決であったものである。
1）なぜ精神は自然の真実態であり、それゆえ理念の適切な顕現であるのか。
2）精神はそのあらゆる形態において、この適切な顕現であると見ることができるのか、それともヘーゲルの言明はむしろ絶対精神にのみ妥当するのではないか。
3）なぜ「われわれに対して」という視点を要求することが、そもそも哲学的構想の枠組みにおいて容認されるのか。
4）なぜ「さしあたりまず－その次に」という関係が自然と精神との関係の適切な規定にとって構成的であるのか。

　　②〔邦訳中の補足：精神という〕この真実態においては自然は消滅してしまっており、精神は対自存在へ到達した理念、すなわちそれの**客観**が**主観**と同じく**概念**であるような理念であることがわかった。

　これまで行ってきた解釈に鑑みれば、この命題はヘーゲルが理念という自らの構想への関連を明確にする場合においてのみ、ヘーゲルにとって首尾一貫したものとなる。というのは、このことに基づいてのみ、精神を自然一般の真実態であるとする彼の言い方をそもそも理解することが可能となるからである。ところが上記の言明はさらなる主張を含んでいる。すなわち、自然はこの真実態において「消滅」しているという主張である。このような表現は驚きを与える。というのも、ヘーゲルはここで、期待に反して彼の「止揚」概念を用いる代わりに、「消滅」という表現によって、「止揚」の三つの意味のうちの一つ、すなわち「否定」のみを示唆しているように見えるからである。[9]

1.　自然の消滅？

　一見したところ、この〔精神という真実態においては自然は消滅してしまっているという〕言明は、自然なるものは存在せず、すべての実在は心的なものという意味における精神に他ならないという意味でのヘーゲルの絶対的観念論を表現しているという結論を引き出すことができるように思われる。だがこのような立場は、内容的に信憑性が欠けていることに加え、これまで行ってきた解釈から得られた帰結

---

(9) これが単なる軽率な誤りではないということは、第一に、ヘーゲルは次の文で止揚の概念を用いていること、および第二に、彼が『エンチクロペディー』の三版すべてにおいて「消滅」という用語を堅持していることから示される。

と両立しがたい。第一に、この立場では、〔精神の〕実在論的前提としての自然というものはまったくの誤謬でしかないことになろうし、その結果、「われわれに対して」という視点は〔理念の〕展開過程において何ら貢献をなし得ないことになるであろう。だとすれば、ヘーゲルがこの視点を持ち出すとは考えにくい。第二に、同じこの言明は、「自然」と「精神」が反省規定であるとするヘーゲルのテーゼと両立しない。というのは、反省規定であるかぎりで、両者が保持するのは相対的独立性でなければならないからである。関係項の一方が「消滅」したならば、他方も「消滅」するのである。さらに第三として、後の主観的精神と客観的精神の哲学における論証過程においては、独立しているものとして前提された自然への関連が依然として精神の重要な契機であり続けているが、この論証過程が成り立たなくなるであろう。[10]

　だがこれらの不都合な帰結は、上述の言明を次のように理解するならば、回避することが可能となる。すなわち、ヘーゲルはこの言明により、自然そのものが消滅したということではなく、自然の真実態にして精神の真実態をもなすところの理念が、自然哲学の最終段階においてその「自己外存在 Außersichseyn」（ENZ §376；全集2b, 703）という様態を脱し、対自存在 Fürsichsein という様態へと展開していったということを指摘しているのだと理解するならばである。自然の内在的展開そのものの帰結としての理念の規定が消滅したにすぎないのであり、しかもそれは、自然が生命現象とともに主観性の段階へ、すなわち精神現象という実在へと到達したという意味においてであるにすぎない。後者〔＝精神現象〕にとって特徴的であるのは、それが自己の外部に並び立つ存在および自己外存在 Außereinander- und Außersichsein の様態においてはもはや捉えることができないという点である。[11] 主観的精神の行論が示すように、自然が精神の枠内でなお役割を果たすとすれば、それはもはや自然哲学に特徴的な様態においてではなく、むしろ精神自身がさまざまな仕方で関与する、精神に内在する契機としてである。したがってヘーゲルの問題含みの言明は、理念が自然から精神へと展開していくときに自己外存在という様態が消滅するということを確証するものとして理解することが可能である。

---

(10) Siep (1992a, 195-216；邦訳298-331頁) および本書第15章を参照。
(11) ヘーゲルはこの様態転換を精神哲学への序論において、「自己感情」(ENZ§379；全集3，6) というキーワードによって、また「精神を」「寸断すること」を不可能にするとされる精神の全体論的構造 (ENZ§379以下を参照) を指摘することによって示している。

2. 自然と精神の真実態としての理念

　自然から精神への移行を、ヘーゲルは両者のいずれにとっても同等に基礎をなす理念の展開として把握している。『エンチクロペディー』第一版においては特徴的な追加事項がまだ欠けていたが、これとは異なり精神は「対自存在へ到達した理念」として規定されている。このことにより、この移行は、『エンチクロペディー』全体の基盤をなす理念に関するヘーゲルの構想を遡及的に示唆している。そこで以下においては、目下の関心事である§381を解釈するという目的に必要な範囲で、このヘーゲルの理念に関する構想を叙述しよう（2．1）。続いて、この構想に基づいてヘーゲルが、前節で定式化した体系に内在する四つの問題を解決することが可能であるか否かを吟味してみたい（2．2）。

2．1 「学問の全体は理念の叙述である」(ENZ§18)

　『エンチクロペディー』序論の最終章において、ヘーゲルは三つの体系諸部門を区分しているが、それに先立って、この区分が、最終的にはただ体系における叙述と遂行の全体からのみ「把握されうる」(ENZ§18；全集1，85) ような「暫定的な一般的表象」（同上）であるとヘーゲルは付言している。これら三部門はそれぞれ、理念に帰属する別種の様態に対応している。具体的には、論理学は「即自かつ対自的理念」の学であり、自然哲学は「理念がその他在においてあるあり方」の学であり、精神の哲学は「自身の他在から自己のうちへ戻ってくる理念」（同上）の叙述となる。

　この理念の本質はこれら三様態を通じての過程において自己を展開していくが、その本質とは「端的にそれ自身と同一的な思惟であることが判るし、それと同時にまたこの思惟は、対自的であるためにそれ自身を自身に対置しそしてこの他者においてただ自己自身の許にいるだけという活動性 Thätigkeit であることが判る」（同上）。

　この言明により、われわれは疑いなくヘーゲル形而上学の中心部に到達することになる。とはいえ以下においては、〔ヘーゲル形而上学の〕包括的な叙述や、ヘーゲルの体系から独立した事象に即した正当化を目指すことはできない[12]。むしろここでは、ヘーゲルが彼の形而上学を基礎として上述の四つの難問を解決することができるか否かを判定するために必要な限りにおいて、その形而上学について説明することとしたい。

　（a）「思惟の抽象的な領域」(ENZ§19；全集1，90) における理念：ヘーゲルが「予備概念」において述べているように、『論理学』においては「純粋な理念」（同上）が扱

---

[12] 以下においては本質的なところでは Düsing (1984) の解釈に従っている。

われている。その際ここで思惟というのは心理的ないし心的作用 psychische oder mentale Aktivität のことではないし、また超越論的活動性のように単に主観的な側面のことでもない。ヘーゲルにおいて思惟は客観的側面をも示しており、この意味においてヘーゲルは「客観的思想」(ENZ§25；全集1, 121)について語っているのである。それゆえ、『論理学』において展開される思惟のカテゴリーは、思惟からは独立してあらかじめ前提されている客体へと認識主観によって持ち込まれる単なる概念図式ではなく、同時に当該客体領域そのものの根本規定でもあるようなカテゴリーなのである（この点については本書第2章を参照）。

だが思惟が理念たり得るためには、カテゴリーの単に主観主義的、または道具主義的解釈を止揚することにより、主体としての思惟が客体との関わりにおいて「自己自身の許に」(ENZ§18；全集1, 85)とどまるだけでは不十分である。むしろ、カテゴリーそのものの側においてもまた、主体と客体の対立が克服されなければならないのである。このことは、この絶対的思惟が「思惟に固有の諸規定と諸法則の自己展開的な全体として」把握され、「これらの規定と法則を思惟は自己自身に与えるのであって、それらをすでにもっていて自己のうちに見出すのではない」(ENZ§19；全集1, 90)ということによって可能となる。

それゆえ、理念としての思惟は最初に、その自己顕現および自己開陳の過程の中で自己自身の本質だけでなく客体の本質をも形成するための基本的な諸カテゴリーを生み出す。ヘーゲルの『論理学』はそれゆえ「形而上学と一致する。けだし形而上学は思想において把握された諸事物の学問であり、その場合、思想は事物の本質性をあらわすものとみなされたからである」(ENZ§24；全集1, 107)。

ヘーゲルによって活動性として規定されるこの思惟は、三通りの意味において自由である。すなわち、第一に思惟は純粋な自己規定として「自己の自己への関係づけ」(ENZ§23；全集1, 106)である。第二に、思惟は認識の歪みから解き放たれて純粋に客体へと関係するのであるから、具体的な個人的主観性の「特殊性」(ENZ§23；全集1, 107)を克服する。第三に、思惟は自身のカテゴリーを同時に「自己の自己への関係づけ」の顕現であると同時に客体の本質として把握するときに、主体−客体の対立を克服する。このように「普遍的なものの活動性」(ENZ§23；全集1, 106)であり、かつ主体−客体の対立の克服であるという点にこそ、「即自かつ対自的理念」(ENZ§18；全集1, 85)という特徴づけでヘーゲルが指そうとしている理念の最初の

第5章　精神の措定および前提としての自然　　109

様態の要点が存する。

　（b）「他在という形の理念」としての「自然」（ENZ§247；全集2a, 21）：ヘーゲルは「自然の概念」（同上）を説明する節において、『エンチクロペディー』の論理学の最終節に依拠している。すなわちそこでは、「直観する理念は自然である」（ENZ§244；全集1, 519）とされている。このことにより一方においては、理念と自然が二つの異なる実在ではないということが確証される。むしろヘーゲルによれば自然は、理念の一つの規定された存在様式として把握されなければならない。自然としての理念が帯びるこの特殊な様態は、自己を認識し、かつ意欲する理念がまずは直観の形態において「対自的に存在する」（同上）ということから帰結する。ヘーゲルがさらに説明するように「理念の絶対的自由」は、理念が「それの特殊性の契機、あるいは最初の規定作用と他在の契機、自身の反映としての直接的理念、を自然として自由に自己から放出することを決意する」（同上）というところにある。他方、直観する自己関係からは、その直接性ゆえに、理念がこの自己関係においては「自分に対して外的なもの」（ENZ§247；全集2a, 21）であるということが帰結する。この外面性によって自然は「直接的理念」（ENZ§244；全集1, 519）として特徴づけられるが、この外面性はそれゆえ、「外面的に」「単に相対的にこの理念（および理念の主観的な現実存在、すなわち精神）と関係する」（ENZ§247；全集2a, 21）という仕方で自然に帰属する規定ではなく、「外面性そのものが、理念が自然として存在するときの規定を形づくっている」（同上）。

　自然としての理念を構成するこの規定をヘーゲルはこれ以下の箇所において具体的に説明する。理念は本来、自己自身を規定し、関連づけるカテゴリーの体系で

---

(13)『論理学』第三巻「概念論」においてヘーゲルは、自己意識（超越論的統覚）がこの構想の根底にあるモデルであると説明しているが（GW 12, 32ff./MM 6, 273ff.；全集8, 37以下参照）、ヘーゲルはそれに加えて彼の理念に関する構想の展開において、理念がなぜ生命とならなければならないかについて、そのようにしてはじめて主観－客観の統一態を理解することが可能となるからだと説明している（GW 12, 177 ff./MM 6, 468 ff.；全集8, 264ff. 参照）。ヘーゲルはさらに、認識と意欲を同等の、同程度に必然的な思惟の外化形態であることを明らかにすることによって、〔思惟における〕活動性の契機をさらに明確化している（GW 12, 177/MM 6, 468；全集8, 265参照）。「認識と行為 Thun とが宥和される」（同上）ときにのみ、理念は「自分自身の絶対知」（同上）たり得る。したがって、理念の自己認識としてのこの絶対知は、理論知としてだけではなく、実践知としても規定されている。
(14)「直観する」が認識する自己関係を表現しているのに対し、「決意する」は意欲する自己関係を指している。ただしここでヘーゲルの言う「決意」を心的過程として解釈することは許されない。ヘーゲルはここで創造という宗教的および宗教哲学的イメージを暗に指しているからである。だがこの点を以下において主題的に取り上げることはしない。

あるのだが、こうしたさまざまな規定は、外面性においては「相互に無関係に存立するように見えたり、個別化されているように見えたりする」（ENZ§248；全集２a, 26以下）。さまざまな自然現象もそれを形成する根本諸規定も、互いに内的に参照し合うわけではない。たとえば合法則的諸連関は、そこに包摂されるさまざまな現象がこの合法則的諸連関について知ることも、またその内的性状においてその諸連関の影響を被ることもないという意味において、これらの現象にとっては外面的である。自然そのものの内部では「必然性と偶然性」（ENZ§248；全集２a, 27、ENZ§250も参照）が支配する。理念自体としての自然には因果的合法則性を超えた体系性が備わるが、これは自然のうちでは明示的ではない。[15]自然の最高の形態である動物の有機体は、たしかに理念を生物的な類という関係において直観化するが、理念を思惟により認識することは自然に対峙する認識主体に属している。[16] ヘーゲルは、たとえば自然の階梯 scala naturae という表象において表現される目的論的自然秩序の諸段階を「自然的に産み出される」（ENZ§248；全集２a, 31）ものと見なすことを避けている。この諸段階は進化論的意味における自然過程から生じるのではなく、自然の理念的性質の表現として哲学的に根拠づけられ、哲学的に洞察し得るようにされなければならない。[17] そこでヘーゲルの結論としては、「自然はもともと自体的には an sich 一つの生きた全体」（ENZ§251；全集２a, 38）であり、自体的には理念である。だが自然はただ外面性および直接性の形においてのみ理念であるのだから、このことからの帰結は「自然は無力で、概念をこまかいところまで堅持することができない」（ENZ§250；全集２a, 37）ということである。この不一致は哲学的には、自然の「段階的な歩み」による「運動」を理念の自己展開および自己現実化への道程として導いている存在論的・認識論的原理として援用することができる（ENZ§251；全集２a, 38）。かくしてこの道程は、最終的には「精神の現実存在 Existenz にまで高まる。この精神こそ、自然の真理であり窮極目的」であり、「理念の真の現実 Wirklichkeit である」（同上）。

---

[15] この場合、この因果的合法則性はカントが有機体について主張した目的原因を、それが因果性の特殊ケースとして考えられる限りにおいて、含んでいる。ここでヘーゲルの構想から、生物学に独自の説明様式が備わることを認め、なおかつ生物学を自然科学の領域から除外しない可能性が開かれる。

[16] この点については Siep (2000, 118-143) の明快な叙述を参照。

[17] 進化論とヘーゲルの立場が両立可能であることの証明は、すでに Ritchie (1893, 38-78) においてなされている。

(ｃ)「自然からの復帰」(ENZ§381；全集3, 13) としての精神：ここでわれわれにとって元来の関心の対象であった節のこの最後の規定は、ヘーゲルが『エンチクロペディー』序論においてすでに用いていた定式をふたたび取り上げたものである。すなわちそこでは「自身の他在から自分自身のうちへ戻ってくる理念」(ENZ§18；全集1, 85) として精神が規定されていた。この箇所における帰還というイメージは、理念がその三つの様態を順にたどる反省という構造を念頭に置いている。理念の第三の様態としての精神は、ヘーゲルが『エンチクロペディー』第二版において補足説明しているように「対自存在へ到達した理念」(ENZ§381；全集3, 13) である。このことにより、彼は論理的理念そのものがすでに精神的主体であるとする誤解を防いでいるだけではなく、「対自存在」であるということが精神の本質に属していることを表現してもいる。これは以下の三つのことを意味する。第一に、「精神の本質は形式的には自由である、すなわち自己同一性としての〈概念の絶対的否定性〉である」(ENZ§382；全集3, 25)。主観性の構造に備わるこの自由が形式的であるのは、ヘーゲルが『エンチクロペディー』の後の部分で論じているように、それが適切な身体組織および社会組織において実現されることをなお必要としているからである。第二に、理念は精神としてそれ自身にとって可視的となり、精神は理念に適した本質の現実化である。精神は「自己の発現〔外化〕または外面態を単に自己からは区別された形式としてもっているにすぎないような或る規定性または或る内容ではない」(ENZ§383；全集3, 27)。精神の様態においては、理念の形式と内容、本質と現象が合致し、理念の実現は知られまた意欲された「顕現」(同上) である。そして第三に、ヘーゲルはこの顕現を、理念が自然において自己を啓示する仕方から区別する。そこで「自然の生成」において外部の認識主体にのみ示されるものは、「自由な精神の啓示作用としては、自然を精神自身の世界として措定すること」(ENZ§384；全集3, 30) である。身体性と社会的世界は形成された自然であり、それは、精神が身体としての、また社会的環境世界としての自然を獲得し、その中で自由な主体として現実性を持つことができるようにするということを意味する (この点については本書第2章を参照)。

　それゆえ全体として、精神としての理念は、認識し、かつ意欲する自己関係の様態にあり、したがってこの理念に帰属する諸規定および理念から産出されるもろもろの発現〔外化〕形態は、事象そのものの本質に属し、この本質にとってもはや外面的ではない。だがヘーゲルがさらに説明するように、いかなる産出または措定も反省の形態であり、その反省は一つの前提に依存している。すなわち「この措定は反省として、

同時に世界を独立の自然として前提する・・・・・ことである」(ENZ§384；全集3, 30)。このことはヘーゲルの選択した「帰還」という像から、また、理念はそれ自身の固有の本質を顕現させることによってその本質を実現するというイメージから直接に帰結する。なぜヘーゲルがこのことを絶対理念に関して想定することが可能であるか、またはそうせざるを得ないかは、ここでは述べることはできない。われわれの目下の関心事である精神と自然との関連にとっては、この反省構造からは二重の帰結が生じる。第一に、「独立の自然」を前提し、これを前提として有するということは、精神を構成する条件に属する。そして第二に、「精神」と「自然」はヘーゲルの意味においては反省規定である。理念の諸様態としてこれらはその内的な反省論理的相互連関においてのみ認識上区別し得るし、また存在論的に区別されている。

2.2 体系内在的解答

　ヘーゲルはその理念説および反省論理を手段として、ここまでのところでは体系内在的には解答されてこなかった四つの問いに対し解答を与えることが可能である。『精神哲学の断章』において「さしあたりまず－その次に」という表現によって与えられた関係が、なぜ自然と精神との関係にとって構成的であり得るのか、という問い (＝第四の問い) に対する解答は以下のようになる。『断章』§12と同様『エンチクロペディー』§381においてもそうされているように、仮にこの関係をあらかじめ規定するならば、その規定は外在的な哲学的観点から与えられたものとなる。ところが精神の本質規定は精神に外面的に帰属するのではなく、精神自体によって認識されかつ産出されるものである以上、『断章』において述べられているように、「自然と精神がおのずから相互に関連し合うこと、およびいかにそれらが相互に関連し合うか」(GW 15, 218/MM 11, §12) が精神の展開過程そのものにおいて示されなければならない。そして実際に主観的精神に関するヘーゲルの説明は、精神の自然的前提への関連が精神自身にとって明示的となっていく過程の叙述として理解することが可能である。[18] 精神のこの自己現実化過程は同時に――理念説の立場からは――理念にとっての他在からの理念自身の帰還として記述することが可能であるが、この自己現実化過程は精神の本質にとって構成的である。というのも、精神にはその規定が外面的に帰属することは許されず、精神それ自身にとって主題となるのでなければならないからである。ヘーゲルによればこれはまさしく、精神がこの

---

[18] したがって以下において第一義的課題となるのは精神の自然に対する視点の叙述である。そこから参加者の視点の優位が帰結する (この点については前章を参照)。

〔自己現実化の〕過程において自己自身および自然と取り組むことから得られた経験によって行われる。言い換えるなら、自然を獲得する多様なやり方は、文化における技術、文化形象および理論の中に顕現してくる自然・精神関係の多様な諸構想と同様に、精神の本質に帰属する。

こうして、ヘーゲルが『エンチクロペディー』において要求した「われわれに対して」という視点がなぜ容認されるのか、という問い（＝第三の問い）にも解答することが可能となる。有限な主体の自然に対する内在的視点は、この主体の理論的関わりおよび実践的関わりを含むが、この視点は精神としての理念に対して理念自身の本質が開示されてくる仕方に属するため、この視点は精神の本質に属している。精神の本質は、本質的対自存在および精神の反省論理的構造により、二重の仕方で動的である。すなわち一方において、この本質は産出過程の枠組みにおいて変化し、他方において、この本質についてのさまざまの異なる理解はこの本質の一部分をなす。ヘーゲルによれば精神の真実態は、その規定を単に「精神自体に即して」見いだすことができるような静的本質として考えることはできない。対自存在としての精神には、まさに自己認識・自己産出の過程においてこそ、その「絶対の現実性」(ENZ §383；全集 3, 27) としての諸規定が帰属するのである。

このことに基づいて、精神は理念の適切な顕現であるというヘーゲルの主張を理解するなら、それは、このことが当てはまるのは絶対精神に対してだけではないかという反論（＝第二の問い）に対する否定的解答を提供する。精神の様態が自然の様態に対して、理念の適切な顕現であるのは、精神の様態が対自存在の様態だからである。それゆえに精神は総じて理念に適合しているのである。しかしながら精神それ自体はその次の段階では、この適合性を対自的に認識し、さらに芸術、宗教、哲学といった特定の社会制度においてこの適合性を実現するという目的論的発展段階に到達する。精神はこれらの最終的認識諸形態および活動諸形態においてはじめて、精神に適合した存在様式および叙述様式を産出することに成功し、その中で、精神と自然および理念への関係もまた、精神にとって可視的となる。

これによって、ある意味においては、そもそもなぜ精神は自然の真実態であり、理念の適切な顕現であるのか、という最も広範な問い（＝第一の問い）への解答も与えられている。すなわち精神がそうしたものであるのは、精神が自己自身を知りかつ意欲する理念であるからであり、精神が自然を獲得しかつ認識するからであり、精神が理念の他在にして自己外存在である自然から精神の対自存在へと還帰し、そ

うすることでヘーゲルが『論理学』において主観性として規定している理念の本質を実現するからである。だがこのことによって結局のところ問題は一段階上昇しただけであり、ヘーゲルはいかなる権利をもって理念をこのような仕方で規定したのかを問う必要が生じる。だがここでは精神と自然の関係のヘーゲルによる規定だけが関心の対象であるため、この問いは追究しないでおこう。とはいえ確実に言えることは、ヘーゲルは理念に関する構想および反省論理に基づいて、『エンチクロペディー』§381の解釈にあたって生じた四つの問いに対し、少なくとも体系内在的な解答を与えなければならない、ということである。そこで次に、この節の最後の二つの文を、精神の概念と理念の本質との間のこの関係を説明するヘーゲルの試みとして理解することとしよう。

③概念は自然において自分の完全な外面的客観態を持っているが、しかし〔邦訳中の補足：精神においては〕概念のこの疎外〔外化〕は止揚されており、そして概念はこの疎外〔外化〕において自己と同一になっているが故に、〔邦訳中の補足：精神における主観と客観との〕この同一性は絶対的否定性である。

（a）「絶対的否定性」としての同一性。「この」同一性としてヘーゲルが意図しているのはいかなる同一性であろうか。今中心テーマとなっている節の第二文の、これまで触れてこなかった後半部分に戻ると、「対自存在へ到達した理念」について、「それ〔＝理念〕の客観が主観と同じく概念」（ENZ§381；全集3, 13）であるとされている。したがって求められている同一性は、対自的に存在する理念としての精神において、志向される客体と志向的主体とが同程度に「概念」であるという点に見いだすべきである。概念ということでヘーゲルが意味しているのは、ヘーゲルの実在哲学の枠組みで展開される個々の客体の任意の思弁的諸概念といったものではなく、──彼の有名な定式化にあるように──同時に主体として考えるべき一つの実体である。それゆえ、ヘーゲルが自己意識の統一態とも関連づけている、このように特別な意味を持つ「概念」は、一つの客体、すなわち真実態においてある絶対的なものを指し示す。そしてこれこそが精神なのである。概念のような客体はヘーゲルにとっては本質的には主観性の構造を持ち、「対自存在に到達した理念」としての精神は、認識し意欲する志向的主体としての主観性が、主観性として理解された客体に関わる収斂点である。自然という他在は精神において「消滅」している。こうして、対自的に存在し、主体−客体の相違を克服する概念として存在するという理

念の本質が実現され得るのである。⁽¹⁹⁾

　この同一性をヘーゲルは「絶対的否定性」として規定しているが、この性格づけを彼は当該節の第三文における「……が故に weil」以下の説明によって根拠づけようと試みている。この性格づけそのものをヘーゲルは、自然と精神の関係を特徴づけるための表現と同様に、彼の反省論理から援用してきている。ただし、この性格づけは〔『論理学』「第二巻　本質論、第一篇　自己自身における反省としての本質、第一章　仮象」の〕「B 反省」ではなく、〔同じ章の〕最初の節「A 本質的存在と非本質的存在」の中に見いだされ、その中でヘーゲルは存在と本質とを相互に関連づけて規定している。すなわちそこでは次のように述べられている。

> ところが、本質は有 Seyn の絶対否定性である。本質は有そのものではあるが、しかし単に他者として規定されているのではなくて、直接的存在としても、ある他在に結び付いているような否定としての直接的否定としても止揚されたところの有である (GW 11, 245 ff./MM 6, 19；全集 7, 12)。

存在は本質に対して単に他の領域として対峙するにとどまるのではないのと同様に、精神もまた対自的に存在する理念として、自然に対して単に「他者として」対峙するのではない。もしそうでないとしたら、つまり自然が精神によって直接的に否定されるにすぎないのであるとすれば、精神自体はこの媒介されない外部との関連によって直接的存在者の性格を持つことになってしまうであろう。だがこのような方法では、たとえば空間時間のメタファーを用いたり、あるいは因果的依存関係があることを告げたりすることで、自然と精神を事物のように把握し相互に対立させる以外には、自然と精神の関係の規定に達することができなくなるであろう。⁽²⁰⁾これに対しヘーゲルは、次章で述べるように、精神と自然の関係の反省論理的分析、および理念に関する独自の構想を彼の哲学的対案として提起している。

　「否定性」という性格づけにより、ヘーゲルは理念の本質を認識することおよびそれを現実化することを包括する、自己現実化の動的側面を際立たせている。この

---

(19)「概念」のこの特殊な用法については Fulda (1989, 129 ff.) および Horstmann (1990, 45 ff. および 75 ff.) を参照。

(20) いずれのモデル〔＝空間時間のメタファーおよび因果的依存関係〕も現代の心の哲学において依然として支配的である。これに対しヘーゲルは、心身問題の彼自身による解決においてすでに、「精神が事物として」(ENZ§389；全集 3, 52) 捉えられることを根本的な誤りであるとしている。§389 の詳細な分析については Wolff (1992) を参照。

自己規定の過程は「絶対的」である。なぜならこの過程はいかなる外部、いかなる他者をも持たず、自律的な自己実在化 Selbstrealisation として捉えることが可能だからである。

（b）「……が故に」。ヘーゲルはここで、自分の対自存在へ到達した理念において産出された同一性を絶対的否定性と見なし得るための根拠を以下のように説明している。すなわち第一に、概念は自然において「自分の完全な外面的客観態」を持っており、第二に、概念は「概念のこの疎外〔外化 Entäußerung〕」を「止揚」しているのだと。

自然が論理的理念の自己外化であり、その意味で概念自身の活動であるということを、ヘーゲルは『論理学』の末尾において示すことを要求していた。同時にそこでは、この啓示が哲学的には「疎外〔外化〕」として捉えられなければならないと主張されている。そこでヘーゲルが根拠として持ち出してきた二つの論点は、自然の様態から精神の様態への理念の移行を自律的否定性として特徴づけることができるための必要十分条件であると理解することが可能である。

第一に、自然は概念の「完全な」外面的客観態でなければならない。このことは一方では、概念はいまだ、自然の外部にあると考えられるようなさらなる外面的諸契機「それ自体 an sich」を持っているのではない、ということである[21]。他方、このことは自然が、哲学的に「概念の外面的客観態」として捉えることのできない諸契機をなんら含まないということを意味する。仮にそうでないとするならば、精神すなわち対自的に存在する理念にとって外面的なものが存在することとなり、したがって理念の絶対性がもはや与えられないことになるであろう。この条件は、自然が理念の一様態であるというヘーゲルの前提に基づいて満たされており、それが正しいことを実証するのが、彼の自然哲学の課題である[22]。

第二に、自然の様態から精神の様態への移行は、理念の固有の活動として、すなわち他在の中での理念の内在的な目的論的展開として理解しなければならない。

---

(21) 心的状態および心的出来事のこうした自然的側面は、たとえば現代の心の哲学のうち自然主義的諸派において前提されている。これらのモデルにおいては、こうした状態を持つ主体の視点からは捉えることのできない心的なものの属性が存在する。この点については Quante (1998a および 1998b) を参照。これに対しヘーゲルの立場からは、心的諸現象の本質的主観性および可視性を主張しなければならない（ENZ§379を参照）。

(22) ヘーゲルがこの要求を行っているという事実、およびこの要求を彼の自然哲学の枠の中で実現しようとする際に彼が直面した困難については、ENZ§250を参照。この点については Horstmann (1986) における、事柄そのものについては最終的には懐疑的な立場も参照。

ヘーゲルはこのことも精神哲学の冒頭において、彼の自然哲学によって証明されているものとして前提することが可能である。生命の理念の中へ沈み込んでいる主観性は「生まれながらの死の萌芽」(ENZ§375；全集2b, 701) において、自然の様態の不適合性として表現され、したがってヘーゲルは個体としての有機体の死を「普遍者との同一性に達すること」(ENZ§376；全集2b, 703) および「自然的なものの死」(同上) として捉える。このことによって「個別性の直接性」が止揚され、「具体的普遍性」の段階が実現される (同上)。すなわちこれが「精神」(同上) なのである。

ヘーゲルは「自然の消滅」という表現に代わって、ここでは「止揚」、すなわち周知のように「否定する」「高める」「保持する」という諸側面を包括する用語を用いている。その際、ヘーゲルは自然から精神への移行を一方では理念のさらなる展開として、他方では精神の自己規定として把握しているため、これら三つの側面を分けて検討しておかなければならない。

前の二つの側面についてはすでに触れており、内容上問題は生じない。自然から精神への移行において否定されるのは――理念の展開の次元においては――理念の自己外存在としての自然の様態である。精神の次元においてはこの否定性は、自然の諸規定の外面性が精神という生き生きとした統一へ、自己感情へ、また自由な実効性 Wirksamkeit へ変化したという点に見いだすことができる (この点についてはENZ§379を参照)。「高める」というのは、精神の様態を獲得することによって理念が対自存在へ、それゆえまた理念の本質に適合した実在化形態へ到達するという点に存する。このことによって精神は同時に「自然の真実態」(ENZ§388；全集3, 51) として特徴づけられる。

それではいかなる意味において自然はこの移行において「保持」されるのであろうか。以下に示すように、§381の最後の文は止揚の保持としての契機を提示していると理解することが可能である。

④精神はこうして同時にもっぱら自然からの復帰としてこの同一態である。

ヘーゲルは、精神を真実態または理念の高次の展開、さらなる展開として特徴づける場合には常に、過程および帰結の性格を強調している。すなわち、対自的に存在する理念の絶対的否定性は「自然からの復帰」(ENZ§381；全集3, 13) としてのみ把握することが可能であり、「精神は自然の真実態として生成した」(ENZ§388；全集3, 51)。自然の自己止揚は自然哲学によって (それゆえまた一つの精神的形象において) 明示

化されるのであるが、この自然の自己止揚の過程においてのみ、また身体性および外的自然の形態の中で自身の自然的先与条件を獲得することにおいてのみ、精神は自己自身を認識しまた産出することが可能である。理念の基本構造とは、一方においては主観性として本質的に反省であり、それゆえまた他者からの「復帰」であり、他方においては絶対的主観性としてつねに自己自身に関連づけられているということである。このことは、自然の措定が理念の他在および自己外存在の様態として、精神というあり方において理念自身にとって主題的となるその対自存在への復帰においても、内在的な前提として保持されているということを要求する。理念の自己展開の次元においてこのことは、自然が哲学的に把握すべき現実性の実在的で自立した部分であり続けるということを意味しており、ヘーゲルが哲学的手段によって、この実在性および自然の前提性それ自身を絶対的主観性の局面として把握可能なものとすることを要求しているにもかかわらず、この事態に変わりはない。〔これに対して〕精神の内部においては、自然の保持は複数の仕方で示される。第一に、自由な主体が生命を有する自然存在としてのみ存在し得るという点に、自然の保持という事態が見いだされる。第二に、この自由な主体はその自然的基盤および環境世界を活動によって獲得しなければならず、したがってまた第三に、この自然的基盤および環境世界を自由な主体とは独立したものとして前提としなければならない。第四に、このことはわれわれが有限な主体として、自然存在としてのわれわれ自身を限定することを通じてのみ、われわれの精神的自然を獲得することができるという点にも表われてくる。[23]有限なもろもろの意識が自然に対して実在論者であり、また「自然」「精神」という概念は反省規定であるという事実は、精神の自己理解のためにわれわれの有限な視点が寄与するものと同様に、最終的にはヘーゲルが対自的に存在する理念として規定した絶対的主観性の構造によって哲学的に説明されまた正当化される。

以上によって、自然と精神の関係のヘーゲルによる規定は、一方においては、論理的理念から自然への移行と分かち難く結び付いていることが証明された。また他方においては、この規定の哲学的正当化は『論理学』においてヘーゲルが展開したような理念の構想に依存していることが示された。たしかに、『エンチクロペディー』第二版において彼が「精神の概念」において施した修正により、「論理的理念」(GW 12, 237/MM 6, 550；全集8, 357) においてすでに一つの主体、一つの具体的人格が問題となっ

---

[23] この点についての詳細な分析は Siep (1992a, 195-216；邦訳298-331頁) を参照。

ているとの誤解を取り除くことにヘーゲルは成功している。(24)しかし、哲学的に動機づけられた理念の構想は、ヘーゲルの哲学体系全体を組織立て、根拠づける原理であって、この構想にとって外在的根拠づけは存在し得ない。この構想の信憑性はもっぱら、この構想を基盤として展開される個々の哲学的分析の有効性にのみかかっている。ヘーゲルの自然・精神概念ならびに自然と精神の関係についての反省論理的分析は、今日流布している、おおよそ科学主義的な自然理解に適合するよう整えられ、自然諸科学に準拠した存在論に対する有効な代替案であるように私には思われる。ヘーゲルにとってはわれわれの自然概念は、自然諸科学が想定している準則で汲み尽くされるわけではない。むしろこの自然概念には、実践的な交流・経験様式や、さらには芸術や宗教の領域の文化的解釈範型までもが属している。(25)ヘーゲルの精神概念は多くの点で後期ウィトゲンシュタインの命題を先取りしているが、この精神概念もまた、現代の心の哲学における科学主義的に縮減された議論に対する有望な代替案であることが判明する。(26)現代の心の哲学は総じて、事物－属性の形而上学や、空間的に組織された階層というイメージに、そして因果法則に準拠した相互依存諸関係に拘泥しているからである。とはいえ、ヘーゲルが宗教的諸形象を取り入れていることを秘められた神学主義だと解釈するのは誤解であると思われる。なぜなら彼の理解によれば、宗教的諸表象は哲学的概念構成へ翻訳することが可能だからである。ヘーゲルの関心はむしろ、自然と精神を理解することに関連する資源を可能な限り広くとらえておくということである。だからこそ彼にとって絶対的理念は、

> 哲学の唯一の対象であり、内容である。絶対的理念は、その中にすべての規定性を含むものであり、その本質は自己規定または特殊化を通じて自分に復帰するところにあるから、絶対的理念は種々の異なる形態をもつ。従って哲学の任務は、この理念をこれらの形態の中で認識することにある。自然と精神とは一般に、この理念の定有を表現する二つの形態〔邦訳中の補足：仕方、様式〕である。

---

(24) こうした誤りは Harris (1895, XIV, 390ff.) の解釈の基底にあるように私には思われる。だがヘーゲル自身は論理的理念との関連においては「人格性」(GW 12, 236/MM 6, 549；全集8, 356) について語っているにすぎない。人格とは理念の精神的顕現の一つであって、したがって論理学の構成要素ではないのである。
(25) こうした内容豊かな自然概念が現代の諸問題に適合した倫理学の発展に対して占める体系的重要性は Siep (1996a, 1997b, 1999 および 2004) において示されている。
(26) この点についての詳細は次章および McDowell (1994) が現在試みている科学主義的自然主義の論駁、さらにはこれに対する Quante (2000b) における私の批判を参照。

芸術と宗教とは、絶対的理念が自分を把握し、自分に適合した定有を得るための各形態である。哲学は芸術や宗教と同一の目的をもつ。しかし哲学は絶対的理念を把握するための最高の形態である。というのは哲学の形態は最高の形態であり、即ち概念だからである。だから哲学は、あの実在的な有限性と観念的な有限性との諸形態、並びに無限性と神聖との諸形態を自分の中に包容するのみでなく、これらの形態と自分自身とを概念的に把握する（GW 12, 236/MM 6, 549；全集8, 357）。

ヘーゲルは、自然概念および現実性概念を科学主義的に狭隘化することを全体として拒否し、また哲学的根拠づけを自然諸科学に対して自律的なものとして理解しているが、これらのことはヘーゲルに、この形而上学〔＝自然と精神とを理念の定在を表現する異なる形態であるとし、これらの形態の中で絶対的理念を自己把握するのが哲学であるとする形而上学的見解〕の出発点となる基盤を提供する[27]。このことだけで、絶対的理念というヘーゲルの哲学的テーゼを最終的に信憑性あるものとすることができるのか否かについては、ここでは未解決のままとしておかなければならない。とはいえ、近代の自然主義的方向を持つ哲学が陥っているさまざまなジレンマを目の当たりにするたびごとに、絶対的理念というヘーゲルのテーゼはいまだ魅力を失っていないことが分かる。

---

(27) このことは、ヘーゲルが自然についての自然科学的把握に何らの余地も与え得ないということを意味するものではない。ヘーゲルが必ずしもこの可能性を否定しているわけではないこと、そしてなぜそうであるのかを、私は前章において示したつもりである。とはいえ、同時代の自然研究者の多くとは対照的に、ヘーゲルは自然科学と自然哲学との方法論的区別を堅持し（この点に関しては『精神現象学』序文におけるシェリング批判を参照）、さらには、後者を前者の存在論的および方法論的準則に従って方向づけることを拒否している。自然が自己外存在というあり方における理念である限り、自然諸科学の有限な視点およびその視点と結び付いた有限な目的設定は、哲学的に見て、対象に適したものとして把握することが可能である。それゆえ、哲学的に取り組まれる自然科学という意味における「自然学 Physik」に「羽を与える」（訳注2）ことではなく、自然科学と自然哲学のそれぞれ異なる視点がそれぞれ同等な権利を持ち得るということを示すことが重要なのである。だが私の見る限り、自然および現実性一般についての自然科学的言明と、自然哲学的言明と、哲学一般のレベルでの言明とが全般的に言って相互にどのような関係にあるかということを規定するのがヘーゲル研究の残された課題である。包括的な体系上の背景については Quante (2000a) を参照。

第6章
階層形成か措定か

　本章においては、自然と精神の関係のヘーゲルによる規定が、心 Geist の哲学における今日支配的なパラダイムへの魅力的な代替案であることを示そうと思う。現代におけるこの心の哲学、すなわち分析哲学の一分野としての心の哲学 philosophy of mind の主流は、程度の差はあるにせよ全般に自然主義、還元主義および科学主義によって特徴づけられる。この特徴づけは、分析哲学の当該分野内部の高度な専門分化にもかかわらず、そこで打ち出されたモデルおよび解決戦略のいくつかの典型的なメルクマールの中に映し出されている。本章の表題に用いた「階層形成」はこれを表現している。

　これに対しヘーゲルはドイツ観念論の文脈から、体系的で細分化された、また同時に経験的知見を十分に取り入れた理論を展開しており、この理論は自然主義、還元主義および科学主義の誘惑からは自由である。[1]このことはヘーゲルによる自然と精神の関係の扱いにも表れていると私には思われる。この特徴を本章の表題では「措定」によって示唆した。

　ヘーゲルのモデルをその基本特徴において描き出し、体系的重要性を持つ代替理論として信頼に値するものにする試みを、私は二段階に分けて行いたい。第一段階では「階層形成モデル」の特徴を叙述する（第1節）。第二段階ではヘーゲルの『エンチクロペディー』の中心部分を分析することにより、私にとって魅力的と思われる諸属性を有する彼の反省論理的代替モデルについて論じる（第2節）。その上で最後に、ヘーゲルの形而上学の上に建設的に依拠しようとする試みに対する原理的な反論にも若干言及する（第3節）。

---

(1) 科学主義的な概念構成およびモデル構成への批判は、ヘーゲル哲学全般の中心動機の一つであり、ヘーゲル哲学のアクチュアリティと魅力との相当部分をなしている。心の哲学の諸問題に関しては、すでに「ドイツ観念論最古の体系計画」において自然諸科学に対して代替となる自然研究に関する考察が見られる。

第1節　階層形成モデルの特徴

　現代の心の哲学における最も重要な典型的代表者の一人であるジェグォン・キムは、非還元主義的物理主義の困難に関する一論文の冒頭で、二つの基本モデルの対立に言及している。一方においてはデカルト流の古典的な「二股の bifurcated」世界のモデルがあり、他方においては「階層をなす layered」世界のモデルがあるのだという[(2)]。キムがこの論考の出発点として選んだこうした議論状況は、二つの理由から典型的である。すなわち一方においてデカルト主義として特徴づけられた実体二元論の立場は消極的な出発点をなし、他方において階層モデルがデカルト的選択肢に対する唯一の体系的代替案として導入されるということである。

1. 消極的反転図としての二股の世界

　分析哲学の一分野としての心の哲学においては、デカルト的な心身二元論の構想が各々の論者独自の立場を展開するためのスプリングボードとして、そして自身の立場を明確化するための対抗モデルとして援用されるのが通例である[(3)]。歴史上のデカルトを正確に踏襲しているとは言えないが、「デカルト主義」は、以下の三つの基本想定に基づいて提起される。

ⅰ．二つの互いに独立した実在（実体）の領域が存在し、各々は存在論的に同等の権利を有する。

ⅱ．心的実在は物理的実在とは区別可能な本質を持つ。

ⅲ．いずれの存在領域も各々の実在に排他的に帰属する諸属性の集合によって内容が汲み尽くされたものとして、また各々互いに独立したものとして特徴づけることが可能である。

　キムによれば、このモデルはわれわれに二股の実在の像を提供する。すなわち、「世界は二つの形而上学的に独立し併存する領域からなる」[(4)]。このような構想に突きつけ

---

(2) Kim (1993, ここでは189頁以下)を参照。

(3) Kim (1993, 188)を参照。このモデルを歴史的に適切な仕方でデカルト自身の理論に関連づけることは通常まったくなされないか、なされたとしても哲学史的に不十分なものにとどまる。以下においては歴史的に適切なデカルト解釈ではなく、純粋に体系的な論点を扱うため、論証の目的にとってこのことは問題とはならない。

(4) Kim (1993, 189；独訳はクヴァンテによる)。

られる問題の核心は、両領域間で働く相互作用についての満足できるモデルを考案することである。このモデルに固有の前提諸条件に適した形で、心的領域と物理的領域との相互作用についての信憑性あるイメージを考案するという困難な課題には、すでにデカルト自身が取り組んでおり、彼の同時代の議論においては、因果的相互作用論やライプニッツの並行論といったさまざまな解決策のモデルが提起された。とりわけ心的原因性についての満足できる構想を展開し得るか否かというこの問題こそが、存在論的に常軌を逸していると見られてきた実体二元論と並んで、「デカルト的」モデルに対する主要な反論としてつねに繰り返し持ち出されてきたものである。

2. 階層存在論という唯一の代替案

現代の心の哲学の主流にとって典型的な第二の特徴は、この二股の世界像に唯一の代替案が対置されることである。階層化された世界というモデルがこれに当たるが、これも同じように以下の三つの基本想定によって特徴づけられる。

i. 世界は複数の階層から成り、いずれにもそれぞれ特殊な実在と、各階層を特徴づける諸属性とが帰属する。

ii. 存在論的基盤となる一つの階層が存在する（通例それは物理学によって把握される現実性の構造である）。

iii. これ以外の世界の諸階層は、階層間の内的依存関係を伴うヒエラルキー構造をなす。その際、より高い複雑性を有する各階層は、それぞれに対応するより基礎的な階層に依存している。

階層モデルにおいても個々の階層間の関係に関する問いが決定的である。「デカルト的」実体二元論の場合と同様に、ここでも因果的相互関係の可能性、ないしより高次の階層のより基礎的な階層への因果的影響作用の可能性が、最も根本的な問題となる。ここ数十年間の議論において示されているように、この点に関して階層モデルは実体二元論の諸々の立場に比べて首尾よく運んでいるわけではない[5]。

ここで心身問題の文脈においてとくに興味深いのは、理論によって異なるものの、化学的または生物学的実在ないし属性をも包括し得る物理的なものの階層と、心的なものの階層との間の連関である。この場合、心的なものの階層はさらに個々の心理的実在、社会諸現象、さらに現実性の美的、倫理的、宗教的諸側面へと細分化す

（5）この点については Quante (1993b) およびそこで示された文献を参照。

ることが可能である。こうした細分化はすでにサミュエル・アレクサンダーやチャールズ・D・ブロードといった過去の創発理論の論者において見られるが、そうした細分化にもかかわらず、主要な難点が見いだされるのは物理的なものから心的なものへの移行においてである。⁽⁶⁾

　ジェグォン・キムの見解には、この階層モデルが分析哲学の一分野としての心の哲学において「支配的である」ことに関して、確かに同意し得る。⁽⁷⁾ 心的存在者および心的属性の実在を疑う消去的物理主義者を度外視するなら、それぞれ多様なバリエーションからなる還元主義的物理主義および非還元主義的物理主義という二つの理論へのグループ分けが可能である。階層化された世界の基本モデルとして、新たな創発論、変則的な一元論、認知科学において支配的な機能主義の諸形態、さらにはさまざまな脳神経科学のアプローチがある。⁽⁸⁾

3. 実体二元論モデルと階層モデルとの共通の諸特徴

　階層モデルの多様な形態に立ち入ることはここではできない。その代わりに私は、デカルト的な二股モデルと階層モデルの両方に共通する四つの典型的特徴を指摘しておきたい。

ⅰ. 第一に、いずれのモデルも自然科学的な観点に限定された自然理解を出発点としている。これを現代の心の哲学における潜在的または顕在的科学主義と称することができる。⁽⁹⁾

ⅱ. 第二に、この根本的選択の帰結として、両モデルは物理的なものと心的なものとの関係を問題とする際、トマス・ネーゲルが「どこでもないところからの眺め」⁽¹⁰⁾ と叙述した、人間の観点から距離を置いた観察者の認識視点を用いる。ジョン・マクダウェルの言い方を借りれば、このことを次のように表現することができるかもしれない。現代の心の哲学は物理的なものと心的なものとの関係を傍らから見た像 sideways-on picture を描いている、つまり、そこでは行為者

（6）この点については Alexander (1920) および Broad (1925) を参照。ジョン・スチュアート・ミルに由来し、現代に至るまでの創発理論の叙述は Stephan (1999) に見られる。
（7）Kim (1993, 190) 参照。
（8）議論の概要については Quante (1998a および 1998b) を参照。
（9）少なくとも以下においては、科学主義という概念をこの広い意味において用いる。自然概念を自然科学的自然理解へと狭隘化することおよびそこから生じる諸問題については、McDowell (1994および1998b) および Quante (2000b) を参照。
（10）これは Nagel (1986) の著作タイトルである。

にして心的状態の主体であるという自己理解が何ら役割を果たさないような構想を展開しているのだ、と。
iii. 第三に、この科学主義的方向性と、それに伴う認識論的な根本的選択は、物理的なものと心的なものとの関係を特徴づけるために、数量モデルおよび空間イメージが多用されていることに表われている。こうして、「法則の空間」「根拠の空間」「階層」、そして機能または実体およびそれらの属性が取り上げられる。
iv. これに加えて第四に、この二つのモデルは、二股の世界像モデルであるか階層化された世界像であるかを問わず、いずれも物理的なものと心的なものとの間の存在論的非依存性を出発点としている。デカルト主義者にとっては、この存在論的非依存性は心的なものと物理的なものの両側面に及び、いずれも自律的かつ相互に独立して完全に規定することが可能である。これに対し、階層モデルの支持者にとっては、独立性は一方向にのみ妥当し、物理的なものの領域は心的なものからは独立して完全に規定することが可能であるのに対し、心的なものは物理的なものに依存し、その影響作用によって刻印づけられる。

　心の哲学のさまざまなモデルは概念的に精確であり、細部にこだわるのを常としているだけに、心的なものと物理的なものという両基本概念が大抵の場合、十分に規定されていないままであるという特徴が見られることは、少なくとも一見したところ驚くべき診断結果である。ここでもキムの論文が例証としてふさわしい。すなわちそこでは、「以下の議論は『物理的なもの』と『心的なもの』との精確な一般的定義とはまったく無関係である」と述べられているのである。

　現代分析哲学における心の哲学のスコラ学的分析を追いかけてみると、この間に議論されてきたもろもろのモデルが、脳科学、神経科学、認知科学といった経験的諸学

---

(11) この点については McDowell (1994, 34 ff., 82 ff.；邦訳71頁以下、142頁以下) を参照。
(12) 科学主義的陥穽を免れようと試みているジョン・マクダウェルですら、精神と世界の関係を叙述する際にしばしば、階層モデルを想起させる空間のメタファーを用いている。このことから生じる不明瞭な点に関する議論については Quante (2000b) を参照。このことは、精神と自然の関係を空間モデルにより特徴づけることがいかに手ごろでありしかも同時に危険であるかを示している。
(13) 心的なものが物理的なものに一方的に依存しているというモデルは、とりわけ今日影響力を有する付随関係という観念の基礎をなしている。そこで主張されるようにこの関係は不均等であり、このことは基盤となる物理主義を表現し、同時にこの配置関係から心的原因性に関するあらゆる困難が生じるが、これは実体二元論にも共通する困難である。この点については Quante (1993b) を参照。
(14) Kim (1993, 193；独訳はクヴァンテによる) 参照。

科に対して与える利益の如何を問わず、哲学的観点からはしばらく以前から「立ち往生している」という印象を受ける。階層モデルのあらゆる選択肢は汲みつくされているにもかかわらず、哲学的には結局のところ不十分なままであるように見える。少なくとも私のテーゼとしては、このことの根拠は以下のようになる。すなわち、心の哲学のこれらの回答は、われわれの生活世界における、心身統一体としてのわれわれについての先行理解および自己理解を捉えきることができないということである。

　ヘーゲルは、とりわけ当時の哲学的心理学が劣悪な状況にあるとの判断を示しているが、この判断は以上のことから、現代にも通用すると考える十分な根拠がある。

> 心理学は論理学と同じように、近世においてはまだ精神のいっそう一般的な発育と理性のいっそう深刻な概念とから効用を引き出すことが最も少なかった諸科学に属している。そして心理学は依然としてたいへん劣悪な状態におかれている (ENZ§444；全集3, 326)[15]。

ヘーゲルの眼差しからは、このことの主な理由の一つは誤ったモデルの使用、「もろもろの力やさまざまな活動等々に関する通常の悟性形而上学」への準拠にあった。そのため彼自身は、よく知られているように、霊魂に関するアリストテレスの諸著作のみが本来、「この対象に関する著作のうちで思弁的意義をもっている最もすぐれたまたは唯一の著作」(ENZ§378；全集3, 4) であるとの見解であった。

　アリストテレスに立ち戻る代わりに、次節においては、第1節において略述された物理的なものと心的なものとの関係に関する両モデルへの真の代替案を、ヘーゲルにおいて見いだすことは可能かどうか、また可能であるとすればどこにおいてか、ということを示すこととしよう。

第2節　反省論理モデルの特徴

　私の構想にとって中心的な、ヘーゲル体系の中のテクスト箇所の分析に取り掛か

---

(15) ヘーゲルの注釈も参照。「こうしたこと〔=『エンチクロペディー』において、意志が実践的精神一般として、知性のつぎなる真理であることを叙述したこと〕を敷衍することで、精神の本質についてのより一層根本的な認識のために私なりの貢献を果たすこと、このことが私にとってますます切実な欲求となっているのは、〔中略〕人々が普通心理学と呼んでいる精神の教説にもまして、蔑ろにされて、劣悪な状態に置かれている哲学的学問は容易に見つけられないからである。」(R§4A；全集9a, 39)

る前に、なぜ私がヘーゲルにおいて、現代分析哲学における心の哲学のさまざまなモデルに対する魅力的な代替理論を見いだすのかという根拠を挙げておきたい。その際、本章で目的とするところを果たすために単純化を行うことを容認していただきたい。すなわち、私は「物理的なもの vs. 心的なもの」という分析哲学の枠内での心の哲学における概念対と、「自然 vs. 精神」というヘーゲルにおける概念対とを同一のものとし、そのうえで、それぞれの概念対において考慮に入れられている関係項間の関係がどのように異なるのか、という論点に専念し、少なくともヘーゲルが行っているような、「自然」と「精神」という関係項そのものの複雑な構造の哲学的分析には立ち入らない。

1. ヘーゲルの代替案における三つの魅力的特徴

　ヘーゲル哲学が現代の心の哲学における支配的パラダイムに対する魅力的な代替案となると思われるのは以下の三つの根拠からである。

(i) ヘーゲルの反科学主義

　第一に、ヘーゲルが科学主義者ではないことは明白である。そうはいっても、彼は当時の自然諸科学に集中的に取り組み、十分な理解を備えた同時代人としてそれに対して尊敬を払っている。とりわけ彼の自然哲学講義および精神哲学の講義記録に示されるように、ヘーゲルはつねに、関連するあらゆる分野の研究成果を自然および精神に関する自身の哲学的論考へと統合すべく努力している。しかしながらヘーゲルが掲げる二つの哲学的要求は、彼の体系を科学主義と（自然諸科学と、ではない！）両立不可能なものとしている。第一に彼は、自然および精神の自然科学的考察および研究とならんで、それとは独立した自然哲学および精神哲学が存在し得、また存在しなければならないと主張している。第二に彼は、自然および精神の哲学的分析のこの独立性は、哲学が自然諸科学の存在論的基本モデル、説明戦略および概念構成を受け入れまたこれらを模倣するのではないという点に表われている、ということを前提としている。

(ii) ヘーゲルの「理念論理的」一元論

　自然および精神の哲学的考察のこの独立性の結果として、ヘーゲルにおいては第二に、精神と自然の関係に関し、実体二元論モデルにも階層モデルにも組み込むことのできない構想が見いだされる。ヘーゲルによれば精神と自然はいずれも反省規定である。このことは、両概念の内容を適切に把握し得るのは、これらをある種の関係の契

機として、すなわち自然と精神の関係における関係項として考える場合においてのみである、ということを意味する。そしてヘーゲルの絶対的観念論の枠組みにおいては、概念と事象との間の相違は絶対的なものではないため、精神と自然それぞれの現象も存在論的にそれぞれ独立したものではなく、理念の内的な細分化運動の諸契機として把握すべきなのである。(16) それゆえ、自然と精神との区別は理論的考察を行う理性の認識の所産であるにとどまらず、同時に、理念そのものの、あるいはヘーゲルがそう主張したであろうように、事象そのものの、内的な存在論的細分化である。

(iii) ヘーゲルの認識論的多元主義

この反省論理的アプローチによって、ヘーゲルは両モデルの前提となる両存在領域〔物理的なものと心的なもの〕の存在論的非依存性を反駁しているにとどまらない。彼のモデルは第三に、その反省論理的構造に基づいて、観察する理性による傍らから見た像 sideways-on picture ではなく、解釈学的な参加者の視点によって成り立っている。たしかにヘーゲルは『精神現象学』において、観察する理性を自然科学の適切な認識態度として承認してはいる。しかし彼は同時にまた、「観察する理性」が哲学的認識論としてはとりわけ精神現象に関して不適切であるということを指摘している（この点については本書第4章を参照）。

ヘーゲルの理論のこの認識論的基本特徴が魅力を有するのは、単にそれによって彼が、第一義的には理解の様態において働いているわれわれの日常的な先行理解および自己理解に遡ってそれに依拠することができるためだけではない。私の見るところ、彼の精神の理論のこの側面に多くを期待できるのは、とりわけそれが彼においては不可避的に投影主義や文化的相対主義に落ち込むことがないからである。このことの理由は、ヘーゲル体系の基盤が経験心理学的諸カテゴリーではなく、──この点においてはフレーゲやフッサールを先取りしているのだが──純粋思惟の根本諸規定であるためである。(17) 他方ヘーゲルは、彼の絶対的観念論に依拠して抽象的アプリオリ主義の危険をも回避し得ている。なぜなら絶対的観念論においては、経

---

(16) この点については『哲学的諸学のエンチクロペディー』の「予備概念」（ENZ§§19-27）および本書第2章の分析、さらに Halbig (2002) および Siep（とくに2001）を参照。

(17) この点については再度、『エンチクロペディー』の「予備概念」を、さらにフリースにおける人間学的に根拠づけられた論理学に対し、ヘーゲルが度重ねて表明した批判を参照。私の見るところ、諸カテゴリーの意義に関するヘーゲルの構想のこれらの側面は、論証、認識および行為といった実践においてこれら諸カテゴリーを使用することによって意味が構成されるとする意味の使用理論として理解するのが最も適切である。

験的実在そのものが、あるいは精神的なものにおいては歴史発展が、この基本カテゴリーの内容に属しているからである。これは、「自然」と「精神」の規定の内容には、自然とのかかわりや、諸学科における両領域の境界設定のさまざまな試みにおける、われわれの文化的経験もまた属しているということを意味する。[18]

2. ヘーゲルの反省論理的代替案

いま触れた魅力的な諸側面について本書では詳述することはできない。これを十分に展開し得るか否かは、ヘーゲル体系全体の有効性にかかっているであろう。ヘーゲルの自然概念および精神概念については前章で詳細に分析したので、本章の目的を達成するためにいくつかの基本特徴に限定したい。このことに関連して、『エンチクロペディー』の中心パラグラフを再度引用しよう。

> 精神はわれわれに対しては自然を前提として持っているが、〔邦訳中の補足：しかしそれ自体においては〕精神は自然の真実態であり、そしてそのことによって自然の絶対的優先者である。〔邦訳中の補足：精神という〕この真実態においては自然は消滅してしまっており、精神は対自存在へ到達した理念、すなわちそれの客観が主観と同じく概念であるような理念であることがわかった。概念は自然において自分の完全な外面的客観態を持っているが、しかし〔邦訳中の補足：精神においては〕概念のこの疎外〔外化 Entäußerung〕は止揚されており、そして概念はこの疎外において自己と同一になっているが故に、〔邦訳中の補足：精神における主観と客観との〕この同一性は絶対的否定性である。精神はこうして同時にもっぱら自然からの復帰としてこの同一態である（ENZ§381；全集 3, 13）。

この文章についてはすでに前章で詳細に分析しているので、以下においては、ヘーゲルの「精神の概念」を現代の議論に対して魅力的なものとする諸側面を明白にする限りにおいて分析するにとどめる。

ヘーゲルが科学主義的自然概念ではなく、哲学的自然概念を根底に据えていることは明白である。このことは一方においては、彼が精神を自然の真実態として特徴づけ、そのことによって――そのことの意味はさらに明確化する必要があるが――自然の精

---

[18] ヘーゲル体系におけるアプリオリなものと歴史的なものとの緊張関係の解消については、Halbig (2001) における分析を参照。

神からの完全な独立性に異議を申し立てていることから明らかとなる。それと同時に、精神の自然からの独立性という、観念論者にとってはまだその余地が残されているかもしれないテーゼもまた、最後の文において異議が申し立てられている。すなわち、精神の十全な形態は哲学的には「自然からの復帰」としてのみ叙述することが可能である。この言明は、両領域がそれぞれ完全に独立しているという想定とは両立しない。その必然的帰結としてヘーゲルは、1822年以来執筆された『精神哲学の断章』において、精神の概念に関し、叙述の過程において「この〔精神と自然との〕相違そのものにおいて、自然と精神がおのずから相互に関連し合うこと、およびいかにそれらが相互に関連し合うかが示される」(GW 15, 218/MM 11 §12) と書いている。

ヘーゲルの科学主義的でない自然概念は、自然が理念の一様態として解釈されるということによっても明らかとなる。だからこそ、概念が自然において「自分の完全な外面的客観態を持っている」と述べられる。また『エンチクロペディー』冒頭においては自然哲学が「理念がそれの他在においてあるあり方の学」として規定され、そのことによって自然は「理念がそれの他在においてあるあり方」として暗黙のうちに規定されているのである (ENZ§18)。このことによって明らかとなるのは、ヘーゲルがカテゴリー上独立性を持ち、科学主義に準拠しない自然哲学を手中に収めているということである。それでは、すでに複数回にわたって述べてきた、ヘーゲルが自然と精神の関係の構想に組み入れている反省論理的構造はどのようなものとなるであろうか。

この反省論理的関係について述べているのは、『エンチクロペディー』から引用した①から④の文のうち、第一文である〔①から④の区分については前章を参照〕。§381のこれに続く三文は、精神が自然の「真実態」であり、「絶対的優先者」であるということをもってヘーゲルが何を言わんとしているかを説明している。§381のこの第一文は、複雑であるだけではなく、ある観点からはヘーゲルの読者を驚かせる。この文の中核部分においては「われわれに対しては」という表現が現われるが、これは通常、エンチクロペディー体系の概念展開過程においてはいかなる余地も与えられていないはずの表現だからである。[19]

---

[19] 私の解釈とは異なり、ペパーザックは『エンチクロペディー』第一版に関連する「われわれに対しては for us」の分析において、端的に――かつそれ以上の論証を欠いたまま――この表現は当該箇所に至るまでのヘーゲルの概念展開、ペパーザックの言うところの「発展的再構成 progressive reconstruction」(2001, 123) を追ってきた読者のことを想定していると前提している。その際彼は、こうした言及を、どのようにしてヘーゲルの思考過程の、または概念展開の真の構成要素として理解することができるか、という困難な問題を度外視している。

前章で展開した解釈に基づき、私は、「われわれに対しては」によって読者の自己理解が、またはより一般的には、心身諸状態を備えた、周知の経験的主体の自己理解が言及されているのだと提案したい。

第一文（「精神はわれわれに対しては自然を前提として持っているが、精神は自然の真実態であり、そしてそのことによって自然の絶対的優先者である」）を詳細に検討すると、その構造上三つの次元を区別することが可能である。

（第一の次元）精神と自然との間には反省論理的な「前提」関係が存在する。
（第二の次元）この関係が自然と精神との間に存在するのは、この関係が「われわれに対しては」経験の対象であるからである。
（第三の次元）これに対し、哲学的観点からは自然と精神との関係は、精神が自然の真実態であり、かつ自然の絶対的優先者であると規定することができる。

3. 三つの問い

この次元の区別に基づき、私の解釈の提案の枠組みでは、明確化のために三つの問いが立てられる。

（問1）「前提」関係とは何を意味するのか。
（問2）「真実態」または「絶対的優先者」とは何を意味するのか。
（問3）前提関係が「われわれに対しては」という視点において場所を占めるとするならば、なぜこの前提関係が、自然と精神の関係を構成するものとしてこれに属している、ということが可能となるのか。

これら三つの問いに答えることによって、自然と精神の関係についての問いへのヘーゲルの回答の複雑さや内容豊富さが示されることになる。

（問1への回答）
ヘーゲルが前提という概念によって何を意味しているのかという問いへの回答は、『論理学』における「外的反省」の章に見られる。この反省形態はそれ自身、本質論理の構造全体の不可欠の契機であり、そこで述べられているように「一つの直接的な前提を」持ち、「或る有を前提」し、したがってこの反省は「その措定が反省の出発点となる」ように「その措定を直接的に見出」す（GW 11, 253/MM 6, 29；全集7, 23以下）。自然が有限な主体であるわれわれに対して前提として与えられてい

るとするならば、このことが意味するのは、われわれが有限な主体として、存在論的にも認識の上でもわれわれの精神性を、精神的なものそのものからは独立した自然を前提することによってのみわれわれ自身に説明し得る、という事実に他ならない。

　こうした思考形象を用いて、ヘーゲルはわれわれの日常的な実在性意識を哲学的に分析しようと試みているが、同じ思考形象は法哲学緒論において彼が行っている意志の分析においても見られる。そこでは、意志は行為の意識としてのみ考えることができるということの論証が行われる。

> その特殊化（§8 β）の一層立ち入って規定されたものが、意志の諸形式の区別を形作る。すなわち、（a）この意志の規定されたあり方が、主観的なものと、外面的で直接的な現存在としての客観的なものとの形式的な対立であるかぎりでは、この規定された意志はつぎのような自己意識としての形式的な意志である。すなわち、それは外面的な世界を自己の前に見いだすとともに、この規定されたあり方において、自己のうちに還帰する個別性としては、主観的な目的を、活動と手段とを媒介にして客観性のうちに移し入れようとする過程である（R§8；全集9a, 48）。[20]

　行為の意識は主観からは独立した実在が現に存在することを前提とし、その実在において諸目的が行為を通じて実現され得、また実現されなければならない。このことによって、ヘーゲルにとっては実在性の意識は主観性の概念から必然的に帰結する。ところでヘーゲルは彼の体系において、経験的主観の確信体系の内容だけではなく、同時にまた現実性一般のカテゴリー的基本構造をも分析しており、したがって自然が現に存在する必然性もまた帰結する。その際ヘーゲルは、理念に対する他在としての自然を自然の空間的・時間的構造および因果的構造と同一視している。このことによってヘーゲルは同時に、経験的主観の立場からも、観察する理性、したがってまた自然科学の立場からも前提されまた把握される現実性の諸側面を、彼の全体として観念論的な仮定の内部で統合している。この実在論は、思弁哲学の立場においては理念展開の一契機に格下げされるものの、世界に対するこれら二つの態度〔＝経験的主観および観察する理性〕の枠組みにおいて

---

(20) この章句の分析および法哲学におけるヘーゲルの行為概念については Quante（1993a）を参照。

は十分な権利を有している。

(問2への回答)

　『エンチクロペディー』の§381においては、精神は二重の機能を帯びて現われる。精神は展開されない形態において即自的には論理学において登場する。それは精神が――自然を通過した後に――自己自身へ復帰し、この再獲得において自己を対自的なものへ高める、すなわち精神自身の適切な概念を獲得する以前の段階である。ヘーゲルは彼の自然哲学に対し、彼の理念論によって哲学的動機を持つ目的論的構造を付与している。ここで重要であるのは、自然現象の概念的構造が主観性の基本カテゴリーの展開として認識し得るものとなるよう、自然現象を分析しまた配列する試みである。これは近代の進化論と十分に両立可能ではあるが、進化論の説明プログラムからは厳密に区別すべきである。現代の心の哲学の主唱者たちの多くとは異なり、ヘーゲルは自然哲学および精神哲学の課題を、因果説明またはそれに取って替えることの可能なものを提供することにあるとは見なしていない。

　したがって、自然は一方においては理念すなわち即自的に存在する精神の展開の帰結であり、その場合精神は自然に対する優先者であると見なすことが可能である。他方、精神はその対自的に存在する形態においては（すなわち経験的主体として、また社会諸現象および文化的諸業績においては）自然そのものの目指すべき目標である。精神は自然の真実態であり、自然は精神へと移行するときにのみこの真実態に到達することが可能である。理念論理的展開のこの次元においては、措定および前提という反省論理的構造は一見したところ、何の役割も果たさない。だが第三の問いへの回答を見れば、この印象は誤っている。

(問3への回答)

　精神哲学の内部で（「われわれに対して」によって）示唆された経験的主体、社会共同体または文化的諸団体の自己理解はなぜ事柄そのもの〔＝自然と精神の関係〕に属しているのだろうか。この問いに対してヘーゲルは、精神の本質または精神の「即自的なもの」は同時にまた「精神に対峙するもの」でもあるということが、精神の概念に属していると答える。言い換えるなら、歴史の内部での精神の自己理解および精神の発展が、精神の本質を構成するものとしてこれに属しているのである。精神における〔主観と客観との〕同一性はヘーゲルによって「絶対的否定性」として、内的自己規定として解釈されているが、この精神についてヘーゲルが、精神はこの

同一性をもっぱら「自然からの復帰」として獲得するのであると述べるとき、ヘーゲルが意図しているのはこうしたこと〔＝精神の自己理解および精神の発展が精神の本質を構成しこれに属しているということ〕である。

そこでヘーゲルの提案は以下のようになる。精神的特徴の本質は、精神諸状態の帰属先である認識主体の先行理解および自己理解から独立して規定することはできない。この自己理解にとっては、反省論理的性質を持つ指定ならびに前提の関係は、その関係において自然が同時に基盤としてかつスプリングボードとして機能するという意味で、決定的に重要である。このことが重要であるのは、われわれが経験的主体として精神的なものを自然から区別することを通じてのみ理解することが可能であり、また、人間特有の精神的または文化的属性は、取り除いたり獲得したりする運動を通じてはじめて生じてくるものだからである。この取り除いたり獲得したりする運動のために、ヘーゲルは教養形成 Bildung の概念を保持しており、この運動において自然は単に否定されるのではなく、──『エンチクロペディー』§381 においても述べられているように──まさに「止揚」されるのである。

第3節　保持し難い形而上学？

このようにヘーゲルはたしかに、彼の全体構想において、自然と精神の関係の反省論理的構造を「われわれに対しては」という経験的主体の視点に限定している。しかし同時に、ヘーゲルの体系全体の基本構想、すなわちその理念論の構造は、この〔経験的主体という〕局面が精神の本質的構成要素をなすということも示している。したがって、二股モデルおよび階層モデルとは異なり、ヘーゲルのこのモデルは、自然と精神の関係を規定するにあたっての人間の先行理解および自己理解を──そのように表現してよければ──存在論的・客観的な解釈学的運動の中で捉えるのに適している。このようにしてヘーゲルは精神的なものの文化性および社会性に考慮を払い、現代の心の哲学に見られる暗黙裡の（あるいは公然たる）実証主義を免れることが可能となるのである。

ヘーゲルの自然−精神構想のこの魅力的特徴が、保持し難い形而上学的構成すなわち彼の理念論にもっぱら依拠しているのだとの反論がここでなされるのは当然である。この反論によれば、この理念論は疑似哲学的カテゴリーに鋳直された神学にほかならず、これをヘーゲルは──おそらく天才的と言える仕方によってではあれ

――具体的事象からかけ離れた問題へと適用したにすぎないということになる。
　この反論は真剣に受け止めるべきものだが、私は最終的にはこの反論は説得力を持たないと考える。この反論が信憑性を持たないのは、一方においては、ヘーゲルは彼の哲学により、世界の宗教的説明の中心をなす概念要素および表象内容を、彼の哲学において概念によって表現することを要求しているためである。だがとりわけまた他方において、ヘーゲル体系においては、具体的事象そのものの諸問題からは独立して根拠づけておき、その後でそうした事象そのものの諸問題に適用できるような方法の存在する余地はない。その結果、理念論そのものの内容は、哲学的諸問題の構造化に際して理念自身が生み出す働きにおいて展開されることになる潜在能力に他ならない。ヘーゲル哲学のこの形而上学的中心要素が持ち得る、またそれが必要としている唯一の正当化根拠は、それが持つ問題解決能力の証明以外に存在しない。この問題解決能力の検証以外の正当化根拠はたしかに見当たらない。しかしそれは可能でも必要でもないのである。
　ヘーゲルの体系的基本構想の持つ問題解決のための潜在能力は、今でも相当に高いと私には思われる（本書第2章参照）。「脳がいかにして精神を生み出すか」という類の問いは――その問いがそもそも意味あるものだとして――少なくとも哲学的回答を必要とする問いではない。だが、「同一の存在者が自己自身および環境世界を、あるときは心身を備えた主体として、またあるときは自然科学によって客観化しつつ把握し、かつその際、これら両方の視点において自己自身について本質的なものを経験するということはいかにして可能であるか」という問いにおいては事情は異なる。ヘーゲルの反省論理的モデルは、この問いを正しく視野に収めるための一つの有望なアプローチであるように私には思われる。彼のモデルの枠組みにおいては、機能主義であれ、脳神経哲学であれ、いずれにせよそれ自体としては正当な根拠を持つ自然科学的説明戦略を熱狂的に模倣することから、心の哲学を救い出すことが可能となるのである。

第Ⅲ部　精神の客観性

第7章
自己意識と個別化

　「人格性 Persönlichkeit」という規定をヘーゲルがどのように用いているかを理解するためには、「即自かつ対自的意志」という論理的規定を分析する必要がある。ヘーゲルは『法の哲学』緒論〔§7〕において後者の規定を、概念の本性に基づいて意志に属している普遍性、特殊性、個別性という論理的規定を用いて展開している。『論理学』においても、「人格性」概念は非常に重要な場面で登場する（GW 12, 17/MM 6, 253；全集8, 15）。ヘーゲルはそこで、現存在にまで達した概念の例として、「自我または純粋自己意識」（同上；全集8, 14）を挙げている。後述するように、ヘーゲルが該当箇所で挙げているこの使用例は、『法の哲学』における「人格性」の用法にとっても重要な意味を持つ。次に、ヘーゲルの人格性説を明確にするためには、抽象法冒頭における意志の論理的発展段階を分析に引き入れることが重要である。これによって「人格性」と「人格」との関係の理解が一層深まることが期待できる。

　以上の手順を辿ることによって、ヘーゲルにおける人格性という規定が自己意識と自由の意識の有効なモデルを提供していることが明らかにされる。しかしその一方で、ヘーゲルの自己意識説における個別化の原理 principium individuationes は何なのかという体系的困難も浮き彫りになる。

（1）客観的精神の領域である『法の哲学』では、全般に即自かつ対自的に自由な意志が主題になっているため、以下ではこの形容語を省いて、端的に意志という用語を用いる。『法の哲学』でこの意志について展開する際、ヘーゲルは、第二列における「即自的」、「対自的」、「即自かつ対自的」という特徴づけを用いている。これに従えば、抽象法冒頭における意志の正確な論理的規定は、即自的に、即自かつ対自的に自由な意志である。本書における「即自的」、「対自的」、「即自かつ対自的」という規定は、常にこの第二列に対して用いられる。この点についての詳細は、Quante（1993a, 21 ff.；邦訳『ヘーゲルの行為概念』20頁以下）を参照。
（2）自己意識がヘーゲルの体系原理そのものであることを考えれば（Halbig/Quante 2000を参照）、この問いはヘーゲル哲学の核心に関わる問いと言える。論理学から自然哲学への移行の困難さも、また、ヘーゲルの体系内部に見いだされる二重の意味で外在主義的な自己意識観と、内在主義的な自己意識観（完全な透明性、反省的に取り戻された完全性、完結性）に依拠する体系次元での描写方法との間に横たわる、ヘーゲル体系を貫通する緊張も、この核心的問題と絡み合っている。

そこで以下では、この問題にさらに踏み込んでいきたい。そのためにまず「普遍性」、「特殊性」、「個別性」という規定に対する一般的注解から始める（本章第1節）。これに続けて、すでに言及した、定在にまで達した純粋概念の使用例について解説する（本章第2節）。その後で、ヘーゲルが『法の哲学』緒論で掲げた意志の規定に関して解釈を提示する（本章第3節）。この分析に際して、ヘーゲル自身の提案にならって、「それらを表象するために、各人の自己意識を引き合いに出す」（R§4；全集9a, 39）という手法を用いる。またそれに加えて、ヘーゲルの概念の用法とヘーゲル以外の哲学的用語法、すなわち精神〔心〕を主題的に扱う分析哲学において一般的に見いだされる用語法との関連づけを試みる。最後に第4節では、「人格性」と抽象法冒頭における意志の発展段階、すなわちヘーゲルが「抽象的概念」ならびに「直接性」（R§34；全集9a, 82）と呼び換えている意志の発展段階との関係を描写する。

　『法の哲学』緒論で意志を規定する際、ヘーゲルは二つの視点を使って叙述している。外在的視点においてヘーゲルは、意志が、超越論的統覚の純粋な自己意識と同様に概念の構造を持つという前提から出発する。この次元においては、純粋概念自体に属する「普遍性」、「特殊性」、「個別性」という規定が用いられている。この視点に留まる限り、意志は個別的存在者として把握されるのではなく、哲学的に列挙可能な諸規定を伴った普遍 das Universale として理解されなければならない。ヘーゲルの用語では das Allgemeine と表現されるこの普遍は、論理的自己規定のプロセスに基づいて自らを個別化する。すなわち、「決定することを通して、意志は特定の個人の意志として自己を定立する」（R§13；全集9a, 53）。このプロセスは、『論理学』で展開された概念の自己規定の規則に従っている。以下の第1節および第2節はもっぱらこの視点に捧げられており、それゆえ（ヘーゲルの意味においても）抽象的分析である。

　内在的視点においてヘーゲルは、特定の個人の個別化された意志、その自己意識および自由の意識から出発する。ヘーゲルにおける意志の規定の分析を目論む第3節および第4節ではこの視点を取り上げ、ヘーゲルが哲学的に再構成ないし改訂したこの内在的視点と、ヘーゲル以外の哲学的モデルとの関連づけを試みる。

第1節　普遍性、特殊性、個別性

　ヘーゲルは『論理学』で、「カテゴリー、論理的形式、反省の規定、諸学の根本概念を」、

同一性と差異性の規定によって自らを生み出し、内容的に規定する「意味の含意体系として」叙述するという要求を掲げている。思惟の規定の内容が意味構造全体における位置によってその都度決定されているというこの全体論的ネットワークは、次第に複雑化しつつも同一性を保持する構造に支えられた手続きに従って自らを産出する。同時に自己産出でありかつ自己規定でもあるこのプロセスの基礎をなす構造を、ヘーゲルは「主観性」、あるいはまた「純粋概念」と名づけている。本来の意味での概念論を含む『論理学』第三巻において、ヘーゲルは概念をカントの超越論的統覚と同一視し、超越論的統覚が持つ自己関係と総合、すなわち新たな規定の産出という契機を引き継いでいる。他方でヘーゲルは、カントにおける形式と内容の二元論と袂を分かち、シェリングとフィヒテと歩調を合わせて、「純粋概念」を形式的規定と内容的規定の統一と

（3）これについては Rohs (1982) を参照。
（4）Siep (1992a, 109；邦訳158頁)。
（5）これについては Siep (1991) を参照。ここで、生じ得る誤解を防ぐために、三つほど説明を加えておきたい。第一に、上の論述は、ヘーゲルの哲学的論証を一つの根本操作に還元することが可能だということまで主張しているわけではない。これについては Henrich (1976) を参照。第二に、上の解釈は、シュテーケラー・ヴァイトホーファー (1992) が提案するように『論理学』を構成主義的に解釈しようとするものではない。構成主義的解釈への批判としては Quante (1996) を参照。つまり、ヘーゲルが考えていたのは、精神がその自己展開において自らを創造するだけでなく、このプロセスの中で自らを認識する、すなわち自らの真の本性を把握するという事態である。それゆえピピン (1999, 203) が提案した正当な解釈は、構成主義的解釈を強要していない。さらに、時間ないし歴史の中で遂行される精神の規定の発展は、このカテゴリーの意味に含まれている。それゆえ歴史的な、そしてこの意味で構成主義的な解釈も、やはり不十分である。最後に、ヘーゲル (ENZ§19ff.) は、思惟の規定が客観的であって、対象自身に属することを強調している。したがって、思惟の規定の開陳は、常に対象自身の発展としても把握されるべきである。このように、図式と内容の二元論を前提し、かつ対象の領域を（選択された）図式によって構成されたものとして捉える構成主義は、ヘーゲルの構想とは相容れない（これについては第2章を参照）。第三に、ヘーゲルの中には三種類の全体論があり、これらが互いに複雑に結び合っている。目下の文脈では、倫理学的全体論（これについては本書第12章および第14章を参照）よりも、むしろ存在論的全体論と根拠づけ全体論との区別が重要である。後者の根拠づけ全体論とは、一つの哲学的言明ないし思惟の規定は、体系全体におけるその位置によってのみ真なるものとして証明され得るというものである。これに対して存在論的全体論とは、個々の存在者は、他のすべての存在者に対する関係によってのみ個別化され得るというものである。思惟の規定は主観的でありかつ客観的であるというヘーゲルのテーゼに基づけば、言い換えれば図式-内容という二元論の破棄に基づけば、ヘーゲルにとって、根拠づけ全体論と存在論的全体論とは互いに収斂する。そして、上述したように、思惟の規定の発展ないし展開をヘーゲルが常に思惟の規定自体の開陳としても理解していることからすれば、ヘーゲルは分析-総合という二分法も同様に破棄している。これがヘーゲルにとって可能なのは、ヘーゲルの概念実在論的存在論が本質主義的-目的論的構想であることによる（これについては本書第2章および第3章を参照）。
（6）これについては Düsing (1984) および Horstmann (1990) を参照。

して解釈している。これによれば、純粋概念は、カントにおけるように外から与えられた内容ではなく、それ自身が有し、その自己開陳の過程であらかじめ分析されていた意味の諸契機を総合する。したがって、主観性の自己運動の構造は、分析的でありかつ同時に総合的である。つまり、自らが有する諸契機の開陳は、同時に、新たなそして内容的に一層豊かな、それゆえヘーゲルの意味で一層具体的な概念や規定の産出に通じるのである。さらに、この自己規定と自己開陳の運動は、それ自体、徐々に複雑性を増してゆく媒介の諸段階を経て発展するという過程を辿る。このように、ヘーゲルの思弁的論理学において、「純粋概念」は、あらゆる思惟のカテゴリーと存在論的根本規定の発展のための必要十分条件をなしている。

「普遍性」、「特殊性」、「個別性」は、この純粋概念の三つの方法論的、内容的規定であり、あらゆるカテゴリーの形式的かつ内容的開陳と産出というヘーゲルの要求を満たすための道具となっている。カントに倣ってヘーゲルは、純粋概念を、対象構成に際して多様を結合する規則として概念的本性を持つ普遍性と考えている。また、ヘーゲルは自己開陳と自己規定を、カントにおける超越論的統覚の「我思う」の意味での「自己意識」(GW 12, 18/MM 6, 254参照；全集8, 15)であると解釈している。純粋概念のこの自己意識は、普遍性としては総体性（すなわち多様の内にあり、かつ多様を有機的に結び付ける原理でもある統一）であり、それゆえに、「特殊的諸規定 Besonderungen」（すなわち特定のカテゴリーや概念）と対立する。この意味での普遍 das Allgemeine は、その内容的規定の原理を自ら展開する普遍 ein Universales である。

普遍の自己開陳と自己規定というこのテーゼを、ヘーゲルは次のように根拠づけている。すなわち、普遍は、自己自身を規定し得るためには、それ自身の否定（すなわち特殊的諸規定）を定立し、次に、再び自己を規定することによってこの否定から自己を区別しなければならない。自己自身を否定し、自己自身の内から特殊的意味を産出する原理というこの機能を果たすとき、純粋概念は特殊性として考えられる。ヘーゲルによれば、特殊性として自らの否定を産出することを通して、普遍としての概念がこのような仕方で自己を規定する運動、すなわちヘーゲルの意味での「否定性」は、純粋概念の自己意識的、自己産出的性格、つまり自らが意味の多様性における普遍的原理であることを心得ているという純粋概念の性格を成してい

---

(7) これについては Halbig/Quante (2000) を参照。
(8) Siep (1992a, 109；邦訳158頁) を参照。

る。この否定の運動は概念自身の固有の本性であると認められており、それゆえ「普遍性」と「特殊性」という相互排他的な規定は、いずれも概念の規定である。

　同時に自己否定でもあるこの自己規定のプロセスに含まれる否定性は、ヘーゲルの思弁的論理学によれば、その否定性において否定されなければならない[9]。普遍性と特殊性との対立の止揚の本質は、純粋概念を普遍性と特殊性との統一として考えるという点にある。この観点から純粋概念を眺めるとき、それは「個別性」という規定の下で考えられることになる。この個別性は、普遍性と特殊性と並ぶ第三の規定というよりも、自己を自らの他在における、すなわちその特殊的諸規定の特殊性における普遍として認識し、証明する純粋概念の生産的活動性の、思弁的に解釈された統一である。したがって、ヘーゲルが「個別性」という規定で表現しているのは、自己規定的な仕方で自己定立された制約を止揚し、統一へと有機的に結び付ける主観性の内在的自己規定である。個別性としての概念とは、特殊性の自己定立された多様性の中に具体的普遍性として（すなわち、内容的かつ形式的に自律的な普遍として）顕現する主観である。ここでヘーゲルが理解している主観性とは、一般に、ある普遍がある個別の中に個別化し、現実化したものである。

　以下の論考では、意志に関するヘーゲルの構想の分析を通して、ヘーゲルの純粋概念論を信憑性のあるものとして提示したい。しかしそれに先立って、第2節では、ヘーゲルの概念論理学の中から、ヘーゲルが、自らの想定する純粋概念の構造の例示と位置づけている一節を取り上げることから始めよう。

第2節　定在にまで達した概念としての自己

　『論理学』の中でヘーゲルが純粋概念について説明している箇所に、次のような一節がある[10]。

――――――――
（9）自己自身を規定する実体と第一の否定（限定 determinatio としての自己規定）の結果としての個々の諸規定との関係は、ヘーゲルにとっては、無限の実体と有限な規定との矛盾を意味する。次に、第二のステップとして、この矛盾の否定性が再び実体そのものによって否定される。第一の否定に対するこの第二の否定は、それをプロセスとして見れば、実体と規定との矛盾の止揚、すなわち実体の自己規定が次第に細分化し、「次第に真」となって行く運動である。その結果として、実体はこの否定の否定において、自らが自己規定的否定と、その中に含まれている実体と規定との矛盾の否定性との統一であることを証明する。
（10）［数字］および「自己 ICH」という表記はクヴァンテによる（訳注1）。以下本節では、［数字］という記号を用いて、この引用文中の該当箇所を指し示すこととする。

第7章　自己意識と個別化　　143

概念がそれ自身として自由であるような実存[1]にまで達するかぎり概念は自我 ICH[2]または純粋自己意識にほかならない。たしかに自我[3]は諸々の概念を、即ち規定的な諸概念をもつ。しかし自我 ICH は純粋概念そのものであり、それも概念として定有 Daseyn[4]をもつことになったような純粋概念そのものである。だから、われわれが自我の本性をなしている諸々の根本規定を考える場合には、何か既知のものが、即ち日常の観念にとって周知のものが想い出されるということが前提される。しかし、自我 ICH はまず第一に、こういう純粋な自分に関係する統一[5]であるが、直接的にこのような統一なのではなくて、自我があらゆる規定性と内容とを捨象[6]して、自分自身との無制限な同等性 Gleichheit の自由に還帰[7]するかぎりのそれなのである。この意味で自我は普遍性 Allgemeinheit である。即ち捨象として現われるこの否定的態度を通じてはじめて自分との統一であり、またその点であらゆる規定有 Bestimmtseyn を自分の中に解消したものとして含むような統一である[8]。第二に自我はまた同時に、自分自身に関係する否定性として個別性 Einzelheit であり、自分を他者に対立させ、他者を排斥する絶対的な規定有である。即ち個体的な人格性 individuelle Persönlichkeit[9]である。このように、普遍性であって同時にそのまま絶対的個別化 Vereinzelung でもあるような絶対的普遍性が、或いは即且向自有〔即自かつ対自存在〕であって、それがそのまま被措定有であり、またただ被措定有との統一によってのみ即且向自有であるような即且向自有が、概念としての自我 ICH の本性をなす。だから、この二つの契機がその抽象において見られると同時に、また両者の完全な統一において見られない場合には、概念についても、また自我についても、少しも理解することができないのである[10]（GW 12, 17/MM 6, 253参照；全集8, 14以下）。

　ヘーゲルの『論理学』を解釈することは、周知のように容易な課題ではない。したがってここでも、上の一節の中から、ここまでの論述の証左となり、また、以下の論考の助けとなると思われる点のみを掻い摘んで取り上げることにしたい。

　（a）第一に、この一節における「自己 ich」という概念の二種類の用法を区別しておくことが重要である。ヘーゲルはこの「自己」という表現を、一方では純粋自己意識、カントの「我思う」、超越論的統覚の意味で使っている（[2]を参照）。この用法において「自己 ICH」は、列挙可能な諸規定を伴った普遍を意味している。この「自

己ICH」は、(カントとフィヒテの伝統において)自発性、総合、事行と呼ばれたものであり、ヘーゲルが通常「事物Ding」という用語を当てている、実体-属性という古典的存在論の意味での実体とは異なっている。この〔自己ICHと実体との〕区別には、自己Ichと悟性との関係を事物と属性との関係として理解しようとする「常識的な見方」(同上；全集8, 15)から距離を取ろうとするヘーゲルの意図も含意されている(類似のことは『法の哲学』第七節における意志の分析にも当てはまる)。

他方でヘーゲルは「自己ich」という用語を、この哲学的に特殊な用法だけでなく、日常的な意味でも使用している([３]を参照)。この用法においては、この語の発話者ないしこの語を思念している者は、特殊的一人称的な仕方で自己言及している。したがって、この指標的用法において、「自己」という表現は、時間空間的に個別化された一人の存在者を意味している。[11]このように、『論理学』における上の一節には二つの視点の存在が確認できるのだが、この二つの視点は『法の哲学』緒論におけるヘーゲルの意志の分析の中にも見いだされる。

(b) 第二に、ヘーゲルはこの(普遍の意味での)自己Ichを、対自的に自由な([１]を参照)という存在論的発展段階における(同じく普遍の意味での)概念、すなわち「自己のうちへの反照Reflexion-in-sich」とヘーゲルが名づける(ENZ§123；邦訳1, 332参照)内在的な反省構造を特徴とする「本質的な有」(GW 11, 323/MM 6, 124；全集7, 137)の段階にまで達した概念と同一視している。この反照〔反省〕の仕方において、本質は自己規定の第一の形式に到達する。それと同時にヘーゲルにとって、実存〔現存〕という地位には、これによって本質が「実存するもの、または物」(GW 11, 323/MM 6, 124；全集7, 138)となることという、本質から生じた存在(GW 11, 324/MM 6, 125；全集7, 138を参照)に必然的に帰属する属性が結び付いている。このようなものとして規定された本質は同時に、「相互依存の「世界」を形成する不特定多数の現存」(ENZ§123；邦訳1, 332)でもある。ここから明らかなように、この自己ICH－普遍は具体例としてのみ実存することができる。これはヘーゲルにおけるアリストテレス的要素である。これはまた、概念がこのような仕方で「定有をもつことになった」([４]を参照)というさらなる規定とも対応している。なぜなら定有は、他の概念に対するある概念の規定性であるだけでなく、何よりもある普遍の具現化Instantiierungないし例化Exemplifikationだからである(GW 11, 59/MM 5, 115f.；全集6a, 117以下参照)。

---

(11) これについては、Lewis (1979), Perry (1979), Castañeda (1987), Kaplan (1989)を参照。

（c）第三に、捨象によって生じ（[6]を参照）、自分自身との無制限な同等性に還帰する（[7]を参照）純粋な統一（[5]を参照）の特徴づけとしてヘーゲルはさらに、上でも言及した概念の自己開陳と自己規定の運動を挙げている。自己ICHはこの運動を自らの本質として有し、一方で自らの否定（規定性）を否定して、それによってすべての規定有を自らの中に解消したものとして含むような普遍である（[8]を参照）。他方で個々の自己Ichは、自分を他者に対立させ、他者を排斥するという意味での個別性でもある（[9]を参照）。ヘーゲルは後者の関係を表わすために、「個体的な人格性」という表現を使用している。ここで注意しておくべきことは、ヘーゲルが普遍的属性としての人格性だけでなく、「個体的」人格性についても言及していることである。このことは、すでにこの段階において、具体的な、現存する人格への個別化が含まれていることを意味する。

（d）第四点として、上の一節における最後のコメントは、純粋な自己意識を対自的に存立する第一のものと見なすフィヒテの自己意識説への批判として読むことができる（これについてはR§6における批判を参照）。フィヒテの自己意識説に対してヘーゲルは、この純粋な自己意識が、その規定性の抽象運動においてのみ存立し得ることを繰り返し強調している。ヘーゲルによれば、まさに具体的普遍という統一、つまり個別性というその思弁的規定こそが、普遍的自己ICHでありかつ個別的自己Ichであるという自己意識が持つ二つの契機を、一つの構造の契機として、つまり統一として理解可能にしてくれるものなのである（[10]を参照）。

ここでもう一度確認しておくべきことは、ヘーゲルがすでにこの純粋な自己意識の構造に対して、「個別的」現存を割り当てていることである。ただし、ここでの個別化は純粋な自己意識の構造から直接導出されたものであって、それが空間時間的現存まで含んでいるか否かについては、『論理学』における抽象化の次元では、（「定有」と「現存」という表現の多義性のゆえに）明確にすることができない。

『法の哲学』緒論における意志の分析と比較すると、論理学におけるこの論述は不明確さを残している。「特殊性」という規定は、あらゆる規定有からの普遍の切り離し作業と、個体的人格性の絶対的規定有の中で、副次的に触れられているにすぎない。これに対して『法の哲学』においては、「特殊性」が意志の全体構造に対して有する積極的機能に関しても論述が展開されている（R§6を参照）。

この〔『法の哲学』における〕意志の分析との相違の理由を『論理学』の中に探すとすれば、それは、純粋な自己意識と純粋概念をその思弁的統一から出発して説明し

ようというヘーゲルの意図に起因すると思われる。つまりこの結果として、普遍性はただちに自己否定の自己否定として把握され、特殊性と比べて過度に強調されているということである。もう一つの推測としては、ヘーゲル自身における自己意識の構造の中に、理論的志向性と実践的志向性との相違が隠されているということも考えられるが、本書の枠内でこの推測を詳論することは控える。[12]

第3節　即自かつ対自的に自由な意志の論理的規定

『法の哲学』§5から§7においてヘーゲルは、意志の概念構造の解釈を行っている。そこで目を引くのは、意志の構造という次元での論考でありながら、同時に個別的意志、すなわち意欲する主体における意志の構造という「現象」についても分析が及んでいることである。[13] たとえば§5から§6において提示される意志の諸契機は、§7において記述される「個別性」を起点として導入されるが、この個別性は、純粋な自己意識に関する先の一節と同じように、(真なるないし具体的)「普遍性」および「主観性」（当該節へのヘーゲル手書きの注記）とも呼ばれている。

ヘーゲルは分析を進める中で、二つの誤った構想に対して防衛線を張っている。第一に、思惟と意欲とを別々の志向性の形式と考えるべきではない。意欲はむしろ純粋な自己意識のさらなる論理的規定である。第二に、意志を自己が有する能力と考えてはならない。これは上で紹介した『論理学』における論証に対応している。『法の哲学』§7においてヘーゲルが明確に指摘しているように、意志はむしろ§5から§7で提示された概念の諸契機の運動以外の何ものでもない。

意志は、「対自的に」自由なある主体の意欲の中に現存する。このことは、主体が

---

(12) ここで二つの批判的テーゼを区別しておくのが有益である。第一に、ヘーゲルの体系全体に対しては、純粋概念という構想は志向性のモデルとしてのみ意味を持つのであって、一貫した存在論的モデルとしては使用できないという批判が考えられる。第二に、ヘーゲルの「純粋概念」という構想を、志向性に関して現在に至るまでこれを凌駕する哲学的モデルが存在しないほど有力なモデルと認めるとしても、それが理論的志向性にも実践的志向性にも同じように当てはまるのかについては疑問を投げかけることが可能である。ここで「志向性」という表現で念頭に置いているのは、ある主体が世界に対して理論的および実践的に言及するあらゆる形式である。それは、自己意識を伴う仕方でのみ可能ないわゆる命題的態度である。ここで「自己意識」という表現で念頭に置いているのは、一人称の様態における命題的自己関係づけである。したがって、この意味での志向性は自己意識と命題性とを前提しており、その限りで心的現象の一領域にすぎない。これについてはRohs (1996)を参照。

(13) この手順についてのヘーゲルによる正当化の根拠は、第5章および第6章で論じておいた。

（次第に特殊化してゆく）自由の意識を持つことを意味する。それと同時に、あらゆる意欲の中で自己 Ich は普遍として「定立」される。ここでの普遍性とは、「絶対的抽象」の意味での普遍性であり、「自己自身を思惟する純粋な思惟」(R§5) である。続く§6でヘーゲルは、「自我の特殊化」という契機を、等根源的契機として導入している。抽象的普遍性という第一の契機においては純粋な自己意識が主題であるのに対して、第二の契機においては、内容的に規定された個別的な自己へと個別化するという事態が主題となっている。ただし、この規定は意志の構造から形式的に導出されたものである。ヘーゲルは規定性一般の必然性を、この第二の契機が第一の契機の抽象性の単なる否定であることから導出している。この論証が成り立つのは、二つの規定をあらかじめ契機として、つまり§7で取り上げられる意志の統一の関係項として理解した場合だけである。

　ヘーゲルの規定を選択の自由の意識および意欲の命題的構造という、ヘーゲル自身が挙げた現象と結び付けて考えるならば、ヘーゲルの主張は信憑性を持ち得る。

　普遍としての意志は、個別的な意志作用の中でのみ現存し得る。個別的な意志作用は、「私は何かあるものが現に起こることを意志する」という命題的形式を持つ。より正確に言えば、ヘーゲルが行為概念の分析の中で指摘しているように、「私は私がfを行うことを意志する」という命題的形式を持つ。この命題の中には、「私 ich」という表現を使った自己言及が含まれている。あらゆる意欲は一人称的であり、かつ、「何かあるもの」への命題的意欲である(14)。

　ヘーゲルは「私」を使った自己言及の中に顕現している自己意識を「純粋」、「直接的」、「現実性」という表現を使って特徴づけているが、これは正当であり、また、言語分析哲学の知見によって裏づけることができる。すなわち、この自己関係は、主体がこの関係の中で直接的に、つまりフレーゲの言う意味による媒介なしに自己言及しているという意味で、「純粋」である。この自己関係は、同一化作用なしに遂行可能であるという意味で、「直接的」である。また、この自己言及は、言及作用が同時に言及の客体でもあるという意味で、「現実的」（ヘーゲルがアリストテレスのエネルゲイア概念を引き継いだもの）である。つまり、自己 Ich とは一人称の様態

---

(14) ここで問題になっているのは、もっぱら志向性に関する用語の確定である。たとえば愛のような現象を見れば、事実として客体に直接関係する態度が存在することは確かである。とはいえ、このような態度がつねに同時に命題的構造を示すか否かを問うことは可能であるし、また、上の意味での自己意識と意欲は事実としてこうした態度には属していない。ある人物 Person を欲するないし愛することができるとしても、その人物を意欲することはできない。

において自己言及する作用に他ならない。[15]

　意志の自己規定を分析した箇所、つまり意志が自らに「内容」を与えるという事態を論じた箇所で、ヘーゲルは、選択の自由の意識を説明の手掛かりにしている。それによれば、私は可能なものとしての様々な意志規定へと自らを関係づける（R§6RN参照）。したがって、この選択の自由の意識は、同時にあらゆる内容の抽象を含んでいる。つまり「純粋な自己」は、これによってこの命題の中で自らを主題とし、思惟の「対象と」なるが、この「純粋な自己意識」（その論理的特徴づけに関して、ヘーゲルと現代の言語分析的アプローチとの間には広範な対応が見られるのだが）は、抽象の成果としてのみ理解可能である。意志それ自体は、その全体構造、すなわち「私は何かあるものが現に起こることを意志する」という命題的態度においてのみ現存する。したがって意志は、自由な選択の結果として、自己規定され、個別化されている。私はこの何かあるものを意志するのであって、それ以外の何かあるものを意志するのではない。この意味でヘーゲルは、理性は意志においてはじめて「有限性に向かって」（R§13）決意するとも述べている。しかしもしそうだとしたら、ヘーゲルの「純粋な自己意識」論のどこから「個体的な人格性」が生じてくるのかという疑問が湧いてくる。

　ヘーゲルは§6の欄外注記で、意志の特殊化を、外在的客体への関係ではなく、内在的な目的格として理解すべきであると明言している。すなわち、「純粋な自己」は、その「内在的」客体としての様々な命題的内容へと自らを関係づけるのである。

　しかしながらヘーゲルは、この特殊化の形式から、普遍としての「意志」から個別的意志への個別化だけでなく、意欲する者が自分とは独立の外界の意識を持つ、あるいはヘーゲルの表現を使えば、「外面的な世界を自己の前に見いだす」（R§8）という、意欲に含まれる意識の構造まで導出している。自ら選んだ目的は、形式としては個別性の構造を持つが、なお遂行には至っておらず、(相応の行為によって)「客観性のうちに」移し入れられる〔同上〕必要があるのである。[16]

　「我思う」という「純粋な自己意識」の導出とは異なり、意志の構造においてはさ

---

(15) このような仕方での分析哲学の用語法への変換によって、ヘーゲルが念頭に置いていた現象を分析し尽くしたということが言いたいわけではない。この変換によって示したかったのは、ヘーゲルの理論と分析哲学的アプローチとの間に対応物が見いだされ、両者を突き合わせることによってそれを明確化できるかもしれないということだけである。これについてはQuante（1993a）を参照。
(16) これについてはQuante（1993a）および本書第9章、第10章を参照。

らなる二つの特殊化が起こる。一つは、理性は意欲においてはじめて「有限」(R§13) となるということ。もう一つは、理性は意志という様態においてはじめて自らの活動性格を自覚するということである。前者は、理論理性の次元ではまだ純粋な自己の個別化〔個別態〕同士の間での個別的逸脱は可能ではないこと、すなわち、理論理性としては、すべての自己意識的存在者は、(少なくともヘーゲル自身がそう考えていたように)たとえすでに個別化されているとしても同一であることを意味していると考えられる。後者は、なぜ意欲においてはじめて「自己規定」、すなわちその積極的内容における特殊化が顕現してくるのかを説明してくれると思われる。というのは、この特殊化は、(自由の意識としての)主体自身に対して与えられている個々の主体の活動だからである。言い換えれば、理論理性としては自己意識の自発性の意識は存在せず、意志においてはじめてこの段階に達するのである。

　ここまで明らかになったことは、「我思う」においても、意志においても、「純粋な自己意識」という契機は保持されているということである。さらに、ヘーゲルが、(『論理学』においては)純粋な「我思う」に対してもすでに個別化を認めようとしている一方で、(『法の哲学』においては)意志の構造においてはじめて理性の有限性の段階に至ると考えていることである。

第4節　抽象的概念における即自かつ対自的に自由な意志

　意志を即自的にのみ、つまり客観的領域におけるその顕現から切り離して考察した場合、その考察は「抽象的」である。この抽象性において意志は、「実在性に対して否定的で、もっぱら抽象的に自己と関わるにすぎない現実性であり、——一個の主体の、自己の内にあって個別的な意志」である(R§34)。これに続けて§35では、この対自的に即自かつ対自的に自由な意志に帰属する普遍性が、自己意識、すなわち上記分析に従えば、「私」を使った言及を本質とすることが述べられる。[17]

　ヘーゲルは§34でさらに、§35で詳細な特徴づけを施される(抽象的)普遍性と並んで、特殊性と個別性を持つという意志の規定を取り上げている。特殊性とは、可能的な「何か」、つまりその都度の意欲の個別的内容である。個別性は、この文脈では、排除という欠如的形式、すなわち内容が「直接に眼前に見いだされる世界」

---

(17) この文脈で問題にしたかったのは個別化の問題だけであり、このような読み方の詳細な裏づけについては次章を参照されたい。

(R§34) という形式を取ることを本質としている。ここからは次のことが帰結する。まず、可能な内容的規定は特殊化であるので、§35で語られる普遍は「私」を使った自己言及のみを意味し得るということである。次に、内容の形式に関しては、個別的自己にこの内容が「外的」なものとして、つまり（傾向性や衝動としての）自然によってあらかじめ与えられたもの、あるいは社会的に供与されたものとして現象してくるという意味で理解しなければならないということである（これについては『法の哲学』§14以下を参照）。

このように、意志の構造においても、「私」だけですでに個別化の原理をなしている。ただし、そこで問題になっているのは、『論理学』において論じられていた根源的に純粋な自己意識ではなく、「絶対的抽象」(R§5) の帰結、つまり特殊化から距離を取る運動の帰結としての自己である。それゆえ意志の「人格性」は「我思う」という純粋な自己意識ではなく、抽象運動に基づいて自己意識の中でそれ自身対象となった「自己 Ich」(R§5参照) である。意志は「人格」であり、「このもの Dieser としての私」(R§35)、完全に規定された個人であるとヘーゲルが語る場合、このことの意味は、「意志の人格性」(R§39) が、あらゆる規定性の抽象の帰結としての純粋な自己意識を指している限りでのみ理解可能である。自己が内容的に規定された個別的自己になることを可能にするこうした規定性は、否定として含まれている。[18] それゆえ「人格性」とは、あらゆる内容を抽象した純粋な自己意識の契機であり、これに対して「人格」とは、それぞれの個人にとって内容的に規定された意欲の可能的内容の集合、すなわち内容的に規定された「このもの」である。

しかしながら、この解釈は二つの根本的な困難を伴っている。第一に、この解釈法では、ヘーゲルがなぜ『論理学』において「個体的な人格性」を論じることができるのかについての説明が成り立たなくなる。この思弁的次元では、人格性が個別的人格性となるために必要となる可能的規定の、しかるべき内容的規定を受けた個別的集合が存在しないことは明らかである。さらに、純粋な思惟だけで、なぜ自己が自己意識の対象となり得るのかが不明である。『法の哲学』の分析によれば、それが可能になるのは、意志においてはじめてなのである。また、主体の「人格性」には「自己を対象として知るということ」(R§35A) が属している。しかしこれは純粋な思惟

---

(18) 否定することがヘーゲルの止揚概念の一契機をなしているように、普遍性、特殊性、個別性という反省構造においては、否定が常に同時に保持ないし「想起」(GW 11, 241/MM 6, 13；全集7, 4) の契機も含むと言うことができる。

だけでは到達できない。

　第二に、この解釈法では、「人格」自体が「抽象的対象」にとどまってしまうという体系的問題が生じる。この場合、人格が「このものであること」は、内容を伴った可能的意志規定のセットを持つことに存し、人格は、この意志規定を抽象することによって自らの人格性を顕現させるということになろう。しかしこの帰結は、次の二つの点で不十分である。

　まず、空間時間的現存が空間時間的に現存する存在者にとっての個別化の原理の必然的構成要素であるという想定は、非常に信憑性がある。(たとえば数のような)抽象的対象にも当てはまるかどうかという問題を別とすれば、このことは心的出来事、したがってまた自己意識にも当てはまる。「自己」は常に「ここ」と「今」を含意しており、同様に、「このもの」であることは、空間時間的に個別化されていることを含意している。(純粋に言語として見たとき)「これ」は指示詞であり、指示行為を含意している。

　(たとえば規定Aと規定Bという) 二つの異なる心的実在は、それらを互いに区別することは可能である。ヘーゲルの用語法によれば、それらは定有と現存を持っている。しかし、同じAという規定を持つ二つの出来事は、空間時間的な具現化なしに互いに区別することは不可能である。同じことは、人格性から「このもの」、つまり一人の人格が生じることを可能にする、内容を伴ったセットについても当てはまる。純粋に心的な次元においては、一般に、タイプとトークンの区別は成立しないのである。[19]

　次に、ヘーゲル自身は、人格が同時に、空間時間的に規定された個人であり、「このもの」(R§35) であり、「直接的に個別者 Einzelner」(R§47) であり、「自然的な現存在」(R§43) であることを要求している。ヘーゲルはこの空間時間的個別化を「純粋自己意識」の構造から展開したわけではない。さらに、「抽象された」純粋な自

---

[19] この体系的問題をこのような仕方で定式化する際に筆者が前提しているのは、ヘーゲル自身は受け入れないかも知れないような個別化の原理である。ヘーゲルが受け入れないとすれば、その実際的理由は、ヘーゲルが (『法の哲学』とは異なり) 『論理学』においては、われわれの実践において一般的である個別化の条件を考慮に入れていないことにあると考えられる。人格－身体関係を分析するに際してヘーゲルは、一人称的な参加者の視点と間主観的な参加者の視点との非対称性を利用して、人間人格が空間時間的に個別化されていることが、社会的空間における妥当要求の帰属というわれわれの帰属実践の本質的要素であることを明らかにしようとしているが、『論理学』における論証および分析のレベルでは、これがうまく機能しないように思われる。

己意識としての人格性の中にも、それは含まれていない。純粋な対象として自らを把握する自己は、自由の意識において与えられている意欲の可能的内容に対して距離を取ったにすぎない。しかしこの可能的内容自体は、すでに心的に表出されている。したがって、ここから空間時間的個別化に戻る道はもはや閉ざされている。ヘーゲルはその精神理論において、人間が空間時間的に個別化されているという事実を取り上げているが、『論理学』において展開された主観性の構造から、この事実が必然的契機であることを明確にできているとは言えない。われわれは自己意識においても、われわれの自然的現存を直接意識しているわけではないのだから、思惟および意欲という内在的視点は、個別的人格を完全に規定するためには結局のところ不十分である。ヘーゲルが企図した内在的視点と外在的視点との交差からいかにしてこの完全な規定に到達できるのかという問いは、まだ答えられたわけではない。ヘーゲル自身が、普遍性、特殊性、個別性の弁証法によってこの問題の解決を提示したと考えていることは明白である。しかし、筆者の見る限り、この解決法を哲学的に満足の行く仕方で再構成するという課題はなお残されたままである。

---

(20) 筆者の見る限り、シェリングによるヘーゲルの「否定の哲学」に対する批判も、結局は、ヘーゲルがこのことに成功していないという点に帰着すると思われる。これについては、Halbig/Quante (2000) を参照。

第8章
意志と人格性

　本章では「人格性」および「人格」という規定を主題的に扱う。これらは『法の哲学』において中心的な役割を担っている。その理由は、ヘーゲルが人格性を自由の自己意識として理解している点にある。すなわち、「意志の人格性」（R§39A）は「いかなる種類の法と権利」（R§40）にとってもその必要条件をなしており、これらは「人格にのみ」帰属している（同上）。ヘーゲルは狭義の法概念（「抽象法」）と、道徳的および人倫的法〔権利〕ないし要求とを区別している。そして人格性という契機を、ある個人に抽象法の意味での法〔権利〕（財産獲得の権利、契約締結の権利、あるいはまた、不当な行為や犯罪に際して刑罰を与える権利）を帰属させるための十分条件として理解している。さらにヘーゲルは、論理的規定によって、人格性という契機の中に自由の意識としての自己意識を析出したと主張している。つまりヘーゲルの企ては、カントとフィヒテを継承しながら、人格性という概念に依拠して、正当に要求し得るもの一般の基礎を哲学的に解明することにあったと言える。

　以下では、「人格性」という原理の論理的規定およびそこに含まれる自由の自己意識の分析についての解釈を提示する。ただし、導入部分をなす§34から§40で主題となっているのは、抽象法の「根本規定」（R§40RN）のみであり、そこに登場する狭義の法哲学的観点については、周辺的話題としてのみ取り上げることにする。人格性に関する哲学的分析の「実り豊かさ」（同上）の証明が行われるのは、ヘーゲルが言うように「以下で」（同上）、つまり法哲学のさらなる展開においてである。そこで、該当する節の分析に先立って、まず「人格性」と「人格」という規定が持つ二重の機能について説明しておきたい。

　『法の哲学』において、この二つの規定には二重の機能が託されている。第一に、人格性があらゆる種類の正当な要求の必要条件であることから、両者はヘーゲルの法哲学全体の普遍的原理をなしている。『法の哲学』における概念の展開は、この意味で、抽象法〔章〕の人格概念から人倫〔章〕における君主（R§279）に至るまでのこの人格性概念の展開として理解することができる。この展開の動力源は、ヘーゲル

の法哲学全体を有機的に組織する原理である意志の形式の目的論である。そして、この意志の目的論の根拠となっているのが、法〔権利〕の形式および法〔権利〕要求の継続的概念規定とそれらの体系性の最終的正当化の根拠たるべきヘーゲルの思弁論理学の成果である。この体系内在的な根拠づけの源と並んで、解明すべき現象についてのヘーゲルの分析と叙述が信憑性を持つか否かも、同じく中心的な証明根拠として考慮に入れる必要がある。

　意志の人格性は、その展開がどれほど内容豊かな段階にまで達しようとも消失することが許されないという意味で、法哲学の普遍的原理である。それは、「普遍性」(R§35) の契機として、即自かつ対自的に自由な意志のあらゆる段階にとって不可欠な構成要素である。他方でこの普遍性という契機はそれ自体、意志の目的論の進展につれて「具体性を増」し、その結果、人格性の規定自体が次第に細分化され、内容豊かになるという過程を辿る。抽象法の段階においては、普遍性は自由の自己意識、および「一個の主体の、自己の内にあって個別的な意志」(R§34) として理解されるが、道徳の段階においては、この自由の意識は自己の内へと反省された普遍性にまで発展する。この段階の普遍性においては、主体は自らが意欲の普遍的な規則適合性（道徳の要求）と具体的個別的意志との統一であることを知っている[1]。次に人倫段階においては、普遍性は、意志の特殊的諸規定をこの自己規定する普遍の実在化形態として認識し承認する具体的普遍性にまで達する (R§142参照)[2]。

　第二に、人格性と人格とは、部分的原理[3]としての機能を持つ。この機能を担うものとして、両者は法哲学の一領域である抽象法の完全な展開にとっての十分条件である。そしてヘーゲルは、これらの規定が抽象法の形式と内容の構成原理であり、正当化の根拠であると主張する。このことは、§34から§40までの節が『法の哲学』第一部の導入部分をなしていることからも明らかである[4]。導入的機能を持つこれらの節（第一部から第三部いずれにおいても、導入部分の最後の節で、それに続く本編の概念的体系化と章立てが行われている）は、二つの課題を担っている。すなわち、法哲学の各章にとって十分条件となる部分的原理が用語として導入され、意志がそれぞれの発展段階で獲得する概念構造に依拠して解明される。抽象法にとってこれ

---

(1) Quante (1993a, 51-55；邦訳『ヘーゲルの行為概念』45頁以下) を参照。
(2) Siep (1989, 97) を参照。
(3) Siep (1992a, 100；邦訳159-160頁) を参照。
(4) Siep (1989, 97f.) を参照。『法の哲学』の第一部から第三部は、いずれも同じような導入（道徳の部は§105から§114まで、人倫の部は§142から§157まで）から始まっている。

第8章　意志と人格性　155

に該当するのが、特定の発展段階における（R§34参照）即自かつ対自的に自由な意志の契機として解釈された「人格性」および「人格」という規定である。それゆえ部分的原理としての「人格性」は、それが普遍的原理として有する機能とは異なり、「普遍性」、「特殊性」、「個別性」という意志の諸契機の特定の配置から切り離すことができず、この点でそれ以外の部分的原理（例えば道徳における「主体」）とは対立する。

　普遍的原理と異なり、部分的原理はそれに対応する領域の概念展開にとって十分条件をなす。また、人格性という普遍的原理自体が、（あらゆる法〔権利〕の形式の必要条件として）他の部分的原理の中に止揚されていなければならない。この発展の諸形式は抽象法の文脈では何の役割も果たしていないので、ここでは次の点だけを指摘するに留めたい。すなわち、『法の哲学』の発展過程において保持されつつ、同時に道徳と人倫の形成において内容的に豊かにされる、つまりヘーゲルの言う意味で具体性を増してゆくのは、自由の自己意識という契機だということである。これに対して以下では、上に挙げた規定を、それが「抽象的概念においてある」（R§34参照）ような自由意志に帰属する限りでの概念論理学的配置において分析する。分析の対象となるのは、『法の哲学』§34から§40である。

第1節　抽象法への導入の構造

　§34から§40は、『法の哲学』第一部への導入として三つの機能を持つ。これらの節は「即自かつ対自的に自由な意志の理念の展開」（R§33）における段階としての抽象法の論理構造を提示する。そこでまず§34においては、法哲学全体における第一部の論理的位置が規定される。次に、この発展段階の諸契機の解明、抽象法の基礎をなす部分的原理の提示、最も重要な法哲学的特徴の紹介へと続く。§35から§39においてヘーゲルは、「普遍性」、「特殊性」、「個別性」という契機の解明を通じて、抽象法の論理的体系化と、「人格性」および「人格」という規定からのその内容的展開を試みている。第三に、抽象法の領域における論理展開が、そこに含まれている「形態」（R§32）を用いて予示される。これが§40である。

　ヘーゲルは、「人格性」という部分的原理から、抽象法の論理的体系化と同時にその根本的な内容的規定を展開することができると主張し、さらに、三つの契機を使って論理的規定を企てている。そこで、§35から§39においては、思惟の展開の構造が予示されるのだが、予想される通り、それは三つの部分からなっており、その

それぞれにおいて論理的および内容的規定が行われる。まず§34においてヘーゲルは、意志の発展段階と関連づけて三つの契機を提示し、その欄外注記で、「以下で」(R§34RN) これらの「契機」(同上) の解明を行うと示唆している。そして示唆の通り、「普遍性」(§35および35A)、「特殊性」(§37)、「個別性」(§39) という契機が取り扱われる。ヘーゲルは1から3の数字を割り振ってこの構造を明示している（ただし実際に数字が割り振られているのは§36以降である）。§36と§38は追加的な節として、ヘーゲルが意志の人格性の論理構造から導出可能だと主張する抽象法の内容的規定に当てられている。

　以上で§34から§40までの一般的構造の概観を終える。これがここでの分析の助けとなることは、以下で次第に明らかになるであろう。というのも、解釈上の問題の一つとして、ヘーゲルが二つの次元において論理的規定を行っているということを指摘できる。すなわち、「人格性」および「人格」という規定は、意志の普遍的契機として解釈され (§35)、この意志の概念構造に基づいて特殊性と個別性という契機が意志に割り当てられる (§34)。ただしこれらの契機の解明が行われるのは、人格性ないし人格という普遍的契機の観点からである。ヘーゲルは、三つの契機の関係を、「その抽象的概念において」(同上) あるという意志の規定から導出している。それによれば、三つの契機は、「まだ規定されておらず、対立することもなく、——自己自身の内に——」ある (R§34RN)。つまり、この段階では、特殊性と個別性という契機との連関は普遍性という契機の中にまだ統合されていない。この統合は法哲学の普遍的原理としての人格性の発展を表しており、それは「道徳」および「人倫」の部においてはじめて実現されるのであって、抽象法の段階ではまだ生じていない。その意味でヘーゲルによれば、抽象法においては、普遍性、特殊性、個別性という契機の「総体性」(R§37RN) は「存在」(同上) してはいるが、これらの契機そのものの中には「まだ取りこまれていない」(同上)。特殊性と個別性は、意志の全体構造に属してはいるが、人格性という観点から見た場合、それらは外から付け加わるものである。したがってこの規定は、部分的原理としては、「抽象的な人格性」(R§37) という形式に留まるのである。

　このように、ヘーゲルは、一方ではこれら三つの規定を意志の契機として論じながら、他方で、普遍性としての人格性自体から、つまり内側からは、その他の二つの規定への連関は生じないことを強調している。これに従えば、人格性という普遍性は、それが意志に帰属する限りで、その他の二つの規定と「媒介」(R§37RN) されてはいるが、この媒介は内的連関を欠いているがゆえに「抽象的」(同上) に留まる。

第8章　意志と人格性　157

ヘーゲルによればこのことは、意志がその目的論的展開の開始時点においては「その抽象的概念においてある」(R§34) という意志の発展段階に起因する。すなわち「この抽象的なものはこの立場の規定性である」(R§34RN)。そしてこの規定性から、ヘーゲルは抽象法の内容的徴表を導出する。そこで次に、この導出について見ることにしたい。

　この導出を行うためには、ヘーゲルの論考の基礎をなす「主観性」概念が持つ包括的な意味を思い起こす必要がある。一般にヘーゲルは主観性を、普遍をある個物の中に個別化し、現実化することと理解している。ヘーゲルは『論理学』において、純粋概念のこの契機を、超越論的統覚の「自己」と関連づけて「人格性」と呼んでいる。これは、『法の哲学』においても再び取り上げられる内容的規定である。本書第7章でも引用したこのくだりは、人格性という原理の意味にとって核心的であるため、ここでもう一度取り上げることにしたい。

> しかし、自我 ICH はまず第一に、こういう純粋な自分に関係する統一［5］であるが、直接的にこのような統一なのではなくて、自我があらゆる規定性と内容とを捨象［6］して、自分自身との無制限な同等性の自由に還帰［7］するかぎりのそれなのである。この意味で自我は普遍性である。即ち捨象として現われるこの否定的態度を通じてはじめて自分との統一であり、またその点であらゆる規定有を自分の中に解消したものとして含むような統一である［8］。第二に自我はまた同時に、自分自身に関係する否定性として個別性であり、自分を他者に対立させ、他者を排斥する絶対的な規定有である。即ち個体的な人格性［9］である (GW 12, 17/MM 6, 253参照；全集8, 14以下)。

ヘーゲルによれば、この箇所は『論理学』においては、純粋概念が自己意識という構造を持ち、それゆえに絶対者が人格性を持つことの証明となっている。この箇所は、法哲学の文脈における「人格性」と「人格」という規定を分析する上での手掛かりになる。すなわち、「普遍性」と呼ばれる自己の第一の規定は、他のもの（あらゆる規定）からの抽象（自らを引き離すこと）によって、自分自身との統一として自らを定立するという構造を持つ。それゆえ、この中に含まれている、自分自身との無制限な同等性の自由は抽象的にとどまる。そして、否定された規定は「解消されたものとして」この自由の中に含まれている。次に、自己の第二の規定は、一見したところ、個別性という規定であるように思われるかもしれない。しかしヘーゲルは、

『法の哲学』§34から§40にも登場する「個別性」という用語を、その性格上、具体的個物として「他者に対立」し他者を「排斥」する、空間時間的に個別化された個物を表すためにも少なからず用いている。ヘーゲルはこの箇所で、抽象的自己意識（普遍性）および「絶対的な規定有」としての個別性という、自己が持つこの二つの契機をまとめて、「個体的な人格性」という規定で表現している。これに対して抽象法においては、ヘーゲルはこの二つの契機を人格性と人格という規定を使って区別している。その際ヘーゲルが要求しているのが、前章で見たように、抽象法の段階における普遍性（人格性）という概念の契機の抽象性から、人格が空間時間的に、すなわち身体的に個別化されてあるというあり方の必然性の思弁的論拠を引き出すことである。個人であることと人格性を持つこととは、それ自体も概念の契機である普遍性という規定が持つ二つの契機である。そして、この概念には特殊性と個別性という概念契機も属していることは、上で述べた通りである。ただし、これらの契機は、抽象的で直接的な次元においては、（概念の普遍性としての、したがって人格性としての）自己にとってはなお外的に留まっている。法哲学において概念そのものの構造を持ち、普遍性、特殊性、個別性が帰属するのは、即自かつ対自的に自由な意志である。『法の哲学』において意志の人格性は、以下で見るように、普遍性という概念契機だけを表しているのであって、『論理学』でヘーゲルが区別した二つの契機もこれに含まれている。

第2節　抽象法への導入の論理構造

1．抽象法における意志の発展段階（§34）

　「即自かつ対自的に自由な意志も、この意志がその抽象的概念においてある場合には、直接性という規定のうちにある」(R§34)。

　これが、法哲学において一般に即自かつ対自的に自由なものとして前提されている意志の論理構造を展開するという仕方で、ヘーゲルが抽象法の部を開始するに当たっての冒頭の言葉である。法哲学において意志が即自かつ対自的に自由であるのは、それが自己意識的な目的活動であることによる。この規定において意志は、即自的（抽象法）、対自的（道徳）、即自かつ対自的（人倫）という様相によって第二の発展を遂げる。即自かつ対自的に自由な意志は、この段階ではその抽象的概念においてあるという言明は、発展当初においてはこの意志が単に即自的に、即自かつ対

第8章　意志と人格性　159

自的に自由な意志であって、即自かつ対自的に自由であるというこの規定性が、直接的な仕方でこの意識に帰属していることを意味する。ヘーゲルによれば、単に「その抽象的概念において」あり、それゆえ「直接性という規定性」を示すこの状態から、次の二つの帰結が引き出される。

　第一に、普遍性、特殊性、個別性という三つの契機は、まだ内在的な仕方で相互に媒介されているのではなく、単に抽象的に、すなわち意志一般の概念構造に基づいて相互に関係づけられているにすぎない。この箇所でヘーゲルは明示的に述べてはいないが、この普遍性は、「実在性に対して否定的で、もっぱら抽象的に自己と関わるにすぎない」意志の「現実性」（同上）であるという規定を意味していると思われる。このような普遍性として、「一個の主体の、自己の内にあって個別的な意志」（同上）として現存する意志は、自己の前に見いだされる事物や規定の実在性に対して「否定的に」関係する。現存する事物や規定は、自由な主体自身の中から展開されたのではなく、主体にとって外在的で、それゆえ意欲する個人の自己意識的自由の内容に属することもできない規定として把握される。この自己意識的な自由は、自己意識の根拠としての自己と自己意識的意欲の直接的現存との間に個別的自己意識的意欲における統一が存立しているという意味で「現実性」である（GW 11, 405-407/MM 6, 235-237；全集7, 270以下を参照）。同時に、この自己意識的な、つまりは自己へと関係する普遍性は、この自己関係において「抽象的」である。というのは、この普遍性は、その自己関係からまさに「否定的に」特殊性という契機を締め出して、あらゆる個別的意欲の中に含まれる「さらに諸々の規定された目的からなる広汎な内容」（R§34）を外部から受け入れざるを得ないような、個別的主体の「排他的な個別性」（同上）として自らを規定したからである。ヘーゲルによれば、この外部からの受容は、この抽象的意味での意欲において自らが自由であることを知っている個人の意欲態度において、「欲求」（R§34RN）のような主観的衝動や、外的「世界」（同上）の状態が内容として受容されなければならないという点に表れている。自己の抽象的自由の中に自らを現実性として「顕現」（GW 11, 381/MM 6, 201；全集7, 230以下を参照）してくるこうした自由の自己意識は、自己が「自己の前に」（R§34）見いだしており、自己自身の身体的本性もそこに属している「外的で直接に眼前に見いだされる世界」（同上）を含んでいる。自己意識にとって外的な世界を「見いだす」というこの表現が意味しているのは、因果的産出過程ではない。むしろヘーゲルがこの表現で示したかったのは、自己の意識に含まれるこうした意志の抽象的普遍性

という自己意識の中に、自己意識の外部からしか得られない内容が含まれていることである。なぜなら、この自由の自己意識は、「自己自身から規定されているであろうような固有の内容をまだまったく」(R§34 RN) 持たないからである。

直接的で単に抽象的な自己意識であるという意志の普遍性の規定性からヘーゲルが導出する第二の帰結は、この意志が特定の人間個人の具体的意欲という仕方で現存すること、つまり、単に対自的に個別化された自己意識としてのみならず、空間時間的に個別化された存在として現存することである (R§43参照)。自己の自由の意識における自己関係の直接性は、ヘーゲルの思弁論理学においては、同時に、意志のこの形態が特定の個人の特定の意欲として現存する根拠でもある。以下で示すように、この個人が持つ自由の自己意識の普遍性に基づいて、この個人に人格性という地位が帰属する。それと同時に、自己意識的自由の普遍性が持つ抽象性と直接性に基づいて、この個人は具体的個人、すなわち人格でもある。

以下の分析のために、まず、ヘーゲルが意志の普遍性という契機で考えていたのは、自由にとっての必要十分条件をなし、思惟し意欲する自己関係であるような自己意識であることを確認しておきたい。これと並んで心に留めておくべきなのは、普遍性が意志の全体構造の中の一つの契機にすぎないことである。つまり、抽象法の次元でこの契機が引き受けているのは、意志の直接性によって、まさに他の契機から抽象され切り離されているがゆえに、部分的原理という機能にすぎない。したがって、この中に自らを啓示してくる自由は、自己自身を意欲する自由な意志の全領域を汲み尽くすことができないことは明らかである。

2. 自由な意志の諸契機とその法哲学的意味

ヘーゲルによれば、意志は概念の形式を持っており、それゆえ意志には、普遍性、特殊性、個別性という構成的規定が属している。この普遍的な思弁論理学的規定には、ヘーゲルにおいては常に同時に、文脈に特有な意味も加わって来る。そこで次に、意志が持つこの三つの契機の普遍的意味と法哲学に特有な意味について説明しておこう。

（a）普遍性（§35以下）：ヘーゲルは、その思弁論理学の順序に沿って、「この対自的に自由な意志の普遍性」(R§35) のより詳細な論述から始める。該当箇所でヘーゲルは、直接性という契機における即自かつ対自的に自由な意志 (R§34参照) を「対自的に自由」(R§35) であると特徴づけているが、これは意志がその基礎となる論

理的規定をこの時点で変更したことを意味するわけではない。ヘーゲルがこの表現で強調したかったのは、この意志に自己意識的自由が属すること、そして、ここを出発点としてこの自由の意識のより詳細な分析が開始されるということである。ヘーゲルによれば、意志の普遍性という契機として理解されたこの自由の自己意識は、「形式的な自己関係（訳注1）、つまり自己意識的ではあっても、その他の点では自己の個別性において無内容で単純な自己関係」（同上）である。このような形式の意志を持つ個人は、「このかぎりで人格である」（同上）。

　ヘーゲルがここで導入している「人格」という規定は、個人がまさに自己意識の能力を持つ場合に個人に帰属する特定の地位を表している。しかしヘーゲルがこの規定で意図しているのは、「人格」という表現が単に分類概念（人格であること Person-Sein）として用いられるだけでなく、空間時間的個別性における個人それ自体そのものの表現でもあるということである。われわれがある個人について語る時、それが人格という集合に属している（分類的用法）ことを意味する場合もあれば、この人格（個人への言及）が、人格であることとは別の何らかの属性を持つことを意味する場合もある（例えば、「この人 Person は今この部屋にいない」）。ある個人が人格であるという地位を持つのは、ヘーゲルによれば、それが形式的で無内容かつ単純な自己関係として規定され得るような自己意識を持つ「かぎりで」（R§35）である。この規定は、自己の直接的言及によって実現される。ヘーゲルによれば、あらゆる「私は何かあるものが現に起こることを意志する」には、この直接的自己言及が必然的に含まれていなければならない。「私 ich」を使った言及に含まれる自己関係が「単純」であるのは、それが何らかの所与様式を介して遂行される必要がないからである。「自己 Ich」を使った言及においては、いかなる属性記述もなしにこの言及を行うことが可能である。ヘーゲルがあらゆる自由の根本形式と見なしてい

（5）ここで表現の二義性を排除しておきたい。該当箇所でヘーゲルは、上で『論理学』から引用した箇所におけるのと同様、「主体」や「個別性」という表現を厳密な用語として使用しているわけではない。該当箇所で「主体」が意味しているのは、道徳の部分的原理ではなく、空間時間的な「個人」（R§35RN）そのものである。これと対応して、「個別性」も、概念論理学的な強い意味ではなく、「自立的な個別性」の意味で個別化されてあるという意味しか持たない。ヘーゲルは、その論理学に従って厳密な用語として用いられた概念を（イタリックで）強調することによって、この二義性を回避しようとしている。ただし、この手順も、本文および欄外注記で一貫して厳格に行われているわけではない。
（6）これについては Quante (2010a, 第 IV 章) を参照。
（7）これについての詳細は Quante (2007a, 第4章) を参照。

るこの特有な自己関係性は、「自己自身を思惟する純粋な思惟」(R§5) とも、「自我の純粋な自己内反省という要素」〔同上〕とも規定される。この自己意識が「形式的」であるのは、それがあらゆる内容的規定から抽象され、そのゆえに「無内容」であるからである。私が意志する「何かあるもの」から距離を取るこの運動は、自由の意識における自己を「一切の具体的な制限や妥当性が否定されて通用しないような、完全に抽象的な自我」(R§35A) へと至らしめる。純粋な自己関係が可能であることに支えられた、この距離を取るという能力によって、ある個人は人格という集合に属する。ヘーゲルはこの人格という集合を「人格性」と呼んで、その二つの観点を区別している。

> 人格性のうちには、私がこのものとしてあらゆる面において(内面的な恣意や衝動や欲望においても、直接的で外面的な定在に即しても)完全に規定され、有限でありながら、それでいてまったく純粋な自己への関係であるということ、そして有限性のうちにありながら私を無限なもの、普遍的なもの、自由なものとして知っているということが属している (R§35)。

このように、自己意識が持つこの二重の性格は、空間的時間的に個別化された「このもの」としての私に帰属するあらゆる具体的規定性と属性から距離を取り、それを捨象することができるという、上で述べた可能性を含意している。それと同時にヘーゲルはこの自己意識を、「直接的で外面的な定在に即して」(同上) 規定された個人として現存するという直接的形式を持つ自己自身の同一性についての知としても規定している。純粋な自己関係においては、私は自らを身体的存在としての私へと関係づけているわけではない。したがって、自己の観点からは、自然的規定も外的世界に属している。[8]

ヘーゲルは、この自己意識を「人格性」と呼んでいるかぎりでは、ロックからカントを経てフィヒテに至る思想伝統に連なる思想家である[9]。とはいえ、ヘーゲルはロックと異なり、人格の通時的同一性の条件には関心を持たない。また、カントが行った、自己意識(統覚の「我思う」)の形式的側面と実践的カテゴリーとしての人

---

(8) 現代哲学における同様の分析として Nagel (1983) を参照。
(9) Siep (1992a, 81-115 ; 邦訳 123-170 頁) を参照。

格との区別も受け入れない。ヘーゲルの立場は、まさに「完全に抽象的な自我 Ich としての自己についての自己意識」(R§35) から法哲学の基盤を内容的に導出することにある。

ヘーゲルによれば、人格性を持つという個人の属性は、第一に、「総じて法的能力を含み」(R§36)、そして第二に、「抽象的でそれゆえに形式的な法の概念と法のそれ自身抽象的な基盤をなす」(同上)。この人格性という規定の第一の内容的解釈は、自由の自己意識が、意欲の具体的内容が合法的で正当な要求として通用するための必要十分条件をなすというヘーゲルのテーゼをあらためて表現したものである。ヘーゲルは「法〔権利〕」一般を、私の意欲が他者によって尊重されることを私が要求することができるという意味での自由の実現の領域として理解している。このことが可能であるためには、場合によっては当事者たちが自身の具体的意欲から距離を取ることができなければならない。そうでなければ、葛藤が起こった場合に、要求の断念を理性的に受け入れることによって合法的解決を図ることができないからである。第二に、意欲の内容は、そもそもそれが間主観的な相殺の対象となり得るためには、理解可能で、理性的で、それゆえに普遍的な形式を持っていなければならない。そして第三に、抽象法の発展が示すように、この意欲の合法性は、意欲された内容が他の個人が持つ人格性と法的能力という地位と衝突しない範囲に限られる。したがって、「自由の定在」として法が現に存在するための初期条件は、ヘーゲルの理解によれば、意志の普遍性である。すなわち、ヘーゲルは意志の普遍性の中に、「それ以外のものすべてがそれに依存するような絶対的正当化」(R§35RN) を見いだしている。「それゆえに」、構成的条件という意味での「法の命令は、こうである。一個の人格であれ。そしてもろもろの他人を人格として尊重せよ」(R§36)。法の命令がこのようなものであるのは、自由のための自分固有の領域、つまり自分固有の定在を手に入れることが、意志それ自体の目的論に組み込まれているからである。このことは、法制度の現存という形式においてのみ可能である。さらに、人格の概念の論理学には、他の主体の理性的要求を尊重することができる者だけが自らも人格であり得るということが含まれている。ヘーゲルによれば、このことは必然的に、他の主体を人格として承認することを意味している。人格性は一般に他者を人格として承認する能力を含意しているというフィヒテに由来するテーゼは、法

---

(10) これらの問題を現代における論争と関連づけて論じた文献として Quante (2007a) を参照。

〔権利〕の要求の宛先として他者人格を暗黙の裡に想定するのでなければ、この要求を掲げるという行為を首尾一貫した仕方で説明することがまったく不可能であるという意味で、法哲学的議論において拘束力を持つ[11]。

（b）**特殊性**（§37以下）：特殊性という契機の規定においては、上で言及した二つの視点が登場する。『法の哲学』の該当部分によれば、

> **特殊性**は、たしかに意志としての意識全体の契機ではある（§34）。しかし、それは抽象的な人格性そのもののうちにはまだ含まれていない。それゆえに、意志の特殊性は、なるほどたしかに現存はするが、しかし、人格性すなわち自由の規定からはなお区別されたもの、欲望、欲求、衝動、偶然的な好悪などとして現存するにすぎない（§37）。

この箇所における意志としての意識という表現は、特殊的諸規定が自己（意志の普遍的契機）にとっての客体であり、かつ意志の構造に属していることを意味する。意識とはまさに、内容に自己意識が伴っているときにこの自己から切り離された内容に他ならない。自己意識的に意欲する人格的意志がその自由の意識に回帰するとき、この「抽象的な人格性」（同上）には、あらゆる内容が、この人格性の自己自身から「区別された」、そして外部から受容される必要がある、事実上単に前に見いだされ「現存する」にすぎないような意志の特殊的規定として対峙している。すなわち、私は自らを、何かあるものを食べたいと意志し、何かある職業につきたいという願望を持つ人として見いだす。

即自かつ対自的に自由な意志の直接性に起因するこの抽象性からは、法も同様に形式的で無内容でしかあり得ないということが帰結する。抽象的な人格性の自己意識はたしかに法全体の基盤ではあるが、この無内容な規定に関するかぎり、個々人はさらに細かく区別されることはないため、「形式的な」（§37）法における意欲の正当化は、「特殊的な関心」（同上）にまでは達しないし、内容的に規定されたその都度

---

(11) 行為概念の文脈における類似した問題に関しては Quante（1993a, 111-124；邦訳『ヘーゲルの行為概念』96-106頁）を参照。人格としての自己理解と自己意識的意欲の能力を発展させることができるのは、個々人が互いに志向的態度を認めあう社会的生活形式の枠内においてのみであるということは、法哲学的問題から切り離しても充分に納得できることである。ヘーゲルにおける承認概念の分析については本書第2章を、また、一般的な体系的観点としては Quante（1995および2007b）を参照。実践哲学の原理としてのヘーゲルの承認概念に関する包括的論述としては Siep（1979, 294ff.）を参照。

の意志の「特殊的な規定根拠」(同上)にも達することはない。人格性という部分的原理からはあらゆる内容が排除されているため、この部分的原理が持つ法創設的性格も内容にまで達することはなく、自己意識という単なる形式的な規定がこの法に対して与えるのは形式的性格である。ヘーゲルは該当箇所で、人格性という原理の第二の内容的解釈を導入するために、この形式的で純粋な関係から次のことを引き出している。すなわち、適法性およびこれらの意志と他の個々人一般の人格性との無矛盾的共在の可能性だけが、抽象法の内容をなし得るということである。

　ヘーゲルはこれに続けて(§38)、抽象法の原理としての抽象的人格性が持つ形式的で無内容な性格の内容的解釈を、道徳および人倫における一層具体的で内容豊かな原理と対比しながら展開している。ある自由な意志が抱く特定の意欲は、ヘーゲルの意味で「具体的な」(R§38)出来事、「人格性」という原理の領域には見いだされない豊かな規定を伴った出来事としての行為の中に自己を外化する。絶えず行為が繰り広げられる場である「道徳的および人倫的な諸関係」(同上)は、自由な意志のこのさらなる規定にとっての適切な文脈を提供する。このような規定、すなわち、具体的行為(行為概念については次章を参照)と道徳的および人倫的態度の「一層進んだ内容」と対比すれば、人格性という原理から獲得された「抽象法は単に可能・性」(同上)に留まっている。この存在論的カテゴリーは、ヘーゲルにおいては次のことを意味している。すなわち、抽象法はそれ自身からはいかなる内容も生み出すことはできず、特定の行為や意志規定の合法性に関して、単に限定し制限するという仕方で機能する基準しか提供しないこと、つまり、ある個人が特定の何かを意欲しなければならないといったことは抽象法からは引き出され得ないこと、「それゆえ、この法の規定は、単に許可ないし権能にすぎない」(R§38)ということである。人倫という枠においては、意欲するある自己が持つ特定の「洞察や意図」(R§37)を命じることが可能だが、抽象法の「必然性」(R§38)は、「人格性とそれから帰結するものを侵害しないという否定的なもの」(同上)に限られる。ヘーゲルはこの内容的制限の根拠を、直接性という規定のうちにある即自かつ対自的に自由な意志という段階における人格性という原理に固有な「抽象性」(同上)の内に求めている。抽象法においては、「それゆえに、法的禁令が存在するだけであって、法の命令の肯定的な形態も、その形態の究極的な内容に即すれば、禁止を根底に置いている」(同上)。その形式に従って(例えば「ある人格の所有物は尊重されるべきである」といった)肯定的言明を含む抽象法は、最終的には禁止(この例で言えば、他者をその人

格であることに関してないがしろにすることの禁止)に基づく。

　ヘーゲルは欄外注記の中で、なぜ抽象法からは禁止命令だけ、また、許可や権能だけしか展開できないのかを説明している。自己意識的な自由（抽象的普遍性）が距離を取る規定性とは、自己自身の視点から見れば「外的事象」(R§38 RN) である。一般的な意味で所有物を獲得することができるという権利は、特定の何かの獲得を意欲するよう私に強いるわけではなく、単にそれを許可するだけである。それゆえヘーゲルは、この特定の意欲に対する許可は、権利一般への要求と「同一では」あり得「ない」(同上) としている。個々の自由な意志にとって、あらゆる具体的内容は単なる可能性に留まっており、それが他の自由な意志の人格性と調和する限りで、この意志はそれに対する「権能」を持っているにすぎない。自己自身を思惟し、意欲する自由な意志が内容として持っていなければならないのは、「法的能力」(同上) だけである (§36参照)。

　ヘーゲルは該当箇所で、内在的な意志関係 (自己意識の普遍的契機 vs. 特殊的内容) とその外部にある他の自由な意志の視点との間に非対称性があることを認めている。ある自己はいつでも、特定の事物つまり自らの自由な意志の内容的規定から離れることができるのに対して、ある事物への私の権利要求は、他の自由な意志の視点から見れば「単なる可能性ではない」(R§38 RN)。すなわち、「他者に対して私は事物の中に現に存在している」(同上)。権利を自由の自己意識から導出しようとするすべての理論にとって避けて通ることができないこの非対称性からは、次のことが帰結する。すなわち、自らの自由に権利という形で定在を与えようとする意志の本質から、この意志が自らを外化し顕現するということが導出され得ることである。つまり、そのような「肯定的行いは、対象および内容の創出である」(同上)。私は一般的な意味で意欲するだけでなく、何かを意欲しなければならない。私は自己意識において自分に対して特定の内容を与えるだけでなく、この内容を対象という、間主観的にアクセス可能な形へと変換しなければならない。ヘーゲルは、自らに外的定在を、したがって「実在性」(R§39) を与えようとする意志のこうした内在的な「存在論的脅迫」を、その哲学体系の中で、「自由の定在」を手に入れようとする意志の目的論的構造から導出している。ヘーゲルは、自己が自らの意志のあらゆる具体的内容から距離を取り得ることの私秘性、およびその帰結として、個別的意志が距離を取り得ることと、その同じ意志が他の意志にとっては事物の中に実在として現前していることとの間に横たわる差異に基づいて、自由な意志が自らの自由

の間主観的領域を手に入れなければならないことを論証しているが、この論証は、ヘーゲルの体系を離れても納得できるものである。

(c) 個別性 (§39)：即自かつ対自的に自由な意志の段階で、その「抽象的概念」(R§34) において展開されている普遍性と特殊性との統一は、それ自体、この直接性と抽象性という契機を備えている。それゆえヘーゲルは、この意志の個別性という契機を、「排他的」(同上) とも特徴づけている。ヘーゲルはこの表現で、直接に眼前に見いだされる外的世界と自分とを区別するという主体の確信を言い表し、また他方ではそこに、この意志が人格として、すなわち空間時間的個人として現存するという事態の根拠を見いだしている。ヘーゲルはこの考察を、意志の第三の契機を論じる箇所 (§39) で再び取り上げて、「決定を下す直接的な人格の個別性は、眼前に見いだされる自然に対して関係する」(R§39) と述べている。

この箇所においても、上で述べた用語の二義性が理解の妨げとなる。というのも、この「直接的な人格の個別性」という表現は思弁的意味での個別性という規定を意味しているわけではないからである。にもかかわらず、ヘーゲルによれば意志の概念の本性に基づいて必然的に、二重の意味の個別性の契機が現前している。まず、「意志としての意識全体の」(R§37) 視点から見れば、「人格の個別性」対「眼前に見いだされる自然」という構図は、総じて、その直接的形式ないし抽象的概念における個別性を意味している。他方、人格性（普遍性）という契機の視点から見れば、「決定を下す」(R§39) という人格の規定も、同じように個別性という構造を含んでいる。[12] ある個人が自由に選択した規定としての決定の中には、なお不十分な形ではあるが、自由としての普遍性と特殊的内容としての特殊性との統一が含まれている。この不十分さには、言わば次の二つの顔がある。意志の次元においては、（自己意識的）概念として主観と客観とを包括する同一性であるというこの意志のあり方と、この意志に無媒介に対峙し「眼前に見いだされる自然」(同上) によって内容的に規定されていることとの対立に不十分さがある。人格性の次元においては、内容が自己意識から生み出されるのではなく、外から受容されなければならないという点にこの不十分さが露呈している。この限りで意志は、内在的にも外在的にも、その概念の本性の十全な実現には至っていない。意志が持つこの不十分さは次の点に表れる。すなわち、「かくして意志の人格性は主体的なものとして」この「眼前に見いだされる

---

(12) ヘーゲルの思弁的概念規定にまで遡らずにこの論点を解釈した研究として、Siep (1982, とくに 261 ff.) を参照。

自然に対立する」(同上) が、このことは、対自的に自由な意志にとって「単に主体的であるという制限は矛盾し無意味」(同上) であるがゆえに、形式と内容との構造的対応を要求する意志の概念の本性に適合しないという点にである。この不適合のゆえにヘーゲルは、その反省論理学の成果を援用して、活動的であるという意志の規定を導出する (GW 11, 286 ff./MM 6, 74 ff.；全集 7, 77 以下参照)。自由な意志の決定は、特定の内容の実現を目指す。意志はこれによって、単に主体的であるという制限を止揚し、「自己に実在性を与えよう」(R§39) と試みる。ヘーゲルによればこれは、自由な意志が眼前に見いだされる自然を自己自身のものとして「定立」(同上) しようとする試み、つまり自分の所有物にしようとする試みに他ならない。意志の概念論理学的分析から、すなわち、一方ではその抽象的概念における意志の不十分さ、そして他方では自己意識の視点と他の自由な意志の視点との間の非対称性という意志の二重の不十分さから、ヘーゲルは「眼前に見いだされる自然」(R§39) を意志によって獲得と所有という仕方で取得するということを導出する。この分析においても、外的自然はやはり「意志としての意識全体の契機」(R§37) であるため、この目的論的自己実現〔実在化〕に抵抗する術を持たない。自由な意志は「自然における一切のものの主人」(R§39 RN) であり、自然は「この意志によってのみ自由に」属するもの「として定在」(同上) を持つ。意志にとって外的な自然は、「それ自身では für sich いかなる魂も持たない。それは自己目的ではない。たとえ生きた自然であってもそうである」(同上)。ここでヘーゲルが意志という表現で考えているのは、個別的な個人の個別的な意志ではなく、あらゆる自由な意志の中に具現化されている意志の普遍的構造である。したがって、抽象法における人格の自由の限界は、他の人格の人格性と自由な意志にある。このことは、自己意識が「いかなる種類の法/権利」(R§40 A) にとっても必要十分条件をなしているという前提からの帰結である。自由の自己意識を出発点とするアプローチからはさらに、眼前に見いだされるこの外的な自然には「私の肉体も私の生命も」(同上) 属するということが帰結する。そしてヘーゲルはここに、精神が、精神の優位性を顕わす場である自然を支配するという関係のさらなる証拠を見いだしている。

3. 抽象法における抽象的人格性の概念展開

§35 から §39 の論述で、直接性という規定性における意志の人格性の内容的規定は完結し、これに続けてヘーゲルは、この部分的原理の内在的発展から、『法の

『哲学』第一部の概念的構造を展開して導入部を締めくくる。

　意志が自らに定在を与える第一の形式は、何かを「事物」(R§40A) と見なすことを本質とする。所有という制度は、この「抽象的意志」(R§40) の自由の定在である。自由な意志が事物を自分の所有物と見なすこの関係は、「ただ自己を自己にのみ関係づける一個の・個・別・的・な・人格」(同上) によって実現されるこの自由の定在である。眼前に見いだされる自然の中のある客体が私の所有物と見なされた場合、それによってこの客体は理性的形式を獲得する。私はその客体が持つ何らかの属性のゆえにのみそれを所有したいのではなく、私の意志の顕現としてそれを要求している。このことは、所有が、その取得権に関して他の自由な意志を拘束する権利要求を含んでいる点に表れている。ヘーゲル論理学によれば、この段階には存在と直接性という徴表が属する。そこでは普遍性という規定と特殊性という規定とが一つに重なる。

　人格性という原理が自由の定在を生み出す第二の段階は、間主観性を前提している。原理としての「人格」は (「自己を自己から区別することで」)、特定の人格として互いから区別された複数の人格として具現化されて、「他・の・人・格・に・関・係・する」(同上)。抽象法の次元では、「どちらの人格も、ただ所有者として、互いに定在をもっている」(同上)。ヘーゲルによれば、「人格性」という原理のこうした自己内反省 (複数の異なる人格が現に存在していること) に自由の定在を獲得させる制度が契約である。契約において人格は、合法的な仕方で物件を譲渡するが、物件はこの取引の間も絶えず所有物であり続ける。それは、権利の領域からはみ出すことなく、また所有者不在となることなく、ただその所有者を変えるだけである。人格性の抽象性と無内容な形式性は、この反省論理学的段階においては、意志の共通性 (二人の人格がともに所有制度の維持を欲すること) と「両者の権利保持」(同上) とを生み出す。普遍性と特殊性という規定は、反省論理学においては (契約に際しての意志の特殊的内容と普遍的契機としての合法的形式という) 二つの契機として相互に区別され、分離される。契約の合法性は、ここでは適法性という形式的契機にまでしか達しない。

　第三の段階においては、(第二段階では反省論理学的に抑制されていた) 意志の内在的矛盾が顕在化する。不法と犯罪という法的制度において、合法的で普遍的な意志の形式と偶然的で特殊的な内容との間の相違は、人格の意志の内部で、(不法という形での) 対立へと転じ、さらには (犯罪という形での) 矛盾にまで先鋭化される。これによって自由な意志の普遍性と特殊性という契機は個別性へと媒介されることになるが、この個別性は、(当該発展段階における意志の抽象性のゆえに) 意志の人

格性の直接性を主観的意志の反省論理学的媒介性の中に止揚するところまでしか達することができない$^{(13)}$。

　ヘーゲルはこの概念論理学的体系に依拠して、抽象法のすべての「形態」(R§32)を、「自己自身を産みだして行くもろもろの概念の系列」(同上)から、意志の概念の「内在的発展」(R§31)を使って、その理性性において叙述したと主張する。この哲学的叙述が内容的に納得の行くものであるか否かは、該当する章における諸現象に関する論考に委ねられている。この概念論理学的発展の体系的正当化は、一般にヘーゲル体系においてそうであるように、「ここでもまた論理学によって前提されている」(R§31)のである$^{(14)}$。

---

(13) これについては Quante (1993a, 51 ff.；邦訳『ヘーゲルの行為概念』45頁以下) を参照。

(14) ヘーゲルは註の中で、法哲学におけるカントの区分に対する批判を行っている。それは、「さしあたっては当面する非有機的なばらばらの多くの素材を、外面的にせよ、一つの秩序にもたらそうとする」(R§40A) ことを試みながらも、この素材を有機的に結び付ける部分的原理にまでさかのぼって、その「理性的」形式において叙述することに成功していない点で、カントの区分が内在的体系性を欠いていることに対する批判である。この方法論的批判を別にすれば、ヘーゲルの批判は、突き詰めれば、人格法と物件法への区分が表面的な分類だという点にある。すなわち、この分類の「偏見と概念の欠如」(同上) は、人格法と物件法がいずれも人格性という原理から引き出され、展開されなければならないことを見れば分かるはずであり、ヘーゲルはまさにこのことを、本章で分析した抽象法への導入部分において示したと考えているのである。

第9章
行　為

　行為を目的の客体化として理解するモデルは、ヘーゲル思想の根本特徴の一つである。ヘーゲルは、まさにヘーゲル哲学体系の根本原理である理性を「合目的な為すこと Thun」(GW 9, 20/MM 3, 26；全集4, 20) と規定しているからである。ところが、行為概念およびヘーゲルの行為論の基本的要素は、『精神現象学』および『法の哲学』の中でも体系上中心的な箇所で導入され、論じられているにもかかわらず、ヘーゲル哲学におけるこの側面を扱った研究文献は驚くほど少ない。ヘーゲルの意志論や労働概念と異なり、行為概念がヘーゲル解釈の中心に据えられることはきわめてまれである。現代の行為論との体系的関連づけの試みもわずかに散見されるにすぎない。[1]

　この研究状況に対する一つの説明として、ヘーゲルの成熟した体系の中に登場する定理を、『論理学』およびそこで定式化された証明目標や理由づけへの要求と関連づけようとしても、とても見通しが立たないことが挙げられる。このためヘーゲルの行為概念およびその行為論は、範疇的な構造全体の中に閉じ込められ、今日の読者にとっては何重にも鍵を掛けられた状態にある。したがって、現代の行為論に対するヘーゲルの貢献の可能性を解明するためには、その思弁的−弁証法的根拠づけ戦略の構造全体を論考の導きの糸にするのではなく、むしろ帰納的に進んでいくという手法が不可欠である。

　さらに、ヘーゲル自身の手によるテキストにのみ検討対象を絞り、受容という点では非常に影響力のあった講義録を度外視するならば、ヘーゲル行為論の中心的要素が見いだされるのは『精神現象学』と『法の哲学』である。しかしながら、これら二つの著作はそれぞれ異なる証明目標を持っており、両著作の関係の正確な規定に関して、ヘーゲル研究において統一的理解が存在するわけではない。そこで以下では、ヘーゲルがその行為論を展開しているこの二つの文脈を、二つの独立した節に

---

(1) その例外とも呼べるのが、Pippin (2008) と Quante (1993a) である。

分けて論じることにする。この手順は、心的現象に関して今日であれば科学主義的とか自然主義的と分類されるであろう構想に対するヘーゲルの批判が、本書第4章で見たように『精神現象学』においては重要なテーマとなっているのに対して、『法の哲学』においては明示的な仕方では取り扱われていないという事情を踏まえれば、納得のいく手順である。その一方で、ヘーゲルがこれらの著作の中で展開している人間行為に関する二つの構想は、単に両立し得るだけでなく、中心的観点において相互に補完し合い、また相互に条件づけ合う関係にもある。このことはとりわけ、人間の行為は間主観的承認関係によって構成されており、この意味で社会的な存在であるというヘーゲルのテーゼに当てはまる。以下で論じるように、ヘーゲルの行為論におけるこの観点を『法の哲学』に即して解明することができたならば、行為が社会的に構成されたものであるというテーゼが『精神現象学』においてもすでに中心的役割を演じていることに異論の余地はなかろう。ただし、このテーゼの論証は、ヘーゲルが『法の哲学』において展開している意志論におけるものの方が、情報量は多いが概念的厳密さでは劣る『精神現象学』における論考よりも理解しやすいので、ヘーゲル行為論におけるこの特徴については、『法の哲学』を手がかりにして概略説明することにしたい。

第1節　科学主義的行為論に対する『精神現象学』におけるヘーゲルの批判

　ヘーゲルは『精神現象学』において、自然科学的世界解釈の基本的態度を「観察する理性」と呼んでいる。理性に内在する自己認識のテロスに至る道程において、この観察する理性は自己自身へと向かい、ヘーゲルが自律的個別性として理解する人間理性の本質を、その認識的・方法論的準則を使って把握しようと試みる（詳細は本書第4章を参照）。人間の個別性を観察的認識の客体にしようとする様々な試みを通じて、この理性は、個別的主観性が顕現してくる行為という現象に辿り着く。そしてこの顕現を、意図 Absicht という私秘的で観察不可能な内面性と、行為という観察可能な外面性との間の対立として把握する。ところで、行為の特有性は、行為する個人自身が、自分自身の意図に照らして観察可能な行為を解釈するという点にある。

（2）これについては Pippin (2008, 第6章) を参照。
（3）これについては Pippin (2008, 第II‐III部) および本書第11章を参照。

すると、単なる行動だけでなく、個別的行為をその全体性において捉えようとする観察する理性は、この反省可能な外的行為を内的で私秘的な意図によって反省的に自己主題化するという事態を、その構成的要素として組み入れる必要がある。このため、自らの実践的構造を意識していない観察する理性は、人間の行為を単なる行動から区別する理論理性と実践理性の対立および不断の交差に突きあたる。

　この観察がここで突きあたる対立は、形式から言えば、実践的なものと理論的なものとの対立である。ただし両方とも実践的なもの自身の内部において定立されたものであるが、対立とは──行為 Handeln（ただしもっとも普遍的な意味において解した）において自己を実現しつつある個体性とこの行為のうちにありながら同時に行為から出て自己のうちに還帰し反省して行為を自己の対象としているところの同じ個体性との対立である。観察はこの対立を、この対立が現象において規定されている〔邦訳中の補足：真実とは〕逆の関係にしたがって受け取るのである。そこで観察にとって非本質的な外なるものとして妥当するのは、為されたもの That そのものであり、また仕事 Werk、即ち言葉のうえのものであろうと、もっと確乎たる現実性をえたものであろうと、とにかく仕事であり、──これに対して本質的な内なるものとして妥当するのは個体性の自己内存在である（GW 9, 176f./MM 3, 240；全集4, 319）。

本書第4章でも詳細に分析した、この観察する理性の行為論的モデルは、行為にとって内的なものが本質的であるのに対して、観察可能な行い〔為されたもの〕は行為にとって単に非本質的で外的な印にすぎないという想定に基づいている。またそこでは、内的なものと外的なものとが存在論的に独立した二つの領域であること、そして両者の関係は、観察する理性の説明戦略を使って、適法的関係として解釈し得るということが前提されている。

　ヘーゲルは複雑な展開過程を辿りながら、この基本モデルが次の二つの理由で、人間の行為の本質を原理的につかみ損なっていることを示している。第一に、内的なものと外的なものとをこのような仕方で対立させるのは、因果的に関係しているのではない人間精神の二側面の不当な実体化である。ヘーゲルによれば、この二つの側面の関係は、因果的関係とはまったく異なる仕方で、すなわち表出主義的に解

釈されるべきである。⁽⁴⁾第二に、両者の関係の解釈は、因果法則モデルに沿ってではなく、次章で詳論するように、規則遵守という社会的実践として、理由づけ、免責、正当化等々を枠組みとする行為帰属や行為解釈として理解すべきである。たしかにヘーゲルは、心的エピソードと物理的エピソードとの間の因果関係が現存することを原理的に排除しているわけではないし、また、そのような因果関係を追究することは原理的に不可能な研究戦略だと考えているわけではない。しかしながらヘーゲルは、人間の行為の本質は、法則論的な因果の説明を目指す観察する理性の視点からは捉えられないという立場を取っている。『精神現象学』においても『法の哲学』においても、ヘーゲルが、人間の行為を哲学的に解明するための本来の場として、行為帰属という社会的実践へと目を向けるのは、この理由による。

第2節　ヘーゲルの行為論：『法の哲学』第二部　道徳

　ヘーゲルは『法の哲学』第二部道徳において、個々人の心的エピソードだけでなく、本書第12章で詳しく見るように、社会的制度の構造も視野に入れた包括的意志論という枠組みにおいて行為概念を導入している。道徳を扱う第二部の構造を行為論として再構成しようとする試みは、カール・ルートヴィヒ・ミヒェレットのそれを嚆矢とする。⁽⁵⁾それによれば、ヘーゲルの行為論が依って立つ領域は多様な日常的実践であり、この実践に向かって倫理学および法学の諸問題が投げ掛けられる。つまりヘーゲルは、いわば宴の後に人間の行為へとアプローチするという戦略を取っており、そのため、心的原因とか心身関係といった、現代行為論における「古典的」問題のいくつかは、単に副次的役割しか持たない。また、意志の自由、決定論、行為者原因性といった古典的問題も、ヘーゲルにとっては、行為の哲学的解明のための適切な出発点を提供しない。⁽⁶⁾

　抽象法においては、自らの行いに対する行為者自身の個別的視点は問題にならないのに対して、行為の道徳的評価の場面では、まさにこのことが決定的なポイントとなる。道徳的観点では、ある行為を理由づけ、正当化し、釈明し、批判するにあたって、自らの行いに対する行為者特有の視点が容認され得るか（またはされるべきか）

（4）この解釈戦略を採用したものとして Taylor (1975) および Pippin (2008) を参照。
（5）Michelet (1828). これについては Quante (1993a) も参照。
（6）これらの問題に関しては、Pippin (2008, 第4-6章) と Wolff (1992) の分析を参照。

否かが問題となる。この問いは、たいていの場合、因果的説明の次元では答えることができず、共同体の中に存立している規則や社会的制度と関わっている[7]。単なる行動 Verhalten とは異なり、行為に関しては、その合理性や妥当性への要求を掲げ、それを疑問に付したり根拠づけたりすることが可能である。これに対応してヘーゲルは、人間の行為に特有な三つの徴表を挙げている。

> 主観的ないし道徳的な意志としての外化は、行為である。行為は上述の諸契機を具えている。すなわち、(α) 行為は、その外面性において、私によって私の行為として意識されている。(β) 行為は、当為というあり方での、概念との本質的な関係である。そして、(γ) 行為は、他人の意志への本質的な関係である (R§113)。

責任と行為という日常的概念には、疑いもなく因果的要素が含まれている。それゆえ、行為の構造に関するヘーゲルの説明においても、この側面は役割を演じている。ただしヘーゲルにおいて前景をなすのは、行為を単なる行動から区別する徴表である志向 Intention の構造に関する分析である。なぜなら、志向は帰責にとって決定的に重要だからである。さらに、行為の構造と帰属という日常的実践からは、行為者の構造に関する前提が読み取れる。それ以上に、こうした場面から見て取れるのは、ヘーゲルによれば、人間の行為が真の意味で社会的に構成されたものであるということである。なぜなら、行為の特有な構造は、あらかじめ前提された社会的文脈においてのみ実現可能だからである。ヘーゲルの行為論におけるこの四つの中心的徴表は、行為の三つの「規定」の背後に隠されているのだが、これを論じているのが『法哲学綱要』の第113節の終わりから (全集9a、184) である。

1. 行為の構造

ヘーゲルは『法の哲学』第二部道徳において、行為と行いとを区別している (§115-§118)。これは不明確な区別である。というのも、ヘーゲルはこれによって、一方では行為が持つ出来事としての側面と記述的側面とを区別しようとしており、またそ

---

[7] これは、この実践においては因果的関係が何の役割も演じていないということは意味しない。ヘーゲル自身、『法の哲学』の中で、釈明の申立てとその受け入れという日常的実践の場面で、責任と原因の連関が役割を演じていることを取り上げて論じている (R§115-119)。この問題に関する詳細で明晰な議論として Moore (1997および2009) を参照。

の一方では「行為」と「行い」の区別で、一つの行為を記述する二つの異なった仕方を表そうとしているからである。第一の区別に従えば、行いは徴表を示し、因果的関係に置かれているが、行為者自身はこうした徴表や因果的関係を知っている必要も意欲する必要もない。これに対して行為としての行為の帰属が成立するには、行為者の特有の意図を行為の記述に組み込んでいる必要がある。そしてこれこそが、道徳の特有な観点を形成するものである。第二の区別に従えば、「行為」と「行い」とは個々の行為についての二様の解釈を指している。前者は行為者の知と意欲を尺度とするのに対して、後者は社会的尺度を適用する。この社会的尺度には、社会におけるスタンダードや、行為者の性格、実際に引き起こされた結果などの側面も含まれる。

2. 意図の構造

　行為の第一の規定は、私の行為が「私の行為として意識されて」〔R§113〕いなければならないことを強調したものである。ヘーゲルはそれに先立って (R§110) 詳細な分析を行っている。目的に向けられた、つまり単に因果的に説明可能なだけでなく、目的論的に理解することも可能な行動として、主観的、内的、あるいは未展開の形式から客観的、外的、あるいは展開された実現形態へと移行する具体的過程が存在しなければならない。純粋に生物的なプロセスとは異なり、行為の特有な形式の中にそのような目的実現が見いだされるのは、その過程が行為者自身に一人称的命題の形で意識されている場合に限られる。そしてこのことが意図の特有の構造を形成する。「内容は、私にとっては、私のものとして、以下のように規定されている。すなわち、この内容は、その同一性において、ただ単に私の内面的な目的としてだけでなく、この内容が外面的な客観性を獲得しているかぎり、私に対して私の主観性もまた含んでいるのである」(R§110)。

　人間が自分の行動を自分の行為として理解する（そして質問されたり批判されたときに自分の行為として理由づけたり、正当化したり、免責する）ことができるのは、少なくとも通常のケースにおいては、行為者が自分の行いの結果を、自分自身が自らの行いを通して実現しようとした意図の実行と実現として解釈できる場合に限られる。ヘーゲルが内面的目的の外面的客観性への「移し替え」として理解している行為過程は、行為に随伴する意図、すなわち特有の知と意欲を伴っている。行為者が自分の行いの中にそのような実現を見いだすことは、一つの妥当要求を意味するのであり、この要求は、理由という社会空間の中で、そして競合する可能的解釈に

対抗して維持可能なものでなければならない。この客観化は、物質世界における出来事としての行為という形で意図を実現することとは区別する必要がある。ヘーゲルはこの意味での実現を対象化として把握している。これに対してヘーゲルが該当箇所で使用している「外面的客観性」という表現は、第一義的には、自分の行いを意図的行為として解釈したいという行為者の要求を受け入れることを意味している。この要求は、間主観的に追体験されることも、批判されることも、また承認されたり、あるいは否定されることもあり得る。ヘーゲルがこれによって、外面的に客観化された目的という意味での行為は、修正を拒むような、私秘的で内面的な志向の産物ではなく、妥当の次元における現象として、本質的に社会的空間の中で構成されるものであるというテーゼを主張していることは明白である。[8]

3. 行為者の構造

行為の第二の規定（R§113［β］を参照）は、行為概念を本質論理学の領域へ組み込む。本質論理学には、そのカテゴリーの意味論的内容が失敗の可能性をあらかじめ前提しており、それゆえ成功を当為として含むという特徴がある。行為は、自己規定的な目的実現という意味で、理性の客観化でもあり、したがって一般に合理性という尺度に従っている。ここからはまず、行為が解釈可能であり、規則に従うということが帰結する。またさらなる帰結として、ヘーゲルが理性という概念の規定として理解しているように、行為は単発の意図の単発の実行という枠には収まり切らず、長期間存続し、欲求、衝動、願望の複雑な構造を有する存在者においては、行為の計画を必要とすることが挙げられる。そのような計画は、行為者に、相互に競合する可能性もある複数の選好を整理して一つの合理的な序列図式へと取りまとめる余地を与え、長期間にわたって行為者の選好構造に安定性をもたらす。ヘーゲルによれば、このことは、それによって一定期間にまたがって自分の幸福を実現することが可能になるという意味で、行為者にとって重要である。しかしその重要性は行為者の視点には限られない。行為の計画が持つこの時間横断的な安定化機能は、まさにこれによってのみ社会的空間における行為者の信頼性が保証されるという意味で、持続的協働の可能性のためにも重要である（これについての詳細は次章を参照）。

ヘーゲルは、われわれの行為概念が持つこの側面を二通りの仕方で示している。第

（8）Pippin (2004a) 参照。

一に、ヘーゲルは、『論理学』で展開された判断論を使って、自己自身を規定する理性は複雑な判断と意図という形でだけ実現〔実在化〕可能であることを根拠づけようとしている。行為概念のこうした展開は、『法の哲学』においては「企図 Vorsatz」から「意図 Absicht」への発展が担っている（企図とは、その意味論的内容において単発的な志向である。意図とは、その意味論的内容において、個々の行為をある行為タイプの一事例として、あるいは規則適用の一事例として志向する複雑な志向である）。第二に、ヘーゲルは、われわれの行為概念が持つ後者の次元、すなわち、単発の孤立的行為から、行為の計画網および行為者の選好システムの葛藤の中に置かれた行為への必然的移行を、否定を通して ex negativo 示している。道徳の部第三章でヘーゲルは、様々な免責戦略を扱っている。その際ヘーゲルは、単発の瞬間的刺激だけが行為者の志向内容を決定しているとして行為者をこの刺激へと還元しようとする免責パターンを、われわれの行為概念、および責任ある人格に関するわれわれの理解がそのような構想を容認しないとして、次の理由で拒否している。すなわち、この構想は

> 犯罪者を〔中略〕人間の法と名誉に即して取り扱わないことをも意味する。人間の本性は、まさに人間が本質的に普遍的な知識をもっているのであって、抽象的に瞬間的で、ばらばらな知識をもっているのではないというところにあるからである（R§132 A）。

この箇所でヘーゲルは、今日とりわけマイケル・ブラットマンによって展開された行為の計画論の中心的洞察を先取りしている[9]。ヘーゲルは人間の行為が示すこの次元を、『論理学』における判断論の基礎をなす主観性の形而上学から導き出している。しかし、その一方で、その行為論が持つこの側面を、行為の免責とその批判というわれわれの日常的実践にもしっかりと繋ぎ止めている（したがって、この側面はヘーゲルの主観性の形而上学には依存しない）。

4. 行為の本質的間主観性

　ヘーゲルの行為論が示す、体系的に見ておそらくもっとも現代的な側面をなすの

（9）Bratman (1987, 1999および2007) を参照。ブラットマンのアプローチ全般とヘーゲルの意志論との中心的相違は、後者の構想がロックの人格同一性説による負荷を受けていない点にある。これについては Siep (1992a, 81-115；邦訳123-170頁) および Quante (2007a, 第3章) を参照。

は、行為が社会的に構成されたものであるというそのテーゼであろう。このテーゼは、行為は他の行為者の意志と本質的に関係しているという、行為の第三の規定に隠された仕方で含まれている。因果関係に定位し、科学主義に準拠して行われる、内面と外面という構図に縛られた行為論の文脈では、このテーゼは必然的に、ばかげたもの、あるいは少なくとも極めて信憑性が低いものと受け止められる。しかしヘーゲルがこの第三の規定で明示したかったのは、行為というものが、特有の心的原因を伴った身体上のプロセスにすぎないのでなく、社会的空間の中で解釈され、行為者がそこに特有の妥当要求を込めた目的実現でもあるという洞察に他ならない。行為は、このようなものとして、他者による承認を必要としている。なぜなら、他者の承認という形を取る以外に、社会的空間における客観化を通じて個人的要求の任意性を克服する方途はないからである。

　人間の行為にとって社会的次元が不可欠であることを証明するためにヘーゲルが持ち出す様々な論拠は、『法の哲学』に関して言えば、自己自身を規定する理性の外化としての行為は、規則遵守としてのみ理解し得るという点に収斂する。そして、まさにこの事態は個々人の理性の働きとしては描き出せないというのが、良心およびカントやフィヒテによる道徳の基礎づけに対するヘーゲルの批判点である。ヘーゲルによれば、後者のやり方では、根拠づけられた規則遵守と、正当化ないし免責された例外との間の区別が不安定になる。というのも、自律した個別的主体は単独で、いつでも自分の行為規則を変更することができるだろうからである。うぬぼれとか自己を絶対視する主観性の悪としてヘーゲルが批判したこのような道徳的独我論の形式を回避ないし克服できるとすれば、それは、行為をはじめから行為の帰属と理由づけという社会的実践として捉えた場合だけである。ただし、ヘーゲルが『法の哲学』においてその行為概念の根拠づけのために用いている論拠をもっと詳細に分析してみると、それが完全な根拠づけとしては十分機能しないことが判明する。[10] ヘーゲルの行為論の完成図を描くためには、ここで『精神現象学』における承認論を議論に引き入れる必要がある。ヘーゲル行為論におけるこの側面は、突き詰めれば、「我々 Wir である我 Ich と我である我々」(GW 9, 108/MM 3, 145；全集182)という定式化でヘーゲルが表現している、自己意識の間主観的構成というテーゼの信憑性に掛かっている(このテーゼの再構成とその

---

(10) Quante (1993a, 111-124；邦訳『ヘーゲルの行為概念』96-106頁)における詳細な分析を参照。

弁護については本書第11章を参照)。

第3節　現代の体系的文脈におけるヘーゲル行為論

　ヘーゲルの行為概念は、ヘーゲルの実践哲学の中心に位置する。さらに、ヘーゲルの包括的な行為論は、ヘーゲルの精神哲学全体の中心に置かれており、その哲学体系の基盤となっている。科学主義に準拠した精神哲学を『精神現象学』で批判している場面でとりわけ明らかなように、ヘーゲル行為論の基本特徴を支えているのは、心に関する社会外在主義的構想である。この構想は、内面と外面という現象的区別を完全には拒否せず、またその一方で、この区別を、心的エピソードという私秘的内在的領域と、外的行動という公的にアクセス可能な領域との二分法として固定化することも回避する。さらに、『論理学』で展開されている哲学的解明の構造についてのヘーゲル自身の分析は、因果的説明に対する目的論的説明の独立性を主張しながら、その一方で、行為者とその心的エピソードと行為との間にいかなる原因結果関係も認めないというテーゼからも距離を取ることをヘーゲルに可能にしている。これによってヘーゲルは、行為論における志向性論者と因果性論者との間の不毛な争いを克服 (ないし根元から掘りくず) している。それにもかかわらず、ヘーゲルにとって決定的に重要なのは、因果概念を科学主義的に切り詰めてはならないのと同時に、われわれの規範的実践の次元で繰り広げられる人間の行為の肝要な点は総じて因果的説明では掴み取れないことを見逃してはならないということである。

　ヘーゲルは、その哲学の全体構想の内部でのこの思考転換によって、科学主義的狭隘化にも、この狭隘化に対する哲学の側からの拒絶という誤りにも惑わされない行為論を展開することに成功している。またこれと同時に、ヘーゲルは、義務論的側面と結果主義的側面と徳倫理学的側面とを意志論の統合的構成要素として含むその複雑な実践哲学の枠内で、われわれの帰属実践を再構成することを通じて人間の行為を把握することに成功している。ヘーゲル行為論の現代性はまさにこの点に基づく。すなわち、科学主義に導かれた哲学的営為の呪縛にも、われわれの倫理的実践に対する一面的なメタ倫理学的視点の呪縛にも囚われることなく、人間の行為という現象が持つ複雑性を正しく踏まえた社会的制度および実践の構想という枠の中で、統合的な行為論の輪郭を描き出しているという点に、である。

第10章
責　任

　筆者は以前、ヘーゲルの行為概念に関する分析の中で、ヘーゲルが「アンスコムとゴールドマンの洞察」を先取りしていること、そして今日の行為論で言えばとくにブラットマンによって展開された行為の計画論をその核心的な点において素描していることを指摘したことがある。[1] しかしその論考の中では、次の二つの理由から、この観点をそれ以上突き詰めるには至らなかった。そこでの論考は、第一に、ヘーゲルが『法の哲学』で展開した行為概念の分析に限定されていたからであり、第二に、ヘーゲルの行為論が理論哲学の一分野として投げ掛ける問いだけに限定されていたからである。[2] ヘーゲルにおける行為の計画論の基礎は、何よりも、自律に関するヘーゲルの構想、そして責任の帰属というわれわれの日常的実践に関するヘーゲルの分析の中に求められるべきである。この理由から、その論考においては、ヘーゲルの行為論が持つこの観点についてはそれ以上追跡しない方がよいと考えたわけである。そこで本章では、少なくとも部分的にではあれ、この空白を埋めるよう試みたい。

　前章で述べた理由に基づき、本章では『法の哲学』だけを取り上げることにする。行為と意図に関するわれわれの日常的理解には、個々の行為を一層包括的な行為の計画の中に組み込むということが含まれているというテーゼについてのヘーゲルの

---

(1) これについては Quante (1993a, 14, 108, 注25と207, 注64；邦訳『ヘーゲルの行為概念』13, 93、171頁以下) を参照。これと関連することとして、『法の哲学』刊行一年後の1821/22年の講義録には「人間は理性的であるがゆえに、将来に対する心配を抱かざるを得ない」(Hegel 2005, 228) とある。このハンスゲオルク・ホッペ編の講義録が誰の手によるものかは、今なお突き止められていない。公刊された『法の哲学』の §120 欄外注記には、ヘーゲル自身による類似した定式化が見いだされる。すなわち、「人間は思惟する存在であるがゆえに、行為の中に企図だけでなく、意図も持っていなければならない」(R§120 RN)。
(2) 当該論考には、ヘーゲルが実践哲学において包括的な行為論を展開する必要があると考えていたかぎりで、ヘーゲルがこの理論哲学的問題への限定を無条件で受け入れることはなかっただろうという留保を付しておいた。Quante (1993a, 14, 注4；上掲邦訳13頁) を参照。筆者がその論考の中で提案した解釈を取り上げた研究文献の中には、そこでの筆者の研究の視点が二重の意味で限定されていたことを無視しているものも見受けられる。

論証を理解するには、『法の哲学』で展開された意志論の枠組みの方が容易であると思われるので、1820年の法哲学に限定して考察することにする。

第1節　方法論に関する前置き

　ヘーゲル体系における全体論をどう扱うかという周知の問題に関して、本章では、ヘーゲルの思弁論理学的カテゴリーという装置を使わなければヘーゲルの行為の計画論を明らかにすることができない場合には、この連関の解釈を通じてその解明を試みる。しかし、事柄に即して論じることが可能なかぎりは、ヘーゲルが要求する思弁論理学的カテゴリーという枠組み（もしくはヘーゲルがその中で想定している概念的発展）を、根拠づけの源泉として援用することは控える。根拠づけの任を引き受けるべきなのは、むしろ、行為者としてのわれわれの日常的自己理解および責任の帰属というわれわれの社会的実践を正しく踏まえた理論をヘーゲルが提供できている、という事実の方である。なおこれは、日常の行為体験を引き合いに出すことによって思弁論理学的根拠づけに代用し得ると、ヘーゲル自身が『法の哲学』冒頭において強調していたことである。⁽³⁾

　さらに、ヘーゲルがその行為論を展開したのが法哲学の枠内であるという事実も、その行為論の構想全体に影響を及ぼしている。法の応報説の立場に立つヘーゲルは、法制度の第一義的な機能が予防にではなく、懲罰 Retribution、すなわち損害への報復 Vergeltung と法違反に対する処罰にあるという想定から出発する。⁽⁴⁾これは、行為の結果ないし帰結から行為および行為者へと目を向けるという意味で、ヘーゲルが人間の行為に関して遡及的視点を採用していることを表している。これと対応して、ヘーゲルは、何よりもまず責任の帰属というわれわれの実践を

（3）『法の哲学』§4でヘーゲルが論じているように、このことが当てはまるのは、「表象するため」だけであって、哲学的根拠づけには当てはまらない。なぜなら、ヘーゲルによれば哲学的な根拠づけは、否応なしに思弁論理学的な仕方で行われなければならないからである。とはいえヘーゲルは、その意志概念の規定のために、あらゆる行為主体が「自分の自己意識のうちにその例証をもつ」のでなければならないと要求している (R§4A)。

（4）誤解を避けるために付言しておくが、これは、法制度の哲学的意義がこの機能にあるという意味ではない。というのも、ヘーゲルにとって、法制度の哲学的意義が客観的法の領域すなわち社会的空間における自由の顕現という点にあるのは言うまでもないが、法制度がそのようなものであるのは、それが、まさに上で述べた機能を理性的な仕方で果たすことによってこそだからである。

出発点に据える。というのも、『法の哲学』は狭義の法だけでなく、要求の相互承認というわれわれの実践も問題にしているからである。行為の（因果的）前史や因果的経過という問いは、そこでは単に付随的に取り上げられるにすぎない[5]。理論哲学の部分的学科として理解された行為論の枠内でそのような問いが立てられるのは、一般に、行為のタイプという次元においてである。これに対して帰属というわれわれの実践においてそうした問いが立てられるのは、例えば免責の理由を探すといった場合のように、すでに行われた具体的な行為の次元においてのみである。以下では、ヘーゲルによる日常的自己意識への言及には、責任の帰属と引き受けというわれわれの実践に関する自己理解や、免責の申し立てとその受け入れも含まれているという解釈の下で考察を進める。これによって、思弁論理学的根拠づけの次元と、（共有された社会的実践の構成員としての）われわれの自己理解の次元の両方を、ヘーゲルの行為論を解釈するための連関点として考察に引き入れることが可能となる[6]。ヘーゲル自身は、哲学的根拠づけは思弁論理学的カテゴリーによってのみ達成可能であり、それゆえ、責任の帰属という実践に関するわれわれの自己理解に依拠してヘーゲルの行為論の構想を説明しても、ヘーゲルの考える意味での正当化にはならないという立場を採っている[7]。しかし、ヘーゲルにおける行為の計画論に信憑性を持たせることだけが目標である限りは、責任の帰属とか免責の申し立てとその受け入れというわれわれの実践を、根拠づけ機能を持った前提として受け入れることに問題はない[8]。

---

(5) この点に、ブランド (Brand 1984) による行為の計画論の構想とヘーゲルの構想との決定的相違がある。
(6) これによって個々人の行為体験が、共有された社会的実践の理解に包摂されることになる。このことは、ヘーゲル自身が社会的承認プロセスによる自己意識の構成というテーゼを採用しているかぎりで、体系上適切であると思われる。ヘーゲルの自己意識論が持つこの観点に関しては本書第2章を参照。
(7) ヘーゲルの根拠づけを単純に無視しない一方で、思弁論理学的根拠づけへの要求は差し控えるというこの手順の論拠は、本書第3章で示しておいた。
(8) ヘーゲルは、このデフォルト - チャレンジ default and challenge という構造が意志の構造の一契機であることを明らかにしており、それゆえ体系レベルで行われる思弁論理学的根拠づけの内部でも、われわれの倫理的実践の構成要素にとっての上のような形式の根拠づけの正当性を認めている。これについては本書第13章を参照。デフォルト - チャレンジというプラグマティズム的根拠づけモデルには確立された独訳が存在しないため、翻訳せずに英語のまま使用する。（訳注1）

第2節　責任の帰属というわれわれの実践に関するヘーゲルの分析

　本章では、まずヘーゲルの一般的論証戦略を素描し、それに続けて、ヘーゲルがその意志論に依拠して区別した三種類の帰責のあり方を確認した上で、ヘーゲルが責任の帰属および免責の受け入れというわれわれの実践に関する分析の基礎としてどのような行為論の構想を抱いていたのかという問いに答える形で、それらの実践に関するヘーゲルの分析を解明したい。

1．ヘーゲルの一般的戦略

　ヘーゲルは、行為の評価と責任の帰属というわれわれの実践を分析するに際して、洞察と知が重要であること、そして、意志を思惟ないし認識と対立させてはならないことを強調している。ヘーゲルはこの点を、われわれの道徳的実践との関連でとくに強調して、次のように述べている

> 善は一般的に実体性と普遍性とにおける意志の本質であり、——真理における意志である。——このために善は端的にいってもっぱら思惟のうちにあり、思惟によってのみある。それゆえに、人間は真なるものを認識することはできず、ただ現象と関わることができるにすぎないという主張や、思惟は善意志を損じるだけであるといった主張、これらの主張やこの類の表象は、精神から知的な価値や尊厳を奪うと同時に、人倫的な価値や尊厳を奪うものである (R§132A)。

　ヘーゲルはこの（メタ倫理学的）認知主義を、法、道徳、人倫という根本形態は経験的主体の行為や態度の中に顕れる主観性の実践的自己関係であるとする自らの意志論へと組み入れる。ヘーゲルは客観的精神の現実性を帰属主義的に解釈しているが、その要点は、「一個の人格であれ。そしてもろもろの他人を人格として尊重せよ」(R§36)という命法が意志の人格性から直接導き出されるということにある[9]。行為者であること、人格であること、道徳的および人倫的主体であることは、間主観的承認によって構成され、「人間の法と名誉に即して」(R§132A)取り扱われるべき規範的地位である。こ

（9）これについては、本書第8章で行った『法の哲学』当該節に関する詳細な分析を参照。

の地位は、行為者が、自分の企図（R§117）や意図（R§120）、そしてまた行為の道徳的性質に対する自分の洞察（R§132）を尺度として自分の行為を評価してほしいという行為者の権利を根拠づける。しかしその一方でこの地位は、相応の批判に際して自分の行為を理由づけたり、自分の行為を釈明したり、あるいはまた、批判を免れることができない場合には、自分に帰せられる（法的ないし道徳的意味の）責任を引き受けるなどの義務を行為者に課す。その刑罰論から知られているように、ヘーゲルは、刑罰の断念は犯罪者に対する重大な侮辱を意味し、これに対して、処罰の根底には原理的に責任能力ある主体としての承認が存在し、この承認によって行為者は「理性的存在者として尊敬」（R§100A）されるという見解を持っている。[10] この点に関してヘーゲルの行為論は『法の哲学』の道徳の部と一致するのだが、その行為論の中でヘーゲルは、例えば非認知主義的立場を取り込んだり、間主観的理由づけや批判可能性を排除する主観的決意主義を標榜して行為者の法〔権利〕が客観性の法を完全に掘り崩してしまうという結果を招かないような仕方で、行為者の法を客観性の法と対置している。その際ヘーゲルは、主観性の様々な法と、これに対応する様々な帰責の種類を区別することによって、責任の帰属というわれわれの実践が多様な要求の細分化された構造を有しており、統一不可能な対立項へと還元することが不可能であることを明らかにしている。

2. 三種類の帰責能力

　ヘーゲルは『法の哲学』道徳の部を三つに分け、そのそれぞれにおいて、主観性の法にそれと対応する客観性の法を対置している。これに沿ってヘーゲルは、三種類の帰責能力を区別している。行為論の観点から言えば、企図から意図への移行が決定的に重要である。この移行によって、単発の意図的行いから完全な意味での実践理性による行為への移行が果たされるからである。これに対して、意図から善への移行は、ヘーゲルが「利福 Wohl」というキーワードで扱っている普遍化された自己関心的行為目的と、ヘーゲルが「善」および「良心」というキーワードで論じている、行為における狭義の道徳的次元との差異を表している。ヘーゲルの行為論が行為の計画論としての諸々

---

(10) これに対して、「懲罰や矯正 Abschreckung und Verbesserung」（R§100A）を唯一の目標とする処罰は、それによって犯罪者が「単に有害な動物とみなされ」（同上）ることになるので、犯罪者の栄誉の重大な侵害を意味する。免責が犯罪者の栄誉を損なうことになってはならないと、ヘーゲルは当該箇所で繰り返し指摘している。R§118RN、§119A、§120RN、§132A、§137RN を参照。

の観点を含んでいるかどうかという問いにとって、後者の移行は重要ではない[11]。このことは、ヘーゲルが第二の法に対応する帰責および免責と、第三の法に対応する帰責および免責とを並行して扱っている点にも表れている。そこで以下では第一段階として、三種類の法とそのそれぞれに対応する帰責の種類を簡潔に紹介する。そして第二段階として、帰責能力に関するヘーゲルの注釈を免責戦略として位置づけたい[12]。

　企図性というカテゴリーでヘーゲルは、行為の意図性〔＝企図と意図両方を含む広義の〕という徴表を取り扱っている。これは、行為の志向（アンスコムの「行為における志向 intention in action」）が一人称的に構成されていることを本質としており、その構造はすでに§110-§112において詳しく分析されていた。ヘーゲルによれば、行為は、意図が一人称的に構成されているということによって、単なる出来事から区別される。そして意図が一人称的に構成されていることを表示しているのが、「私」という表現の還元不可能な使用である。これによってまず、主観性の構造の具現化が起こっていることが確認できる。他方で企図は、この意図的行為が行為者自身によって単発的行為として理解され、そのようなものとして意図されるという特徴を持つ。「企図は個別的なもの、それと結び付けられたものを、他なるもの、企図の中には含まれないものとして主張する」（R§118RN）。

　したがって、これに対応する知の法は、問題となっている出来事がそもそも意図的行為であったか否かという問いにだけ関わっている。ある出来事が批判されたとき、その出来事はそもそも意図的行為ではなかったと指摘することによって、それに対する責任の帰属を拒否するというケースが考えられる。この免責戦略を「範疇的免責」と名づけることにする。この免責は、問題の出来事がそもそも行為という範疇に属していないと主張するという仕方で機能するからである。第一の種類の帰責の本質が、問題の出来事が「そもそも自分のもの」（R§120RN）である、つまり一人称的意図がそれに伴っているという想定にあるというヘーゲルの指摘も、これと符牒を合せている。これと対応して、「知の法」（R§117）の本質は、単に意図的行為一般としてのみ出来事に対する責任が帰せられ得る点にある。すなわち、「行いは意志の責任としてのみ責を負わされうる」（同上）。

---

(11) この点において、ヘーゲルとマイケル・ブラットマンの行為の計画論は一致している。両者はともに、企図から意図への移行に含まれる普遍化と、狭義の道徳的意図が持つ特有の要求とを区別している。
(12) ここでは行為者に関わる免責 Exemption 戦略と個々の出来事や行為に関わる免責 Entschuldigung とを区別する。その理由については後述する。

ところが、企図がこのように一人称的に構成されたものであることを認めるなら、人間は自分の行為の中に「思惟するもの、この普遍的なもの」(R§118RN) として含まれていることになる。その結果として、人間の行為には、単に単発の企図を持っているという以上のことが求められる。すなわち、「人間は行為の中に企図だけでなく、意図も持っていなければならない。人間は思惟するものだからである」(同上)[13]。

このような意図の構造に基づいてはじめて、人間は、次のような一層複雑な行為や計画を展開することが可能になる。すなわち、個々の行為を「さらに進んだ意図にとっての手段」(R§122) とし、(ヘーゲルが「傾向性」と「衝動」と呼ぶ) 行為の直接的刺激 Impuls を組織して、「全体」、「自己矛盾しないもの」(R§123RN) を生じさせるような行為や計画である。

行為者は、「行為の普遍的質 Qualität」を「知って」(R§120) いる法を持つ。この表現でヘーゲルが意味しているのは、「行為の判定――普遍的なものとしてのその規定、等級 Ordnung、階級 Classe」(R§119RN) である。例えば、私の発言が嘘だと批判された場合、私はそれに対して、自分の意図は誰かを慰めること、あるいは誰かをかばうことにあったのだと申し立てることが可能だろう。「意図――それは行為の完全性に属する」(R§120RN)。なぜなら、人間は理性的存在者として自分の行いの一層普遍的な連関を知っており、それを自分の計画の対象にすることができるからである。しかしこれと対応して、人間は、行為者である限りでこの尺度に従い、またこの意味において「行為の客観性の法」(R§120) を、間主観的に評価可能な行為タイプの一事例として承認することも求められる。ヘーゲルによれば、まさにこの点に、「もう一つの帰責能力の形式」の本質がある (R§120RN)。その一方でヘーゲルはすぐさまこれに続けて、「けれどもその普遍的本性は最近類に過ぎない」(同上) と述べて、この評価尺度の射程を限定している[14]。

---

(13) この「なければならない」という表現は、ヘーゲルにおいては、合理性の要求と道徳的要求という互いに求め合う要求を意味すると同時に、思弁論理学的発展という意味も込められている。ヘーゲルによれば、後者の思弁論理学的発展は、企図、意図、道徳的態度の基礎となる判断形式において示される。「直接判断」、「反省判断」、「概念判断」(R§114RN)、あるいは「反省述語」(R§119RN) に関するヘーゲルの論述を参照。ここではヘーゲルの行為概念が持つこの次元を取り扱う余地がない。これについては Quante (1993a) における分析を参照されたい。

(14) ヘーゲルがここで最近類という表現で理解しているのは genus proximum のことである。これについては、「エンチクロペディー」(1830) の §229 の追記においてではあるが、ヘーゲル自身による説明が収録されているので、それを参照されたい。倫理的および法的文脈での行為の評価という問いにとって、この論理的カテゴリーだけでは不十分なことは言うまでもない。

こうしてヘーゲルは、意図の評価尺度と行為の道徳的評価の間に境界線を引き、該当箇所で「第三の」(R§120RN) 種類の帰責として後者に言及し、後にもう一度これを取り上げている。この第三の帰責に対応するのが、「善を洞察する法」(R§132A) であり、さらにこの法には、社会的現実性の道徳的および法的標準への適合という義務が対応している。われわれの行為が持つこの次元も「承認」(同上) の獲得を目指しているからである。他の二つの種類の帰責能力とまったく同様に、この「第三の帰責能力」(同上) も、行為者の知と洞察を指し示しており、それゆえ同時に、合理性の規範および社会的規範にも従ったものであることを要求される。なぜなら、これらの規範は、道徳的自己規定の能力を持つ合理的行為者として承認されたいという行為者の要求の中に含意されており、そのためには行為者はこれらの規範を満たしていなければならないからである。この移行は目下の問題設定にとって重要ではないため、ここでは以上の概略説明に留め、免責戦略に関するヘーゲルの論述へと考察を進めることにしたい。

3. ヘーゲルの免責概念

ヘーゲルは§120の注の中で、はじめて免責戦略に言及している。免責戦略とは、われわれが行為者をその行為に対する責任から部分的ないし全面的に免除する際に使用する戦略である。[15] 上で「範疇的免責」と名づけた免責戦略、すなわち、問題の出来事がそもそも自分の行為ではないという事実を指摘することによる責任帰属の拒否とは異なり、該当箇所で取り上げられているケースにおいては、ヘーゲルは、問題の出来事が行為であるという想定の上に立っている。すなわち、そこでヘーゲルが論じているのは「意図の法」であり、「こうした洞察へと向かうこの法は、子供や精神薄弱者や精神異常者などは自分の行為に対する帰責能力をまったくもたないか、限定的にしかもたないということを含んでいる」(R§120A)。

われわれがある人を責任の帰属先にするという仕方で行為者として承認する場合、われわれはその人を「人間の法と名誉に即して」(R§132A) 取り扱っている。範疇的免責は、単発のケース、つまり一回の具体的出来事だけを対象とする限りは、

---

(15) ヘーゲルが二度目に免責戦略に言及する箇所では、道徳的洞察能力が問題となっている。それによれば、「主観の法は、子供や、知的障害者、精神障害者のもとにおいては、この面からしても責任能力を軽減する、ないしは棚上げにする」(R§132A) ことになる。この二つの言明は同一の構造を示しているので、ここでは本文で引用した言明だけを取り上げることにする。

この栄誉を制限することはない。これに対して、この免責戦略を使って、ある人間個人について、意図的行為の必要条件をなす意欲 Volition という一人称的態度を形成する能力を持たないと述べた場合、われわれは（一定期間だけであるかも知れないが）この個人を承認関係から全般的に除外することになる。

　ヘーゲルは該当箇所において、問題となっている人が行為者であることを前提しているので、「まったく」帰責能力を持たないケースと「限定的な」帰責能力しか持たないケースとを区別する必要がある。前者の場合、ある人間個人を行為者という領域から全般的に締め出してしまうことになるのに対して、後者の場合、成人が通常は備えており、意図的行為の前提となる能力が欠落していることを理由に、限定的な帰責能力を認めていると言えよう。その結果、範疇的免責という全般的ケースと、該当箇所で論じられている免責のうちの第一のケースは、いずれも個々の行為ではなく行為者を対象にしている限りでは、重なり合うことになる。

　帰責能力の全般的縮減、つまりある個人全体に関わる帰責能力の縮減という問題について、ヘーゲルはかなり慎重な姿勢を示している。ヘーゲルは、そのような欠陥が認められるケースを情状酌量に値すると判定するかどうかは経験的な問いであって、哲学的に決することはできないと見なしている。「こうした状態やこうした状態での帰責能力についてはっきりした限界を画定することはできない」(R§132A) のである。

　そこでヘーゲルは、経験的主観性が有するこの「不確定性」を、「ただ精神薄弱者や精神異常者などや、また幼年に関してだけ考慮に」(R§120A) 入れるという方針を打ち出している。その論拠は、これらの場合のように一義的で「決定的な事情」だけが、「思惟や意志の自由の性格を廃棄する」ことができる「からであり、行為する人間を、思惟する者であり意志であるという名誉に従うことなしに、受け入れることを許すからである」(同上)。

　この所見は、ある人間個人を責任帰属の対象者グループから排除することの方が、その行為を処罰したり批判したりすることよりも一層重大な制裁であるとするヘーゲルの全体戦略に対応している。

　以上のことから言えるのは、ヘーゲルの論述を理解しようとすれば、様々な観点に沿ってケース分類をする必要があるということである。つまり、全般的免責 Exemption が行為者全体の評価を意図しているのに対して、局所的免責 Entschuldigung は個々の出来事の評価を意図している。そして行為者の名誉に関

しては、その全般的な制限に至る場合と、段階的な制限に留まる場合とがある。これを表にしてまとめるならば次のようになる。

	局所的免責	全般的免責	この戦略の適用可能性
企図 （意図性）	個々の出来事 （行為ではない）	全体としての 行為者	全般的にのみ可能
意図 善	個々の行為	全体としての 行為者	全般的、もしくは段階的に可能
ステータス	名誉の侵害ではない	名誉の侵害	全般的、もしくは一時的に制限された、もしくは段階的な名誉の侵害

これを見れば、全面的免責戦略に対するヘーゲルの慎重な評価は直ちに納得できる。そしてこれと同様に明白なのは、われわれがその日常的実践においてしばしば局所的免責を求めて釈明を行い、また他者がわれわれに対してそうした釈明を試みたときにはしばしばそれを受け入れるという事実である。ヘーゲルの哲学はその内容が高度のリアリティーを持つことで知られている。そのヘーゲルが責任の帰属というわれわれの実践が示すこうした基本的特徴を見逃していたとすれば、驚き以上のことであろう。実際そのようなことはなかったことを、次の段落で見て行くことにしよう。

4. 局所的免責戦略に対するヘーゲルの批判

　ヘーゲルがその行為論の中で局所的免責戦略に対して行っている批判は、三つの前提の上に成り立っている。第一に、われわれの評価的および規範的実践に関して、行為の原理的批判可能性と理由づけ可能性とを保証する認知主義が前提されている。この要求を放棄する人は、それによって「自らの尊厳と実体性とを」放棄している（R§132RN）。第二に、主観性の法と客観性の法という対をなす法は、適格な行為者ならば「熟知しているという意味での知識」を持っていると想定される「法律の公開性と普遍的習俗とによって」（R§132A）保持される。第三に、第二の前提がすでに指し示しているように、われわれが責任の帰属および個々の行為の批判ないし正当化という日常的実践において常に依拠している、社会的に受け入れられ、共通の知としてわれわれが手にしている普遍的標準が前提されている。[16]

　ヘーゲルは、厳密な条件のもとでのみ全般的免責戦略の正当化が可能であること

---

(16) とくに、ヘーゲルが「知ることができた」（R§132RN）とか「君はこのことを知っているべきだったのに」（R§137RN）といった表現を使って示している反事実的批判は、このような共有された社会的標準を背景にしてのみ理解可能となる。

を再度強調した後で、個々の行為に関する局所的免責戦略のいくつかを論じている。ヘーゲルは「瞬間的な眩惑や、情念による興奮や酩酊」という瞬間的状態、「総じて感性的衝動の強さと呼ばれているもの」(R§132A) を取り上げて、行為者のこうした瞬間的状態を、「責任を帰したり、犯罪自身や、犯罪の処罰可能性を決定する際の根拠にする」という考え方を拒否している（同上）。このような仕方で行われる免責は、ヘーゲルによれば、それが行為者全体ではなく個々の行為にのみ関わるものであるとしても、それによって「犯罪者が罪責から免れる」（同上）ことになるのであれば、やはりその行為者の名誉の剥奪を意味するからである。

　これに関するヘーゲルの理由づけは、人間の理性性に訴えるものである。すなわち「人間の本性は、まさに人間が本質的に普遍的な知識をもっているのであって、抽象的に瞬間的で、ばらばらな知識をもっているのではないというところにある」（同上）。これは行為論の観点から見ても興味深い指摘である。

　人間が責任ある行為者であるのは、「主体としてはこの瞬間といった個別的なものでもなければ、復讐にかられてかっとなったといった孤立的な感情でもない」（同上）。

　人間が責任をもって行為することを可能にする能力は、顕在的に行使されている必要はなく、ヘーゲルが理性的人間「のうちに内在する理知的本性」（同上）と呼ぶ一般的な素質性向だけで十分である。しかし、「その道徳的主観性の法」（同上）をこの能力の顕在的行使にだけ関係づけるとすれば、まさにこの能力を人間に対して否認することになろう。素質性向としての理性性が「個々の事物の知と行いから切り離されるまでに」人間の心が「狂ってしまうのは」（同上）、もっぱら「狂気の場合」（同上）だけなのである。ヘーゲルがこの注釈によって指摘したかったのは、責任帰属というわれわれの実践が、行為と意図および行為者の心理学的構造の複合的な概念を前提しているということである。このことを前提した場合にのみ、この実践は理性的なものとして把握可能である。反対に言えば、こうした条件を掘り崩してしまうような局所的免責を求めた釈明は持ち出せないということである。

　しかしそれでは、局所的免責やいわゆる情状酌量というものは成り立たない、あるいはわれわれの実践においてはそうした余地は認められないということになるのだろうか。もしそうだとすれば、それはとても満足できる帰結ではないだろうし、

---

(17) ここで述べたことは、責任帰属というわれわれの実践自体が、人間がこうした能力を形成するための構成的前提となっているという可能性を排除するわけではないことだけは、ここで指摘しておきたい。これについては Quante (2013) の考察を参照。

ヘーゲルの高いリアリティー感覚からして、非常に奇妙な所見と言えよう。実際それが事実でないことは、次の二つの理由から明らかである。第一に、ヘーゲルは、全般的免責に伴う名誉の喪失が批判や非難、さらには処罰よりもはるかに重大な侵害に当たると指摘してはいるが、そうした免責の可能性自体は認めている。第二に、言うまでもなくヘーゲルは、個々の行為に対する局所的免責やそうした免責の受け入れも、われわれの日常的実践の本質的な構成要素であることを見落としてはいな

	主観性の法	客観性の法	帰責の種類	免責戦略
企図と罪	「知の法」(R§117) 「行為そのものに関する」(R§132A)「洞察の法」(R§117)	「結果の偶然性」(R§120A) 「個別性に従った行為は本性一般を持つ。一外的、直接的普遍性—そこに存する可能性—まさに、偶然が結び付く可能性」(R§120RN)	「全面的に責任がある」対「部分的に責任を負う」(R§115A) 「第一の一行為α 具体的一般に私のもの」(R§120RN)	範疇的免責 行為の免責の余地なし。さもなくばカテゴリー・ミステークを犯すことになるため。 (そもそも行為は行われていない。)
意図と利福	「意図の法とは、行為の普遍的な質がただ単に即自的に存在するだけでなく、行為する人間によって知られているということである。」(R§120)	「行為の客観性の法と呼ばれうるものは、思惟する者としての主体によって知られ、意欲されたものであると自己主張することである。」(R§120)	「もう一つの帰責能力の形式β けれどもその普遍的本性は最近類に過ぎない。」(R§120RN) 「行為の判定—普遍的なものとしてのその規定、等級、階級」(R§119RN)	全般的免責か局所的免責か (行為者であるという名誉の否認に至るまでの)段階性あり 「こうした洞察へと向かうこの法は、子供や精神薄弱者や精神異常者などは自分の行為に対する帰責能力をまったくもたないか、限定的にしかもたないということを含んでいる。」(R§120A)
善と良心	「主観的意志の法とは、この意志によって妥当するものとして承認されなければならないものは、この意志によって善いものとして洞察されるということであり、そして行為は、〔中略〕行為がこの意志のうちでもつことになる行為の価値について意志がもつ知識に従って、合法なもの、あるいは不法なものとして、善きもの、あるいは悪しきものとして、適法的なもの、あるいは違法なものとして、この意志の所為に帰せられるということである。」(R§132) 「善への洞察の法」(R§132A)	「行為そのものからすれば、客観性の法はつぎのような形態を採る。すなわち、行為が現実の世界のうちに存在しなければならないような変化であり、こうして現実の世界のうちで承認されようとするものである以上、行為は総じてこの現実の世界のうちで通用するものに適うものでなければならない。」(R§132A)	「善と悪の選択—この観点の下での帰責能力」(R§139RN) 「第三の帰責能力—すべては知に依存する—私にとっての現実性のように—知、意識の内にある—理論的に—(さもなくば単なる動物)—私が感じるようにではなく—私が知っているように」(R§132RN)	「善と悪、適法と違法という規定において行為を知っているという主観の法は、子供や、知的障害者、精神障害者のもとにおいては、この面からしても責任能力を軽減する、ないしは棚上げにするという事態にいたることになる。」(R§132A)

い。そこで、この問題を明示的に扱っている§132の末尾でヘーゲルは、われわれがどのような局所的免責を受け入れ、また、個々のケースにおいてそこからどのような帰結が行為の評価に関して引き出されるのかという問いを、『法の哲学』の中ではそれ以上立ち入って論じない理由を、読者に対して説明している。すなわち、「上述の諸事情が刑罰を軽減する根拠として考察されるようになる圏域は、法の圏域以外の圏域、すなわち恩赦の圏域である」(R§132A)からである。

　以上の解釈をまとめると、責任の帰属および免責の申し立てと受け入れというわれわれの実践に関するヘーゲルの分析について、次のことが明らかになった。すなわち、ヘーゲルはこれらの実践を、その意志論の枠内で、思弁論理学的根本規定を使って、法の理論として説明している。その際ヘーゲルは、行為者の視点に「主観性の法」という表題を付けて、「客観性の法」に対置している。ヘーゲルが客観性の法と呼ぶものには、行為という出来事の因果的結果の客観性と、社会的空間における行為（および行為者）の間主観的解釈および評価の両方が含まれる。普遍的な行為論に基づいてわれわれの実践に関して行われるこうした説明を使って、ヘーゲルは三つの種類の帰責能力を区別している。そしてこれら三つの種類の帰責能力には、それぞれ異なる免責戦略が対応している。帰属というわれわれの実践を哲学的に概念化して把握しようというヘーゲルの提案を表の形で示せば、前頁の表のようになる。

第3節　体系の観点から惹起される諸問題

　ヘーゲルの構想に関するこれまでの論考で明らかになったことは、責任の帰属および免責の申し立てとその受け入れというわれわれの実践についてのヘーゲルの哲学的解明は、体系の観点からすればいくつかの問題を未解答なまま残しており、またその結果として、さらなる諸問題を惹起している。ヘーゲルは後者の問題を（『法の哲学』やその哲学体系中の別の箇所で、あるいは『精神現象学』において部分的に）取り扱ってはいるが、本章でこれらの問題をこれ以上追究することは差し控え、単に列挙するだけにとどめたい。

　ヘーゲルの意志論についてここで取り上げた部分がヘーゲルの体系全体とどのように関連しているのかという文献解釈上の問題と並んで、ヘーゲルによる解明は、ヘーゲル研究の枠を越えても重要性を持つ三つの体系的な問題と関わっている。

1. 因果性と責任

　ヘーゲルは (R§116において)、自分の行為によって損害を引き起こしたわけではないのに、所有関係に基づいて、第三者への侵害の責任を帰せられるケースが存在することを指摘している。ヘーゲルはこのことを指摘した最初の法哲学者の一人である。しかしながら、これらのケースでは因果的要素をまったく含まない種類の責任が問題になっているというテーゼにヘーゲルが与しているのかと言えば、それには疑問の余地がある。続く節の冒頭の「みずから行為する意志」(R§117) という表現は、いずれにしてもヘーゲルにとっては、因果性を伴った責任か否かという対立よりも、行為か出来事かという対立の方が重要であることを明らかに示している。ヘーゲルは、二つ目の範例的ケースとして、「機械的物体としての、あるいは生ける身体としての」(R§116) 私によって第三者に損害を生じさせるという事例を挙げているが、これもその証左となる。例えば、屋根の掃除をしている時に、意図することなくひさしから転がり落ちて、たまたま通りがかった人にぶつかって負傷させたとする。ヘーゲルによれば、このケースで問題となっているのは、自分の行為によって引き起こされたのではないが、それにもかかわらず、責任の帰属に根拠を与えている、「多かれ少なかれ私の負うべきもの」(同上) である (R§116はこのように解釈することができよう)。このケースでは、因果的関係が成立している (ヘーゲルの表現を使えば「責任がある Schuld sein」) ことに異論はない。しかし、それが自分の行為によって引き起こされた (ヘーゲルの表現を使えば「責任を持つ Schuld haben」) のか否かについては疑問の余地がある。なかでも検討を要するのは、ヘーゲルが単なる行いと異なって行為が持っている特殊性および責任帰属というわれわれの実践を一層詳細に規定するに当たって、因果的結果をその部分集合へと限定するという手法を採っていることである。道徳的観点はまさに、こうした「結果の分裂」(R§118A) の上に成り立つ。この分裂は、自らの行為のあらゆる因果的結果を背負い込む「英雄的な自己意識」であれば、その行為の評価に当たって必要としないものである。ヘーゲルの表現によれば、このような自己意識には「行いと行為との区別の反省」(同上) が欠けている。これに対して、すべての結果の中の部分集合、すなわちそれに対して責任を持つがゆえに道徳的意識が自らに帰する結果の集合は、企図と意図、したがって行為者の目的設定によって構成される。[18] ヘーゲルの行為論全体

---

(18) ヘーゲルは、この関係についての (R§118における「行為の目的を魂とする形態としての諸結果」という) 特徴づけによって、一般的問題としては、因果性と目的論との関係を、特殊的問題としては、有機体の次元における因果関係の役割と心身関係という問題を指し示している。

が意志論として目的主義的 finalistisch に構想されていることに異論の余地はない。ただし、ヘーゲルの体系的立場の出発点は、目的論的関係は因果的関係ではないとする見解ではなく、目的論的関係の中に因果的関係を止揚することにある。[19]ヘーゲルが、「責任がある」という関係の基礎となる因果関係を前提し、それを基に、われわれの責任帰属にとって重要な「責任を持つ」という関係を導入するという手順で論じることができるのも、この理由による。「企図と責任」と題された章における論考が示しているように、ヘーゲルは、責任帰属というわれわれの実践が、因果性および因果的説明実践という観念に依拠しており、この観念を意図的行為と責任に関する哲学的解明に引き入れる必要があることをはっきりと読み取っていた。とはいえ、体系という思弁論理学的次元においても、われわれの実践の解明においても、ヘーゲルがこの問題に関する体系的に満足の行く説明を展開しているか否かは、まだ確定しているわけではない。

2. ヘーゲルの認知主義的帰責主義

　ヘーゲルはその法哲学において、われわれの評価的および規範的実践に関しては認知主義的分析が適切であるという見解をはっきりと表明している。実践理性は洞察と知に基づいているのであって、感情や臆見という非認知主義的に再構成可能な基礎の上に成り立っているのではない。この認知主義は、ヘーゲルが考察に引き入れた客観性の法の構成部分をなしており、評価的および規範的領域の基礎を、間主観的に根拠づけ可能な確信、さらには事実の中に求めるメタ倫理学的分析によく適合する。責任帰属というわれわれの実践を解明の出発点に据えるというヘーゲルの手順も、この立場と調和可能である。責任帰属という実践の深層構造がそのような確信や事実によって構成されるということが証明される可能性は十分あるからである。ヘーゲルにとっては「決して二つの能力ではない」(R§4RN) 理論的能力と実践的能力とを対立するものと見なす立場に対するヘーゲルの批判も、このような認知主義的構想を支持する。しかしながら、詳細に見てみれば、ヘーゲルの構想が理論理性をパラダイムにしたものではなかったことが明らかになる。評価的および規範的領域の現実性をなしているのは、有効に機能する承認過程と帰属とを含むわれわれの実践である。もちろん承認の中にも認識（したがって洞察と知）が覆蔵されて

---

(19) 筆者は別の箇所で、ヘーゲルの目的主義的構想全体から、行為の説明は因果的要素をまったく含まないという結論を引き出してはならない理由を示しておいた。Quante (1993a, 第III部) および本書第四章を参照。

おり、したがって、根拠を挙げて批判したり正当化したりする可能性は確保されている。しかし、客観的精神の基本形態をなすのは意志関係であり、それゆえに意欲 volitionär という性質を持つ。肝要なのは確信や事実ではなく、われわれの行為と評価的および規範的な帰責の実践の中に顕れて来る自己関係と事行 Tathandlung である。この事態を表現しているのが、例えば、「主観が何であるかは、主観が行う一連の行為がこれを示す」(R§124) という箇所である。このことは、ヘーゲルが意志の人格性の根本構造を、「一個の人格であれ。そしてもろもろの他人を人格として尊重せよ」(R§36) という命法形式による法命令として定式化していることに典型的に示されている。意志の普遍性という契機からのこうした導出は、ヘーゲルが一人称的自己関係を確信としてではなく帰属として、理論的態度としてではなく実践的態度として理解している場合にだけ効力を持つ。そこで問題は、われわれの評価的および規範的実践の帰責主義的基礎を認知主義と接合し得るような仕方で、ヘーゲル法哲学の体系的再構築を行うことができるか否かということになる。このような方向での再構成は、もしそれがヘーゲルにおける準則を満たしたものであろうとするなら、思惟と意欲の二元論を克服しているだけでなく、われわれの評価的および規範的態度の正当化可能性を主観主義的決意主義によって破壊してしまうという結果を招かないように行われる必要がある。換言すれば、それは、能力心理学(そしてこの心理学が含む理論的および実践的能力ないし態度の二元論)に対するヘーゲルの批判を、ヘーゲルの自己意識の社会的構成説と接合するものでなければならない。[21]

3. 判定の標準という問題

　ヘーゲルは『法の哲学』第二部道徳において、相反する二つのテーゼを弁護している。一方でヘーゲルは理性の自律の擁護者として、道徳的観点の発達を歴史的展開の不可逆的進歩として、そしてまた自由の概念とその実現のさらなる進展と見なしている。このことは、責任の帰属という理性的実践が、(行為自体に関する洞察の法、意図の法、善への洞察の法という) 三種類の形式において主観性の法を尊重しなければならないという点に映し出されている。他方で、この主観性の法から、評価的および規範的判定の標準に関する主観主義や、個々の主体の確信や意欲と結び付けてこの標準を相対化するといったことは帰結しない。この点に関しても、ヘーゲルは明快である。

---

(20) こうした方向を目指した体系的考察として Quante (2007b および 2009a) を参照。
(21) 後者については次章を参照。

しかし、ある行為が善いとか、許されるとか、許されないということについての私の信念、さらにこれにともなって、こうした点での行為の帰責能力についての私の信念を満足させるために私が要求することは何であれ、・客・観・性・の・法・を侵害するものではない」(R§132A)。

個々のケースにおいてこの対立に由来する緊張をどのように解消するべきかという問いに対する具体的な答えを『法の哲学』の中に探し求めても、それは徒労に終わるだろう。この意味では、ヘーゲルの法哲学は倫理学ではない。[22] ヘーゲルにとってはむしろ、この緊張の中からは全般的な懐疑主義が導き出されることはないし、切りのない根拠づけ問題に煩わされることもないということが証明できればそれで十分である。この目的のためにヘーゲルは第一に、自己意識の社会的構成（したがってまた、人格の自律および人格の責任の社会的構成）という前提を要求する。この前提の下では、自律的個人と社会的世界との間に、道徳的懐疑主義の存在論的根拠となるような、原理的に架橋不可能な絶対的な裂け目を想定することはできない（これについては第1章と第14章を参照）。第二にヘーゲルは、主観性の法と客観性の法は、（理性の普遍性に基づいて）通常は互いに葛藤し合わないことを指摘して、懐疑主義的結論を斥ける。主観性の法を維持するためには、原則として、葛藤する場面で自律的個人が、あらかじめ与えられた規範や価値を批判的に吟味する能力を持っているだけで十分であって、その自律を維持するために、あらゆるケースにおいてそのような批判的吟味を行う必要はない。その一方で、客観性の法が（安定した社会的制度の中で）持続的に実現可能なのは、個人にとってあらかじめ与えられた社会的世界が理性的であり、個人がこの社会と自己同一化できる場合に限られる。そして、現代の諸条件の下でこのことが可能なのは、われわれが個人の自律を実現することができるような社会的制度が形成されている場合だけである。ヘーゲルの意志論はこのように読むことができる。[23]

---

(22) こうした問いに答えることができ、したがってヘーゲルが「恩赦」というキーワードを使って一括りにした判定の実践の解明も含むような倫理学はどのような構造を持たなければならないかという問いは、体系的に見て広範な射程を持つ。筆者の理解が正しいとするならば、免責に関するヘーゲルの論考に沿う限り、いずれにせよ、法〔諸権利〕の理論の問題とは考えられない。
(23) ヘーゲルが要求している反懐疑主義的根拠づけモデルについては、第13章で分析する予定である。ヘーゲルの意志論を、自由主義と共同体主義との対立を解消するような社会制度論として解釈する可能性については第12章で論じる。

周知のようにヘーゲルは、哲学の本質は、現に起こっていることが持つ理性性を概念的に把握し、証明することにあるという見解を抱いていた。そのためヘーゲルは、哲学の予言的能力や指令的機能に対しては不信感を持っていた。ヘーゲルが主観性の法と客観性の法との間の葛藤をどのようにして倫理的に適切な仕方で解決できるかという問いを、われわれの実践に委ねたのは、こうした基本姿勢からの帰結の一つである。しかしながら、主観性の法は客観性の法を「侵害しない」というヘーゲルの言明は、この葛藤が生じる可能性、そして実際にそれが生じるという事実から、客観性の法が存在しないということが帰結するのではなく、われわれの評価的および規範的実践が非合理的で純粋に主観的な基礎の上に成り立っているということが帰結する、と理解した場合にのみ維持し得る。他方でこの言明は、個々のケースにおいて主観性の法にはまったく余地が与えられないという結論を擁護するわけでは決してない。その活動の余地がどれほどの大きさであり、充分な理由によって内容的にそれをどう境界づけるべきかという問いに対して、ヘーゲルはまったく答えていないか、答えているとしても、それは今日のわれわれを納得させることができるような答えではない。このことは、ほぼ二百年の時を隔てた時代を生きているわれわれにとって、驚くべきことではない。むしろわれわれは、哲学の指令的能力に関して全般に控えめなヘーゲルの態度から、われわれの倫理的問題の多くが哲学的倫理学という手段によってではなく、社会的および政治的討議においてのみ解決可能であることを学ぶべきなのかもしれない。今日のわれわれは、現実的なものが持つ原理的理性性に対するヘーゲルの信仰をもはや共有することはできないとしても、われわれの実践の中にある理性性を哲学的手段を使って証明しようというヘーゲルの提案に代わるものは、恐らく存在しない。いずれにせよ、これによって、われわれの実践が個々のケースで、そして個々の領域で、理性の哲学的標準を満たさないことがある、ということが証明される可能性は残る。少なくともこの意味においては、ヘーゲルの行為論も批判的行為論である。

第Ⅳ部　ヘーゲル精神哲学のアクチュアリティ

第11章
承認の文法

　『精神現象学』はヘーゲルの代表作であるばかりでなく、哲学史全体の中で最も影響力のある著作の一つでもあることに異論の余地はない。同書は疑いなく、今日に至るまで人を思索へと誘うその力をまったく失っていない。ヘーゲルが「自己意識の自立性と非自立性、主であることと奴であること」という表題を与えた章は解釈者の特別な注意を引き付けてきたと言ってもなんら誇張ではない。社会的抗争の文法としてであれ、自己意識の基本構造としてであれ、あるいは実践哲学の固有の原理としてであれ、ヘーゲルがこの章で展開した承認という構想は、今日に至るまで、ヘーゲルの著作の中に考察のための体系的基礎を求める哲学者たちの特別な関心を集めてきた。著作に忠実なものから、ヘーゲルの考察に連想的つながりしか持たないものに至るまで解釈は非常に多岐にわたるが、それと同様に、『精神現象学』におけるヘーゲルの論証のこの部分に付与される内容上の比重も非常にさまざまである。

　主と奴の弁証法の解釈の偉大な伝統に新たな筋書きを追加しようと試みるのは無謀であろう。また、ヘーゲルのテキストへのさまざまなアプローチの仕方を哲学的に評価し、唯一決定版と言える適切な評価がどの方向に向かうべきなのかを決定することを要求するのも、同様に無謀であろう。したがって本章の目標はこれらよりもはるかに控え目である。基本的に私は、自己意識と精神と承認の連関に関するヘーゲルの中心命題のいくつかが持つ意味および射程を明確にすることを試みたい。その際、私のとる手順は二つの事項の省略と、一つの内容上の基本想定を特徴とする。

　第一の省略点は、ヘーゲルの承認論をその全範囲にわたって主題化することは試みないということにある。ヘーゲルは『精神現象学』に先立つ、生存中には公刊されなかったイエナ体系草稿において、『精神現象学』の該当箇所よりも包括的でなおかつ多くの点でより魅力的な承認論を描き出している。さらにそれに加えて、ヘーゲ

（1）この点については Moyar/Quante (2008) の論考を参照。
（2）この点については Siep (2000) を参照。
（3）この点については Siep (1979)、Wildt (1982) および Honneth (1989) を参照。

ルは客観的精神の理論によって、初期の実践哲学に対する代替案を提示してもいる。『法の哲学』においてもさまざまなタイプの承認関係が見いだされるが、そこでは承認の概念そのものが全体を有機的に組織する原理とされているわけではない。そこにおいて有機的組織化の原理の役割を引き受けるのは意志の概念である。同様のことを『精神現象学』においても確認することができる。すなわち、本書で対象とする諸節に続く箇所にも、承認関係として理解することの可能な諸関係が数多く見られるが、だからといってヘーゲルはこれらの諸関係を、以下において明らかにしようとする一連の諸規定に体系的に緊密に関連づける努力を行ってはいないのである。

　第二の省略点は、私の論じる箇所が『精神現象学』内部で占める体系的全体連関を大きく取り上げることはせず、ヘーゲルがこの著作全体において追求している証明目的を無視するということにある。[4] このことはもちろん方法論的に見て大いに問題を抱えている。だがこのような捨象を行うことが可能であると私が考えるのは、私が以下において関心を向けるテーゼはいずれも『精神現象学』における同一の「説明次元」に立つものだからである。周知のように同書においては、自然的意識が絶対知にまで至る道筋をたどる自己経験をヘーゲルが描出している箇所と、この絶対知の立場そのものをすでに手にしている哲学的意識が読者に対し、『精神現象学』において遂行される概念展開の構造について、いわばメタレベルのト書きを与えている箇所とを厳密に区別しなければならない。本章で私が行う考察の対象となる言明はすべてこの第二のタイプに属しており、したがって自然的意識の諸視点の複雑な連関は無視することができるのである。さらに、私が関心を持つヘーゲルのテーゼはすべて同一の発展段階に属するものであるため、ヘーゲルが弁証法的に展開する概念的発展連関の複雑な諸問題に取り組む必要もなくなる。ヘーゲルの考察における全体連関および文脈を〔訳者補足：ヘーゲル哲学全体における承認論の扱いに関しても、また『精神現象学』内部での承認論の扱いに関しても〕二重の意味で大きく取り上げないことには、少なくとも、方法論的にすっきりしたやり方で個々の問題に集中することができるというメリットがある。ヘーゲルの論証を詳細に理解しようと腐心したことのある人であれば誰でも分かるように、このことは見逃しがたい利点である。

　そうした詳細な研究がどの程度成功を収めるかは、最終的には、ヘーゲルの著作からどこを選んで切り取るか、また、この選んだ箇所にどのような体系的視点からアプ

（4）この点についてはSiep (2000) およびPinkard (1994) を参照。

ローチするかにかかっている。そこで、以下の考察を導く内容上の基本想定は以下のようになる。すなわち、「自己意識の自立性と非自立性、主であることと奴であること」の章の冒頭においてヘーゲルが展開している「承認の純粋概念」(GW 9, 110/MM 3, 147；全集4, 186) は、個人の自己意識が社会的に構成されているという、社会存在論の中心的洞察を含んでいるということである。したがって以下においては、承認という原理の倫理的局面も、また社会的抗争の文法としての承認の弁証法も扱わない。むしろ私は、ヘーゲルが自己意識と精神との関係を「承認の運動」(GW 9, 109/MM 3, 146；全集4, 183) としてわれわれに提示する際、彼がこの関係をどのように把握していたかを理解したいと考える。ヘーゲルの承認構想に取り組む際にはつねに、存在論的諸関係を明確にすることが前提となる以上、ヘーゲル哲学のこの側面は研究文献において十分詳細に解明されてきたと考えるのが当然であるように思われる。ところがこの印象は誤っている。この〔存在論的〕関係の地位をめぐっては、ヘーゲルにならって言えば、「二重の」根本的不明確さが付き纏っているのである。たとえばマンフレート・フランクは、ヘーゲルの構想が主観性を間主観性に解消していると非難し、その一方でユルゲン・ハーバーマスはこれとは正反対に、『精神現象学』以降のヘーゲルの思索において、初期のイエナ時代における相互行為的および間主観的アプローチが精神のモノローグ的構想に還元されてしまっていると断言している。[5]この第一の不一致に加えて、とりわけカール・ポパーおよびエルンスト・トゥーゲントハットに代表される、第二の齟齬が見いだされる。これはつまり、倫理学的問題設定と存在論的問題設定とを混同するという問題である。[6]すなわち、個人の自己意識が依存性を持つというヘーゲルの存在論的テーゼが、社会的なものが個人の自律に対して規範的に優位に立つとする倫理学的テーゼとして解釈され、したがってそれは〔ポパーのように〕開かれた社会に敵対する全体主義だと解されたり、あるいはトゥーゲントハットが表現するように「転倒の最たるもの」[7]と解されたりするのである。

　以下の考察によって私は、フランクとハーバーマスの解釈の不一致をもたらしている内容上の不明瞭な点を、ヘーゲルのテーゼを詳細に分析することを通じて解消することを試みる。その際私は、この問題の存在論的局面に焦点を当てる一方で、

---

(5) この点については Frank (1991, 31, 415) ならびに Habermas (1968) を参照。
(6) この点についての詳細は本書第12章および第14章を参照。
(7) Tugendhat (1979, 349) 参照。ヘーゲルのテキストの基本的理解に依拠し得る形でこの非難を批判し却下する議論として、Siep (1981および1992a, 217-239；邦訳332-371頁) を参照。

ヘーゲルの主張する「我」と「我々」との関係の倫理的評価の問題を大きく扱わないことによって、この関係に関する彼の構想をより明確に理解することを目指す。そこでまず第一に、自己意識の三つの契機の完全な実現においてすでに「我々には現にある」(GW 9, 109/MM 3, 145；全集4, 182) とヘーゲルが見なしている「精神の概念」(同上) を論じる。第二に、「自己意識の概念」(GW 9, 108/MM 3, 144；全集4, 181) を分析し、そのことを通じて第三に、「自己意識が統一を保ちつつ二重になること」(GW 9, 110/MM 3, 147；全集4, 186) と「承認の純粋概念」(同上) とのヘーゲルによる同一視を、社会存在論的テーゼとして解釈し得るようにする。

第1節　精神の概念

『精神現象学』第六章は精神を論じているが、その冒頭部で精神の概念の簡明的確な定義を探してみると、ヘーゲルが自身の哲学におけるこの中心概念を明確に定義する努力をそれほど行っていないことがまず確認される。とはいえ、第一段落の要約となる命題はこの概念の簡潔な規定らしきものとなっている。「これに対して即自かつ対自的にある実在が同時に意識として現実的であり、自分を自分自身の前に置いて表象するようになるときには、この実在は精神である」(GW 9, 238/MM 3, 325；全集5, 732)。

ヘーゲルがここで精神の概念をこれ以上明確な形で導入する必要がなく、むしろ以下に述べるように、この言明によって事柄の上からは自己意識の構造を介して説明している理由の一つは、この概念がすでに自己意識の章の文脈において導入されているという点に見いだすことができる。自己意識の構造を使って説明するというこの手続きは、『精神現象学』の全体構成の枠組みにおいて正当化することが可能である。というのも、精神の概念は哲学的意識によるト書きのレベルにおいて導入されるからである。だがその場合にも、ヘーゲルが精神の概念を自己意識の概念と承認の純粋概念との絡み合いにおいて導入するに至ったことの体系的根拠は何であったかという問いは残る。

われわれにとって重要なテキストの箇所においては、精神の概念の先取りは二度にわたり行われている。そのいずれにおいてもヘーゲルは、承認の関係の中に顕現する自己意識の間主観的構造を特徴づけるために、精神の構想に触れている。すなわち彼は、まるでついでのように一度だけ、精神の概念についてこう言及している。

「二重になりながら形づくられるかかる精神的統一の概念を分析すると、我々には承認の運動が現われてくる」(GW 9, 109/MM 3, 145 f.；全集4, 183：強調はクヴァンテによる)。この言明の内容上の厳密な解釈は、本章第3節において「承認の純粋概念」(GW 9, 108/MM 3, 147；全集4, 186) を考察する際に行う。

　ヘーゲルの精神構想への第二の言及は、自己意識の概念を説明することに関連してなされ、より詳細なものとなっている。(本章第2節において詳細に分析するように) 自己意識の構造は二つの自己意識間の相互行為においてのみ顕現すると論じたのち、ヘーゲルは次のように述べている。「これによってわれわれに対してはすでに精神の概念が現にあるようになっている。今後に意識に対して生じるものとは、いったい精神とはなんであるかという経験である」(GW 9, 109/MM 3, 145；全集4, 182：強調はクヴァンテによる)。

　ここでヘーゲルは、哲学的意識に対して立ち現われてくるような概念連関の次元を、(自然的) 意識の経験そのものからはきわめて厳密に区別している。このことにはとくに注意を促しておきたい。「自己意識の自立性と非自立性、主であることと奴であること」の冒頭数段落 (GW 9, 109f./MM 3, 145-147；全集4, 183-186) もまた、哲学的意識の次元において展開されている。このことが明白となるのは、「自己意識が統一を保ちつつ二重になること」としての「承認」の「純粋概念」が、それまでの叙述対象であったのだが、この承認の純粋概念について、「承認の過程が自己意識に対してどのように現われてくるか」が「今や考察されるべき」(GW 9, 110/MM 3, 147；全集4, 186：強調はクヴァンテによる) だと告げて、ヘーゲルが別の次元へ移っていく箇所である。

　冒頭で述べた通り、自己意識、承認および精神の連関が、自然的意識の経験対象としてヘーゲルによってどのように叙述されるかは本章の考察対象ではない。以下においてはもっぱら、ヘーゲルが哲学的意識の立場から表現した諸連関を取り扱う。そしてこの諸連関を私は社会存在論的構想として解釈したいと考える。

　ヘーゲルが「精神の概念」を明確に導入した引用文に立ち戻ろう。そこでは精神は以下のように定義されている。

　　精神というこの絶対的な実体がもっている対立、即ち相異なり各自別々に存在する両方の自己意識が各自に全く自由であり自立的であるのに両者の統一、即ち我々である我と我である我々とを形づくるさいの絶対的実体 (GW 9, 108/MM 3, 145；全集4, 182)。

ヘーゲルはここで以下のような一つの存在論的テーゼを表現している。すなわち、『精神現象学』後段の「精神」章の論述とまったく同様に、精神は絶対的実体として特徴づけられる。この実体は、互いに区別される二つの自己意識の統一として規定される。この統一をヘーゲルはこの箇所で「我々である我と我である我々」というしばしば引用される表現で言い換えているわけだが、私の見るところ、この表現はよく知られている割には、それが実際に何を含意するのかはまったく明白ではない。
　諸契機としての個々の自己意識が、絶対的実体としての精神に対し、存在論的に独立しているのではないということは明白である。だが同時にこれら自己意識は、精神に対して自由かつ自立したものとして特徴づけられている（訳注1）。さらにヘーゲルは、自由で自立した状態にある個体的自己意識はまさに精神の対立物として理解されるべきであると主張している。そして最後に、精神は独立した諸々の自己意識の統一であると述べられている。だが私の見るところ、この存在論的位置づけは「部分－全体」モデルで哲学的に十分説明し尽くせるわけではないし、またもっぱら「実体－属性」または「実体－契機」モデルに従うだけでは哲学的に理解可能なものとはならない。「我々である我と我である我々」というヘーゲルの表現は、この存在論的連関をその固有の構造において明確化することを試みたものである。だがそもそも、この表現の意味するものとは何であろうか。

第2節　自己意識の概念

　不明瞭な点に光を当てるためには、われわれは自己意識の概念について了解事項を形成しておかなければならない。その際、「自己自身だという確信の真理」の章の最初の数段落において複雑な仕方でヘーゲルが導入した、論述の二つの側面については大きく取り上げないこととする。すなわち、自己意識の概念が「生命」（GW 9, 104/MM 3, 139；全集4, 174）として顕現しなければならないということのヘーゲルの根拠づけも、自己意識と「欲望」（GW 9, 107/MM 3, 143 全集4, 173-174）との関係も、いずれも以下において解説することはできない。[8]
　したがってここでは、経験的自己意識が生命有機体として実在するという事実を哲学的に明確化しようとするヘーゲルの努力をさらに主題として取り上げることは

（8）この点については Brandom (2004) を参照。

控えて、これを事実として受け入れることとする。それゆえわれわれは、ヘーゲルにおける承認の弁証法および精神の概念を分析するためにさらに重要となるであろう「類 Gattung」の概念を、それが有するかもしれない自然哲学的含意から切り離し、同概念をもっぱら「普遍と具現化」という図式に従って解釈する。

　以下の考察においては、欲望としての自己意識の構造に関しては、自己意識は第一義的には実践的現象として、すなわち意欲の volitional 態度として分析可能であるというヘーゲルのテーゼを前提として受け入れた上で論を進めることにする。彼はここでフィヒテの考察に依拠している。すなわちフィヒテは、1796年の『知識学の原理による自然法の基礎』においても、その二年後に出版した『知識学の原理による人倫の体系』においても、自己意識は意欲態度を基礎としてのみ可能となるということを示している。1805年から1806年にかけてヘーゲルが執筆したものの生存中には出版されることのなかった「イエナ精神哲学」に見いだされる意志の分析は、この点においては後年の『法の哲学』における意志の理論と合致する。自己意識が意志として実践的方向づけを持つということに基づいて、意識の構造が自己意識を統合する構成要素であり続けることを示すことが可能となる。言い換えるなら、自己自身を意欲の主体として把握し、この主体が自己の意図を行為によって実現すると理解することは、意欲からは独立した実在性を想定することを示唆している。この想定は単に行為の自己理解のための先行条件であるにとどまらず、主観性の働きから独立した客体の領域を想定することによって特徴づけられる意識の基本構造をも保っている。同時にまた、ヘーゲルがフィヒテとともに考えているように、そのような対象性の意識を手がかりとしてのみ、自己意識の基本構造を解明することが可能となる。

---

(9) ヘーゲルの論証を吟味しようとするならばどうしても、この〔自己意識と有機体との〕連関が概念上必然的であるのかそれとも偶然的であるにすぎないのかということを議論しなければならないだろう。この問いの答えが決まらない限り、「人工生命」や自己意識を有する機械は可能かという問いも未解決のままにとどまるだろう。
(10) 後期の体系においてヘーゲルは、同じ種に属する個々の有機体間の自然哲学的関係を、承認過程の前段階として解釈している。この点については ENZ§367 および §369 を参照。
(11)『精神現象学』においては全体として、自己意識が認識論モデルとして導入されている。だがこのことは今本文で述べたこと〔訳者補足：自己意識は第一義的には実践的現象として、すなわち意欲の態度として分析可能であるという言明〕と両立可能である。なぜならヘーゲルによれば、意欲の構造は認識の局面と関係しているからである。この点を明確にするにあたり、きっかけを与えてくださったロルフ＝ペーター・ホルストマン教授に謝意を表する。
(12) この点については Hegel (GW8/MM 7) を参照。
(13) この論証をヘーゲルは後年の法哲学において詳細に展開している。この点については Quante (1993a, 第1章) を参照。

第11章　承認の文法　　207

　実践的なものの優位とか、ドイツ観念論のプラグマティズム的根源と称することの可能な、ドイツ観念論全体にとって特徴的なこの想定を、ここではその背後に遡って根拠づけることなく受け入れることにする。⁽¹⁴⁾ヘーゲルは自己意識を主体－客体モデルに従って解釈しており、それゆえ自立した客体が存在するという想定を自身の自己意識モデルの構成的要素としてこのモデルへと組み込むことが必要となる。このことに彼が成功するのは、自己意識が意欲という構造を有するという想定によってである。そこで以下の論述でも主体－客体モデルを用い、次節においてはじめて一人称の命題的態度の分析に進むこととする。

　ドイツ語の運用能力があり、「私 ich」という語を正しく用いることのできる人は、そのことによって第一に、直接的に、すなわち確定記述を経ることなく、自己自身に直接言及している。⁽¹⁵⁾第二に、話者は、「私」という語によって自己自身へと関係していることを知っている。一人称単数におけるこの自己関係づけの二重の側面は、ヘーゲルによる自我の特徴づけの中にも見いだされる。すなわち彼は「自我 Ich は関係の内容であると共にまた関係すること自身でもある。」（GW 9, 103/MM 3, 137f.；全集4, 172）と述べているのである。

　少し後の箇所でヘーゲルは、直接的自己関係づけの行為において人は「純粋自我としての己れを対象としている」（GW 9, 107/MM 3, 143；全集4, 179）という点を明確にして、内容としての「私」の役割をより一層特定している。それと同時にヘーゲルは、「私」という語によって自己が自己に関係を持つという行為を意味しているということを強調している。さらに彼は、「私」という語の使用を以下のようにも説明している。「自我は他者に対立して自分自身であると同時に、この他者を超えて包みもしており、したがって他者は自我にとってもまたまさに自分自身であるにすぎぬのである」（GW 9, 103/MM 3, 138；全集4, 172）。

　自己意識が主体－客体モデルに即して考えられているのである以上、自己言及的な関係づけは、関係の客体として自己に関係するという行為そのものからは区別さ

───────

(14) ヘーゲル哲学の深層におけるこのプラグマティズム的次元は、体系内部におけるプラグマティズム的論証形態の使用からは区別すべきである。この点については本書第3章および第13章を参照。

(15) これは一つの体系的テーゼおよび解釈上のテーゼを定式化したものだが、本章では取り上げない。体系的観点からは、「私」という語が直接〔自己自身に〕言及しているというテーゼは、現代の言語分析哲学において異論の余地がないわけではない。この問題の概観としては Castañeda（1987）および──ヘーゲル後期の意志理論との関連において──Quante（1993a, 86-90；邦訳『ヘーゲルの行為概念』76頁以下）を参照。

れる何ものかに関係を持つのでなければならない。それと同時にこの関係の客体は、自己関係の行為によって構成され、この行為を遂行する主体によってそのようにして構成された対象として意識される。したがって、自己関係づけを行う自我はこの他者（すなわち関係づけの内容としての役割における自我自身）にまで達し、その際、自己自身が対象と同一的であることを自覚している。これが、「私」という語の具体的使用によって保証される追加条件である。

したがって自己意識が成り立つための構造的先行条件は、自己に関係するという役割と、関係の客体であるという役割との間に相違が存在するということである（このことによって意識の構造が自己意識の中に保持される）。自己意識の構造においては、この前提された相違は同時に、その存在論的地位の低下を、またはヘーゲルが表現するように、全体構造の一「契機」となることを余儀なくされる（以下を参照：GW 9, 103/MM 3, 138；全集4, 173）。この前提のもとにおいてのみ、あるいはこの形態においてのみ、主体は自覚しつつ自己自身としての自己へ関係を持つことが可能となる。対象の自立性およびこの自立性の止揚を統一することが可能となるのは、一人称の自己関係づけが単に認識態度としてのみではなく、意欲態度として解釈される場合においてのみである（なおこの点においてヘーゲルはフィヒテに従っている）。そして自我は自己自身が、自己に関係するという契機と、関係の客体であるという契機とにおける双方の出来事の統一であることを自覚しているのだから、自我はその中で「類」として、すなわち普遍とその具現化として与えられているのである。(17)

自己意識の構造はなぜ社会的に構成されざるを得ないのか。そのことの事柄に即した根拠を認識するためには、われわれにはさらなる前提が必要であるが、その前提をヘーゲルはやはりフィヒテから受け取っている。一人称の自己関係づけおよびその中で生じる、自己意識を自我として形成したものである自己概念は、自律として、すなわち自我が自我としての自身に帰する諸規定をみずから構成する行為とし

---

(16)「存在論的地位の低下」とはここでは、ここで問題となっている二つの存在者がそれぞれ完全に独立しているわけではなく、存在論的な依存関係にあるというテーゼを意味する。
(17) ヘーゲルは自己意識の分析にあたり、一般的な指標的表現（タイプ）としての「私 ich」と、具体的で個体的な表現形態（トークン）としての「私 ich」との相違を活用している。この相違は、ヘーゲルが『精神現象学』冒頭の感性的確信の批判にあたっても要求していたものである。自己意識章の展開過程における次なる課題は、いかにしてこの相違が個々の経験的自己意識そのものに対しても主題的となり得るかを示すことにある。ヘーゲルの提案によれば、そのためには一つの自己意識Aの、身体による時間－空間的個別化の面だけでなく、この自己意識Aが自己自身を別の自己意識Bから内容上区別するということもまた必要である。

て解釈される。ヘーゲルの表現を借りると以下のようになる。自我は「自己完結的であって、彼のうちに存在するものにして、彼自身によって存在しないものはひとつとしてない」(GW 9, 110/MM 3, 146；全集4, 185)。

　この自己意識概念の具現化として妥当し得る構造が生じるためには、どのような種類の関係づけが必要であろうか。このように問う場合、自己意識はその関係の客体の自立性を否定しなければならないという見解をヘーゲルとともに堅持することが可能である。自己意識が存在するためには、自己意識は自己を関係の客体と同一のものであると把握しなければならない。それと同時に、関係の客体の自立性をこのように止揚することは、対象の対象性または自立性の証拠となる抵抗を克服することと結び付いているのでなければならない。このことは、ヘーゲルが欲望をあらゆる意欲態度の基本形態として、自己意識に必然的に含まれるものとして位置づけていることの根拠である。しかしそれと同時に、この対象は純粋自我、すなわち自律的な自己関係づけの内容に他ならないともされている。したがって自己意識の構造は以下の二つの条件の下においてのみ具現化されていることになる。第一に、自己意識が止揚するべき対象は同一種のもの、すなわち自己意識でなければならない（そうでなければ同一性の想定およびそれによって含意される類の同一性の想定は保証されないこととなろう）。そして第二に、自律は前提として一人称の自己関係づけに属しているのである以上、欲望によって生じる対象の自立性の否定は、外的な介入や干渉であってはならない。それというのも、意欲の主体としての自我が自己の対象を外部から規定されたものであると把握しようものならば、自我は自己自身を規定する存在者としての適切な自己概念化に失敗することとなるだろうからである。だがこのこと〔＝自己自身を規定する存在者としての自己概念化〕こそまさに、フィヒテおよびヘーゲルが確信していたように、一人称の自己関係づけの本質である。自己の対象の前提された独立性をこのように意欲態度において否定する自律的な自我が、この止揚において適切な自己関係づけを生じさせ得るのは、第一に、関係の対象が自己意識として認識されかつ承認され、さらに第二に、この関係の対象がこの構造において要求される否定を自律的に、すなわち自己自身に即して遂行する場合においてのみである（以下を参照：GW

---

(18) フィヒテにおいてもヘーゲルにおいても、自己意識の分析および自律の分析はそれぞれ内容上密接に結び付いてはいるものの、両者は体系的関心に導かれた解釈に際しては区別すべき二つの異なる哲学的課題である。もっとも両者がそれぞれまったく別の課題を扱っているというわけではないが。

9, 108/MM 3, 143f.；全集4, 180-181)。ヘーゲルが自己意識の概念を具現化するために設定している諸前提の下では、この自己意識の概念は二つの自己意識の間の相互行為においてのみ適切に具現化することが可能である。言い換えるなら、自己意識の概念が適切に具現化されるのは、「ひとつの自己意識がひとつの自己意識に対して存在する」(GW 9, 108/MM 3, 144；全集4, 182) 場合においてのみである。自己意識は「その満足を他の自己意識においてのみ達成する」(GW 9, 108/MM 3, 144；全集4, 181) というヘーゲルの注釈の意味はまさにここにある。

　こうした成果によってわれわれは今や、自己意識の概念の適切な具現化が内容上すでに、他者のうちで自己自身のもとにあることという精神の構造を示唆しているのはなぜなのかを理解することが可能となる。だがこのことがいかにして「我」と「我々」との絡み合いと関連を持つのかは、いまだ明らかになっていない。このことを以下の第三の分析において、「承認の運動」の構造を取り上げることによって解明することにしよう。

第3節　承認の純粋概念

　第1節と第2節の考察をまとめると、これまでのことから以下のような状況が帰結する。すなわち、自己意識の概念、または普遍としての自己意識は、二つの経験的自己意識が特定の仕方で相互行為を行っているという布置関係にある場合にのみ具現化され得る。自己意識の普遍的次元と、その都度自己自身に対して自由であると同時に、特定の仕方で相互行為を行っている各々の具体的な経験的自己意識とのこの絡み合いは、ヘーゲルが絶対的実体としての精神に与えた性格を満たしている。こうしてわれわれは、「我々である我と我である我々」という定式に第一の解釈を与えることが可能となる。自己意識の概念の具現化は、二つの自己意識間の相互行為を通じてのみ実現可能な全体構造を要求する。このように理解すれば、自己意識の概念、すなわち「我」は、「我々」としてのみ具現化することが可能である。一方、二つの自己意識がこの要求された構造を具現化するならば、それらはこの構造の内部において自己意識の概念の一つの具現化となり、したがって同時に「我」である「我々」となる。

　ここまでのところで展開されてきた分析に従うなら、ヘーゲルの考察によって、自己意識と他の自己意識との各々の相互行為がすべて自己意識の概念の具現化を行うものであるわけではない、ということが示される。自己意識の概念の具現化のた

めには特別な種類の相互行為が必要とされるのである。この特別な種類の相互行為を代弁するのが、有名であるにもかかわらず、従来われわれがその性質の多くを知り得ないままとなっているヘーゲルのスローガン、「我々」である。

「我々」についての言説を、自己意識の概念は少なくとも二つの自己意識の間の相互行為であればいかなるものによっても具現化される、とのテーゼに還元することを欲しないならば、第一に、「我々」に関する言説によってヘーゲルはいかなる種類の相互行為を視野に収めていたのかを問わなければならない。ここでは「承認の運動」(GW 9, 109/MM 3, 146；全集4, 183) のヘーゲルによる分析が役割を果たすという解釈を私は提案したい。というのは、ヘーゲルが『精神現象学』において、承認の運動の第四の二重の意味として言及していることに、自己意識の概念が具現化されるための必要かつ十分条件となる、二つの自己意識間の特殊な種類の相互行為が見いだされるからである。これが私の第一のテーゼである。この論点は次のように定式化し得る。すなわちヘーゲルは、集団的行為をめぐる現代の社会哲学的議論にとって体系的関心の対象となる、「我々」の志向の承認論的分析を提起しているのである。[19]

さらにそれに加え、ヘーゲル実践哲学に関する議論においてすでに長らく激しい論争の的となってきた一つの未解決の問題がある。すなわち、第二の解明すべき問いは、個人における自己意識と精神との間の依存関係を、ヘーゲルはどのように思い描いたかということである。精神を絶対的実体とし、個々人の自己意識を単なる契機とする言説がヘーゲルの中に見られるのは争いの余地のない事実である。このことを、個体的主体の倫理的価値を低下させ、そのことによって――どのような意味で理解されたものであれ――集団的実在を優先させていることの、あるいは全体主義の、表現であると解釈する論者もいる（この点については次章において詳述する）。しかし、ここではこの問題設定の倫理的側面について議論するのではなく、『精神現象学』において取り上げられているような存在論的諸関係の解明に限定して考察したい。というのはそこでわれわれは、自己意識の構成を可能にする二種類の関係が明確に述べられていることを見いだすからである。これが私の第二のテーゼである。

1．ヘーゲルによる「我々」の分析

「多くの側面と多くの意義とを絡み合せている」(GW 9, 109/MM 3, 145；全集4,

---

(19) この点については Schweikard (2011) および Schmid/Schweikard (2009) 所収の諸論考を参照。

183）二つの経験的主観AとBとの相互行為によってのみ、自己意識の概念は具現化され得る。この絡み合いはヘーゲルによれば、「承認の運動」（GW 9, 109/MM 3, 146；全集4, 183）として表現されるのでなければならない。この承認の運動において「承認の純粋概念」（GW 9, 110/MM 3, 147；全集4, 186）、すなわち哲学的意識において洞察し得る形態における承認が顕現する。ただし、のちの箇所においてたとえば主と奴の弁証法の対象となるような、経験的自己意識AとBそれぞれの視点は、ここでの文脈においてはいまだ何の役割も果たさない。

　ヘーゲルはこの承認の運動において四つの「二重の意味」を強調している。[20] そのうち第一から第三までは主体－客体モデル内部で構想される自己意識の弁証法的基本構造を扱うものである。第一に、この自己意識は一つの対象を客体として要求しなければならない。第二に、この対象はその自立性を否定されなければならない。そして第三に、その際自己意識はこの否定を自律的に自己自身に即して遂行しなければならない。この構造は自己意識の純粋概念の分析に際してすでに取り扱ったものであり、ここであらためて取り上げる必要はない。これに対し、ヘーゲルがその後の箇所（GW 9, 110/MM 3, 146f.；全集4, 185）で説明する第四の二重の意味は、第一から第三とは種類を異にする。ヘーゲル自身、（第一から第三の二重の意味においては）承認が「・一・方・の・も・の・の・為・す・こ・と〔行い〕Thun」（GW 9, 110/MM 3, 147；全集4, 185）としてのみイメージされていることを指摘して、この点を強調している。だが自己意識を構成する第三の条件は、対象とされた自己意識が自身の否定を自ら遂行することを要求しているのである以上、この一方のAによる承認は「・他・方・の・も・の・の・為・す・こ・と・で・も・あ・る」（同上）、すなわち他方のBの為すことでもあることは概念的に必然的である。そこでヘーゲルはこのAおよびBそれぞれが持つ、自分の為すことおよび他方の為すことへの視点を取り上げることによって、AおよびB双方が行う承認行為の相互依存性を、一つの承認運動の「二つの部分」として説明することを目指す。この「部分」への言及については最後にあらためて触れることにして、ここではまず「我々」の文法を説明しておこう。この文法はヘーゲルの以下の言明において見いだされると私は考える。「お・のおのは自分が為すのと同じことを・他・方も為すのを見、おのおのは自分が他方に向って要求することを自分でも為すのであるから、おのおのがその為すところを為すのは、ただ他方が同じことを為してくれるか・ぎ・り・に・お・い・てのことでしかない。」（同上）

---

(20) ここでの「運動」という表現は、承認するという社会的相互行為を通じての「承認」概念の展開が持つ二重の意味で用いられている。

この構造は、その事柄そのものからして非常に複雑なものではあるが、これをやや単純化するために、また一人称の自己関係づけを明確に説明できるようにするために、この経緯をＡの視点に限って叙述しよう。
(ⅰ) 私は、Ｂが特定の意図Ｘを持って私に対して行為することを認識する。そのＢの意図は第一に、私自身が現実に同一の意図Ｘを持ってＢに対して行為するという洞察を含んでおり、第二に、Ｂの意図は私が特殊な態度ＹをＢに対してとることを要求しまたこれを前提し、第三に、この私の態度はＢが自身の意図Ｘを実現するための行為の動機となる。
(ⅱ) 私は、Ｂが意図Ｘを持ち、またＢがこの特殊な〔Ｙという〕行為を私に要求することに基づいて、Ｂに対し現実にまた意図的に、意図Ｘに沿って対応し、彼に対し意図的に態度Ｙをとる。

ここでＡとＢとは、自己および相互行為の相手方を自律的な自己意識として把握するという態度において向き合っている。このことにより、相互行為は相手の自由な自己規定を承認すること、つまりは双方が自己制限を行うことを含意する。それと同時にこの態度は、ＡとＢとがそうした自律的な行為者として自己を把握しているため、それぞれの相手に対し、自己制限を行うことにより、それぞれの〔自由な自己規定の〕余地を確保させるという要求を含んでいる。

ＡとＢそれぞれの意図に関するこの構造分析は、両者の意図的態度の具体的内容ではなく、両者の承認行為またはコミュニケーション行為の前提条件を主題としている。それゆえ、私がＢに対し、合理的主体としてのＢに理由を示すことにより、ドアを開けるよう要求するのであれ、あるいは私がＢによって、Ｂの道徳的諸要求を尊重するよう求められるのであれ、さしあたり違いは存在しない。ここで重要であるのは、ＡとＢとがそれぞれの相手に対する影響力行使を把握しこれを表現するにあたり、その影響の受け手が、自律的主体に対して求められる自由な自己規定の余地を認められているのを認識しているということである。[21]

この構造においてＡとＢとは自己自身および相手をそれぞれ自律的な自己意識として把握しているため、複数の一人称的「我」の志向同士の絡み合いが生じるので[22]

---

[21] ここには内容上、グライスとメグレによるコミュニケーションの意図の分析との密接な関連が存在する。この点については Meggle (1983) を参照。
[22] したがってＡとＢそれぞれの「我」の志向は、Ａの「我」の志向の内容において、Ｂの「我」の志向の内容が見いだされる（およびその逆が生じる）ために絡み合うことになる。

ある。このことをヘーゲルは次のように述べている。「両極は互いに承認しあっているものであることを互いに承認しあっている。」(同上)

　AおよびB自身の観点からではなく、哲学的意識の観点から見ると、以上のことによって「我々」の構造が、同時にまた精神の構造が、その基本形態において具現化されたことになる。すなわち、この基本構造が具現化され得るための条件は、AとBそれぞれの行為がシンメトリカルに絡み合っていること、またはヘーゲルが述べるように以下のような状態にあることである。「一方的行為はけだし無益であろう。なぜなら、「出来」すべきことは、ただ両者によってのみ成就せられうるのだからである。」(同上；全集4, 185)

　ここで問題となるのは、ヘーゲルが同じ箇所で述べているように、「一方の行為であるのと全く不可分に他方の行為でもある」(同上。強調はクヴァンテによる)という行為の特殊形態である。

　「承認の過程が自己意識に対してどのように現われてくるか」(GW 9, 110/MM 3, 147；全集4, 186)ということに関するヘーゲルの叙述は本章の主題ではない。承認の純粋概念の構造に即したこの議論の展開の帰結としては、哲学的意識に対してすでに具現化された「我々」の構造は、この構造の双方の関係項自身に対しても対象とならなければならない。言い換えれば、ヘーゲルの分析はさらに進んで、いかなる仕方でAとBとはそれぞれの「我」の志向の絡み合いから、「我々」の志向の明示的な表現へと達し得るのか、ということを示さなければならない。この「我々」の志向の中で、あらかじめ想定されヘーゲルが示唆していた基本構造が当該行為者自身に対しても主題となるのである。

　さらに未解決の問題は、ヘーゲルはわれわれに、AとB双方の行為の存在論的関係への問いに回答を与えてくれるだろうか、ということである。そこで、この問いを最後に考察しておこう。

2. 承認関係の二つの様態

　「自己意識の自立性と非自立性」の節冒頭の文を、この問題に対するヘーゲルの回答として解釈することを私は提案したい。この言明には、『法の哲学』と『エンチクロペディー』の諸章における主要テキストが持つのと同様の機能が備わる。すな

---

(23) こうしてヘーゲルは、コミュニケーションと集団的行為の個人主義的分析を超え出るし、さらにサールのように「我々」をそれ以上分析不可能なブラックボックスとして扱うことをも超え出る。

第11章　承認の文法　　215

わち、この言明は次のようなヘーゲルの中心テーゼおよび証明目標を表現している。「自己意識は即自かつ対自的に存在するが、これは、自己意識が或る他者に対して即自かつ対自的に存在する・と・き・の・こ・と・であり、またそうであ・る・こ・と・に・よ・っ・て・い・る。言いかえると、自己意識はただ承認せられたものとしてのみ存在するのである。」(GW 9, 109/MM 3, 145；全集4, 183：強調はクヴァンテによる)

「言いかえると」以下の章句においては、自己意識は承認関係によって構成されているというテーゼが見いだされる。ある存在者は承認関係の内部でのみ自己意識である。フィヒテとともにこう述べることもできよう。自己意識の存在はそれが承認された存在であることにおいて成り立つ、と。[24]

この言明の最初の箇所は、解釈上の困難をもたらす。二通りの読み方が可能だからである。すなわち一方において、この文においてヘーゲルは、経験的自己意識 A が、その相手である経験的自己意識 B によって承認されるという事態について語っていると解することが可能である。しかしもう一方で、承認関係を普遍的なものとしての自己意識とこの普遍に対する他者との間に見いだすという読み方も可能だろう。だが後者の解釈は、今問題にしている文脈においては意味を持たないように私には思われる。この解釈は「精神」章において初めてなされる展開を示唆するものだからである。[25]

したがって、ここではヘーゲルの言明が二つの経験的自己意識 A と B との間の承認関係を扱っていると理解することにしよう。そこで私の目的にとっての中心点は、ヘーゲルがこの文において、「ときに indem」関係と「ことによって dadurch-dass」関係という二種類の承認関係を区別しているということである。そうすると言明は二つの部分に分かれる。

　(承認関係1) 自己意識が即自かつ対自的に存在するのは、自己意識がある他者に対して即自かつ対自的に存在する・と・き・の・こ・と・である。

---

(24) この箇所の英訳版は、構成関係を同時に表現してはいるものの、厳密性に欠ける。なぜなら、「のみ」を必要条件として表現しているからである。すなわち英訳では「自己意識はただ承認せられた場合にのみ存在するのである it exists only in being acknowledged」とされている。Hegel (1977, 第178節) を参照。
(25) とはいえ、この解釈はヘーゲルによる精神の概念の説明には適合する (GW 9, 108f./MM 3, 145；全集4, 182)。そしてこの解釈は内容上、いかにして複数の経験的自己意識はそれ自身の社会的構成性に対して振る舞うのか、という問い、あるいは本節1の表現を用いるなら、いかにして複数の経験的自己意識はそれぞれの「我」の志向の絡み合いから、間主観的な前提条件を個々の経験的自己意識自身に対して与えている、「我々」の意図の明示的な表現へと達するのか、という問いを論じる文脈に属する。

（承認関係2）自己意識が即自かつ対自的に存在するのは、自己意識がある他者に対して即自かつ対自的に存在する̇こ̇と̇に̇よ̇っ̇て̇いる。

　ヘーゲルがここで二種類の承認関係を区別しているというテーゼに対しては、単なるレトリカルな強調または説明的な語法にすぎないと反論することが可能であろう。そしてこのような素朴な解釈のために、「ときに」の意味内容が「ことによって」の意味内容の部分集合であるとの論法が用いられるかもしれない。[26]
　この反論に対して私は三点の異議を申し立てたい。第一に、私の知る限り、ヘーゲルの著作全体において、「ときに」を「ことによって」と同時に用いている表現は見られない。われわれが扱っている言明箇所が非常に重要な意味を持つことに鑑みるなら、このことは決して偶然ではないと私は考える。第二に、両関係の意味内容は部分的にしか重なっていないため、ヘーゲルはここでまさに意味論的相違を導入しているのではないかと問うことが当然にも可能である。そして第三に、自己意識が承認によって間主観的に構成されているとするヘーゲルの特有なテーゼを表現するために、このような意味論的相違を使用することには、十分に体系的な、またヘーゲル自身にとっても明白な根拠が存在する。
　英訳版『精神現象学』の訳者もまたこの点を同様に考えている。すなわち訳者ミラーは問題の箇所を以下のように訳している。「自己意識はそれ自身において、またそれ自身に対して存在するが、これは、自己意識がある他者に対してそのように存在するときのことであり、またそのように存在するという事実によってである。(Self-consciousness exists in and for itself *when*, and *by the fact that*, it so exists for another.)」[27]
　英訳版はドイツ語の原文を忠実に再現しているというよりむしろ、意訳していると言わざるを得ない点があるが、"indem" を "when"、"dadurch-dass" を "by the fact that" と訳すことによって、訳者ミラーは非常に本質的な事柄を言い当てている。"indem" はミラーが "when" によって表現するように同時性を言い表している。このことは "indem" のラテン語語源である "interim" または "interea" にも対応している。前者はある行為が行われている時間内にある出来事が割って入ることを意味し、後者はある行為が別の行為の最中に行われることを意味する。ヘーゲルは "indem" によって "interea" を意図していたのではないかと私は推測する。

---

(26) 以下の点については Grimm/Grimm (2004) の記載を、関係表現のラテン語語源については Georges (2002) を参照。
(27) Hegel (1977, 第178節：強調はクヴァンテによる).

なぜならヘーゲルは、同時に進行する二つの行為によって構成される関係を視野に収めていたからである。

これに対し、"dadurch-dass" の方は "indem" と異なり時間的継起を含意し、とくに因果的関係をも意味している可能性がある。ミラーの英訳は、まさしく "when" とは明確に区別される場合に、因果的関係を示唆している "by" を用いてこのことを適切に表現している。またミラーはドイツ語の "dadurch-dass" 構文を訳す際に "by the fact" を用いているが、このことも以上のことに抵触しない。なぜなら日常的な因果関係の説明に際し、われわれはしばしば事実を原因として引き合いに出すことがあるからである。[28]

したがって私はヘーゲルの中心テーゼを以下のように理解することを提案したい。すなわち、自己意識 A が構成されるのは、第一に——顕在的に、同時的に——それが自己意識 B によって承認されるときである。そして第二に、自己意識 A は自己意識 B による承認を原因として必要としている。フィヒテの表現を借りるなら、自身を自己意識として構成し得るための切掛けまたは促しとして、B による承認を必要とするのである。

「ことによって」関係によってヘーゲルはフィヒテの承認論を引き合いに出している。フィヒテの承認論は、最終的には因果的でそれゆえまた通時的な関係に基づいている。自己自身をすでに自己意識として把握している存在者 B は、それまで単に可能的で潜在的であるにすぎなかった存在者 A の自己意識を促しによって「顕在化させる」(つまり自己意識 B は自己意識 A に時間的に先行する)。承認論のこの要素は、承認論の個体発生的側面として特徴づけることが可能である。だがこの発動の側面は、少なくとも承認の純粋概念を分析する次元においては、ヘーゲルが前面に出すことのないものである。なぜならこの位置関係は対称的ではなく、顕在化した自己意識の存在をすでに前提としているからである。

同時にまたわれわれは、A と B それぞれの志向のヘーゲルによる分析において、A が B を特定の仕方で扱うのは、A が B の意図と信念とを正当なものであると認識している「ためである darum」ということを確認した。そして、相互行為が因果的に媒介されている以上、これもやはり因果関係として把握することができる。したがって、われわれはいずれにせよ因果的要素を承認の運動に組み込まざるを得な

---

(28) この点については Bennett (1988, 第 III 章) の考察を参照。

い。このことにより、対称性の要求に基づいて、相互に条件づけ合う諸要素の共時的構造が得られる。これらの諸要素は全体として、要求されている承認の構造を具現化したものである。私の見る限り、この因果的局面は承認の動機づけの側面を言い当てている。AとBとの因果的相互行為は、AとBとが承認のために不可欠な意図および信念を形成するために必要となる。

　自己意識は社会的に構成されているという自身のテーゼを全体論的構想として確立するために、ヘーゲルは「ことによって」関係によって表現されるこの個体発生的かつ動機的因果関係を超え出ることを余儀なくされる。このことは彼が、「ことによって」関係から区別されただけでは、その特殊性がなお単に否定的に規定されていたにすぎない「ときに」関係を、明示的に指摘した段階で行われていると私は考える。この「ときに」関係において問題となっているのは二つの行為の同時性であり、それらの行為は、それらが全体構造の契機であるということを個々の行いの同一性条件の中に含んでいるという意味において、互いに対して構成的である。このことは、「我々」の構造分析によって確認した通りである。

　現代の分析哲学における行為論および出来事の存在論においては、ジェグォン・キムとアルヴィン・ゴールドマンが、複数の出来事間にはそのような構成的な、非

---

(29) ヘーゲルが（現代ではたとえばジェグォン・キムやアルヴィン・ゴールドマンのように）出来事を本質的属性の時空間上一点における具現化として理解する、きめ細かな出来事存在論を主張しているということを前提するとしよう。その場合、「ときに」関係と「ことによって」関係という区別から、因果的行為論を、行為の非因果的説明の基礎となり得る、行為間の非因果的依存関係と組み合わせる可能性が開かれる。この点については Quante (1993a) 第三部およびそこで示した、ヘーゲルが論理的結合論証を受け入れており、それゆえに因果的行為論をなんら主張していないとのテーゼへの否認を参照。
(30) ここで問題となるのは、論理的・意味論的条件づけ関係（複数の「我」の志向の絡み合い）と同時に、AとBとの相互行為における個々の契機の因果的条件づけ関係である。このことを踏まえれば、ヘーゲルの承認構想における因果的諸契機を、Goldman (1970) において提唱されたような因果的産出の意味で分析することも、やはり不可能である。現代の出来事存在論に沿った形できめ細かな個別化の基準を前提としてヘーゲル理論を捉え直すのであれば、出来事が出来事の真の諸部分であり得るという可能性を容認せざるを得ないであろう。この点については Lombard (1986) を参照。このことを根拠として、私は前注において、そのようなきめ細かな出来事の存在論が、因果的依存関係を非因果的依存関係と組み合わせる可能性が開かれる、と述べるにとどめたのである。
(31) このことは、ヘーゲルの知覚理論が因果的構成要素を含んでいることを前提とする。さらに言えば、知覚のみならず信念の形成に関しても、因果的関係と非因果的関係の両方を同程度に要求する複合的理論をヘーゲルから読み取ることに、私はなんら原理的障害を見いださない。残念ながらここでは、ヘーゲルの出来事の存在論も知覚理論も詳述することはできない。後者については Halbig (2002) および de Vries (1988) を参照。

因果的依存関係が存在することを示している。たとえばわれわれが友人に腕を差し出して挨拶する場合、われわれは互いに構成的関係にある二つの行為を遂行したのである。ヘーゲルは自己意識と精神との関係の分析にあたり、まさにこのような存在論的依存関係にたどり着いたのだと私は考えたい。すなわち、規則や慣習の社会的空間を——つまり人倫を——前提とし、この空間においては、ある種類の行為が遂行され得るのは、他の種類の行為が遂行されるときに限られる、そうした依存関係である。この存在論的依存関係を再発見し、かつ行為論に対して体系的な有益性を与えたのが後のアルヴィン・ゴールドマンであり、彼はこの、社会的文脈によって構成された依存関係を、系統樹として表現している。

私の見る限り、ヘーゲルは『精神現象学』においてこの構成的関係様式をそれ以上分析していない。これが展開されるのは『法の哲学』の意志論においてである。次章で示すことになるが、この意志論においてわれわれは「垂直的」承認関係をも見いだすことになる。この承認関係においては、承認し合う双方の自己意識のうち、少なくとも一方は相互行為において自己を「我々」として把握している。これに対し、『精神現象学』の承認の運動は、絡み合う複数の「我」の態度相互の水平的承認に限定されている。だが本章の結論として言えることは、それにもかかわらず、この水平的承認は社会存在論上の大きな可能性を示しており、この可能性をヘーゲルは後年における客観的精神の理論において体系的に実現することとなるのである。

---

(32) Kim (1974) および Goldman (1970) を参照。
(33) この論点全般については Pippin (2004a, 2004b および 2008) を参照。観察する理性の行為論に対するヘーゲルによる批判もまた、彼が行為を社会的文脈によって構成される社会的実在として把握していることを一義的に示している。この点については本書第4章および第9章を参照。
(34) 因果的条件づけ関係および非因果的条件づけ関係を存在論的に綿密に捉え直そうとするならば、いかなる存在者が時間的継起および因果関係にあり、またいかなる存在者が共時的(または無時間的)関係および非因果的依存関係において対峙しているかが示されるのでなければならないであろう。その際、論理的・意味論的依存関係、非因果的依存関係および因果的依存関係を、ヘーゲル自身が行ったよりも明確に区別することが必要であることは言を俟たない。

第12章
個人、共同体、国家[1]

　現代の政治哲学および社会哲学において最も重要な議論のいくつかは、「個人主義」対「全体論」、「自由主義」対「共同体主義」という概念対と結び付けられるもろもろの立場をめぐって展開されている。とりわけ、最近ではマイケル・サンデルによるジョン・ロールズの『正義論』への批判以来、議論の綱引きの中心となっている自由主義－共同体主義論争は、この概念対によって定義される一方の極と他方の極とが、容易には見極めがたい仕方で互いに結び付けられているという特徴を持つ。著名なところではカール・ポパーが起点となった、社会哲学[2]の基本的な方法および存在論としての方法論的個人主義に関する議論においても、政治的全体主義 Totalitarismus と存在論的全体論 Holismus との間には必然的結び付きが存在するというテーゼの形をとって、倫理的次元が表れている。自由主義－共同体主義論争においても方法論的・存在論的次元と倫理学および社会哲学の規範的次元とを短絡的に結び付ける論証が数多く見受けられる。自由主義者の陣営の側からは、──ポパーの考察に従えば──共同体主義は個人に対する倫理的に容認しがたい権力要求につながるものだとの見解が主張される。一方、共同体主義者の陣営においてはちょうどこれとは対照的に、自由主義は社会のアトム化および共同体の破壊につながるとの論証が見られる。

　とはいえ、議論の特徴をなすのは方法論的・存在論的立場の相違と規範的・倫理的立場の相違との間の複雑な結び付きだけではない。それに加えて、この議論においてヘーゲルの実践哲学が引き合いに出される際の──そもそもそれがなされる場合のことではあるが──言及の仕方もまた際立って特徴的である。ポパーや彼に従

（1）本章はダーフィット・シュヴァイカルトとの以下の二つの共著論文に基づく。»... die Bestimmung der Individuen ist, ein allgemeines Leben zu führen‹. La struttura metafisica della filosofia sociale di Hegel.« *Quaderni Di Teoria Sociale* 5 (2005), 221-250 および »Leading a Universal Life‹: the systematic relevance of Hegel's social philosophy«. *History of the Human Sciences* 22 (2009a), 58-78.
（2）以下において社会哲学に言及する場合、同時に政治哲学をも含むものとする。

う自由主義者たちにとっては、ヘーゲルとは全体主義に道を開いた人物である[3]。一方、共同体主義者の目から見ればヘーゲルは、全体主義に分類されるのではなく、むしろ適切な倫理的方向づけを備えた歴史的・理論的先駆者の代表である。このようなわけで現在、ヘーゲルの社会哲学へのアプローチの仕方が問題となる際には顕著な相違が現れる。共同体主義の立場に立つ解釈者がヘーゲルを自身の陣営に組み入れ、その一方で自由主義の立場に立つヘーゲル研究者が、ヘーゲルは共同体主義者では決してなく、自由主義者として解釈しなければならないということを証明しようとする傾向を持つことはもっともなことである。

　元来ひいきにしていた立場にとって都合の良いようにヘーゲルを独占するという傾向をヘーゲル研究者が有しているとすれば、それが問題であることは言うまでもない。しかも、そもそも現代の自由主義－共同体主義論争においてヘーゲルを参照する場合、その多くはごく限られた正統性しか持たない。これらのことを考慮に入れるとしても、ヘーゲルの理論を位置づける際に上述のような困難に直面することは、哲学的に示唆に富む。結局のところは、当の問題は議論そのものが概念上、内的な曖昧さを抱えていること、より正確に言えば方法論的・存在論的次元と規範的次元との間の関係の規定が不明確であることに起因している。そこで本章では、以下のようなテーゼを提起しこれを根拠づけることとしたい。

　　（テーゼ）ヘーゲル実践哲学は第一に、現在の哲学の枠組みからは抜け落ちている方法論的・存在論的想定および規範的想定の配置関係を内包しており、かつこの想定は第二に、現代の理論状況に見られる不明確な点を持たない。したがってヘーゲル実践哲学は第三に、社会哲学における強固かつ有効な代替案を表明している。

　このテーゼを信憑性のあるものとするために、まずは自由主義－共同体主義論争の主要な体系的特徴を、重要概念と中心テーゼに絞って描出したい〔第1節〕。ヘーゲルの意志概念は彼の実践哲学の（少なくともその成熟した形態においては）基本原理であると見なすことが可能であり、この意志概念を説明することによって、ヘーゲルがいかにして現在の議論の抱える問題点や弱点を免れ、いかにして社会哲学における信憑性のある代替案を提示しているのかを示すこととする〔第2節〕。

---

(3) Popper (1971) および Lukács (1962) を参照。

第1節　現代の議論の基本構造

1. 全体論・全体主義批判

　20世紀の政治思想は、自由主義の唯一強固な形態であると見なされていた理論的立場に内在している一つの想定によってかなりの程度影響を受けていた。その想定は全体論・全体主義批判として特徴づけることが可能であり、以下のように定式化される。

>　（全体論・全体主義批判）政治哲学または社会哲学において全体論を支持する者は誰でも、必然的に全体主義に陥る。民主主義を根拠づける（または防御する）意志のある者は誰でも、個人主義を支持せざるを得ない。

　ここではもっぱら、全体論と全体主義についても、民主主義と個人主義についても、両者をきわめて短絡的に結び付ける立場だけを問題としたい。第一に、「全体主義」は、個人と社会または国家との間の関係についてのなんらかの規範的構想であるという、それ自体としては納得できる想定から出発するなら、第二に、このことから全体論・全体主義批判においては「個人主義」および「全体論」は方法論的・存在論的概念として用いられていると考えざるを得ない（というのも、そうでないとすれば全体論・全体主義批判は新たな情報を生まない単なる言い換えにすぎないこととなろう）。第三に、全体主義を、個人に倫理的に正統な要求をまったく認めないか、または個人を超えた社会的または政治的実在（たとえば国家、社会または国民）の正統な要求と衝突する場合には、後者の要求に対して従属的な要求のみを認める立場として理解しなければならないという前提から出発するなら、第四に、全体主義のこの中心テーゼに異議を申し立てるいかなる規範的立場も「民主主義的」、または以下において述べるように「自由主義的」であると理解することができる。したがって、倫理的に正統な要求を個人に認め、その要求が個人を超えた社会的または政治的実在（もちろんそうした実在を認める限りにおいてだが）の正統な要求に対して従属的でない、または少なくともあらゆるケースにおいて従属的であるわけではないならば、──ここで提起する構想の枠内では──一つの自由主義的な立場を主張することになる。

　規範的問いと方法論的・存在論的問いとの短絡的結び付けは近年の社会哲学の多くの議論において大きな混乱を招き、その議論に加わる人々が論証に際して決定的

な問いを素通りすることにつながっている。それに加えてここからさらに二つの帰結が生じる。そのうち一方はより一般的な性格を持ち、他方は主としてヘーゲルの社会哲学に対して重要な意味を持つ。まず一般的な影響としては、方法論的・存在論的次元と規範的次元との極端に緊密な結び付けを出発点としているために、いくつかの魅力的な理論的選択肢が度外視されることになる。また、とくにヘーゲルに関わることとしては、彼の社会哲学が適切に規定されなくなるという帰結が挙げられる。というのも、ヘーゲルは実際には、全体論・全体主義批判の対象になっていない理論的選択肢を採用し、これを彼の客観的精神の理論において展開しているからである。こうした理由から、以下の二つの節においては方法論的・存在論的次元と規範的次元とをはっきりと区別した明確な用語法を取り入れることとする。最後に、このことに基づいてヘーゲルの社会哲学の一つの解釈を提起する。

2. 個人主義と全体論：方法論的・存在論的次元

本節では個人主義と全体論（およびそれらの基本概念）のより明確な定式化を行うことにより、社会哲学におけるその方法論的・存在論的基礎の規定を試みる。当然ながら、ここで社会哲学のための完全な概念の一覧を提示することはできない。ここではむしろ、全体論・全体主義批判を起点として展開されてきた現代の議論においてとくに際立って用いられている概念を扱う。われわれの関心からは以下の四つの概念が決定的に重要である。

　個人：心的属性と心的能力を有し、合理的行為（合理的決定を含む）を行うことのできる個体としての人間存在。

　社会的実在：（1）個体としての人間存在を真の部分とし、かつその人間存在の行為、行為形式、行使された能力および当該個人間の関係を部分として成り立ち、かつ（2）個人および個人の内在的属性に還元されることのない存在者。

　内在的属性：属性Fが内在的であるのはまさに、存在者xが、xと同一でもなく

（4）Taylor (1989) にそうした診断が見られる。
（5）だからといって、方法論的・存在論的次元と規範的次元との間にいかなる依存関係も存在しないと主張するわけではない。だが、この依存関係は全体論・全体主義批判が想定しているよりも間接的であり、理論的検討の余地をより多く残している。Taylor (1989) を参照。いかなる社会哲学であってもその適切性の第一の条件は、評価的・規範的問いと方法論的・存在論的問いとを区別して扱わなければならないということである。この区別を行ってはじめて、両次元の関係に関する有意味な問いを立てることが可能となる。

その部分でもない存在者との関係において成立している事柄からは独立に、F を持つことが可能である場合においてである。

　全体論的属性：属性 H が全体論的であるのはまさに、存在者 x が属性 H を持ち得るとして、そのことが (1) その x が H を持ち得るために、x からは独立した存在者 y、および H とは異なる属性 G が、それぞれ少なくとも一つ存在しなければならず、かつ、(2) H は x および y それぞれの内在的属性に還元することができないケースに限られるような場合である。

　ここではいくつかの説明を行っておこう。**第一**に、われわれの社会的実在の定義は社会集団（たとえば家族や組織）だけではなく、市場、法、国家といった制度も含んでいる。さらに、社会的実在は個人だけではなく社会的実在をも真の部分として含み得る。なぜなら複雑な社会関係は部分としての社会的実在を基礎としてのみ概念的に理解し得るからである。**第二**に、「属性」という用語はここではさまざまな関係および狭い意味での属性の一般的表現として用いられる。それに加え、さまざまな能力や性格もまたここに含まれるかもしれない。**第三**に、x および y が個人でなければならないか、それともそれらは社会的実在でもあり得るのか、この点はここでは未決定のままとしておく（この相違は次節において、さまざまな形態の全体論を区別するために導入することになる）。**第四**に、社会的実在の属性というだけでは、ある属性が全体論的であることにはならない（言い換えるなら、社会的実在の内在的属性が実際に存在する可能性は概念的に除外されない）ということは認めるべきであろう。用語上の混乱を避けるため、以下においては社会的実在の還元不可能な属性を SE 属性と称することとする。属性が「還元不可能」ということの意味は、それが、内在的な SE 属性の担い手の部分である諸個人の、内在的または全体論的属性に還元することができないということである。ここでは、還元の概念を詳細に規定する試みには取り組まず、その代わりに以下のことを前提としたい。すなわち、ここで許容し得る還元の概念は、今論じているテーマに取り組んでいる諸学において確立された基準と両立可能であり、かつ、個人主義が些細な理由のために、つまり還元が首尾よく行われるための適切性条件として、とても充足できそうもない条件、または逆に弱すぎる条件を設定したがために真または偽となってしまうという事態を容認しないようなものに限るということである（同様のことは還元不可能性の概念についても当てはまる）。

（a）社会哲学における個人主義

　以上に基づけば、社会哲学における個人主義は以下の三つのテーゼにより特徴づ

けられる。⁽⁶⁾

（Ⅰ-1）すべての社会現象は個人ならびに、個人の内在的属性および行為に、または個人間の、さらに個人の内在的属性または行為の間の因果的相互作用に還元することが可能である。
（Ⅰ-2）社会的実在、SE 属性、または全体論的属性というものは存在しない⁽⁷⁾。
（Ⅰ-3）還元不可能な社会的合法則性は存在しない。社会的合法則性は、個人および個人の属性に妥当する諸法則に還元し得る⁽⁸⁾。

　これらのテーゼも同様に説明を要する。Ⅰ-1においては、個人間の因果的相互作用が個人主義の真正の構成要素として受け入れられている。このことは、全体論が些細な理由によって真と見なされるのを防ぐために必要となる。というのは、個人主義もまた、人間個人が知的な属性および能力（たとえば言語や合理性）を獲得し得るのは社会化の過程によってのみであるということを当然にも認めているからである。

(b) 社会哲学における全体論（暫定的定義）

　ここまで述べてきたことに基づいて、以下のように社会哲学における全体論の暫定的定義を与えることができる。

（H-1）すべての社会現象が個人ならびに、個人の内在的属性および行為に、または個人間の、さらに個人の内在的属性または行為の間の因果的相互作用に還元することが可能であるわけではない。
（H-2）全体論的属性または、SE 属性または社会的実在が存在する。
（H-3）還元不可能な社会的合法則性が存在する。

　このように定義された全体論は、存在論的側面においても方法論的側面においても個人主義の中心テーゼに反対する。だが、この全体論は個人の内在的属性の実在、または個人主義が要請している存在者や合法則性が有する説明上の重要性に必然的に反対しなければならないわけではない。さらに言えば、全体論的属性は個人の基

---

(6) ここではこれら三つのテーゼの実質的表現を提示する。とはいえ、これらはメタ言語的表現に容易に翻訳することが可能である。
(7) 私はここでは、ルーベン（Ruben 1985）が行っているような、一方における社会的実在と、他方における社会的実在の属性との間を厳密に区別する考察は行わない。ルーベンとは異なり、私は個人に関して、真の意味で社会的かつ全体論的な属性を認めない。そのため、以下 (c) で論じられる二種類の社会哲学的全体論の区別に関しては、私とルーベンとの対応関係は非常に限定的である。
(8) 説明の射程を不用意に因果説明に限定しないため、ここで用いられる法則概念は古典的意味における因果法則以上のものを含んでいる。

本的属性であるとか、それどころか全体論的属性のみが個人の基本的属性を形成するのだといったような想定は、全体論の不可欠の要素に属しているわけではない。とはいえいずれにせよ、全体論はその社会的存在論において、個人主義の存在論的基本想定を超えた存在者を要請せざるを得ない。しかしながら、H-2における両立的選言の意味での「または」に基づけば、全体論は社会的実在が存在することを必然的に主張しなければならないわけではないし、したがってまた、SE 属性が存在することを必然的に主張しなければならないわけでもない。そして最後に、この暫定的定義を締めくくる注釈として次のことが堅持されなければならない。すなわち、H-1に基づき、全体論は個人間（または個人と社会的実在との間）に、因果的相互依存を超えた依存関係を要請することを余儀なくされる。このより強い想定による関係は以下においては構成的関係と称することにする。なおその際、この関係がいかなる特殊な形態をとるかについては未決定のままとしておく。

(c) 社会哲学における全体論の二形態

　内在的属性と全体論的属性それぞれの上述のような定義においては、これらの属性の担い手が個人なのかそれとも社会的実在なのかは確定されなかったため、この点を明確にすることが必要となる。われわれは社会哲学における全体論の二形態を区別しなければならない。

　社会哲学における水平的全体論は、以下の三つの基本想定によって特徴づけられる。

(H-1) すべての社会現象が個人ならびに、個人の内在的属性および行為に、または個人間の、さらに個人の内在的属性または行為の間の因果的相互作用に還元することが可能であるわけではない。

(H-4) 全体論的属性は存在するが、SE 属性および社会的実在は存在しない。

(H-3) 還元不可能な社会的合法則性が存在する。

　これに対して、社会哲学における垂直的全体論を以下の三つの基本想定によって規定することが可能である。

---

(9) 以下においては、社会的実在を前提としながら、なおかつ SE 属性の存在には反対する立場は、それが理論的に可能な選択肢ではあるとしても、扱わないこととする。
(10) 構成的関係の概念は、たとえば物質的客体と芸術作品との間の関係 (Wollheim 1980)、または生命有機体としての人間と人格との間の関係 (Baker 2000, 第4章および第5章) を叙述するために用いられる。後述するように、社会哲学の問いに関連してヘーゲルは承認関係を構成的関係として持ち出している。構成的関係の一般的な解説および研究に関しては Baker (2000, 第2章) を参照。社会存在論におけるさまざまな関係様式に関する議論については De George (1984) を参照。

(H-1) すべての社会現象が個人ならびに、個人の内在的属性および行為に、または個人間の、さらに個人の内在的属性または行為の間の因果的相互作用に還元することが可能であるわけではない。
(H-5) 全体論的属性、SE 属性および社会的実在は存在する。
(H-3) 還元不可能な社会的合法則性が存在する。

　ここでも二点の説明が必要である。

　第一に、社会哲学における水平的全体論は――ここでの特徴づけにおいては――個人間の関係に基づく全体論的属性を前提とするのみであるのに対し、垂直的全体論はそれに加えて個人を超越し、真正の属性を備えた社会的実在を要請する。したがって双方の立場の相違は想定 H-4 と想定 H-5 のいずれを選択するかにある。

　第二に、想定 H-1 および想定 H-3 により、双方の立場はともに、社会哲学における個人主義によって通常、全体論の適切な特徴づけとして把握されている基本的確信を含んでいる。

3. 自由主義と共同体主義：規範的次元

　議論の規範的次元は、個人と社会との倫理的に適切な関係に関わる。その際、国家の役割が、そして――少なくとも無政府主義的またはマルクス主義的伝統においては――法の役割がとくに強調される。目下のわれわれの関心からは、以下の四つの選択肢を区別することで十分である。[11]

　リバタリアニズムは個人の基本権を絶対的に優先し、国家を可能なかぎり最小化されるべき必要悪と見なす。国家の唯一の役割は個人の消極的自由の保障にあるとする。

　穏健な自由主義は個人の基本権を絶対的に優先し、国家を個人の消極的自由の諸条件を保障するだけでなく、個人の自律を展開させ行使するための積極的自由の諸前提をも確保すべき不可欠の道具であると見なす。

　自由主義的な共同体主義は個人の基本権に高い位置価を認めはするものの、この基本権は原則的に、社会的実在のさまざまな倫理的要求と比較考量することが可能

---

(11) 自由主義の理論家の趨勢とは反対に、私はこの四つの立場をもっぱら優先規則によって定義する。伝統の持つ意義も、また共同体主義が必然的に文化相対主義を支持せざるを得ないのかどうかという問いも、いずれも私の行う区別では取り上げられない。これに対立する構想についてはたとえば Giusti (2003) を参照。私はもっぱら、個人と共同体との間の関係の機能的定義、およびそこから生じる規範的帰結に焦点を当てることにする。

であるという見解を表明する。その際、国家（または他の社会的実在）は単なる道具ではなく、内在的価値を有すると見なされる。

　反自由主義的な共同体主義は社会的実在の倫理的要求のみを承認し、個人の内在的価値を認めないか、または個人の内在的価値を社会的実在のさまざまな倫理的要求に従属させる。

　自由主義者と共同体主義者との間の論争が、第一義的には規範的次元において繰り広げられており、その際、穏健な自由主義と自由主義的な共同体主義との両極が争点となるのは明白である（ただし、これら両立場に対して批判的な新自由主義という例外はある。この立場からなされる批判は、容易にリバタリアンの陣営に組み入れることが可能である）。この規範的議論において両サイドは敵方の立場を極端に解釈し、その際、上述の方法論的・存在論的先行条件を引き合いに出すことによって、敵方の規範的立場を不適切だと批判することが目指される。このことに対応して、共同体主義者は、負荷なき（unencumbered）自我という、自由主義が依拠すると見なされ、人間のアトム化、脱政治化および疎外につながるとされる存在論的観念を批判する。[12] 逆に自由主義者は、共同体主義が持ち出す社会的実在やSE属性を議論の俎上に載せ、——まさしく全体論・全体主義批判の意味で——国家によるパターナリズムや、個人の自律を公共の福祉Gemeinwohlに従属させることに対して警鐘を鳴らす。

　とはいえ、サンデルの批判に対しロールズを擁護する論者の反応、およびロールズ自身の返答が示しているように、方法論的・存在論的次元と規範的次元との間の結び付きは間接的な性質のものにすぎない。一方において、特定の存在論的諸前提（たとえば人格の社会的構成の条件に関する諸前提）は特定の規範的立場との方が、別の規範的立場とよりも結び付きやすいが、そうなる必然性があるわけではない。逆に、共同体主義の側面が個人主義的存在論に組み込まれることも可能であり、そのことはロールズの著作『正義論』と『政治的自由主義』との間に見られる発展過程において明確に示されている。存在論的次元は明らかに規範と価値評価の範囲を限定はするものの、個人と社会との間の適切な関係に関する、また国家の価値および機能に関する規範的および評価的問いへの回答は、方法論的・存在論的視点からのみ与えられるわけではない。個人主義と全体論とが両立不可能であるということには疑問の

---

(12) Sandel (1984) を参照。

余地はないが、自由主義と自由主義的な共同体主義とは一つの連続体の両極をなし、それぞれの極はさまざまな要求の比較考量によって定義される。このことに対応して、マイケル・ウォルツァーは共同体主義を（競合する）立場の一つとみなすことすらやめて、これを自由主義に対し不断に施すことが必要な修正とみなしている。[13]

　こうして、問題における方法論的・存在論的次元と規範的次元とを区別することが可能となる。全体論・全体主義批判が決して必然的なものではないということももはや明らかである。なぜなら第一に、この批判においてはさまざまな形態の全体論の間の区別が一切なされず、また第二に、方法論的・存在論的次元と規範的次元との可能な組み合わせの中の一つ（垂直的全体論に反自由主義的な共同体主義を加えたもの）だけが全体論そのものと見なされているからである。次節で示されるように、ここまで行ってきた概念分析によって可能となるのは、第一に、ヘーゲル社会哲学を、それが「個人主義／自由主義」対「全体論／共同体主義」という「古典的」概念枠組みには適合しない理由を明らかにできるような仕方で分類することであり、第二に、ヘーゲルの意志概念の中にいかなる選択肢が代替案として含まれているかを示すことである。

第2節　ヘーゲル社会哲学の基本原理としての意志

　『法の哲学』の冒頭部分でヘーゲルは、意志が社会生活の基盤となると説明している（R§4；全集9a, 36）。またヘーゲルは、客観的精神のこの基本原理によって、自身が啓蒙の伝統および、ルソー、カントおよびフィヒテによって基礎づけられた自律の哲学を引き継いでいるということに疑いを差し挟まない。しかしながらそれと同時に、『法の哲学』は自由主義的な社会哲学の伝統に対する明確な批判を含んでおり、それは主としてヘーゲルの自由論に関する構想において、しかしまた契約論批判においても表明されている。このようにヘーゲルの社会哲学においては相異なる多様なモチーフや伝統が複雑な仕方で絡み合っており、このことが、解釈の方向次第で、ヘーゲルを自由主義的な立場と反自由主義的な立場のいずれにも組み込むという事態を招いている。

　このように分裂したヘーゲル受容には、ヘーゲル哲学そのものの性格に基づく二

---

[13] Walzer (1990) を参照。

重の原因がある。一方において、ヘーゲルは、近代の社会哲学における概念展開および理論展開に見られる曖昧な点や欠陥を特定しなければならないと考えている。他方において、ヘーゲルは意志論に関する構想に基づいて複雑な社会哲学を展開しており、それは現在一般に用いられている解釈図式に組み入れることのできないものである。そこで本節で私が展開し、根拠づけたいと考えているテーゼは以下のようになる。すなわち、ヘーゲルはその社会哲学において垂直的全体論を擁護しており、この立場は自由主義的な共同体主義と組み合わされている。以下においてヘーゲルの理論の中心要素に関連づけて、この解釈に信憑性があるか否かを確かめることとしよう。

1. 客観的精神の基本原理としての意志

　意志が全体論的社会哲学の基本原理としてふさわしいということはあり得るのだろうか。というのも、一見したところ、意志においてはむしろ原子論的原理が問題となっているように思われるからである。ところが、ヘーゲルがいかにして彼の概念論理に基づいて意志概念を詳細に定義しているか (R§4-7) を検討すると、意志を個人の能力という意味に切り詰めて叙述することはヘーゲルの意図するところではなかったということが明らかとなる。実際ヘーゲルにとっては、個人の意識は選択の自由に属しているだけでなく、それに加えて、選択の自由の中に含意されている一人称的自己言及という仕方で表れてくるこの個人の意識は、意志の全体構造にも属している (R§5)。「自分の」選択の自由を意識している個体的主体は、自分が、選択可能な多数の意志内容に直面していることを知る。具体的内容に関してこのように決定を見いだすことをヘーゲルは「自我の特殊化」(R§6；全集9a, 43) と称し、これによって、具体的な意欲を持つ個人が自身の決定の結果として現に存在するようになるとした。とはいえ、意志の基本構造は「個別性」(R§7；全集9a, 45) のカテゴリーによって記述され、ヘーゲルが明らかにしているように、この個別性は、ここでは「個別性ということでよく思い浮かべられるような一なるものとしての直接性においてある個別性ではなく、その概念による個別性」(R§7A；全集9a, 46) として把握されなければならない。ヘーゲルは「普遍・特殊・個別」の全体配列について、あたかも一般的かつ形式的な基礎としての普遍的契機から出発することが可能であって、その普遍的契機がおのずから内容を作り出すか、またはあらかじめ規定された内容を取り込んでこれに合理的な優先秩序を与えるかのように理解することはでき

ないということを強調している。また、自己意識の契機を自然的本能または傾向性から帰納的に導き出すことも試みるべきではないとされる。ヘーゲルは普遍的自己意識も具体的に確定された内容もともに、一つの複雑な構造に属する諸契機として記述しており、この諸契機は孤立化させることによってのみ表面化し、それゆえいずれも「抽象的な否定性」（R§6A；全集9a, 43）として特徴づけられる。この両者はいずれも、概念そのものの基本構造をなす個別性の諸契機として、存在論的に相互に依存してはいるが、だからといって、規範的意味において決して些細ではないし、実在性を欠いているわけでもない。個別性とは、「普遍性」と「特殊性」の両契機に追加される第三の契機ではなく、むしろこれら両契機の内的結合に他ならない。この関係そのものがまたしても適切に構造化されなければならない。つまり、この関係は同時に、両契機の内的構造および全体構造を表現〔表出〕するのでなければならない。このことが可能となるのは、両契機そのものが適切な内的構造を指し示す場合、つまり、両契機が内的に同程度に全体構造とその諸機能との適切な表現〔表出〕をその構造の中に含んでいる場合においてのみである。諸個人が自身の選択の自由を意識する際に（「普遍性」の契機）、かつ人倫的全体を考慮に入れる際に（「個別性」の契機）、意志が自ら作り出した適切な意志内容を選択するという決定を自由に行う（「特殊性」の契機）場合においてのみ――その際には法的、道徳的および人倫的要求が問題となる――意志の自律が完全に実現されていることになる。[14]このことが成功し得るためには、社会は適切に組織されているのでなければならない。つまり社会は、承認されそれゆえまた正統な特定の形態の諸要求を含む個々のサブシステムへと分化しているのでなければならない。そのように調整された社会的世界においてのみ、自律的な諸個人は、同時に自己を人倫的社会の自由な諸契機として把握することが可能となる。

　ヘーゲルが展開した全体構造はおおむね、意志が社会諸現象の「実体」としてこの諸現象に対して構成的であるという点において、社会哲学の魅力的な選択肢となっている。一方において、社会諸現象は不可避的に倫理的諸要求と結び付いており、かつそれゆえに、諸個人が主体として承認を見いだし得るということとも結び付いている。他方、大半の社会諸現象は、顕在的または潜在的な規則および制度によって構成される相互行為の文脈として理解することが可能である。それゆえ、規

---

(14) 本書第14章および Neuhouser (2000) における社会的自由の概念を参照。

則遵守の概念および行為の概念は中心的な存在論的要素をなす。行為、規則および承認関係による構成というこの存在論的局面は、ヘーゲルにおける法概念の核心部をなす。それと同時に、法の三領域（抽象法、道徳および人倫）および『法の哲学』において展開された行為論は、意志の構造の諸契機をなす。[15]

このようにして、ヘーゲルの存在論は社会諸現象の志向的性質を考慮に入れるにとどまらず、彼の概念論理的[16]でなおかつ目的論的な意志論の構想は、意志の諸契機のうちの一つが単独で社会哲学の一般的基礎となるのを妨げている。このことによって、一面的な還元を行う誘惑に駆られることをあらかじめ防いでいるのである。ヘーゲルの社会哲学がこうした傾向とは隔たっている理由を、ヘーゲルは意志概念に関連して以下のように説明している。

> ここでは単に、つぎのことに注意が向けられるだけでよい。それは、・意・志・が・普・遍・的・で・あ・るとか、・意・志・は・自・己・を・規・定・す・るとかいわれる場合、そこにはすでに意志が前提された・主・体ないし・基・体のように表現されているのであるが、しかし意志は自己を規定することに先だって、そしてこの規定を揚棄し、この規定の観念性が明らかになるのに先だって、一つのすでにでき上がったもの、そして普遍的なものであるのではない、ということである。意志は自己を自己のうちで媒介するこの活動として、そして自己のうちへのこの還帰として、はじめて意志なのである。(R§7A；全集9a, 46)

くわえて、社会諸現象は、それがこの目的論的方向づけに根拠を持ち、本質的に承認関係に依存している限りにおいて、不可避的に評価的・規範的局面を指し示している。言い換えれば、社会諸現象は権力、分化、安定性といった概念にのみ基づいて理解することはできない。さらに、意志を概念として概念論理的に構成することには、諸部分間――ヘーゲルは相互条件づけを強調するために、ほとんどの場合「諸契機」の語を用いている――および諸部分と全体との間には多数の依存関係が成り立つという理念が含まれる。

諸部分間および諸部分と全体とのこの依存関係こそが、ヘーゲル社会哲学を全体論的理論としている当のものである。意志の基本構造によって構成される自律は、第

---

(15) Quante (1993a) を参照。
(16) 「概念論理的」ということで念頭に置いているのは、『論理学』の第三巻で導入された構想、概念の論理である。

一義的には、具体的な諸個人にその個人の合理性に基づいて内在的に帰属する属性ではない。ヘーゲルにおいてはむしろ、自律とは理性的に構築された社会を特徴づけるものであり、その社会においては以下のようにさまざまな正統な要求がいくつかのグループに分類区別され、さらにその要求の根拠づけおよび妥当性に従って承認される。

（1）社会の側からは、個人の自由の側面（普遍性）と意志の自然的側面（特殊性）とが、意志の全体構造に必然的に属するものとして実現されまた承認されなければならない。そしてそれは行為の空間（たとえば市場）の確立によってだけではなく、基本権を満たし、また基本権を保障する諸制度を整えるという仕方で行われる。

（2）個々の個人の側からは、今述べたような社会諸制度と社会的世界の理性的構成とが、一般に周知され、かつ承認されているのでなければならない。

このことは、個々の個人が自分の属する社会的世界において受け入れられている諸規範に対して、いかなる批判的態度をとることもできないということを意味するものではない。道徳の領域によってヘーゲルが念頭に置いているのは、個人の自律を行使することが可能となる意志の領域である（市民社会もまた部分的には個人の自律のための空間として理解されており、またヘーゲルによれば、そのようなものとして正当化され得る）。これに加えてヘーゲルは——まさしく啓蒙の自由主義の意味において——この個人の自律が、基本権の保障を通じて社会において承認されかつ保護されなければならないと強く主張している。ところがそれと同時にヘーゲルは——この議論の綱引きは彼の社会哲学に対する反個人主義の立場からの非難に関わるものだが——自分の属する社会的世界に対するそのような批判的意識は、個人の基準および価値のレベルでは乖離度が高くならざるを得ないため、社会において共有された人倫にかかっているということを強調する[17]。とりわけヘーゲルは、彼の契約論批判が証明しているように、個々の自律的な主体の同意は、共有されている規範および人倫の唯一の基盤ではあり得ないということを前提としている。それどころかヘーゲルはむしろ、一方において、社会的世界の実在は人倫的個人の「誠実さ」（R§150；全集9b, 313）および「徳」（同上）を要求するという見解を表明している。人倫的個人は自分の「自己意識」（R§146；全集9b, 310）を社会的世界において持ち、社会的世界も個人にとって「疎遠なもの」（R§147；全集9b, 311）としては現れないのである。また他方でヘーゲルは、個人が自分の属する社会的世界と自己

---

(17) この「デフォルト‐チャレンジ」モデルの詳細については次章を参照。

同一化することが、根拠を要求する権利を有する人倫的主体として自己を把握するための必要条件であるという見解も表明している。次章で見ることになるが、ヘーゲルによればこの同一化は、「いっそう進んだ反省」によって、また、「信仰」(R§147;全集9b, 311) という基本的態度や共有された価値、理念、基準、さらには社会的世界の合理性と正義への「信頼」(同上) の中に沈殿している「諸根拠にもとづく洞察」(R§147A；全集9b, 311) によって媒介されている。

（3）第三に、承認は個人間の相互行為関係にも根ざしており、この相互行為関係において諸個人は互いに相手を人格および主体と見なす。これはつまり、諸個人は互いを権利の担い手かつ行為の創始者として把握し、そのようなものとして振る舞うということである（この点については本書第9章および第10章を参照）。

ヘーゲルによれば、人格であること、または道徳的主体であることはいかなる自然的属性を表すものでもない。むしろ人格あるいは道徳的主体であるという属性は、ある社会の枠組みにおいて、たとえば行為の帰属に際して、意図された帰結と意図されたのではない帰結とを区別し、同様にまた行為の帰結の価値を行為そのものの倫理的性質から区別する場合にはじめて、個人に帰属することになる。個人は人格としての自己と、生命を有する自然的被造物としての自己とを区別し得るために、内在的な意志関係を必要としている。人格が存在と現実性を獲得するためには、この意志関係が社会的世界の一部となっているのでなければならない。

意志が基本構造として心理学的または心的状態に制約されてはおらず、その本質に即して言えば個人ではなく、各成員間の関係によって構成される全体としての社会的共同体に向けられているのである以上、ヘーゲル哲学は全体論的であると把握するより他はない。その場合「全体論的」というのは、共同体内部の社会関係がその成員に対し、成員にとって本質的でありかつ成員自身も本質的と評価している属性を与えているという意味においてである。だがそれと同時に、意志のこの本質特徴は個人間の相互行為の範型としてのみ、そしてまた諸個人が自分の社会的役割を理解していることによってのみ、成立するものである。言い換える

---

(18) まさにこの理由からヘーゲルは、人倫における道徳の止揚をも、個人の自律を葬り去ることとしてではなく、自己を道徳的主体として把握するという特殊な自己理解が基本的かつ共通の価値・規範の地平に依存していることの証拠として理解している。ただし、ヘーゲルの構想においてはこの存在論的依存性は個人の自律の否定を意味するものではない。なぜなら個人の自律は意志の必然的契機である——ただし契機「にすぎない」！——からである。この点については Siep (1992a) を参照。

なら、意志の本質特徴は現実に行われる社会的実践および、この実践に参加する諸個人の持つ実践知からなる枠構造としてのみ理解することが可能である。この理由からヘーゲルの全体論は、個人を超えた「メガ主体」が存在し、これに対して個人は単に依存した、規範的に重要性を持たない部分をなすにすぎないというような単純なテーゼに還元することもできない。ヘーゲルの構想は本質的にもっと複雑に分岐している。[19]

2. 依存関係

　探求の焦点を内容に向けると、ヘーゲル実践哲学の評価的・規範的側面が(社会的)全体ないしは社会制度と個人との間の相互的な承認関係、および諸個人自身の間において成り立つ承認関係にあることが分かる。一方、これらの承認関係の構成的役割としての機能に焦点を絞ると、存在論的局面が明らかとなる。この観点の下では承認関係を三つに分類することが可能である。すなわち個人と個人との承認関係、個人と社会的実在との承認関係、そして社会的実在と社会的実在との承認関係である。さらにこれらの承認関係の方向を三つに分類することが可能である。すなわち水平的承認関係、上から下への承認関係、および下から上への承認関係である。[20] これらを組み合わせることにより3×3のマトリックスができることになる。以下の表は、ヘーゲルの『法の哲学』に登場する事例をそれぞれの承認関係に対応させながらこのマトリックスに書き込んだものである。各スペースの記載内容となる区別や状況は、それに基づいて個人または社会的実在を承認し、またそれを通じて構成関係が現に存在することを可能にするものである。[21]

---

(19) これらは社会哲学に特有な全体論的側面 (たとえば間主観的な人格性構想または行為論的帰属主義) であるが、これに加えてヘーゲルは体系内の別の次元においても全体論的立場を選択している。たとえば、普遍的なものにおける自己意識、すなわち心的諸状態の自己帰属は間主観的に構成されているというテーゼがこれに含まれる。この点については、前章および『精神現象学』における「我 - 我々」構造に関するシュヴァイカルト (Schweikard 2007) による分析を参照。さらにヘーゲルは、ハルビッヒ (Halbig 2002) が指摘したように、全体論的な心の哲学を提唱しており、しかも、最も普遍的な次元においては『論理学』において基礎カテゴリーの全体論的構想を提唱している。ヘーゲルの理解によれば、基礎カテゴリーはすべての概念の「全体連関」において占める位置によってのみ意味を与えられる。この点については本書第2章を参照。
(20) それに加えて承認関係の規範的次元に関して、対称的承認関係と非対称的承認関係とを区別しなければならないが、ここではこの区別には立ち入らない。
(21) 「構成関係」として私の理解する関係において、またはその関係を通じて、関係項のうち少なくとも一つが全体論的属性を帯びることになる。

表3：構成関係としての承認

関係の理解様式	「個人」対「個人」	「個人」対「社会的実在」	「社会的実在」対「社会的実在」
水平的	人格 行為主体 道徳的主体		国家
上から下へ		人格 行為主体 道徳的主体	家族 市場 宗教
下から上へ		法 人倫 道徳 国家	家族 人倫 道徳 市場 国家

表3の説明：人格であること（または行為主体ないし道徳的主体であること）は、すでに述べたようにヘーゲルによれば全体論的属性であり、この属性はその「定在の形式」(R§32；全集9a, 75)を、一方において個人間の間主観的承認関係（＝水平的）によって、また他方において意志のこれら特殊な「形態」（同上）を包摂する社会諸領域の展開（＝上から下へ）によって獲得する。国家の組織は水平的構成関係の一事例として認めることが可能である。「こうして、一国家は他の諸国家に対して主権的独立性を具えている。このような国家として、他の国家に対して存在すること、すなわち、他の国家によって承認されていることが国家の最初の絶対的権限である」(R§331；全集9b, 544)。

さらに言えば、合理的な国家はヘーゲルによれば、個体的主体において、すなわち人格ないし行為主体、道徳的主体の果たす社会的役割の中に顕現しているような（上から下へ：「個人」対「社会的実在」）、意志の本質的具現化だけを承認するのではない。この承認は同時にまた、特殊な社会諸制度の承認をも要求している。すなわちこの諸制度においては、この意志の具現化に基づく諸要求が、意志の全体構造においてその諸要求の占める位置に相応して自由に展開され得る（上から下へ：「社会的実在」対「社会的実在」）。家族を宗教共同体やその他、国家の下位に位置する社会的実在の避難所 Refugium として理解するならば、これらの存在者が善にして正しき社会における統合された一部分となり得るのは、これらが固有の権利の上でもそれらの内的限界においても、国家によって承認される場合においてのみである。ヘーゲルの『法の哲学』は全体として、これら諸領域への権限付与を根拠づけ

る試みとして読む必要がある。その際、この根拠づけは、諸領域固有の論理の叙述、諸領域が依拠する意志形態の規定、および諸領域から生じる特殊な諸要求の定義によって行われる。それと同時にヘーゲルのアプローチは、競合する諸要求をさまざまな行為領域に割り振ることを通して意志の全体構造へ組み入れてその歪みを是正するか、または優先規則を定めることによって競合する諸要求の衝突を緩和することを可能とする。ヘーゲルによれば、個々の社会的実在または社会的世界全体の正統化が成功し得るのは、それぞれに対応する上位の社会的実在の諸部分が、上位の社会的実在と自己同一化する場合、すなわちなによりもその諸契機として自己を把握する場合においてのみである。個々の個人は国家公民としての資格または家族構成員としての役割を自己自身の本質部分として把握しなければならない。それと同時に個々の個人は、家族構成員、市民社会の一員、または宗教的主体としての自身の役割を、それらが国家公民としての役割および自身の国家への積極的参加と両立し得るように解釈することができなければならない。まさにそれゆえに、国家が持続的に存在することは、その公民に正しい態度を、すなわちこの社会的役割および役割全体の占める地位を適切に内的に表現するよう動機づけかつ安定化させることに、国家がどの程度成功するかにかかっている。

　国家より下位の社会組織もまた、それが現実的かつ真正のものであるためには、これらの組織と結び付いている役割を果たし、かつそれに伴い生じる義務を引き受けることを厭わない諸個人によって承認されなければならない（抽象法の妥当性を保証するためには刑罰が必要とされるということに関するヘーゲルの説明は、このことの明白な証拠である）。とはいえヘーゲルによれば、「必要国家」「悟性国家」（R §183；全集9b, 352参照）の内的論理を超えた社会的義務および社会的要求が存在することを、市民社会の諸成員が承認することも同様に要求されている（というのもそうでなければ、抑制の利かない欲求の体系が全体構造を破壊するであろうからである）。

3. ヘーゲルの自由主義的共同体主義

　第2節のここまでの説明では、解釈上の仮説のうち第一のテーゼ〔＝ヘーゲル実践哲学が現在の哲学の枠組みから抜け落ちている方法論的・存在論的想定および規範的想定の配置関係を内包しているというテーゼ〕を裏づけてきた。ここでは簡単に第二のテーゼ〔ヘーゲルの想定が現代の理論状況に見られる不明確な点を持たな

いこと〕の具体的内容として、ヘーゲルが自由主義的な共同体主義を提唱しているということを証明することにしよう（その際、彼の構想におけるさらなる全体論的諸側面が登場することになる）。

　全体論・全体主義批判の基礎をなす考察に反して、ヘーゲルは諸個人の存在論的依存性（それは個人間だけでなく、個人と社会的実在の間においても成り立つ）から、諸個人——社会全体の部分としての——がいかなる内在的価値をも有していないとの結論を導き出すことはしなかった。彼は社会的実在にSE属性が備わることを認めてはいるものの、この個人を超えた存在者の評価的・規範的諸要求に個人の諸要求を全面的に従属させることを容認したり、さらには強制したりするという見解を表明してはいない。

　二つの形態の論証により、個人の自律が近代の破棄しがたい価値ある成果であると認める思想家の集団にヘーゲルを組み入れる解釈を正当化することができる。

　プラグマティックな次元においては、ヘーゲルは社会諸制度の機能に関し、社会諸制度の安定性と有効性は、それに属する部分（すなわち諸個人）による承認を保証するのに成功するか否かにかかっているという見解を表明している。ヘーゲルによれば、このことに成功し得るのは、結局のところ、当の社会的実在がこれら諸個人の実践的アイデンティティの一部となっており、その諸個人によって実際そのようなものとして把握され得る場合においてのみである（この実践的アイデンティティは単純な感情的態度から複雑な哲学的省察に至るまでの広がりを持つ）[22]。

　ヘーゲルの中心的考察に従えば、上述のような承認が実現されるべきであるとすれば、自律的な個人、社会的実在および社会的世界全体の構造的同一性が存在しなければならない。この核となるテーゼを主要な根拠として、ヘーゲルは『法の哲学』の基礎を意志原理に置いた。というのは、それによって——もしここでのヘーゲル思想の捉え直しが成功しているとすれば——社会的世界に統合されるすべての部分が、その部分をさまざまの複雑な顕現ないし形態として持つ構造に参与することが保証されるからである。

　意志は概念の基本構図を持ち、理念としてその概念の本性を社会的世界において実現するという方向性を持つため、ヘーゲルの全体構想は、意志の本質が、自己自身を規定する認知的かつ自律的意志として以下の三つの仕方で実現されなけ

---

[22] 人格の実践的アイデンティティについてはQuante (2007a, 第8章および第9章) を参照。

ればならないということを示すことを目指している。（1）保証された行為諸領域において、その正当な諸要求を実在化する自律的な諸個人の現実存在を通じて。（2）社会的世界を分化させ、意志のすべての契機および具現形態に対し適切な位置を割り当てることを通じて（その際、全体の次元において全体構造が表現されることが問題となる）。（3）さまざまの役割概念（たとえば法的人格、家族構成員、身分構成員、または市民）を介して全体構造が諸個人の自己観念において内的に表現されることを通じて。

　この形而上学的構造により、社会全体のみが完全な意味において自律的であるという——ヘーゲル自身も賛同する——テーゼから個人の自律の否定という帰結が生じることが妨げられる。またこのことには、社会全体の目標はその構成諸要素に最大限可能な自律を保証することでなければならないという要求が結び付いている。なぜなら、これこそが、全体構造がその諸契機においても諸契機相互の配置関係および諸契機の内在的表現においても実現されているための唯一の実践可能な方途だからである。したがって、個人の自由の承認ならびに個人の諸要求の正当化は、ヘーゲル形而上学の全体構想と合致すると言うことができる。これは、いくつかのヘーゲル解釈とは対立する解釈である。

　このことは、ヘーゲルが全体論的な社会哲学を自由主義的な立場と結び付けることが可能であり、またそうせざるを得ないことの理由を示している。とはいえ、ヘーゲルが上述のような自由の諸領域を制度的調整によって実際に適切に保証しているか否かという問いは答えられないままである。社会において登場する、ある程度までは互いに競合するさまざまな要求を常に調和させるという問題は、いずれにせよ、ヘーゲルの提案した方針によっては解決されていない。だがこのことは欠点を表しているのではなく、むしろ（ヘーゲル）哲学の首尾一貫した自制の適切な表現を示している。というのは、上述のような諸要求の調和は哲学者によってではなく、諸個人自身が行うべきものだからである。ヘーゲルの『法の哲学』は具体的な自由の基本構造を実に印象深い仕方で叙述しているが、この具体的自由は社会的日常生活においても政治的日常生活においても具体的内容を伴って実現されなければならない。この具体的次元においては、概念はその構成的強度を失い、善きものを実現しようと試みる有限な諸主体の経験および判断力に余地を与えることになる。

第3節　ヘーゲル社会哲学の利点

　最後に以下のように問うことができよう。ヘーゲル社会哲学のこのように複雑な捉え直しは、いかなる体系的成果をもたらすであろうか、と。ヘーゲル哲学の解釈に関心を寄せる読者はおそらく、本書が全体論・全体主義批判を却下したことを、共感をもって受け止めることであろう。だが、われわれの考察には文献学的理解を深めることを超えて、アクチュアルな社会哲学にとっての収穫が含まれているであろうか。少なくとも本書で提示した捉え直しは、ヘーゲルの垂直的全体論が、純粋に概念上の根拠からは、個人の自己決定をパターナリズム的観点から制限することの可能性を排除することはできないという帰結をもたらしている。それに加えてヘーゲル自身は当時の政治状況の中で、今日の基準では考えられないような仕方で個人の自由を制限することに賛意を表明している。このような制限はヘーゲルの理論から概念上必然的に帰結するものではないが、それでもヘーゲルの理論と両立し得るものではある。そのような可能性を断固として除外するためには、われわれは個人主義の立場を採用するか、または水平的全体論の立場を上限とすべきではないだろうか。われわれがこれら二つの選択肢を超え出ているヘーゲル社会哲学の概念資源をさらに彫琢するならば、体系的観点から見て得られるものは何であろうか。

　私の理解では、ヘーゲルの構想は社会的構成諸要素に関する彼の複雑に分岐した構想を体系的に擁護することを正当化する二つの重要な利点を持つ。このように見ることで得られるものは、ヘーゲルの体系構想において十分可能と思われる法のパターナリズムという、抗う余地のない問題よりも、重要度が高い。概念上の決定によりこの法のパターナリズムをあらかじめ排除する代わりに、複雑な反省と歴史的学習過程という脆弱な手続きによってパターナリズムを緩和することの方が、私にはより見込みがあるように思われる。

　ヘーゲル社会哲学を際立たせている第一の利点は、説明上の性質に関するものである。複雑に組織された社会において生活を営む主体として、われわれは自分の属する社会的世界を何か独立したものとして、それどころかいくつかの点においては決定的度合いにおいてわれわれに対して権力を行使する何ものかとして経験する。疎外および物象化という経験を支えるこの現象的与件は、マルクス、ルカーチ、そしてフランクフルト学派の伝統にまで遡る批判的社会理論の決定的テーマであるに

はとどまらない。実際それは、われわれの近代的自己意識・社会意識と関連し、どのような社会哲学であっても説明する必要のあるものの一つに他ならない。しかし、たとえばブルーノ・バウアーや初期マルクスのようにいかなる物象化をも疎外の表現、したがって倫理的に受け入れがたい仕方で人間の自由を制限することの徴候であると見なすかという問いを立てるのと、(より現実的に、かつヘーゲルにより強く依拠しつつ)複雑性の度合いを増している社会化と密接に連動する人間の相互行為における物象化に制度的また組織的な歯止めをかけて、倫理的に受け入れ可能な(または少なくとも耐え得る)範囲にとどめることはいかにして可能であるか、という一層細分化された問いを立てるのとは、それぞれ別の問題である。このような〔疎外と物象化の〕現象を全体として把握し、適切に処理して、規範的議論の材料として供することは、社会哲学の第一義的課題でなければならない。方法論的個人主義も、存在論的に水平方向の関係に限定された全体論も、あまりにも粗削りであるために物象化と疎外の経験とを満足のいく仕方で捉え直すには不十分である。だがそのような適切な捉え直しを欠いては、疎外はそれ自身として除去されるべきか、それとも一定程度の疎外は倫理的に容認し得るのかという規範的問いについて、そもそも適切な仕方で議論することはできない。ヘーゲル哲学は概念的に豊富で内的に細分化された体系的な社会存在論を内に含んでおり、この社会存在論はこの規範的問いの解明のための一つの適切な基盤を提供している。

　第二の利点は、倫理上の性質に関するものである。ヘーゲルによる意志概念の分析および自律論は、行為者個人(人格または道徳的主体)または行為者個人の行為だけでは自律を完全に実現したものとして捉えることはできない、という想定に基づいている。(ヘーゲルが思弁的に理解した限りでの)概念としての意志の自己説明および自己展開に関する思弁哲学により、彼はあらゆる社会現象を自己規定の段階的顕現として把握することが可能となった。このことによってヘーゲルは、自己決定を行う個々の個人、または個人を超えた社会的実在(共同体、またはヘーゲルにおいてパラダイム的なものとなっている国家など)を孤立した自律の担い手として捉えるという選択肢を回避している。それと同時に、ヘーゲルは社会的なものの思弁論理的分析の枠内で、完全な自律は社会的実在の次元においてのみ適切に実現することが可能であるというテーゼを展開し得ている。しかしながら彼の自由主義的

---

(23) この点については Quante (2009b) を参照。
(24) この点については Quante (2010b) を参照。

な共同体主義に基づけば、このことは（たとえばポパーやトゥーゲントハットが想定したように）[25]個人の自律を除外したり原理的に下位に位置づけたりすることにはつながらない。むしろこの理論的な組み合わせによって、近代を特徴づけるものとしてヘーゲルが捉えたジレンマを回避することが可能となる。すなわち、個人の自律への要求が一回ごとの決定によっても個々人の生活史によっても充足されることは不可能である以上、自己の生を自律の理想に即して方向づける試みは、過度の要求に終わるか、それとも自律を原理的に充足することのできない理想として祭り上げることになるかのいずれかである。このジレンマの第一の極は、倫理的理想が個人を動機づける力を失うことになる危険を蔵している。一方、第二の極は、個人の自律または社会的に組織化された自律の諸形態が、誇張された規範的批判によって価値を奪われる危険を伴う。自己理解および民主的に構成された社会の正統化のためには個人と社会的なものとの同一化という関係が必要であるが、これらの両極からなるジレンマはこの関係を解体することにつながる。これに対してヘーゲルの要求するところは、完全な自律は社会的実在の次元においてのみ実現され、諸個人にとっては社会的世界への積極的参加および社会的世界との同一化によって達成可能であるということである。このような自律が含意するのは単に個人が倫理的重荷を相当程度取り除かれることだけではなく、ヘーゲルにとっては自由の実現を意味する近代社会の、いわば動機上の、および正統性の基盤を保護することでもある。

---

[25] Tugendhat (1979) を参照。

第13章
議論の余地のある人倫

　ヘーゲルの実践哲学（以下では1820年の『法の哲学綱要』をヘーゲルの実践哲学そのものとして論じる）をプラグマティズム的な倫理の根拠づけとして特徴づけたとしたら、時間の順序とかみ合わないことはたしかである。なぜなら、哲学的な潮流としてのプラグマティズムはヘーゲルの死から半世紀後にはじめて登場したからである。さらに、このような特徴づけは、多くの人びとにとって不条理、少なくとも驚きの主張と映るかも知れない。そこで、ヘーゲルの中に倫理のプラグマティズム的な根拠づけが見いだされるという主張が持つ見かけ上の不条理さを取り除き、それに説得力と意味を与えるために、私は以下のような手順で進むことにしたい。まず、私の論考にとって中心となるプラグマティズムの特徴が素描され（第1節）、それに続いてヘーゲル哲学に関連づけられる（第2節）。解釈戦略について簡単に反省し、ヘーゲルの客観的精神についての理論を概略的に叙述した後（第3節）、ヘーゲルの「人倫における道徳性の止揚」がどの程度プラグマティズム的な根拠づけ戦略として解釈されうるのかが探求される（第4節）。

第1節　プラグマティズムの中心的な特徴

　ここでの目標にとって最も重要であるプラグマティズムの特徴について短い説明を行うに先だって、私は二つのコメントをあらかじめ付しておきたい。第一に、とりわけ批判理論の創始者が提示したプラグマティズムの解釈に反して、この哲学的な理論タイプは、資本主義の肯定も、道具的な合理性という、単なる有用性の思想へと還元され縮減された合理性の段階も問題にしていない。プラグマティズムを擁護することは本章のテーマではないので、ここでは単に定立的に——つまり議論の前提として——次の点だけを確認しておきたい。すなわち、プラグマティズムは、個人的また社会的に成功した生活という包括的な意味での善を目指す哲学的思考だということである。このことは、功利主義において主張されるように、この善は有用なものへ還元さ

れうるとか、純粋に量的に規定できるとかいったテーゼを含むものではない。また、それは善そのものという表現は、詳細に見てみれば、余りにも単純なものであることが分かるとか、善そのものを価値の多元性という意味でもっと細分化して解釈する必要が倫理学にはあるというテーゼを排除することもない。[1]

　第二に、本章の論述においては、プラグマティズムそのものという一般的な表現を一貫して使用する。それには、チャールズ・サンダース・パース、ウィリアム・ジェイムズ、ジョン・デューイそしてフェルディナンド・シラー（訳注１）といった中心的人物の理論を含むこととし、重点や強調点がさまざまに異なるこれらの理論の相違には踏み込まない。本章の目的にとってはそうした手順は容認される。なぜなら、以下で目指されているヘーゲルとの比較において重要となる特徴は、先に述べられた四人の哲学者すべてに当てはまるからである。また、これらの哲学者の著作の内在的な展開も無視するというさらなる単純化も同じ理由で認められる。

　さまざまな層からなる一つの哲学的な潮流を限られた数の特徴で描き出そうとすることはつねにリスクを伴うものであって、まったく議論の余地がないということは到底あり得ないだろう。加えて、そのような提案それ自体が、いずれも特定の認識関心や問題設定の下で企図されているということから、さまざまな理由で、これらの特徴づけのいずれも唯一の代表的な特徴づけであるという要求を掲げることはできないであろうという推測が容易に思い浮かぶ。このことは、内容的には、ここ十年間のうちにとりわけヒラリー・パトナムによって提案されたプラグマティズムの解釈に依拠したここでの特徴づけにも当てはまる。[2] この解釈においては、実践的なものの優位、価値と事実の二分法を拒否すること、可謬主義、そして反懐疑主義的な根本態度がプラグマティズムの四つの中心的な特徴であって、これらについて私はここで簡単にその特徴を描き出したいと思う。

　実践的なものの優位：プラグマティズムは、人間の思考は第一義的に活動として理解されねばならないということから出発する。この活動は、われわれを取りまく自然的また社会的な世界への能動的な取り組みの本質的な部分をなしている。[3] 哲学的反省にとってこのことは、哲学的な問題を解決する場合にも、われわれは参加者

（１）これについては Quante (2011, 第６章および第９章そしてまた2010a) を参照。
（２）これについては Raters/Willaschek (2002)、およびそこで言及されているパトナムのテキストを参照。
（３）概観を得るためにとても役立つのは Willaschek (2004) における叙述である。

の視点の優位という前提から出発しなければならないということを意味する。

　価値と事実の二分法を拒否すること：実践的なものの優位が出発点とされるなら、価値と事実の二分法を拒否することは容易に思い浮かぶ。認識することも活動として、また関心に導かれた問題の克服として理解することができるので、プラグマティズムによれば、価値や解釈から独立したいかなる事実も存在しない。いかなる知もつねに実践的 - 社会的な諸関係のうちにあり、つねにわれわれの社会的実践にとっての帰結をも持つ。

　可謬主義：われわれの信念のいかなるものも、さまざまな発見に基づいて、新しい経験に照らして、あるいは、社会的変化の結果、誤ったものであることが判明する可能性がある。たとえば、形而上学的な根拠づけのゆえに原理的に錯誤への耐性を持つと認められるような個別的な信念は存在しない。プラグマティズムはこのように理解されうる。だが、この可謬主義を認めたとしても、プラグマティズムにおいては、そこから懐疑主義的な帰結は引き出されない。むしろその根底には反懐疑主義的な根本態度がある。

　反懐疑主義：プラグマティズム的な反懐疑主義は以下の三点によって特徴づけられる。第一に、認められない過度な一般化という誤った推論は避けられる。われわれのどのような個別的な信念も誤っていることがありうるということが事実として認められるとしても、そこから、われわれの信念が全体として誤っている可能性があるということは帰結しない。それゆえ、可謬主義からラディカルな哲学的懐疑主義は帰結しない。

　第二に、われわれの信念のみならず、それに対する懐疑もまた根拠づけが必要であるということからプラグマティズムは出発する。言いかえると、懐疑を議論に持ち込む際にも、それ自体十分な根拠をもって行わなければならない。それゆえ、ラディカルな懐疑主義も根拠づけられねばならないし、したがって前提を必要とする。そして、ラディカルな懐疑が議論へ導入されるべきであるかぎり、これらの前提を疑うことは許されない。

　これによって、正当化された、つまり十分な根拠でもって議論へ導入される懐疑を、単に仮定的に疑うことから区別するという可能性が生じる。後者は単にいかなる信念も原理的に誤りうるという——プラグマティズムがどの個別的なケースにおいても認める——事実に由来するにすぎない。それゆえ、第三に、プラグマティズムにおいては、われわれの実践のうちに十分な、あるいは少なくとも跡づけ可能な

根拠を持つ真の生きた懐疑と、われわれの生活遂行にとって実践的な重要性を持たない作為的な、あるいは、単に哲学的な懐疑とが区別される。

したがって、まとめると、プラグマティズム的な反懐疑主義は以下のものを含んでいる。実践においてこれまで確証されてきたわれわれの信念体系は総体としてはあらかじめの信頼に値するけれども、懐疑を——この懐疑によって前提された信念と関連づけて——説得力のあるものにすることに成功した場合には、個別的な信念については疑われうる。だが、われわれの信念体系全体を一度に問題視するラディカルな懐疑主義は意味のある立場ではない。というのも、それは自分自身を十分に根拠づけることができないし、したがって議論へ導入することに失敗するからである。現にいま十分に根拠づけられた異論を持たないにもかかわらずある信念を疑うということは原理的に可能であるという指摘は、われわれの実践において確立された信念を疑うためには、それだけでは十分ではないのである。

第2節　親近性と障害：プラグマティストとしてのヘーゲル？

いまや、われわれはヘーゲルの哲学をプラグマティズムのこれらの特徴と関連づけることができる。まず明らかな親近性が認められる側面から始める。

1. 明らかな親近性

ヘーゲルは、プラグマティストと同様に、事実と価値の二分法を拒否する。ヘーゲルの存在論は総じて本質主義的-目的論的な合理主義として理解されねばならないので、事物の真の存在、その本質は同時にその理性性の内在的規範である。ヘーゲルによると、真理とは、存在者がその概念の適切な顕現であるという点にある。これは、われわれが日常会話で「真の男友だち」とか「真の女性哲学者」のような言い回しで用いられている「真の」の意味と同じである。現在の哲学においては真理についてのこの本質主義的-存在論的な解釈は、真理を言明や事実の特徴として理解する支配的な構想によって背景へと押しやられている。後者の、「真である」という述語に沿って構想された規定に対しては、ヘーゲル自身は正しさという概念を用いる。[4]

実践哲学の領域に対してヘーゲルは、前章で示されたように、たとえば、行為、

---

(4) Halbig (2002, 第5章) を参照。

倫理的あるいは宗教的な信念、あるいはまた社会的な制度といったこの領域に属する諸現象は段階的な仕方で次第に複雑になっていく自律的意志の顕現形態として理解されねばならないというテーゼを主張する。社会的世界は、意志という形態における理念が基本原理であるところの領域である。ここから、ヘーゲルが法哲学で証明を試みているように、社会的制度は承認関係および意志関係として理解されねばならないということが帰結する。これが、社会性の存在論的な存在と同時にその規範的な妥当の内実である。したがって、価値と事実の二分法はこの見解とは明らかに合致しえない。

2. 問題含みの関係

　事実と価値の二分法を拒否することに関してヘーゲルとプラグマティズムのあいだには親近性があるというテーゼが納得のいくものであるのに対して、そうした親近性は実践的なものの優位というテーゼに関しても確認されうるという主張は問題を含んでいるように思われる。その理由は、実践的なものの優位というテーゼが二つの仕方で理解されうることにある。

　ヘーゲルは彼の哲学体系において理性を総じて活動として理解している。ヘーゲルは自身の体系思想によってドイツ観念論のプロジェクトを終わらせることができると考えているが、その体系思想の趣旨は次の点にある。すなわち、現実性が持つ理性性を確定し説明するためにわれわれが引き合いに出さねばならない尺度は、自己自身を規定し産出する主観性という原理である、と。ヘーゲルはこの原理を『論理学』において「理念」と呼ぶ。この主観性は自律的な活動として構想されている。これは、ヘーゲルの哲学がその根本原理において実践的なものの優位から出発しており、このテーゼに根本的意義を与えていることを示している[5]。この基礎的な意味でヘーゲルが、この点ではとりわけフィヒテに従いつつ、実践的なものの優位から出発していることには、まったく異論の余地がない。ところで、実践的なものの優位というテーゼを単に純粋な有用性思想の表現と見るだけのまるで見当違いの短絡的結び付けは無視しよう。だがその場合でもなおこのテーゼの第二の読み方が残されている。この読み方は、哲学の――あるいは、哲学的営為の、と言う方がよいであろう――目標を定めるメタ哲学的な想定を表現している。ここで実践的なものの

（5）これについては Düsing (1984) を参照。

優位について語ることが意味するのは、哲学は最終的に、倫理的な善あるいは道徳的に正しいものへと関係づけられているということである。

第二の読み方においては、「実践的なものの優位」というテーゼはヘーゲルの哲学的なプロジェクト全体と緊張に満ちた関係にある。たしかにヘーゲルはその最初の仕事から、自分の哲学的なプロジェクトを現実性とりわけ近代の社会的な実在性を認識してそれと和解することと理解している[6]。そのように見られるなら、彼の哲学は善に関係づけられている。しかし、この目標を達成するために、ヘーゲルが主観性の原理に基づいて展開した体系においては、意欲に対して思考がより基礎的でもあり、より高次の段階に位置づけられてもいる。最終的には、ひょっとしたらストア的として特徴づけるのが適切かもしれない彼の想定は、善は第一義的には現実性が持つ理性性を洞察することによって実現されねばならないというものである。目標とされているのはたしかに善である。しかし、ヘーゲルの理念論も主観的かつ絶対的な精神についての彼の理論も示しているように、彼にとっては認識こそそこへと至る王道なのである（これについては本書第3章を参照）。

3. 不条理な結合？

プラグマティズムの反懐疑主義とヘーゲルを結び付けようとする試みは、一目で不条理とは言えないまでも、今述べた点以上に問題含みであるように思われる。だが、状況が正しく評価されうるためには、ここでもやはり二つの読み方が区別されねばならない。

「反懐疑主義」は、一方では、最終根拠づけ主義的な仕方で攻撃的に懐疑主義者を反駁することを意味しうる。さまざまな哲学的方法で、それについて疑うことが有意味ではない特定の事態があるということを示すことが試みられる。その場合、このことが、それらの事態が明証的であるとか、論理的もしくはプラグマティックな矛盾に巻き込まれることなしには疑うことができないことを証明するという仕方でなされるのかどうかについては、ここでは問わないでおくことができる。こうした仕方で議論する人はそのラディカルな哲学的懐疑主義を真剣に受け止め、議論においてその哲学的な懐疑の余地を認めた上で、疑われえない信念があるということを示そうと試みる。その場合、そうした最終的な根拠づけは個別的な原理や想定に

---

(6) これについては Rózsa (2005) を参照。

対して提示されるか（たとえばフィヒテの場合のように）、あるいは——全体論的-整合主義的なヴァージョンにおいて——カテゴリーの総体、理論、あるいは、まさに哲学体系全体に対して提示されるかのいずれかである。

1807年の『精神現象学』においてヘーゲルは「自己自身を完遂する懐疑主義」によるそのような攻撃的な哲学的反駁を提示したと主張しており、この反駁の辿りつく先が絶対知の立場である。[7] 少なくともヘーゲル研究において広く共有されている理解によれば、この立場は主観性の諸カテゴリーの整合主義的かつ全体論的に根拠づけられたネットワークのための基盤であって、このネットワークをヘーゲルは『論理学』で展開し、1812年から16年にかけて出版するのである。ヘーゲルが『精神現象学』の緒論で詳述しているように、ひとは——少なくとも哲学者としては——哲学的な懐疑を真剣に受け止めなければならない。なぜなら、哲学者は全体を、つまり、われわれの知の総体性を目指しているからである。ヘーゲルによると、この総体性への要求は哲学にとって構成的である。これについてヘーゲルは、哲学はラディカルな懐疑的挑戦にうまく対応できるのであり、したがって最終的には、ラディカルな懐疑主義者が暗黙に尺度として言い立てるとてつもない真理要求と根拠づけ要求を満たすことができると考える点で、楽観的である（これについては第3章を参照）。

いま素描された攻撃的なヴァージョンから区別されねばならないところの、懐疑主義のもう一つの意味は、本章の冒頭でプラグマティズムの主要特徴とされた想定である。それは、われわれは有意味な仕方でわれわれのすべての信念を同時に疑うこともできなければ、そうした態度をとることの十分で見込みのある根拠も手にしていないので、ラディカルな懐疑主義は決して真剣に受け止められる必要はないというものである。この場合、言わば、ラディカルな懐疑主義者には哲学的な議論への立ち入りが拒否されている。というのも、懐疑主義者自身その懐疑的な指し手を十分な根拠によって議論へ導入することができないからである。

ヘーゲルが体系全体の次元で掲げる最終的な根拠づけ要求より下位の次元には、この第二の反懐疑主義的な論証形態も見いだされる。彼は『精神現象学』において、懐疑主義者の不信に対して不信を持つことをわれわれにはっきり要求する。懐疑主義者は、そのラディカルな懐疑によって、同時に、彼の要求にとって十分な根拠づけが不可能であるということを暗示したいのである。そこでは以下のように述べられている。

（7）これについては Siep (2000) を参照。

かくて誤謬におちいりはしないかという憂慮がいだかれているわけであるが、学のほうはこんな疑惑をいだきもせずに仕事に取りかかり、また現実に認識してもいる。そこで上の憂慮は学に対して不信をいだいていることになるが、そうであるとすると、逆にこの不信に対して不信がいだかれるべきであるのに、いったい、なぜそうはされないのか、誤りはしないかという、この恐怖がすでに誤り自身でないかと憂慮せられるべきはずなのに、なぜそうはされないのか、これは理解されえないことである。じっさい、この恐怖は或ることを、いな多くのことを真理として前提し、[……] この前提自体こそはたして真理であるかどうかが予め検討せらるべきものである。(GW 9, 54/MM 3, 69f.；全集4, 77)

さらに、ヘーゲルは、彼の哲学的思考のすべての発展段階を通じて、懐疑的な根本態度は「社会的存在である人間」にとって役に立つ生活形態を開示しないと繰り返し強調する。理論的な領域で一貫した懐疑となるものは、社会的世界においては、「消滅することのフリア Furie／破壊の狂暴」(GW 9, S319/MM 3, 436；全集5, 905) としてか、あるいは、後に『法の哲学綱要』において言われるように、「宗教的な場面においても、政治的な場面においても」「一切の存立する社会的秩序を破壊し尽くす狂信」(R§5A；全集9a, 41) としてその正体を現す。

『論理学』の全体論的で整合主義的に構想された根拠づけ形態もまた、根本において、われわれはわれわれのカテゴリーあるいは信念をすべて一度に疑うことはできないというプラグマティズムの洞察を表している。そうした懐疑のためには、われわれはこのカテゴリー体系の外部の立場を手にしていなければならないであろうが、絶対的なものについてのヘーゲルの分析によれば、そのようなものこそまさに存在しえないのである。

次に、プラグマティズムとヘーゲルとの問題含みの結合肢である可謬主義について簡単に論じる。懐疑主義に関する以上の考察からの帰結として、ヘーゲルの可謬主義に関しても、同様に二つの次元が区別されねばならない。体系全体の次元ではヘーゲルは最終的な根拠づけ主義者であって、決して可謬主義者ではない。したがってこの立場とプラグマティズムとは一致しえない。しかし、ヘーゲルの実践哲学においては、つまり体系の内部では、より正確には、『法の哲学綱要』においてヘーゲルがさらに練り上げた客観的精神という体系部分においては、反懐疑主義的でかつ同時に可謬主義的な根拠づけ形態が見いだされる。これを明らかにすることがさら

なる考察の目標である。

　これまでの論述はここで採用されるべき解釈戦略をほとんど不可避的に確定する。以下の論考においては、体系全体について最後に手短に論じた後、この体系全体に関わるコンテクストからは離れて、客観的精神についてのヘーゲルの理論の内部構造に集中する。(8) ここでの論考を導く推測は、この次元には真正のプラグマティズム的な根拠づけ形態が見いだされるというものである。より詳しく言えばこうである。人倫における道徳性の止揚というヘーゲルのテーゼは根拠づけ理論的に解釈されねばならず、大抵なされているように、妥当理論的に解釈されるべきではない。言いかえると、ヘーゲルにとって第一義的に問題であるのは、人倫の妥当要求が道徳性の妥当要求よりも優越するべきであるということを証明することではなくて、むしろ、第一に、いかなる道徳的な論証もあらかじめ定立されている人倫的な前提に基づかねばならないということを示すことなのである。

　だが、この解釈仮説を納得のいくものとするに先立って、まずヘーゲルのエンチクロペディー体系全体における客観的精神の位置を確認しておかなければならない。それゆえ、われわれは次のステップではいま一度、ごく簡単に体系全体へと向かわねばならない。

第3節　客観的精神の脆さ

　本節では、第一に、客観的精神を問題にする場合にわれわれがヘーゲルの体系内のどこに立っているのかについて短く素描される。このことは、ヘーゲルの見方ではなにゆえに客観的精神の領域においてはさまざまな種類の解消不能な葛藤が避けられないのかを説明するであろう。第二に、私の見方にとって中心的な三つの葛藤

（8）ヘーゲルの体系の全体論的な性格を踏まえれば、こうしたやり方は不可避的に二重の反論に曝される。第一に、ヘーゲルが論拠とするものを最終的な根拠づけの連関から切り離す場合には、この論拠は、ヘーゲルが意図していた根拠づけの地位を失ってしまう。第二に、そのようなやり方をする解釈者はその選択的な進み方に際して彼自身の側で次のような前提を要求する。つまり解釈者がヘーゲルの体系構想全体についてヘーゲルに従うことができないと信じている、あるいは、従う必要はないと考える際に依拠している前提である。ところが、ヘーゲルは、実際には大抵の場合、この可能的な前提それ自体を問題視しており、その論証の歩みにおいて廃棄している。したがって外在的な立場は、ヘーゲルを体系的な観点において単に真剣に受け止めていないか、自分自身の前提をヘーゲルの批判から擁護するよう強いられているかのいずれかである。第二の反論はこのように定式化されよう。これについては本書第3章を参照。

を指摘し、これらの葛藤から客観的精神の根本的な脆さが生じることを示す。そして最後に、第三として、私が本章においてこれまで論じないままに持ち越してきた二義性を締め出す。

1. 理念の自己実現のプロセスにおける客観的精神の位置

　ヘーゲルの全体系——ここで念頭に置いているのは『哲学的諸学のエンチクロペディー綱要』である——は、1817年に『エンチクロペディー』がはじめて出版されて以来、その根本特徴という点で確定している。ただし、とりわけ1827年の第二版において、ヘーゲルはそのテキストをさらに著しく拡張し、いっそう詳細に展開している。

　とはいえ、論理学、自然哲学そして精神哲学という大きな三区分は変更のないまま確定しており、客観的精神を問題にする場合、われわれは第三のかつ最後の体系部分のうちにいる。ヘーゲルの「精神哲学」はそれ自体も三つの部分からなる。すなわち、第一段階の主観的精神（これは最も広い意味で今日の心の哲学に対応する）、第二段階の客観的精神（これは今日、包括的な意味で実践哲学に対応する）、第三段階の絶対的精神（これは今日、包括的な意味で文化現象の哲学に最もよく対応する）である。

　ヘーゲルによると、精神のあらゆる「形態」に固有の事柄は、それらのうちで理念が段階的により複雑に、より安定した、より理性的で、そして内容的により適切になっていく自己実現と自己認識に到達するということである。それゆえまた、ヘーゲルにとっては、精神のあらゆる形態は内在的な規範性とさまざまな評価的意味内容によって構成されている。たとえば、投射理論（これは現在のメタ倫理学でよく知られている）や、あるいはまたダニエル・デネットの命題的態度に関する反実在論的な道具主義におけるのとは違って、ヘーゲルは、内在的で評価的かつ規範的なパースペクティヴの背後へと回ることはできないという前提から出発している。そのかぎりで、ヘーゲルの全構想を現実性が持つ評価的かつ規範的な側面についての反実在論的な解釈に対する他の選択肢として理解することができる。[9]

　精神の三つの形態の中間段階として客観的精神は、個人としての人間の魂〔心〕と、ヘーゲルが芸術、宗教そして哲学のうちに位置づけている人間の最高の文化的成果とのあいだを媒介する役割を有するのみではない。客観的精神は以下のことに

---

(9) さまざまなメタ倫理学的な選択肢については Quante (2011) を、そしてまた志向的な態度に関するデネットの理論については Quante (1995) を参照。

よってもまた特徴づけられる。すなわち、自己実現の適切な形態とこの形態にとって適切な規範的な自己理解を自己に与えるという理念の課題は、矛盾なしには——そしてこれはここでのヘーゲルの場合、葛藤なしには、ということを意味する——解決されえないということである。ヘーゲルがこのテーゼのために意志の概念から導きだす思弁的-論理的な理由は、ここでは論じることができない（これについては第9章および第10章を参照）。いずれにせよヘーゲルが具体的に想定しているのは、われわれは、社会的なものそして政治的なものの領域においては、葛藤がなく、障害に対して抵抗力があり、生成消滅とは無縁な制度を期待してはならないということである。ヘーゲルに少し遅れてマルクスが市民社会に対する批判の根底に置いたような、社会的構築物の有する和解のポテンシャルへの「救済の期待」と対比するなら、ヘーゲルのこの洞察は彼の現実主義の表れとして評価されうる。ヘーゲルが「枯れることがない当為」を拒否していることは、しばしば、役所への服従や国家の神格化に有利になるような、道徳的な立場や批判的意識の価値の引き下げとして解釈されているが、今述べたように理解するならば、十分な意味を発揮する。ヘーゲルは、社会制度が原理的に充たしえない期待をそれに投げ掛けることに対して警告する。なぜなら、過度に期待するそうした態度は、一方では、道徳的、倫理的あるいは社会的な要求の根拠づけ可能性についての全般的な懐疑へと導き、他方では、現存している人倫的な合意の破壊を帰結する可能性があるからである。これは諦念的なあるいは復古的な傾向とは何の関わりもない。

2. 客観的精神の脆さ

　ヘーゲルにおいては、社会的そして政治的な制度には、国家や市民社会と並んで法や道徳も含まれているが、これら社会的そして政治的な制度の脆さは三つの次元に分類できる。
　第一に、客観的精神の形態としての社会的そして政治的な制度は、自然への関係において不安定である。地震、凶作、あるいはまた伝染病といった自然災害は、客観的精神の理性的な顕現の崩壊、あるいは少なくとも甚大な破壊、変形を結果することがありうる。ヘーゲルに倣って定式化すればこうである。すなわち、客観的精神は理念の完全な実現形態ではないので、無媒介な前提としての自然が破壊的に作用する可能性がある、と。客観的精神におけるこの思考形態とのアナロジーで、ヘーゲルは——主観的精神の段階で——個体の病気や死を、その類の個別例としては決

して完全に十分ではありえないところの個々の有機体の原理的な不適切さの必然的な顕現として理解している。

　第二に、いかなる政治的共同体も歴史的発展の偶然性に曝されている。ヘーゲルから見ると、意志は必然的な仕方でそれ自身のもとに an sich 個体性の契機を持たねばならないので、彼は支配形態としての君主制は理性的な国家の必然的な要素であると考えるだけではとどまらない。ヘーゲルは、そこからまた、国家は個体として理解されねばならないという、はるかに大きな説得力を持つテーゼをも導きだす。すなわち、国家は他の国家との承認関係のうちにあって、この関係の中でそれぞれの特殊な個体性を形成し、それを確証しなければならない。だが、同時にこの個体性は歴史的な拘束性をも形成しており、ある国家の規範的な基盤が、他の国家において優勢な原理や規範によって取って代わられるという可能性を開く。ヘーゲルはこの通時的な脆さを糧にフランス革命の経験をもきっと咀嚼したにちがいないが、この通時的な脆さは、なにゆえ歴史哲学がヘーゲルにとって実践哲学に属するのかということの事柄に即した理由を提供している。ただしこの分類は、ヘーゲルの体系建築術という観点からは悩みの種と言わざるをえない。

　最後に、第三として、客観的精神の脆さは社会的また政治的な制度に対する個人の関係のうちに示される。社会的実在として精神は、共同体構成員の評価的かつ規範的な理解のうちに本質的に現存する。あるいは、ヘーゲルが言うように、それは共同体構成員の心情 Gesinnung のうちに現存する。国家が「信頼 Zutrauen」および「信用 Vertrauen」といった基本感情や積極的な共同形成や参加への気構えを市民──および女性の市民──のうちで生みだすことや生き生きと保っておくことができない場合には、そうした構築物は、遅かれ早かれ、諸契機の全体との同一化が欠如しているがゆえに、安定性と力を失う。[10]

　異なるアイデンティティ（文化的な自己理解という意味で）が形成されている他の諸国家との競合関係においては、そうした国家は承認をめぐる闘争に敗れるであろう。このことは人民の防衛準備への気構えが欠けているがゆえに軍事的に敗北するという劇的なかたちをとる必要はない。ある社会の人倫的自己理解の本質的な構成要素が少しずつ知らぬ間に侵食されていき、もともとは他の国家の文化的アイデンティティを形成している社会的な生活形式へと次第に移行していくというかたち

---

(10) Siep (1992a, 第14章) を参照。

をとることもありえる。

　ヘーゲルが個人と近代的な形態における共同体との関係に与える原理的な規定にとってまったく決定的であるのは、道徳性と人倫の関係である。われわれがこれからすぐに見るように、ヘーゲルは道徳的自律と人倫的共同体との関係規定のうちに実践哲学の根本課題を見ているだけではない。彼はこの関係を規定するために真正のプラグマティズム的な根拠づけ形態を用いるのである。われわれが最後の章においてそれを論じる前に、われわれがここまで不問に付してきた二義性を取り上げてそれを排除しておかなければならない。

3. 倫理の根拠づけ?

　「倫理の根拠づけ」ということで、あ・る・意・味・で・は・、たとえば、今日では道徳否定論者と呼ばれている懐疑主義者に対して、全体としての倫理の哲学的な根拠づけが理解されうる。倫理のそのような根拠づけは「外在的」根拠づけとして分類されうる。というのも、それは、それ自体はすでに倫理の一部ではない諸前提から出発すると主張するからである。たとえば、合理的な自己利益という原理などによる倫理のそうした外在的な根拠づけは、哲学的な倫理学が近代的な道徳の標準を満たそうとするかぎりで、多くの哲学者によって哲学的な倫理学の中心的な課題として理解されている[11]。

　倫理のそうした導出と哲学的根拠づけは、ヘーゲルの場合、基礎的な社会的制度を、したがって倫理の領域もまた、絶対的理念の自己実現の必然的な契機として示したという彼の主張のうちに暗黙の仕方で見いだされる。少なくともさしあたってはこのように論証されうる。けれども、これが本当に外在的な根拠づけとなっているのかどうかはヘーゲルの理念論の分析を手がかりにしてのみ決定されうるのだが、私はここではこれを行うことはできない[12]。いずれにせよ、理念の本質的な諸形態のうちの一つは善の理念である。ここからは体系のコンテクストからは離れることになるので、われわれは、ヘーゲルには『論理学』を基礎とした倫理の外在的な根拠づけが見いだされうるというこの可能性も、脇に置いておくことにする。

　これに対して、別の意味では、「倫・理・の・根・拠・づ・け・」は、倫理内部の立場からの特定の倫理的信念の根拠づけを、したがって「内在的な」根拠づけを意味する。客観的精神についてのヘーゲルの理論の内部では、これは少なくとも本章の中心的なテー

---

(11) Siep (2004, 第2章2) そしてまた Quante (2011) を参照。
(12) これについては第2章および第3章、そしてまた Siep (2010, 第Ⅰ章B) を参照。

ゼであるが、真正のプラグマティズム的な根拠づけ形態を示すところの、この意味での内在的な倫理の根拠づけが見いだされる。より正確に言えば、以下に続く五番目のステップにおいて詳しく論じられるように、それは人倫における道徳性の止揚というヘーゲルのテーゼのうちに見いだされるのである。

第4節　プラグマティズム的な根拠づけ戦略としての「人倫における道徳性の止揚」

「人倫における道徳性の止揚」というヘーゲルのテーゼは、ヘーゲルに対する激しい批判を巻き起こした。たとえば、エルンスト・トゥーゲントハットはその著『自己意識と自己規定』の中の「ヘーゲルよさらば」との表題が付された最終章で道徳的な倒錯について語っている。なぜなら、トゥーゲントハットによれば、明らかにヘーゲルは、道徳的な意識を、共有され生きられている人倫に素朴に従属させることを試みているからである。同時にヘーゲルは、これも一般に流布している評価や偏見がそう決めつけているような、復古的プロイセンの御用哲学者であり国家を神格化する者であるのみではない。ヘーゲルは、個人の道徳的意識の批判的な次元を単に不安定要因、人倫的結合にとって危険な要因として把握したのであり、人倫の全体主義的な統一というヴァージョンにおいて「埋葬した」、このようにトゥーゲントハットは論じているのである。[13]

　前章では、ヘーゲルにおける道徳性と人倫の関係についてのそのような読み方に対して異を唱えうる論拠を詳細に展開した。ヘーゲルは彼の実践哲学全体を、「ポリスを形成する動物 zoon politikon」というアリストテレスの構想と、個人の自己規定というヘーゲルにとっても後戻りできない成果を和解させる試みとして理解しているのである。そこで最後に、倫理の根拠づけへの問いとの関連で、ヘーゲルの良心批判と道徳性批判を規定したい。その際、ヘーゲルの真正のプラグマティズム的洞察が示されるであろう。

1．ヘーゲルの良心批判と道徳性批判

『法の哲学綱要』の道徳性批判は、総じて言えば、近代的な道徳を正当化するととも

---

(13) これについては Tugendhat (1979), Siep (1981) そしてまた Quante (2004) を参照。

にその限界を規定するという課題を持っている。近代的な道徳ということでヘーゲルが理解していたのは、道徳的自律というカントに始まる構想のすべてである。ここで取り上げる「主観的意志の法」(R§132；全集9a, 207) は行為や行為の評価において顕現するものであって、それゆえヘーゲルはそれを行為論の枠組みのなかで展開している。行為論に関するヘーゲルの中心的な洞察の一つは、行為とは特殊な記述のもとでの出来事であるというものである。空間的・時間的な出来事は、主体によって意図されたものという記述のもとでのみ、行為とみなされることができる。行為の意図のうちに含まれている、ある出来事の「内包的な intensional」次元は、行為を評価するわれわれの実践において批判されうるのだが、われわれが、たとえば不注意や無頓着さを持ち出して、行為者は、彼の行為が本来別の仕方で記述される可能性があったということを理解していなければならなかったであろうと言うことによってなされるのである。しかし、そのような社会的な訂正の場合でも、行為それ自体は行為の意図の記述のもとでの出来事である、という事実は存続したままである。[14]

倫理においても以下の事柄がヘーゲルにとって後戻りできない近代の成果に含まれる。すなわち、自律的な個人によって、

> 妥当するものとして承認されなければならないものは、この自律的な個人 (訳注2) によって善いものとして洞察され、そして行為は、外面的な客観性のうちに現れでた目的として、行為がこの客観性のうちでもつことになる行為の価値について自律的な個人がもつ知識に従って、合法的なもの、あるいは不法なものとして、善きもの、あるいは悪しきものとして、適法なもの、あるいは違法なものとして、この自律的な個人の所為に帰せられるということである (同上；全集9a, 207)。

ヘーゲルがこのように呼ぶところのこの「主観的意志の法」は、彼の考えによれば、あらゆる状況のもとで維持されねばならない。しかし同時に、ヘーゲルが倫理の基盤としての良心に対する批判を鋭くかつ論争的な仕方で行っているところの、道徳性の章における最後の数節 (R§§136-140) が示しているように、それは制限されねばならない。ヘーゲルによれば、道徳性において問題とされているのは、あらゆる人倫的内容に自己を対立させ、ただ自己自身からのみ道徳の基盤を展開するこ

---

[14] これについては Quante (1993a) および Pippin (2008) を参照。

とを試みるという「形式的な良心」(R§137；全集9a, 217)のみである。それに対して、われわれは人倫のうちに「真実な」良心を見いだす。この良心は、ヘーゲルによって、「即自かつ対自的に善いものを意欲する志操 Gesinnung」(同上；全集9a, 215)として規定される。

　単なる形式的な良心から実質的な倫理を展開することの不可能性に対するヘーゲルの批判は「形式主義批判」として十分に知られている。そして、真なる良心が存在するのは、それが人倫的な共同体においてそれにあらかじめ与えられている客観的な規定や義務を拘束力のあるものとして承認する場合のみであるとする、形式的な良心とは正反対の立場は、ヘーゲルに対して否定的なトゥーゲントハットの判断に正当性を与えるように思われる。

　けれども、近代的な人倫についてのヘーゲルの構想をより詳細に考察するなら、この最初の印象は錯誤であることがわかる。というのは、ギリシアのポリスという古代の人倫についてのヘーゲルの構想とは反対に、近代的な社会は、主観的意志の法をそのうちに保持しているということによって特徴づけられるからである。「客観的に人倫的なもの」(R§144；全集9b, 308)は、「無限な形式としての主観性」〔同上〕によって、つまり、この文脈では、個人の自律によって媒介されねばならないのである。客観的な人倫的なものは、個人の自己意識のうちで知の客体となる (R§146)。共同体とその規範に対する主体の「相関を欠いた同一性」は、ヘーゲルによると、「信仰 Glauben」と「信頼 Zutrauen」という認知的態度においてすでに打ち破られている。なぜなら、後者は、ヘーゲルによれば、すでに「初歩的な反省」に属しているからである (R§147；全集9b, 311)。この初歩的な反省的態度は、個々の人間の成長を常に取り巻き、また個々の人間と衝突することもある人倫的な規範、あらかじめ与えられている価値や意味などに対して向けられるが、ヘーゲルによれば、最終的には、こうした初歩的な反省的態度に、「諸根拠にもとづく洞察」(同上)が取って代わらなければならない。前近代的なポリスは、たとえばトゥーゲントハットがヘーゲル固有の規範的な目標構想とみなしているものにおおよそ対応する。その欠陥は、§147へのヘーゲルの手書きのメモによれば、そのような個人の倫理的態度は「諸根拠にもとづいて」成り立ったものでは「ない」ので、その個人は「いかなる釈明をもする」ことができ「ない」し、個人の道徳的な良心や道徳的な「信念」を意のままに用いることができない、という点にある。

2. ヘーゲルのプラグマティズム的洞察

　以上の考察のとおりであるとすれば、トゥーゲントハットの批判は維持されえないであろう。とはいえ今度は、いかにしてヘーゲルは脅威となる矛盾を避けることができるのかが問われねばならない。一方で、彼は次のことを要求しているように思われる。すなわち、人倫的共同体において受け入れられ生きられている倫理的信念は、それが個人によって洞察と根拠をともなって適切なものとみなされる場合にのみ、したがって個人が根拠づけを意のままにできる場合にのみ、妥当すべきである、と。他方で、ヘーゲルははっきりと以下のような哲学的な誤りに対して警告する。それは、生きられた人倫が主観的な良心という形式的な法廷の前に立たされたり、あるいは、実践において確証されている倫理はそれが哲学的に根拠づけられてはじめて正当なものとして妥当することができるという哲学的なフィクションから出発したりすることによって、生きられている人倫から妥当性が剝奪されてしまうという誤りである。

　ヘーゲルの立場が真正のプラグマティズム的な根拠づけ戦略として捉え直された場合には、この矛盾は単に見かけだけのものとして解消されうる。ここで目の前に見いだされうる人倫に対し哲学的な懐疑主義の役割を引き受けている道徳の立場に対しては、実践において生きられ確証される人倫は、外在的な前提に基づく実践理性の原理による哲学的な正当化を必要としていないと反論することが可能である。そうした哲学的な根拠づけは、それがわれわれの倫理的信念全体に関わる場合、外在的な立場を取るであろうが、ヘーゲルによれば、われわれが倫理的に議論する場合、われわれはそのような外在的な立場を利用することはできないのである。[15]

　ラディカルな道徳的懐疑は容認できないことへのこの指摘と、われわれは近代的で自律的な主体としてすべての個別的な倫理的信念に対し、そうすることに十分な根拠があるかぎり、根拠づけを要求することができるという想定はまったく両立する。そうした根拠づけ要求は、信仰や信頼についてヘーゲルが述べていることが示しているように、通常のケースではない（そして、われわれの実践が示しているように、事実としてもそれはそうではない）。しかし、原理的にそれは可能であり、

---

(15) このことは、なにゆえヘーゲルがある箇所で、根拠による洞察とは異なり、「適切な認識」——したがって哲学的な根拠づけ——は思考する概念にのみ、それゆえ思弁的な哲学にのみ属し、実践に内在的な立場には帰属させられえないと述べている理由を説明する。それによって新たに、ヘーゲルは彼の体系全体を客観的精神の外在的な根拠づけとして理解していたのではないかという問いが生じる。

近代社会の規範的な自己理解に関連づけるなら、認められもしなければならない。したがって、ヘーゲルの構成全体は、今日「デフォルト‐チャレンジ」モデルと呼ばれる構造に基づいている。実践において確証される規範は、それに対する懐疑が合理的に根拠づけられる場合に、そしてその場合にのみ、批判的に吟味されうるのである。そうした懐疑的な異論が説得的でない場合には、それは合理的な議論へ持ち込まれえない。この場合、またもちろん、一旦認められた懐疑が十分な根拠によって取り除かれる場合も、われわれの倫理的な実践は、確証され、十分に根拠づけられたものと見なされうる。たとえその要素のそれぞれが原理的に可謬的にとどまるとしてもである。そのように理解されるなら、道徳性を、規範および価値と意味の準則を合理的に吟味するための能力として理解するかぎりは、ヘーゲルは道徳性の敵ではない。むしろ、彼はそれを近代の後戻り不可能な、価値ある遺産と見なしている。けれども、機能し自己を確証する社会的実践が十分に根拠づけられたものとして妥当し得るための必然的な条件として、生きられた人倫に対する外在的な根拠づけが必要だとする哲学的な要求として道徳を理解するかぎり、いわゆる道徳の立場はヘーゲルによって拒否される。われわれの社会は、われわれがもはや倫理的な自明性を手にしていない領域——例として生命医療倫理の領域を思い浮かべてもらえればそれだけで事足りるだろう——があることをますます自覚するようになってきたという事実に直面して、ヘーゲルのプラグマティズム的な洞察は、根拠づけ理論という問題設定を超えて、その意義を増している。それはわれわれに以下のことを指し示す。まさに倫理において当たり前のこととして妥当しているものこそが、われわれの哲学的な顧慮に値する、ということを。なぜなら、われわれが人間的で共同生活を可能にするパースペクティヴを新たな問題設定のために展開する際に依拠しうるものは、相互主観的に共有された基礎のみであるからである。

第14章
人格の自律

　今を去ることちょうど四十年前、人格の自律および意志という概念は、ジェラルド・ドウォーキンの "Acting Freely" およびハリー・G・フランクファートの "Freedom of the Will and the Concept of a Person" という、後に著名となる二つの論文の公刊を契機として、分析哲学の中心テーマの一つとなった。両者は、相互の交流もなく独自に、人格の自律を自然主義的な仕方で分析する理論を展開したのである。ドウォーキン、フランクファートおよび彼らの信奉者が共有している核心的理念は、自由な行為の権能、人格の自律、意志の自由は、願望ないし意欲 Volition（訳注１）の階層構造、あるいは後に階層的自己 split-level self と呼ばれるような意味において分析する必要があるという点にある。この有力な新提案は、広範かつ実り豊かな論争を巻き起こした。すなわち、分析哲学における常として、新たな理論に対してパズルケースが突き付けられ、それを通して論争の参加者たちは、それぞれの概念や定義を洗練させていった。この中で、例えばトーマス・E・ヒル、クリスティン・コースガード、デイヴィッド・ヴェルマンといった哲学者たちは、カント的な思考モチーフとテーゼを継承する自律モデルを携えて論争に加わった。これは、カントが熱烈なる自律の信奉者として認められており、このような仕方でカントに遡るという手法が分析哲学においては一般的であることからすれば、驚くまでもない。その一方で、この議論においてヘーゲルへの論及がないことも、同様に驚くには値しない。これも、分析哲学において通常行われている実践に対応しているからである。

　ヘーゲルが人格の自律に関する論考を含む『法の哲学』を公刊したのは、ドウォー

（１）Shatz (1985) および論集 Christman (1989)、Fischer (1986)、Fischer/Ravizza (1993) を参照。ジョン・マーティン・フィッシャーの序論は、この論争の中心テーマに関する秀逸なサーベイを提供している。
（２）Oshana (1994) を参照。
（３）ここで階層的自己という表現で意味しているのは、自己は、階層関係にある複数の層から形成されているという考え方である。この英語表現はすでに確立されており、また、それに対応するドイツ語の表現が存在しないため、とくにドイツ語に訳すことなく使用する。
（４）Hill (1991)、Korsgaard (1996a および 1996b)、Velleman (2006 および 2009) を参照。

キンとフランクファートが新しいアプローチ法を考案する150年前のことである。ヘーゲルは独自の哲学的方法と、多くの観点で非常に特殊な用語を用いて意志論を展開している。その意志論は、今日の意志論に見いだされる多くの要素を含むと同時に、階層的自己説および自律に関するカント説が直面する問題のいくつかに対して解答を提供している。

以下では、『法の哲学』で展開されたヘーゲルの意志に関する分析を、人格の自律の本質、そして人格の自律と行為の自由および意志の自由との結び付きの本質を巡る今日の論争で主題となっている諸問題に対する解答として理解することを試み、ここでの目的に利することにしたい。

第1節では、まず現今の論争を概観し、続く第2節では人格の自律に関するヘーゲルの理論、そしてそこで展開された意志の構造を、その基本的特徴を示しながら解説する。その際、今日における様々な提案が抱える諸問題についてヘーゲルの理論がどのように対処するのかを明らかにしたい。ここでの主要な関心は、今日のわれわれにも関わる諸問題をヘーゲルが取り扱っていたことを示すことにある。そして、自由と自律に関する現今の論争の枠内においても十分論じるに値する解答をヘーゲルがいくつか用意していたことを、核心的テーゼとして提出する。そして最後に第3節では、ヘーゲルの理論が持つ特有の問題をいくつか取り上げて論じることにしたい。

第1節　今日の哲学における人格の自律

マリナ・A・L・オシャナはその論文 "Autonomy Naturalized" の中で、自律概念を自然化することによって、この概念を、カント的構想に付き纏っていたかつての伝統的な「形而上学的足枷」から解放してくれるような、よく考え抜かれた（とオシャナが評価する）自律に関する現代の三つの構想を取り上げている。[5] 今日、自然化はいたるところで叫ばれている。この言葉は、何かが実生活に即している、役に立つ、実質的であることを意味していると理解されている。しかし残念なことに、このレッテルは極めて多義的であり、それを援用した哲学的戦略も非常に多様である。そこで、ここでの目的を達成するために、オシャナの「局所的」自然化概念だけを取り上げることとする。オシャナは自然化された自律の構想が満たすべき必要

---

(5) Oshana (1994, 77) を参照。

条件であり、かつ、二つセットで自然化の十分条件をなす次の条件を挙げている。
　（Ｎ１）自律を構成する属性は、自然的な属性であり、感覚によって、あるいは内観によって認識可能でなければならない（あるいは、自然的属性に付随するものでなければならない）。
　（Ｎ２）自律を構成する属性は、行為者に「内在的な」現象には限定されてはならず、これに加えて、何らかの客観的、外在的な属性も必要である。[6]

　オシャナによれば、人格の自律に関する今日の諸理論は、条件（Ｎ１）を満たしている点ではいずれも自然主義的である。しかしながら、それらの理論の多くは、「内在的」概念だけを使って人格の自律を分析しているがゆえに、残念ながら条件（Ｎ２）をクリアしていない。

　ヘーゲルの『法の哲学』と取り組んだことがあり、カントの道徳哲学に対するヘーゲルの批判を多少なりとも知得している人であれば、ヘーゲルの自律論がこの第二の条件を満たしていることに思い当たるだろう。これに対して第一の条件に関しては、「自然的属性」や「内観」といった概念が何を指すかに掛かっている。ヘーゲルはある意味において、実際この第一の条件も満たしている。しかし、そのことによってもし形而上学との衝突が生じるとすれば、ヘーゲルはこれを自然化と理解することに同意しないであろう。また同様に、ヘーゲルは内観を、もっぱら感覚に基づいた知の意味でのみ分析する手法は受け入れないであろう。以下、これらの点を明らかにする予定だが、ヘーゲル主義的と呼ぶべきこれらのテーマを取り上げるに先立って、現代の理論を一瞥しておきたい。[7]

　オシャナは、部分的に自然主義的な理論を三つのグループに分けている。それらはいずれも、階層的自己分析のヴァリエーションである。オシャナは第一のグループを「階層説」と名づけ、フランクファートやドウォーキンの仕事もこれに含めている。第二のグループは「プラトン説」と呼ばれ、その著名な代表者としてゲイリー・ワトソンが挙げられる。第三のグループは「歴史説」と呼ばれ、ジョン・クリストマンの理論がその例として挙げられる。[8]

　ワトソンは自身のアプローチを、フランクファートやドウォーキンのアプローチ

（６）Oshana (1994, 77)を参照。
（７）ここではこの理論の概略を示すにとどめ、とくにフランクファート、ワトソン、ドウォーキンの理論が辿ったその後の展開の跡は振り返らない。
（８）これについてはWatson (1989a) およびChristman (1991)を参照。

に対抗するモデルとして定式化し、その中で、彼らの階層説に対して反証例と概念的困難を突きつけている。クリストマンは、フランクファート‐ドウォーキン説もワトソンのプラトン主義も批判して、自伝的要素も盛り込むタイプの階層的自己説を擁護している。オシャナはこのタイプの理論に共感を示しながらも、それが第二の自然化条件を満たしていない点を批判する。そこでオシャナは、このタイプの理論に本質的な要素を付け加えることを企てる。以下では、階層的自己説の以上四つのヴァージョンを簡単に叙述し、それらに共通する困難を記述してみよう。

1. 自然化への第一歩
（a）古典的階層説（フランクファートとドウォーキン）

　ある行為者が自由に行為する能力を持つのは、自分が欲しているないし願望していることをその行為者が行うことができる場合、そしてその場合だけである。それにもかかわらず、このような行為者には、自由な意志を持つという、自律的人格であるために重要な要素が欠けているという事態が起こり得る。それゆえ決定的な問いは、行為者が自分の欲していることを欲する能力を持つか否かである。

　行為者という表現が、自分の願望することを行うことのできるすべての存在者を意味するとしてみよう。するとこの集合には、通常は人格の自律があるとは認められない子供や中毒患者だけでなく、自由な行為者とは誰も呼ばないだろう動物種の多くも属することになろう。これに対して、ここでは自律の能力を有する存在者を自律的主体と呼ぶことにしよう。この自律的主体の集合は、完全なマヒ状態にある人のように、自由な意志を有していても自由に行為することができない存在者がいることを考慮すれば、行為者でありかつ自由な意志を持つ人格に限定する必要がある。さらに言えば、人格の自律は、自由に行為する能力と自由な意志を持つ能力との組み合わせによって成り立つ。これらの要素はいずれも人格の自律の必要条件であり、かつ、二つセットでその十分条件をなす。以下では、行為の自由という問題には踏み込まず、第一の条件が満たされていることを前提して論を進める。残された問題は、第二の条件はどのように分析され得るか、自由な意志を持つとはいかなることを意味するかである。

　ハリー・G・フランクファートはその論文 "Freedom of the Will and the Concept of a Person" において、意志の自由の分析を企てている。その第一段階としてフランクファートは、一階の願望と二階の願望とを区別する。「私はXすることを欲する」という形式の命題は、Xが行為を指す場合には、一階の願望を表現する。これに対

して、Xが一階の願望を指す場合には、二階の願望を表現する。さらに、Xが二階の願望を指す場合には、三階の願望の表現となる等々、以下無限に続く。なお、フランクファートの分析は三人称の様態において行われているが、ここではこれを一人称の様態へと変換した。なぜなら、自律は、人格が一階および二階の願望を自己自身に帰属させることを要求しているからである。

この第一段階の考察に基づいて、フランクファートは第二段階として、人格の意志を、行為を引き起こす効果を持つ、すなわち「人格を行為の遂行へと突き動かす」願望として定義する(9)。この意味においては、行為者の意志は、行為者が志向していることと同一ではない。何らかの願望が、行為者が行おうと意図していることを凌駕することは起こり得るからである（そうした例は、われわれの誰もがその日常の経験から知っている通りである）。これに従えば、「私はXすることを欲する」という命題が私の意志の表現となるのは、Xが、行為を引き起こす効果を持つ願望を指している場合に限られる。

そこで第三段階において、フランクファートが人格の自律ないし意志の自由の特徴と考えている一つの要素が付け加えられる。すなわち、私が自律的であるのは、私が二階の意欲、つまり、それが実効的となることを私が欲するような、あるいはそれが私の意志であることを私が欲するような二階の願望を持つ場合に限られる。二階の願望がすべて二階の意欲であるわけではない。例えば、麻薬を摂取することを欲するようになりたいという願望を持ちたいと欲する場合のように、二階の願望を持ちたいと欲する一方で、この二階の願望が行為を引き起こす効果を持つことは欲しないというケースが考えられるからである。このケースにおいて私は、そのような願望を持ったとしたらどうだろうかということを単に知りたいと欲しているだけである。私が二階の願望を二階の意欲にまで高めるというケースにおいては、私は上の定式化で引き合いに出されていた願望と自己同一化している。このような道筋を辿ることによって初めて私は、一階の願望を真に自分のものとすることになる。一階の願望に対応する二階の願望を私の二階の意欲にすることによって一階の願望と自己同一化するこの能力が、私の意志を自由な意志にまで高める。さらに、私が

---

(9) Frankfurt (1989, 65；邦訳104-105頁) を参照（独訳はクヴァンテによる）。ここでは、フランクファートがその定義に追加している「突き動かすことになる、あるいは突き動かすだろう」(will or would move) という表現は無視した。この特殊な問題に関する議論としてはFischer (1994, 第7章) および Fischer (1986) 所収の論文を参照。

一階の願望に行為を引き起こす効果を持たせることができた場合、私は自律的人格となる。[10] フランクファートによれば、意志の自由は、二階の意欲と、それに対応する一階の願望とからなる階層構造として分析することが可能である。そして、これによって人格の自律が確保される。なぜなら、人格が二階の意欲に行為を引き起こす効果を持たせることができる場合にのみ、われわれは自由な行為の権能の条件が満たされていると見なすからである。

　フランクファートが自説の正しさを証明するために挙げている例のいくつかを一瞥してみよう。麻薬を摂取したいと欲する中毒患者は、この願望を実際に実現に至らせることができる場合に限り、自由に行為することが可能である。しかしこれではなお、この患者の意志は自由ではない。そこで、このモデルに複数の願望間の葛藤という状況を付け加えると、これによって二つの異なるタイプの中毒患者を区別することが可能となる。中毒患者Ａは同時に実現することのできない複数の異なる願望を持っている。しかしこの中毒患者は二階の願望を持っていない。自分を突き動かす願望の中に、それが自分の行為を動機づけることを自分が欲するような願望も含まれているのか否かには関心を持っていない。この中毒患者の行為によって実現されるのは、たまたまその時点で実効的であった願望でしかない。フランクファートはこのタイプの中毒患者を「衝動的」（ウォントン）と名づけている。中毒患者Ｂは、不本意の中毒患者、つまり意志に反した中毒患者である。[11] この中毒患者は葛藤し合う複数の願望を持っているだけでなく、水を飲みたいという願望によって突き動かされたいと欲している。それにもかかわらずこの患者はウィスキーを口にしてしまう。つまり、最終的に実効的となったのは、アルコールを摂取したいという願望である。この意志に反した中毒患者はこの事態を好ましいとは受け止めていない。この患者は葛藤し合う複数の一階の願望を秤に掛けて、二階の願望を形成している。しかしながら、二階の願望のいずれかを、行為を引き起こす効果を持つ二階の意欲にまで高めることができないため、その意志は自由ではない。この患者は、自分が選択した一階の願望に行為を引き起こす効果を持たせることができない。中毒患者Ｂは二階の願望を持っており、それゆえに、自分の意志が自由でないことを把握できる。この患者は、自分の行為が自分の現に持っている願望の表現であるにもかか

---

(10) これによって「制御」条件が加わってくる。Fischer (1994, 第8章) を参照。フランクファートによれば、制御条件を満たしていれば私は自由であり、同一化に基づいて責任を問われる。
(11) Frankfurt (1989, 68；邦訳110-111頁) を参照。

わらず、自分の行うことと自己同一化していない。人格が自律的であるためには、一階の願望を真に自分のものとすることによって、これと自己同一化している必要がある。そして、このことが起こるのは、フランクファートによれば、人格が、一階の願望に対応する二階の願望に行為を引き起こす効果を持たせることを、つまりこの願望を自分の意志にまで高めることを決心することによってである。二階の意欲が、一階の願望が実効的となるための因果的必要条件をなしているとすれば、人格の自律を構成するのは、一階の願望と、それに対応する二階の意欲との統一である。

　フランクファートの人格自律説は、個人の心理の階層構造に着目し、その観点に限定して展開されたものである。これによれば、自律的人格であるとは、適合的な内在的心理的構造を持っていることを意味する。しかしながら、これによってまだ答えられていない重要な問題がいくつかある。[12]

　第一の問題は、フランクファートのモデルにおいては願望や意欲に二つ以上の次元が認められていることである。もしそうであるとすれば、自律を保証するためには、二階の意欲は、それに対応する三階の意欲を必要とすると考えてはならないのだろうか。そもそも特定の段階で満足してよいのだろうか。この問題を無限後退問題と名づけよう。[13]

　第二の困難は、第一の困難と密接に関連している。もし二階の意欲の次元が決定的に重要であり、かつ、自律が自足的である、つまり根拠を必要としないとすると、さらに二つの疑問が湧きあがる。第一の問いは、この二階の意欲はいかにして正当化され得るのかというものである。ここで素朴な決意主義を回避すべきだとすれば、階層的モデルとは異なるモデルを構想する必要があるように思われる。第二の問いは、われわれはなぜ、人格は、行為を引き起こす効果を持つことがすでに判明している一階の願望と一致するように、二階の意欲の方を修正すべきだ、と主張しようとはしないのかというものである。この二つの関連し合う問題をそもそも問題 ab initio-Problem と呼ぼう。

　第三の困難は、フランクファート説が内在主義を採用していることに起因する。すなわち、麻薬を摂取したいという願望に対応する二階の意欲を真に自分のものとすることによってこの願望と完全に自己同一化している、自ら欲した中毒患者をど

---

[12] 以下の問題リスト（およびその名称）は、部分的には Christman (1989) から借用したものである。これについての詳細は Quante (2000c) を参照。
[13] ヘーゲルの『論理学』は、この問題の普遍的構造を「悪無限」として分析している。

う評価すべきかという問題である。この問題を形式主義問題と呼ぼう。この問題は、フランクファートが展開した自律説が純粋に形式的ないし構造的理論であることに由来する。

　第四の困難は、フランクファートの内在主義そのものに関わっている。われわれが持つ一階ないし二階の願望の多くは先天的なものではなく、社会化を通じて獲得されたものである。例えば、父親と夫に対する絶対服従を教え込まれた女性を例に取ってみよう。教えられた通りの人生を歩むこの女性のことを、われわれは本当に自律的だと呼ぶだろうか。この種の例はいくらでも思い付くだろう。この問題を願望形成問題と呼ぼう。この問題がフランクファート説に突き付けられるのは、フランクファートの分析がもっぱら個人主義的かつ共時的な仕方で行われていることによる。

　今日の論争においては、こうした問題よりもはるかに特殊な問題も論じられているが、ここでは取り上げることができない。以下では、これら様々なアプローチの共通構造をえぐり出し、ヘーゲルが『法の哲学』の意志論で展開した人格の自律の分析と突き合わせるだけにとどめる。それに先立って、「同一化」についての理解に関わるフランクファート理論における根本的な問題を取り上げておきたい。フランクファートがこの概念を使用する理由は二つある。同一化は、自分の願望を評価し、自分自身を評価的考量の対象とするという人格の能力の存在を指し示している。人格は、自分の持つ願望に対応する二階の意欲を形成してその願望と自己同一化することによって初めて、この願望を真に自分のものとすることになる。この願望は人格の自己像へと統合される。これが第一の理由である。フランクファートがこの概念を使用する第二の理由は、これによって無限後退問題を解決したいという意図にある。人格が願望と自己同一化している限り、それより高次の階層で断裂が生じる余地はもはやどこにもないからである。しかしながら、この解決策は一つの仮定の上に成り立っているに過ぎず、ジレンマに直面していることが直ちに露呈する。すなわち、そもそも問題が生じるか、さもなくば、評価プロセスと個々人の「根本的選択」とが一致するかのいずれかである。(14) このジレンマが、同一化概念にまつわる主要な困難である。この概念にまつわる第二の困難は、同一化は行為者が志向的に遂行する行為でなければならないという点にある。ところが、もしそうだとすれば、そもそも同一化自体は自律的に遂行可能なのかという問いが湧きあがってくる。こ

---

(14) この表現はチャールズ・テイラーに由来する。Taylor (1976, 290) を参照。

こに、無限後退問題もしくはそ・も・そ・も・問題が「裏口から」舞い戻って来ることになる。すると、同一化と呼ばれるこの特殊な形式の志向的行為の分析が別途必要だということになる。かくして、結局のところ、自由意志概念を説明するために同一化概念の特殊な用法を導入すれば、それによって、もともとの分析目標であった自由意志概念を前提していたことになるように思われるのである。

　ジェラルド・ドウォーキンは、同一化概念の代わりに能力条件を用いるタイプの階層的分析を展開している。すなわち、人格に自律を帰属させる条件として、人格は、自分が持つ一階の願望を評価し、また必要に応じて修正することができるという二階の能・力・を必要としている。(15) これに従えば、人格が自律的に行為するためには、二階の意欲は必要ではなく、人格が行為したいと欲した時に、そのように行為する能力を持つだけで十分である。筆者の見る限りでは、これは問題の焦点をずらしているだけで、問題の解決とは言えない。なぜなら、この能力の構造を分析するという課題がなお残されているからである。人格の側から見れば、そのような能力の使用が、フランクファートが同一化として記述したのとまったく同じプロセスを指し示していることは、火を見るより明らかである。つまり、同一の問題が性向的構造の中に埋め込まれたに過ぎないのである。(16)

(b) プラトン主義的理論

　ゲイリー・ワトソンはそのプラトン主義的理論を盾に、フランクファートとドウォーキンの階層的理論を批判している。それによれば、自律は、理性を基礎にした価値判断に基づいて行為することができる人格の属性として理解されなければならない。ワトソンによれば、フランクファートとドウォーキンは、人格の心理における多様な次元を充分に区別していない、つまり非合理的願望システムと合理的価値システムという次元の区別が明確でない。(17) 人格の心理を二つの異なる次元へと区

---

(15) Dworkin (1988, 15 ff.) を参照。
(16) ただし、この性向的な理論要素は、過剰要求批判という起こり得る反論を棄却するためには必要である。この反論の要点は、人間が多くのケースにおいて自律的に行為し得るためには、このような反省的能力を顕在的に使用している必要はないという点にある（前章で見たように、道徳に対するヘーゲルの批判もまさにこの点を突いている）。ただし、この性向的な理論要素の必要を認めるとしても、それによって同一化という反省的自己関係が不要になるわけではないことは指摘しておきたい。
(17) Watson (1989a) を参照。タールバーグ (Thalberg, 1989) はこの見解をあまりに合理主義的だと批判している。ワトソンも、後の論文 (Watson, 1989b) の中ではタールバーグの考えに同意している。

分するという意味では、この理論も同じように階層的アプローチと呼ぶことが可能である。フランクファートとドウォーキンの階層的理論においては、一層複合的な願望間の論理的ないし意味論的階層だけが問題になっていた。ワトソンの古典的立場では、自律が人格の価値システムと追加条件なく直接結び合わされるため、無限後退問題が回避可能であるように見える。ワトソンの立場が、自律という言葉を耳にしたときにわれわれがきわめて直観的に思い浮かべる側面を捉えていることは確かである。つまり、自律と合理的評価は連動するという側面、自律的人格は、「盲目的な」願望や欲求ではなく、合理的価値判断に基づいて行為するという側面である。

しかしながら、筆者の考えでは、ここでヘーゲルのカント批判に耳を傾ける必要がある。それによれば、われわれの合理的能力と一致する行為が、われわれの情動と一致する行為よりもわれわれを一層自律した存在にするとは限らない。このような二元論的構想は、人格を分裂させ、人格の持つ欲求から疎外してしまう危険があることを、ヘーゲルは十分に心得ていた。このような疎外を真の自律として理解することは不可能であることを、ヘーゲルはその初期の哲学的著作以来繰り返し主張している。[18]

さらに、ワトソンの理論は、フランクファートおよびドウォーキンとまったく同じように、そもそも問題、形式主義問題、願望形成問題という、上で触れた三つの問題に直面していることが分かる。すなわち、われわれの心理の合理的な部分が自律の担い手であり、合理的判定が実際に自律的であることを示す論拠が必要である。そのような論拠が見つからない限り、そもそも問題はまだ払拭されていない。さらにワトソンは、（カントとまったく同じように）形式主義問題に直面している。両者はともに、何らかの実質的基準を挙げることなく、もっぱら形式的ないし論理的な概念によって自律を定義しようとしているからである。ヘーゲルはこのようなアプローチによる構想を、その有名な形式主義批判の中で、カント倫理学を引き合いに出して論じている。その見解によれば、われわれは自律の実質的条件に言及することなく自律を定義することは決してできない。われわれの心理の中の非合理的部分をも意志の構造の中に組み入れるのでなければ、われわれは自律概念に内容を与えることが決してできない。結局のところ、ワトソンの理論も、社会化を通じた願望

---

(18) ここではシラーによるカント解釈に従う必要はない。カントによれば、われわれの願望や情動がわれわれの理性やわれわれの持つ諸価値と一致している限り、前者を抑圧する必要はない。とはいえ、カントの見解においてもプラトンの見解においても、自律が成立する場は、われわれの心理の中の合理的部分に限られる。

形成のプロセスにまでは踏み込んでいない。ワトソンが提供する自律の分析も、カントとまったく同じように、完全に内在主義的かつ共時的な分析である。しかし、価値評価が形成される際の条件が、そもそも自律を不可能にしてしまうようなものであるというケースの可能性については、筆者が以前に別の箇所で指摘した通りである。その例として、自分が持つ価値と一致して行為してはいるが、その価値が完全に倒錯的であるがゆえに自律した存在とは言えないような個人を作り出してしまう教育プログラムを思い浮かべてみればよかろう。[19]

(c) 自伝的完全化

ジョン・クリストマンの自伝的自律説を導いているモチーフは、願望形成問題である。クリストマンは、願望および価値形成に関して、操作によって形成された二階の意欲やそれに対応する価値判断に基づいて行為する人格が存在するという反証例に対抗できるような条件を自説に組み入れている。そのモデルによれば、ある願望に関して人格が自律的であると言えるのは、この願望形成のプロセスを反省している最中も、人格がこの願望の形成に抵抗しなかった、もしくは、たとえそのことに気付いたとしても抵抗することはなかったであろう限りにおいてである。もう一つの条件は、抵抗が存在しないという事態が、自己反省を妨げるような介入の結果ではない(もしくは、後から顧みても、そのような介入の結果ではなかったであろう)こと、そして、当該の自己反省が(最小限の)合理性を備えており、そこに自己欺瞞が含まれていないことである。[20]

その詳細に踏み入るまでもなく、次のような核心的理念がクリストマンのテーゼの根底にあることが見て取れる。すなわち、自律の必要条件または十分条件をなすのは、願望を持っていることでも、この願望と現に同一化していることでもなく、願望形成のプロセスの適切性であるという理念である。上で行ったように、ここでも反事実性条件を一時的に考慮の外に置くならば、人格の自律は、個人が現に持っている心理的能力を正しく発揮する以上のことを前提している。適切な社会的および自然的条件が整っているのでなければ、ある個人が自律的人格になることは不可能である。必須の心理的条件以外に、その人を動機づけている願望がその人自身にとって把捉可能であり、かつ、その人の合理性に照らして適切であることが必要である。自己反省という条件も、個人の社会的背景に対して一定の制限を課す。すな

---

(19) これについては Quante (2007c) を参照。
(20) Christman (1991, 11) を参照。

わち、社会的背景は、合理的自己反省という形式を形成することを個人に許すものでなければならない。人格の自律に関する分析は、合理性条件へと限定されてはならない。個人の持つ自然的側面も、人格にとって把捉可能でなければならないし、人格の自律という概念へと統合される必要がある。さらに、人格の自律に関する分析は、個人の次元に限定されてはならない。人格の社会的背景も同様に考慮に入れられなければならない。適切な社会的条件が欠けている限り、人格の自律は成立しない。[21] 純粋に形式主義的なアプローチも、純粋に内在主義的なアプローチも、人格の自律を完全な仕方で把握することは不可能なのである。

2. 自然化に向けての第二のステップ

　形而上学への嫌悪と自然化へのあまねき要求によって彩られる現代を生きるわれわれにとって、上で取り上げた理論は、とりわけ人格の自律の自然主義的分析を目指している点で、いずれも魅力的である。オシャナの見解によれば、これらの理論は、オシャナが設定した二つの自然化条件のうち、第一の条件は満たしている。これらの理論において挙げられている条件（願望と価値の階層的構造、人格が持つ願望と価値との首尾一貫性、人格の固有の心的歴史）は、自然科学において用いられている説明方法を使って把捉可能だからである。[22]

　しかしながら、これらの理論はいずれもオシャナの第二の条件を満たしていないため、真に自然主義的とは呼べない。この条件によれば、人格の自律は、人格の心理的状態や性向だけでなく、人格の活動の場である社会環境にも常に依存しているので、自然化された自律の理論は、内在主義的視点だけでは決して成立しない。そこでオシャナは、クリストマンの自伝的アプローチとは異なり、外部環境の影響は人格の願望に及ぼす効果だけでは終わらないという主張を展開する。[23]

　ここでは自然化に絡む諸問題に詳細に踏み込むことは避けたいと思う。この概念については多くの多様な解釈が存在することは間違いないし、オシャナの挙げた条件をすべて自然化の構想の下にまとめることはできない。上で挙げたアプローチに

---

(21) 適切な社会環境は、自律にとっての出発点をなす条件であるため、社会的実在性を自律的人格の側から構成することは不可能である。自由主義 - 共同体主義論争におけるチャールズ・テイラー（Taylor 1989, 181）の開明的な区分に従えば、ヘーゲルは存在論的意味での全体論者であると解釈し得る。これについては本書第12章を参照。
(22) Oshana (1994, 91) を参照。
(23) 同上参照。

おける中心的要素(自己意識、同一化、合理性)が、本当にオシャナの理論と一致するような仕方で自然化され得る概念なのかどうかは、難しい問題である。筆者は少なくとも、この課題の実現可能性に対して懐疑的である[24]。具体的に言えば、筆者は、上に挙げたアプローチがいずれも自然化された精神の理論をその一部として含んでいるとするオシャナの見解には同意できない[25]。この点に関して、オシャナは非常に一般的な自然化概念を使用しているが、上で挙げたアプローチがいずれも自然主義的であるというそのテーゼは、誤っているように思われる。オシャナの提唱する自然化された自律の第二条件は、「客観的」と認められる外的属性を使用することが、自然化の印となるというものである。筆者は人格の自律の本質に関するオシャナのテーゼが正鵠を得ていると考えている。しかし、この文脈で「自然化」という表現を使用することは、誤解を招く可能性が高い。「内在的」属性と「外在的」属性という対比は、主観的属性と客観的属性という対比と一致するわけではないからである。この点を措くとしても、ヘーゲルが見抜いていたように、「主観的」、「客観的」という表現は極めて多様な意味を持っており、それらを入念に区別する必要がある。ヘーゲルは『法の哲学』の中でこの区別を企てている (R§25-§26)。社会的世界は、個人にとっては外在的であるが、客観的精神にとっては内在的である。人格の自律のためには個人の心理以上のものが必要であるというオシャナの主張は的を射ている。オシャナが要求しているのは、適切な自然的基礎と適切な社会的世界である。したがって、次のように述べる限り、オシャナは正しい。

> 人格を、自分の心的状態の内容以外の実在性をすべて疑うような、認識的に孤立した存在としてイメージすることが不自然であるのと同じく、自律的であることを、人格が置かれた状況を顧慮することなく、もっぱら人格の内的な心的状態に基づいてのみ人格に帰属させられるような属性と見なすことも不自然である[26]。

しかしながら、これらをすべて単純に自然化と同一視することはできない。ヘーゲルであれば、客観的精神という自分の構想、中でも意志の構造に関する自分の分析は、人格の自律を本質的要素として含むような精神の理論によって上の欠点を克服

---

[24] 筆者は別の箇所で、この懐疑の理由を、われわれの倫理的実践の自然化可能性と関連づけて詳論した。Quante (2011) を参照。
[25] この意味での自然化に反対するとしても、それは、筆者が心身問題の二元論的解決に加担していることを意味するわけでない。これについては Quante (2000a) 参照。
[26] Oshana (1994, 91; 独訳はクヴァンテによる)。

していると主張することだろう。自分の構想においては、内在的と外在的の間の対立も、主観的と客観的の間の対立も、「止揚」されており、上で言及された諸問題は片づけられていると、ヘーゲルであれば述べたことだろう。そこで以下では、この点においてヘーゲルが正しいということを示したいと思う。

第2節　人格の自律に関するヘーゲルの構想

　本節ではまず、ヘーゲルの理論が、「内在的である」と「外在的である」との二元論、および「主観的」と「客観的」との分裂を、三次元分析によってどのように克服しているかを叙述する。次いで、人格が自己の自由について持つ知を、ヘーゲルがどのように分析しているかを一瞥する。この分析結果を踏まえて、(今日の様々な理論の核心部分をなす) 個人主義的観点を、意志の自由と自律に関するヘーゲルの一層豊かな構想へと統合するという仕方で、上に挙げられた諸問題を解決することができるというテーゼを提唱したい。

1.　意志に関する三次元分析

　ヘーゲルは『法の哲学』において、自由意志をその論証の出発点に据えている。この意志概念は、意図的行動一般だけでなく、自己意識を備えた意図的行動も含む概念である。それは、主観的精神の展開の成果であり、かつ、ヘーゲルが「客観的精神」と呼ぶ体系部分の基本原理でもある。このようにして開始されるヘーゲルの考察には、二つの前提がある。第一に、意志ないし意図的行動一般である限りで、われわれは純粋な因果性を克服し、(『論理学』において示されているように) 因果性が目的論的プロセスの中に「止揚されて」いるという意味で因果性の真実の姿である目的論の次元を活動の場としているということである。ここではヘーゲルのテーゼの論証の詳細には踏み込まず、意志の自由と自律の分析にとって因果性がこの後も障害となることはないことを確認するだけで十分である。本章第1節では、行為者が自分の心的ないし心理的状態に行為を引き起こす効果を付与することができることを確認し、これによって行為の権能の条件が与えられたという理解に達した。この問題は行為論の中心をなすものだが、自律概念の分析においてはこの問題

---

(27) de Vries (1991) の分析は参考になるので、そちらを参照してほしい。

第14章　人格の自律　275

に触れる必要はない。このことは人格の自律の必要な要素ではあるが、ヘーゲルは、ある種の目的論を取り込んだ意志概念を援用してこの問題を克服できると考えている。[28] 第二の前提は、ヘーゲルの分析が自己意識ないし思惟する意志に限定されており、子供や動物に見られるような意図的行動の形態には注意が払われていないことである。これに従って、以下では「意志」を、思惟と自己意識を備えた自由な意志を指す表現として使用することにする。[29]

　ヘーゲルは『法の哲学』緒論において、意志の構造の考察のために分析が必要な、互いに異なりながらも複雑に絡み合う三つの次元を突き止めている。これらのうちで基礎的な位置を占める第一の次元は、意志の概念の構造、「概念」に関するヘーゲルの思弁的理解を援用して言えば、意志の「概念の本性」である。これによれば、意志は、ヘーゲル論理学特有の意味で「論理的」と呼ばれるべき特有の構造を持つ普遍として理解しなければならない。第二の分析次元は、個人の自己意識および個人が自らの自由について持っている知である。[30] この自己意識は、「表象」としての意志の「概念の諸契機」をもたらす(R§4)。人格が自らの自由について持つ知の分析は、人格の各発展段階における意志の構造の分析に対応している。ヘーゲルの分析の第三の次元は、ヘーゲルの倫理学、社会哲学、政治哲学全体にとっての中心的テーゼによって特徴づけられる。すなわち、倫理的、社会的、政治的制度は、それぞれが自由な意志の「形態」(R§32)であるというテーゼである。

　第一の次元においては、自由な意志の「概念の本性」が展開される。この展開には、意志が主観性と客観性との分離を克服するという事態が含まれる。しかしこの「概念の本性」は、はじめから自由な意志に「対して」「措定」されているわけではない。ヘーゲルの表現を用いれば、ここでの自由な意志はさしあたり、単に「即自かつ対自的に自由な意志」(R§34-§39)に過ぎない。[31]

　人格が自らの自由と自律について持つ「表象」として実在化されている第二の次元は、自由な意志の主観的側面を表す。この分析次元では、主観性に三つの異なる観点が帰される (R§25)。すなわち (i) 自己意識の絶対的統一、指標的な「私」とい

---

(28) 因果性と目的論との関係についての詳細は、拙著『ヘーゲルの行為概念』(1993a, 237 ff.；邦訳198頁以下) を参照。
(29) これについての詳細な解釈は、本書第 8 章および Quante (1993a, 第 2 章) を参照。
(30) 本書第 7 章では、ヘーゲルの論述におけるこの二つの次元を、それぞれ外在的視点と内在的視点として特徴づけておいた。
(31) これについては本書第 8 章における論理的規定に関する分析を参照。

う言及において表現される意志の「個別性 Einzelheit」ないし個人性 Individualität、(ⅱ) 特殊的な命題的内容を伴った特殊的意志、(ⅲ) その内容が自己意識に属しているに過ぎず、まだ実在化に至っていない意志の一面的形式、の三つである。第一の観点が、あらゆる自己意識的人格の中に具現化されている普遍を記述しているのに対して、第二の観点は個別化の原理を表している（本書第7章を参照）。意志には、その概念の本性に基づいて、この個別化の原理が必然的に属している。第一の観点において問題となっているのは、ヘーゲルによれば、自らに特殊的内容を与えることによって自己自身を規定する思弁的普遍性である。第三の観点は、この分析次元における自由な意志の内在的な欠陥、すなわち個人が自らの自由について抱く「表象」を指している。これら三つの観点が、意志の主観的次元を特徴づけている。普遍性の契機（観点ａ）と特殊性の契機（観点ｂ）は、意志の構造がそのすべての次元において「個別性」でなければならないという意味で、共属関係にある。主観的次元においては、この個別性は、意志の形式にのみ属する。このことは、ヘーゲルの構想においては、個人の主観的意志が能動的であり、客観性へ向かって運動する、すなわちその意志内容を実在化〔実現〕するという事態を意味する。

　ヘーゲルによる分析の第三の次元は、意志の構造の客観的側面を扱う。意志の自由は、その「概念の本性」に基づいて、客観的にならなければならない。この客観性は、社会的・政治的制度の構造および人倫の中に示される（R§4）。これらの法の体系は、実在化された客観的な意志の自由である。すなわち、客観的精神は、主観的意志がその自由を実現するために必要な客観的構造を発展させ、それを通じて自らの実質的内容を展開したものである。意志が持つこの客観的で実質的な側面も、その主観的側面と同じように、三つの観点を持つ。(ⅰ) 第一の観点は、ヘーゲルが「端的に客観的な意志」と呼んだものである。それは、その概念の本性に適合した倫理的、社会的、政治的構造の中に実在化された意志である。この観点は、意志の自己規定および自己開陳のテロスを表している。(ⅱ) 第二の観点は、ヘーゲルが「客観的な意志」と呼んだものである。意志が持つこの歴史的内容は、自己意識という属性を欠いている。自らの願望や意志の内容に対して距離を取ることを知らず、それゆえ二階の意欲がまったく存在しないか、あるいはそれが欠陥を持つことを特徴とする個人が、そのような意志の実在化形態である。ヘーゲルはその例として、子供の意志、奴隷の意志、迷信を持った人の意志、そして（驚くことに）人倫的意志を挙げている。(ⅲ) 客観性の第三の観点は、意志の主観性を特徴づける純粋に形式的な自己意識の

正反対のものである。この客観性は「定在の直接性」、すなわち自然界の生き物として時空間の中に現存在することを意味している。私が人間という生き物として自分の意志や自然的な属性を実現する場である世界は、意志の相補的で実質的な観点として、意志の概念の本性を完全に実現する。すでに言及したように、この概念の本性は、(ヘーゲルの分析の第一の次元における) 意志の本質をなすものである。

　ヘーゲルの思弁的視点から考察するならば、ヘーゲルの分析の第二の次元である意志の主観的側面と第三の次元である客観的側面のそれぞれに属する以上の三つの観点は、相互に補完し合う関係にある。ヘーゲルの理解によれば、ある人格の自律の発達と倫理的、社会的、政治的制度の歴史的発展とは、複雑かつ相互に絡み合った単一の承認プロセスとして理解することができる。その意味で、このプロセスのテロスは、人格の自律の完全な実現を可能にする人倫的、社会的、政治的実在性に他ならない。

　分析の第二の次元をなす意志の形式的ないし主観的側面は、人格の自律の内在的構造に関するヘーゲルの研究の内容をなす。それに対して、分析の第三の次元である意志の実質的ないし客観的側面は、倫理的、社会的、政治的制度および人格の意志の自然的側面 (つまりは個的人格としての具現化) に関するヘーゲルの分析の内容をなす。後者は意志の外在的側面である。言うまでもなく、意志の内在的側面と外在的側面とは二元論的にではなく、むしろ普遍的な意志の構造が持つ二つの側面として理解されるべきであること、そしてこれが可能となるのは内在的観点と外在的観点との区別によることをヘーゲルが示すことができるのは、ヘーゲルの研究の第一義的な次元である形而上学的次元、すなわち『論理学』における「概念の」理論においてである。この形而上学的な根本次元こそ、ヘーゲルが、ヘーゲル以外の古典的理論と今日の理論を一貫している二元論を回避するための基盤である。ここで念頭に置いている二元論とは、人格の自律と社会化との対立、合理性が持つ認知的側面と意欲の側面との対立、願望と合理的評価との対立 (これは自己意識と身体性という、より一般的な対立の一つの形式に過ぎない) などである。

　ヘーゲルは、その「思弁的方法」に基づく意志の構造の解釈によって、個的有機体としての自然的実在性と「自己の」純粋な自己意識とが必然的に共属し合っていることを示すことに成功している。ヘーゲルは『論理学』において、絶対的媒介、すなわち「自己」の純粋な反省は、その根源において抽象的、つまり直接性であり、そのようなものとして「概念の」完全な構造に属していることを示したと主張して

いる（本書第7章と第8章を参照）。ヘーゲルはこの絶対的媒介と人格が自らの自由について持つ知を、ここでもまた論理的構造の同一性に基づいて同一視している。第二の分析次元において、すなわち遂行の観点から見た場合、純粋な自己意識と人格が持つ自然的実在性との対立、つまり内在性と外在性との対立が問題となる。[32]第一の分析次元において、すなわち意志の構造に関するヘーゲルの思弁的解釈を背景にして考えた場合、内在的で自由な次元と外在的で決定論的に規定された次元との二元論は、普遍的構造として把握された唯一にして独自の意志の「概念の本性」の規定として理解することができる。ヘーゲルは第一の形而上学的分析次元において二元論を克服しただけでなく、人格の自律に関する適切な理論を展開する上で、この二元論にいかなる機能が与えられるかについても明らかにしている。しかしながら、この二元論を克服するには、外在性と内在性に関するもう一つの二元論、すなわち人格の自律と人倫との「分裂 Schisma」の克服が必要である。

　上で見たように、今日の諸理論においては、「内在的である」と「外在的である」との二元論は、「主観的である」と「客観的である」との二元論と同一視されており、さらに後者の二元論は敵対的なものとして理解されている。ヘーゲルはこの見解に与せず、二つの反論を突き付ける。第一に、「内在的」と「外在的」との区別を「主観的」と「客観的」との区別と同一視することは決してできない。例えば政治的、社会的制度の領域においては、個的人格の自律（これを人格の心理的構造として理解するなら）に対しては外在的であるような主観的構造が存在する。[33]また、自己意識の普遍的構造のように、人格の自律に内在的な客観的構造も存在する。第二に、ヘーゲルによれば、「内在的」と「外在的」、「主観的」と「客観的」という規定を、単純に敵対的なものとして把握することはできない。それらはいずれも、意味論的な、あるいはヘーゲルの意味で論理的な相互関係によってその意味が構成される「反省概念」である。つまり、ある概念を他の概念との関連なしに定義したり、あるいはまた、相互関係のうちの一方の側面がその関係のもう一方の側面がなくても与えられると考えることは不可能である。そしてこのことは概念に対してだけでなく、現象に対しても当てはまる。ヘーゲルの理解によれば、意味とその論理的構造こそが現象の本質を構成するからである。

---

[32] 遂行の視点と参加の視点との関係については Quante (2009a) を参照。
[33] 心に関する外在主義を巡る昨今の論争と結び付けるなら、精神の反表出的かつ社会的分析を行っている点で、ヘーゲルは外在主義の「祖父」と呼べるかもしれない。

したがって、ヘーゲルの見解に従えば、上で挙げられた様々な二元論は、いずれもその基礎にある思弁的統一が持つ契機として理解するべきである。現象（ここでの主題で言えば意志の自由）の全体像は、複雑だが統一的な構造の契機としてこれらの二元論を捉える場合にのみ、適切な仕方で把握可能である。

2. 意志の構造の部分としての人格の自律

　階層的理論の核心的思想に基づけば、人格の自律は、人格の心理の論理的ないし意味論的構造と関連づけて分析すべきである。階層的理論の鍵をなす要素として、ある階層に属する自分の願望を、それより一段高い階層から評価するという能力、さらに、その願望を実効的なものにするという人格の能力が挙げられる。この高階の願望（すなわち意欲Volitionen）は、自分の持つ一段低次の願望に対して距離を取るという人格の能力を特徴づけている。フランクファートとドウォーキンのアプローチにおいては、この能力は単に論理的構造としてのみ理解されていた。これに対してワトソンは、この論理的構造に代えて、合理的評価的能力と非合理的能力という存在論的二分法を提唱した。以上の理論は、いずれも人格の自律を主体の内在的心理とのみ関連づけて分析することを目指しており、この点はクリストマンの理論にも共通している。結局のところ、これら三つのアプローチは、いずれも人格の自律の純粋に形式的な分析を目論んでいるにすぎない。

　ヘーゲルがこれらの哲学的テーゼを聞き知ったとしたら、そのいくつかには同意しただろうが、それらの前提のいくつかは批判したであろう。ヘーゲルにとって人格の自律が人格の能力であると言えるのは、人格が自己意識を持つことに基づいている。上で言及した様々な理論にとって多くの観点で中心的位置を占める同一化という概念は、理論的次元と実践的次元を持つ。自己規定というプロセスにおいて人格は、真の自己のあり方を認識し、かつそれを評価する[34]。これによれば、自己規定とは、同時に認知的行為でありかつ意志的評価的行為でもある。

　ヘーゲルはその理論の中で、思惟と意欲Wollenとの二元論を回避している。ヘーゲルが意欲として理解しているのは、特殊的内容ないし志向性を持つことである（R§6）。自己意識的意欲は、自らに思惟の内容を与える命題的態度である。この理解によってヘーゲルは、他の理論が抱える根本的問題を回避している。なぜなら、

---

(34) これについてはQuante (2007a, 第7-9章) を参照。

合理性が持つ実践的で、動機づけの源泉となる力が、合理性自身の構造である志向性という構造によって保証されるからである。

　ヘーゲルによれば、自律的な人格の意志は、次の三つの側面によって特徴づけられる。第一の側面は、ヘーゲルが「普遍性という概念契機」と同一視している思惟の一人称的形式にある。人格が自分自身を「自己」として考えるとき、人格はそれによって自分の思惟と意欲のあらゆる内容から自分自身を区別する。志向的自己意識とは、自己自身を意欲することの一つの形式に他ならない。これと対応して人格は、この意欲の中で自己自身を自ら意欲している。主観的自由は、純粋な自己意識において自己自身に言及するという意志のこの能力、また、その中に含まれているものとして、現にあるものとは別の意志の内容の選択を決心するという意志の能力から生じる。とはいえ、この自由の形式を自由の唯一の側面だと考えるならば、それは誤りである。この自由の形式を意志の完全な構造全体から切り離して孤立させるなら、それはヘーゲルが「否定的な意志」と呼ぶ破滅的形態へと退化することになる (R§5)。

　自由な意志の第二の側面は、意志が自己規定へと向かうよう定められていることにある。第一の側面である「普遍性」は、意志の「概念の本性」に基づいて、自らを規定しなければならない。このことは人格という次元においては、人格が意志に特殊的内容を与えなければならないことを意味する。これによって人格は、選択された内容と自己同一化し、この内容を自分自身の意志とする。ヘーゲルの理論の枠内においては、この自己規定する能動性を、第一段階の自由が失われた後の第二段階として理解してはならない。そこで失われるものがあるとすれば、第一の側面が持っていた一面性だけである。

　第三の側面 (R§7) は、これについての理由を明らかにしてくれる。意志の構造は「個別性」、すなわち第一の側面と第二の側面の統一として分析されなければならない。単純に第一の側面から出発して、もっぱら純粋な自己意識の中で適切な自己規定の基準を見つけ出そうという手順は通用しないし、かといって、自然的および社会化された生き物として「規定されている〔規定有〕」という状態から出発して、形式的手続きによってこの与えられた内容を自由な形式へと変換しようという手順もやはり通用しない。そうではなくて、意志の自己規定は、第一の側面と第二の側面との論理的相互依存として把握しなければならない。いかなる人格も、自分が純粋な「自己」に過ぎず、それ以上の内容を持たないというあり方を意欲することはない。

また、いかなる人格も、意志の内容しか持たないというあり方を意欲することはない。ある人格が何かを意欲する場合、その人格はいつでも、・自・分・自・身を、そして・自・分・自・身の内容としての内容を意欲するのである。

　ヘーゲルは、自己規定的自律を、意志、あるいは「前提された主体ないし基体」(R§7) の意味での「自己」が行うこととして理解するべきではないと警告している。上で論じられた同一化の構想の根底にある誤りは、人格をあらかじめ与えられたものとして想定した上で、もっぱら自己規定の自律的様態を探し求めるという点にある。このモデルは、意志の「概念の本性」に関するヘーゲルの分析に取って代わられなければならない。そうすれば、・無・限・後・退の問題も・そ・も・そ・も問題も生じない。

　（a）・無・限・後・退問題：無限後退問題が生じるのは、今日の理論においては、意志の第一の側面と第二の側面とが分離されているためである。つまり、第一の側面である自己の「普遍性」が恒常的なものとして要請され、「規定性」という第二の側面には、絶えず複雑性を増していく構造が与えられている。しかし、この分析においては、意志の内容は発展していくのに対して、意志のもう一つの契機である「自己」は静的に留まる。つまり、その自己反省は変化することがない。意志の諸契機をこのような仕方で分析する限り、それらの統一を望むことはできない。両者を媒介しようとするいかなる試みも失敗する運命にあり、結局はヘーゲルが『論理学』で「悪無限」として分析した構造に行きつくのである。自己とその内容は、この構造の中では結合不可能である。ヘーゲルはその「概念の論理学」の中で、この困難を克服するモデルを一般的な仕方で展開している。これを本書における考察の文脈に置き換えれば、その解決法は、自己とその内容とを、その基礎となる意志の構造の二つの依存し合う契機として理解することにある。階層的理論はいずれも、自らの自由と主題的に向き合う個的人格に対して現象してくるこの基礎的構造の・形・式に関しては、正しい分析を提供している。しかし、重要なのは、その「心理的」形態におけるこの自由の・現・象を、その基礎にある意志の統一の顕現として理解すべきだということなのである。

　（b）・そ・も・そ・も問題：この問題が生じる理由は、無限後退問題の場合と同一である。もし意志が持つこの二つの側面を別々に切り離してしまうなら、第一の側面か第二の側面のいずれかが自律の源だということになろう。その場合、人格の自律は、二階の意欲を形成して一階の願望と自己同一化する能力にあるか、・あ・る・い・は、意志の内容自体の論理的構造にあるかのいずれかということになろう。しかしながら、こ

の選択肢はどちらも、それだけを取り出してみれば、欠陥を持つ。一方で、自分の願望と自己同一化したり反省的内容を形成するという人格の能力が何らかの内容を生み出すとすれば、空虚な決意主義へと後退する以外にない。他方で、内容の論理的構造が暗黙の裡に自己とその能力に言及しているのでなければ、この構造によって自律を確保できると想定する何の根拠も存在しない。

　ヘーゲルによれば、自律の源と見なされるべきなのは意志の構造全体である。いかなる固定的な出発点も、固定的な内容も、あるいはまた、基体として基礎に置かれ前提されるような自己（R§7）も存在しない。絶対的基礎を提供するのは、概念の自己規定的な運動全体以外にはない。そしてこの基礎は、プロセスないし実践としての現実性であって、固定的な開始点などでは決してない。繰り返して言えば、ヘーゲルはフランクファートやドウォーキンに対して、この自由の現象を、自分自身の自律と主題的に向き合う人格に対してそれが現象する限りで分析しただけだと批判したことだろう。この「表象」において、意志の自律は「対自的」となる。すなわち人格は、上で述べたような階層的形式において形式の内容を分析することによって、自分自身の自律を把握することが可能となる。この場合に問題となっているのは、自律自体の源ではなく、意志の発展の本質的契機である。意志は、われわれが自分自身の意志の自由について持つ知によって表出して来るのであり、まさにこの知の中で意志の構造も明示的となる（これがヘーゲルの帰属主義の核心である）。ヘーゲルは、この明示化が自律の唯一の源だと考えているわけではないが、その一方で、それが意志の自己規定と自己開陳の一部をなすということは十分に考えられる。ヘーゲルはこの認識を、自己意識を持たない個人の意志（すなわち「単に客観的な意志」）は意志の自律の適切な実在化ではないというテーゼに取り込んでいる。意志の構造の適切な現実化〔実現〕として認められないのは、子供や迷信を持つ人の意志だけでない。古代の人倫的生活形式についてのヘーゲルの解釈においては、人倫的意志も同様である。意志の構造の適切な実在化は、人格の自律の形式的構造だけではなく、意志が自らの中で、自ら発展させる適切な実質的内容をも必要としている。ここから言えることは、ヘーゲルの三次元分析を手掛かりにした理論は、上で言及した残る二つの問題、すなわち形式主義問題および願望形成問題も解決してくれるということである。

　（ｃ）形式主義問題：カントの実践哲学だけでなく、比較的新しいアプローチにも、意志の自律にとって相応しい内容を持つ適切な理論を提供することができないとい

う欠陥がある。カント倫理学における形式主義および（理性と欲求の体系という）カントの能力二元論に対するヘーゲルの批判は、周知のとおりである。この批判は、類似の仕方で、ワトソンの二元論的アプローチや、上で論及した形式主義的および純粋に主観主義的アプローチに対しても当てはまる。

　ヘーゲルによれば、「概念」あるいは「主観性」は、与えられた内容を習得していく純粋に形式的な能力としてだけ見ている限りは、自律的なものとして理解することはできない。ヘーゲルはこの基本構造の概略を示すと同時に、合理性と意志の自由とが別々の能力としては、そしてまた、われわれの感覚や願望や様々な活動から切り離された能力としては存在し得ないことを明らかにしている。言い換えれば、合理性と意志の自由とは一つの有機体の中に具現化されていなければならない。[35]これと対応して、ある人格の心理の中の合理的部分と情緒的部分とは、唯一の構造の異なる側面として把握されなければならない。このことは、なぜ自己意識に対してその願望が明白に知られることになるのか、そしてなぜ願望が理性的な仕方で社会化され、その結果として自由と自律が可能となるのかについても説明してくれる。ヘーゲルが『法の哲学』第三部で示したように、人倫的生活の基礎をなす諸形式は、この自然的な意志の側面を適切な仕方で実現したものに他ならない。人倫は、人格の願望に理性的な形式を与え、それによって人格が自由であることを可能にするものである。

　もしヘーゲルの第三の分析次元と、社会的制度自体が意志の形態であるというテーゼを思い起こすなら、社会的および政治的現実性が人格にとって外在的ではないことが明らかになる。事実はその正反対であり、社会的および政治的制度が人格の自律と同じ構造を基礎としている限りで、自律の適切な発達と行使のためには、社会的および政治的制度が必要である（本書第12章参照）。人格の自律と政治的および社会的世界との関係は、意志の絶対的自律を実現可能にする内容と形態を自らに与える、意志の内在的な自己規定的活動性として理解されなければならない。

　（ｄ）願望形成問題：最後に、願望形成問題にも目を向けてみよう。筆者の理解が正しければ、この問題の一つの解決策は、政治的および社会的制度の主要目的は、自己意識を持つ人格に自律的生活を営むことを可能にする点にある、というヘーゲルのテーゼの中に見いだされる。それによれば、人格が自律を実現することができるのは、（一見すると）外在的な社会的および政治的実在性も、人格自身の自律と同

---

(35) ヘーゲルが『精神現象学』において身体性の必要性と自己意識の生動性というテーゼの論拠としているものについては、本書第4章で明らかにしておいた。

じ基本構造の上に成り立っていることを人格が認識し、承認する場合だけである。ヘーゲルによれば、願望が人格の自律と両立可能か否かを判定するための基準が三つある。第一に、願望は、それ自体が政治的および社会的生活の一部をなす社会的プロセスの中で習得される必要がある。第二に、人格は、社会的世界が自己と同一化可能なものであることを承認できるのでなければならない。第三に（哲学者の観点から見れば）、人格の自律の基本構造と社会的および政治的制度とが、普遍的構造として理解された自己規定的意志の相互依存的契機として把握可能であることを証明できなければならない。意志の絶対性に基づけば、意志にはいかなる「外部」も存在しない。絶対的で自己規定的な意志の自由が持つ構造の現実性の究極的基準は、次の条件が満たされていることにある。すなわち、人格は、自らの生活の場である社会的および政治的世界と自己同一化している場合に限り、適切な意味で自律的生活を営むことができるということである。⁽³⁶⁾ヘーゲルの全体論的哲学においては、まさにここを出発点に定めることができるのだが、それは正当だと言えよう。ただし、公平性のために認めておかなければならないが、この全体論は、潜在的危険を孕んでいるだけでなく、一連の疑問を未解答のまま残している。そこで、続く第3節では、これらの問いを一瞥することにしたい。

第3節　ヘーゲルの構想の問題点

　ヘーゲルほど首尾一貫して全体論的思想を展開した哲学者は他にいない。人格の自律と意志の構造に関連して上で論じた全体論は、ヘーゲルの体系的全体論のほんの一側面でしかない。すでに見たように、自律と意志の構造に関するこの全体論は、魅力的なオプションである。しかしながら、それはいくつかの問題も抱えている。このことを示すために、複数の異なる次元を区別することから始めたい。ここでの目的にとって決定的に重要なのは、ヘーゲルの思索における存在論的側面と倫理学的側面とをしっかりと区別しておくことである。心に関するヘーゲルの存在論的全体論には若干の困難があるにせよ、心の本質に関しては、外在主義的かつ全体論的

---

(36) この基準は、批判的標準としても使用することが可能である。すなわち、与えられた倫理的、社会的、政治的構造との同一化が、自律の実現に余地を残さないことを哲学者が示すことができた場合、それに対応する構造も意志の自由の適切な実現ではないことが証明されたと見なすことができよう。

考察が適切だろうということは、今日の心の哲学の動向からしても認めてよかろう。この意味において、（ⅰ）社会的世界の現存は、個人が命題的自己意識という心的状態を持つことができるための前提である、そして、（ⅱ）適切な構造を持つ社会的環境の現存は、個人が人格の自律を持つための前提であるというヘーゲルのテーゼは、納得の行くものであり、また擁護するに値すると思われる。

しかしながら、トゥーゲントハットが見なしているように（本書第12章、第13章を参照）、ヘーゲル哲学には倫理学的全体論という側面も含まれているのではないかということは問う必要がある。もし問題が、個人の自由と共同体ないし国家の利害関心との間の倫理的関係いかんにあるとすれば、この構想の行きつく先は、受け入れ困難な倫理的帰結ではなかろうか。ヘーゲルの政治および倫理思想に対する根強い批判、そしてその一方で、個人の原子論に支えられた現代社会が抱える諸問題の両方を視野に入れるならば、この問題は一層緊要である。ヘーゲルは人格の自律と社会的ないし政治的世界との関係に関して、今日においてもなお魅力的で、活力があり、納得の行くモデルを提供しているだろうか。それともヘーゲルの全体論は、ここで論じている問題に対する解答をヘーゲルの哲学の内部に求める上での妨げになっているのではないか。

これらの問いに答えるためには、第12章で見たように、まず、トゥーゲントハットが指摘した問題を洗練させる必要がある。(37) ここでは四つの問いを区別しなければならない。第一の問いは、存在論的全体論が必然的に倫理学的全体論を帰結させるかというものである。トゥーゲントハットは、（個人に対する社会全体の優越性を説く）ヘーゲルの倫理学的全体論が、自己意識と真理に関するヘーゲルの理論的構想に基づいていることを論証しようとしている。しかしながら、たとえ存在論的モデルによって倫理思想が何らかの制約を受けているという事実が認められたとしても、両者の間に厳密な意味での演繹が成り立つわけではない。さらに、ヘーゲルの哲学においては（その存在論的次元においても）、全体は部分に自律の余地を与えると規定されている。ヘーゲルは『論理学』で展開された主観性理論を使って、全体は部分間の自由な相互作用のうちにのみ現実性を持つがゆえに、部分に自律を保証するのでない限りは、真の意味で絶対的な全体は存在し得ないことを示そうとし

---

(37) 以下の論述には、ルートヴィヒ・ジープの解釈が大変に役立った。Siep (1979, 285-294; 1981; 1992a 第12, 13, 14章) を参照。

ている。したがって、ヘーゲルの存在論的全体論だけを論証の糸口にして、ヘーゲルの倫理学説が不十分であると主張することは受け入れがたい。

　次に第二の問いを見てみよう。ヘーゲルは本当に、社会的ないし政治的システムの命令が個人の道徳的ないし合理的決定を凌駕することがあり得るという意味での倫理学的全体論を主張したのだろうか。この問いに対する答えは否である。たしかにヘーゲルは、（ⅰ）一定程度受け入れられた所与の社会的世界なしには、安定した道徳的決定や自律は成り立たない、（ⅱ）孤立化された諸個人と歴史からまったく切り離された自然権を根拠づけの出発点とする限り、社会的ないし政治的システムの適切な分析や正当化は不可能である、という二点を挙げてそれを肯定している。とはいえ、この二点を認めたからといって、そこから個人の従属が帰結するわけでは決してない。他方で、『法の哲学』はすべての個人の基本的権利を包含しており、ヘーゲルがこの名称の下でそれを論じなかった理由は、単に政治的計算のゆえに過ぎないとするリュッベヴォルフのテーゼは、明らかに言い過ぎである。たしかに、人倫性において道徳性は単に否定されるのではなく、そこに「止揚」されているという意味では、個人の基本的権利のほとんどがヘーゲルの人倫性概念の中に含まれている。しかし、ヘーゲルの政治および倫理思想の中には、実際に、個人に対する社会的および政治的全体の優越関係をほのめかすような傾向が複数存在する。ただし、こうした傾向のいくつかは、ヘーゲルの体系にとって本質的ではないような動機に遡って説明することが可能である。したがって、適切な自律理論を問題にしている場面では、これらの要素を無視することが許される。

　そこで、第三の問いは次のようなものになる。そうは言っても、トゥーゲントハットが主張するように、やはりヘーゲルの哲学におけるこうした傾向には体系的理由が存在しているのではないか。これらの点に関して、ヘーゲルの基礎的前提を捨て去ることなくヘーゲルの理論を修正することは本当に可能なのだろうか。とはいえ、こうした困難な問題と取り組むことは、ここでは不可能であり、これに関連する様々な問いを入念に分類する必要があることを強調するに留めておく。ヘーゲル哲学が

---

(38) これについての詳細な回答は Siep (1981) を参照。
(39) これについては Siep (1992a, 第12章) を参照。
(40) これまで、ヘーゲル哲学における「有機体」という概念の使用が、こうした傾向の源泉と見なされることがあった。しかし、ジープ (Siep, 1992a, 第13章) が指摘したように、このことはヘーゲルの政治哲学には当てはまらない。ヘーゲルが展開した「有機体」概念は、生物学的概念には還元できない非常に分化したものである。これについては Wolff (1984) を参照。

持つたった一つの特徴に、今日では受け入れがたいこうした傾向の責任を負わせるのは、納得できることとは思えない。例えば、ジープがそう理解しているように、目的論は、こうした傾向に関わる諸特徴を束ねた概念かも知れない。ここではこうした問題を詳細に論じることはできないが、筆者は上で挙げられた傾向の源泉を、ヘーゲル論理学が持つ最終根拠づけへの要求と、いくつかの目的論的残滓の中に探し求めることができるのではないかと推測している。とはいえ、筆者の理解が正しければ、そうした源泉が、ヘーゲル哲学の全側面あるいは全次元に一様に影響を及ぼす訳ではない。このことを踏まえれば、第三の問いの論点は、結局のところ、ヘーゲルの体系が持つこうしたいくつかの側面を『論理学』から切り離すことができるのか、あるいは、ヘーゲル論理学のある部分をその残りの部分から切り離すことはできるのかにある（これについては本書第3章を参照）。

　ヘーゲル哲学に親しんでいる人は誰でも、この二つの特殊問題に答えることがいかに難しいかをよく理解している。こうしてわれわれは第四の、そして最後の問いに辿りつく。すなわち、われわれは、ヘーゲルが解決を目指した困難の解決を可能にする別の理論を持っているだろうか、という問いである。筆者の見る限り、われわれが手にしているどのような理論もそれぞれ困難を抱えており、それを免れた理論は存在しない。他方、ヘーゲル哲学に見られるほどの分析の深さには到底達していない理論は多数存在する。以上のことから帰結するのは、ヘーゲル哲学以上に満足できるアプローチを提供できる理論が他に存在しない限りは、ヘーゲルの『法の哲学』を、人格の自律と意志の自由に関する有意義かつ今日的な理論と見なすべきだということである。

---

(41) Siep (1992a, 294 ff.；邦訳452頁以下) を参照。

第15章
無際限の自律？ 展望

　展望と題された本章では、精神に関するヘーゲルの理論が、現代の倫理的諸問題への対処を可能にするような人格の自律の構想を提供することができるかどうかを確かめてみたい[1]。このために、今日における中心的かつ核心的な問題に関わる二つの問いを手掛かりにする。第一に、ヘーゲルに依拠して自然性の倫理的重要性を証明し、それによって人間の自然の技術的改変を目指す傾向に歯止めをかけることができるかどうかを論じる。第二に、ヘーゲルに依拠して、人格が自己自身の実在に対して持つ個人的自由に歯止めをかけることができるかどうかを論じる。言い換えれば、自律の優越を認めながらも、個人の自己決定に限界を定める根拠を与えるような生命医療倫理学上の立場を、ヘーゲルに依拠して定式化することができるかどうかを論じる[2]。

　そこで以下の論述は、その主題に応じて、「自然、自然性、自由」および「個人の自己決定と社会的同一性」という二つの部分に分けられる。これらを論じた上で最後に、今日の生命医療倫理学にとって重要であり、また同時に、生命倫理学上の諸問題と突き合わせたときにヘーゲル哲学が見せる納得できそうもない、それどころか受け入れ難い特徴を、ヘーゲルの体系の関連枠組みから完全に離脱することなく修正してくれる普遍的側面をヘーゲル哲学が持っていることを示したい。

第1節　自然、自然性、自由

1.　主観的精神に関するヘーゲルの理論における構成的および規範的側面

　ヘーゲルは『エンチクロペディー』(1830) 第一篇「主観的精神」において、心身関係および人間の心に関する自説を展開している (ENZ§387-§482)。なかでも「人

---

[1] これについては Siep (2010, 第 III 章 F) も参照。
[2] ヘーゲルの病気概念も、その分類の細かさ、そして、記述的側面と評価的側面との結節点というその位置づけからも、今日の生命医療倫理学にとって同じく重要ではあろうが、ここでは主題をこの二つの側面に絞るため、以下では取り上げないこととする。

間学」の章においては、人間の心にとって身体性と自然性とが持つ構成的機能を明らかにしている。また、これと同時に、有機化の原理が、明確な自己意識の獲得と自己決定の増大として理解されている。この過程において、人間の心は、次第にその度を増しながら意識的かつ合理的な仕方で自分自身の実在の自然的基礎へと関係し、それを受け入れ、否定し、改変する。間主観的承認のプロセス(「精神の現象学」)を経由して、自己は自らを理論的理性と実践的理性の統一、知性と意志の統一として構成する(「心理学」)。このような仕方で獲得された思惟と意欲の統一は、間主観的に基礎づけ可能な、それゆえ普遍的な要求の体系へと意欲を上昇させるプロセスとして理解されるかぎりで、第二篇の主題である「客観的精神」の前提となり、それへの移行を可能にする。ヘーゲルの法哲学の発展型と言えるこの箇所でヘーゲルは、本書でその跡を辿った試み、すなわち、社会的実在性を、分化した意志の構造の諸契機として叙述することを通して、その理性性を証明するという試みを行っている。この意志の構造は、自らが自由であることを知っている個々の人格の行為、自由な、あるいは社会共同体として相互に承認し合う主体の相互作用、およびそこに顕現している制度の中に具現化されている。社会的実在性が個人の自己の必然的構成部分であることを証明するこの構成的ないし存在論的契機と並んで、ヘーゲルの論述の中には規範的契機も見いだされる。ヘーゲルにおいてこの二つの契機は、(ヘーゲルの本質主義的-目的論的前提に基づいて) 単一のプロセスが持つ不可分な二側面をなしている。とはいえ、この二つの契機は、哲学的分析という目的のためには切り離して考えることが可能である。主体の自然的先予条件に対する主体の自由の増大、および思惟と意欲の間主観的内容の獲得が主観的精神における秩序と展開の原理であったのに対して、法哲学においては、意志の構造を顕わし、それによって意志に現実性を付与する社会的実在性の形成尺度という規範的契機が見いだされる。上記の増大は、すでに主観的精神においても、自然的先与条件からの自由の増大という規範的な意味を持っていたのだが、法哲学においては、この自由およびそこから生じる要求の正当性を証明するという規範的尺度がそれに付け加わり、その分だけ拡張される。ヘーゲルはこれを、様々な種類の要求と権利を、この自己

---

(3) Siep (1992a, 195-216;邦訳298-331頁) を参照。
(4) ここでの「現実性」は、単に空間時間的実在性ではなく、ヘーゲル論理学における「本質と現存との、あるいは内なるものと外なるものとの、直接的となった一体性 Einheit」(ENZ§142;全集1, 366) を意味している。

展開する意志の構造の諸契機として展開するという手法で行っている。様々な種類の要求と権利の正当性は、ヘーゲルの全体論的根拠づけ構想に従って、この構造の諸契機として証明される。それらの妥当領域は、それらに特有の「論理的」位置によって規定され、限定されるのである。

　ヘーゲル法哲学におけるこの規範的特徴に注目すれば、以下の二点を確認することができる。第一に、ヘーゲルにとって、自らの自然性に対して距離を取り、それへと関係することとして自己意識を形成することは、自由の度合いを示す規範的尺度である。第二に、ヘーゲルが人格性の唯一の本質と認める自己意識は、自己意識を持つ主体の要求の正当化を可能にする唯一の原理という地位を獲得する（これについては本書第8章を参照）。

2. 生命倫理学的帰結

　ヘーゲルの倫理学におけるこの二つの根本特徴からは、生命医療倫理学という文脈において、二つの重大な帰結が引き出される。第一に、ヘーゲルは（規範的観点から）、自身の身体に対する人格の関係を、所有関係として叙述している（R§47-§57）。自身の自然的先予条件に対して距離を取ることによる自由の尺度は、ここでは、人格が自由に選択した目的のために自身の自然性を広範囲に渡って道具化することを許す。自身の身体に対するこの関係は、どこまでも人格の内在的視点へと限定されており（R§48）、それゆえに、ある人格の身体の道具化に対する第三者の側からの権利（例えば、献体義務とか医学的実験への参加など）がそこから直接導出されることは不可能だとしても、他の人格の正当な要求を侵害することなく自らの自由な愚行として行われるかぎり、自己自身の道具化を制限する手立てをヘーゲルの理論が提供してくれるとは思われない。臓器売買、スポーツにおけるドーピング、自身の自然的装備の医学的改善という未来像などの問題を顧慮すれば、この帰結は満足の行くものではない。これに対して、自殺幇助の問題を考えるならば、本人の視点からは、同じこの帰結に対しておそらくこれよりも肯定的な評価が下されるだろう。[5]ヘーゲルは、人格が自身の生命を物件として取り扱ってよいし、またそうしなければならないという明確な前提から出発しており、それゆえ、人間の自然性から個々人の目的設定に対する制限を引き出す可能性は少ないように思われる。

（5）これについてはQuante（2010aおよび2002b, 第6章）を参照。

生殖の技術化やヒトゲノムの研究とその改善という一大プロジェクトに対する制限をそこから引き出すことは到底不可能である（ましてもっぱら「占有取得」の対象と見なされる人間以外の自然については言うまでもない。例としては、異種間移植や遺伝子組み換えを施された動植物が挙げられる）。

ヘーゲルの倫理学から引き出される第二の帰結は、「人格ではない人間の生命の辺境化[6]」である。ヘーゲルは自己意識を持つ存在者に対してのみ正当な要求を認めており、そのため、生命医療倫理学において、例えば生命への権利を人格の同一性と関連づけて考える立場に対して投げ掛けられる問題をすべて背負い込むことになる。すなわち、中絶、胚研究その他の問題は倫理的に重要ではない、あるいは少なくとも直接的な当事者である人間生命の要求は、直接的な倫理的重要性を持たないことになろう。しかしこれは、直観とは相反する帰結である。

自然および自然性を倫理的尊重の直接的対象とは見なさず、もっぱら人格の自律の優越性に関心を持つ立場の人たちにとっては、これらすべては歓迎されるべきことかもしれない。しかしながら、主観的および客観的精神に関するヘーゲル哲学の中には、そのような仕方での援用に反対するような要素、したがって自然および自然性に対して一段高い位置値を認めようとする立場にとって立脚点となり得るような要素も含まれている。

ここでまず、ヘーゲルの理論における構成的契機にもう一度目を向けて見よう。人倫の基礎的制度が、自然的意志に適合しており、歴史的に形成され、保持されて来た顕現形態であることに注目すれば、ヘーゲルの理論は次のことを考察するに当たって有益なものとなる。すなわち、人間が持つ、人間学的に自然な装備が、それに適合的な仕方で特定の社会制度や生活形式の中に顕われていることが証明されたなら、バイオテクノロジーを使った人間の自然の改変がこの社会制度に対して何らかの影響を及ぼすだろうことも明らかだということである。ヘーゲルの哲学はこのことを、その規範的尺度に基づいて直接的な仕方で倫理的に重要な反論にまで仕上げることは許さないとしても、少なくとも、こうした帰結を倫理的に重要なものとして考慮に引き入れるための理論的な基礎は提供してくれる。人格の身体性および自然的装備という構成的要素は、たとえそれが人間の意のままになるとしても、間接的な仕方で倫理的重要性を持つ。ヘーゲルの哲学は、自然および自然性はもっぱ

---

(6) Siep (1992a, 112-115, 2004；前者については邦訳163-165頁)を参照。

ら「われわれの義務の材料」でしかなく、いかなる観点においても倫理的に中立であるというテーゼの後ろ盾として何の問題もなく援用できるわけではないのである。[7]

次に、人格ではない人間の生命の辺境化を引き起こすのではないかという印象に関して言えば、抽象法の原理としての人格性は、法哲学の全領域をカバーするわけではないし、道徳や人倫の領域においては優越的な原理ではないということに注意する必要がある。「人格ではない」人間は、例えば家族のような社会的制度に社会的に埋め込まれているがゆえに、倫理的に無価値ではないし、まったく保護されていないわけでもない。それどころか、自己意識と人格性が社会的に構成されたものであることを土台にして、(例えばヘーゲルの承認論を援用して)人格の派生的要求にではなく、人格ではない人間生命も参加している社会的関係に基づく要求に依拠した保護という形で倫理的要求を基礎づけることも可能である。[8]ヘーゲルの社会人間学的基礎は、このような生命が倫理的考慮に値するものであることを証明するための根拠として援用することが可能なのである。[9]

第2節　個人の自己決定と社会的同一性

1. 生命医療倫理学の基礎としての自律

四十年以上も前から、生命医療倫理学においては、患者の自律の尊重という原則を優越的なものと見なす傾向が支配的である。[10]このことは、とりわけ患者のインフォームド・コンセントに付与された倫理的および法的意義の中によく表れている。自律の尊重という原則は、善行原則や無危害原則に、したがって、どちらかといえばパターナリスティックな仕方で患者の幸福を重視する医療倫理学に取って代わった。そこにさらに、自律原則と並んで、自律を基礎にした諸個人の要求を倫理的および法的に許容可能になるように調整するものとして、正義の原則が加わることになった。

この転換に伴って、医師と患者の役割理解にも変化が生じた。指導的原則の転換が起こる場合には総じてそうであるように、生命医療倫理学においても、この転換

---

(7) これについては Vieth/Quante (2005) も参照。
(8) 実践哲学の根本原理としての承認というヘーゲルの構想については Siep (1979) を参照。
(9) これについては Siep (1992b) を参照。
(10) これについては Quante (2002b および 2010a) を参照。

には犠牲が伴うことが明らかとなった。歴史の歯車を戻したいというわけではないが、無危害原則や善行原則をほぼ完全に締め出した倫理学においてはとりわけ、自律の尊重原則の優越性は、少なくとも一見した限りでは倫理的に重要と思われる多くの問題が、非常に答えにくいものになるか、まったく取り扱うことができなくなるという事態を招いたのである。

まず第一に、例えば、同意能力を持たない人を対象にした研究、重度の障害を持つ新生児の取り扱い、あるいはまた精神医学における倫理的諸問題のように、自律原則の適用が不可能なすべての領域がこれに該当する(11)。これらのケースにおいては、無危害原則や善行原則という下位の原則に訴える以外に方途がない。自律の尊重が生命医療倫理学における理由づけの唯一の源泉であるというテーゼのために、上のようなケースは倫理的問題には該当しないとする納得の行かない結論を維持しようとするのでないかぎり、次の規則を受け入れざるを得ない。すなわち、当事者である主体が自律の兆候を示さず、したがって自律によってはカバーできないケースにおいては、自律以外の倫理的原則を適用せよという規則である。

第二に、人格の自律的決定は成立していても、自律原則に優越性を認めるべきではないと考えた方が、少なくとも一見した限りでは納得が行くケースが存在する。事情は様々に異なるではあろうが、リハビリ医療における治療中止への願望、積極的安楽死への願望、レシピエントの回復の見込みがきわめて低く、かつドナーにとってのリスクが予測不能な状況下での利他主義的な生体移植への願望がその例として挙げられる。これらのケースについては、多くの人が次のような倫理的直観を共有している。すなわち、ここでは自律的決定とは別の原則によってカバーされる倫理的側面の方が重要なのだから、そのような形式的な自律的決定は尊重するに値

---

(11)「精神錯乱 Verrücktheit」に関するヘーゲルの論述は、二つの点で注目に値する。第一に、精神の自己関係としての精神病についてのヘーゲルの分析は、今日の心の哲学において命題的状態のための構成的な合理性の想定として中心的意義を担っている善意の原理を先取りしている。これについては Quante (1995)を参照。ある心的状態を精神錯乱として把握するとは、その状態を心的状態として理解することを意味する。このことが可能なのは、当該主体が基本的にはまだ理性的だと理解された場合、あるいはヘーゲルの表現を用いるならば、精神錯乱が「単になお現存している理性における矛盾にすぎない」、そして「患者を理性的なものとして前提する」(ENZ§408；全集3, 214) 場合だけである。第二に、(常に当時のスタンダードを考慮に入れた上での話だが) ヘーゲルが「人間的な取り扱い、すなわち親切でもあり理性的でもある取り扱い」は「患者を理性的なものとして前提する」(同上) と述べていることから、このことは精神医学の倫理学に次のような帰結をもたらす。すなわち、精神錯乱に対する真の心の治療は、患者をセラピーの主体として承認するということである。

しないという直観である。これらのケースにおいては個々人の自律的決定は成立せず、どこまでも非合理な、それゆえに自由ではない決定しか存在しないという絶望的なテーゼを主張したくないのであれば、「歯を食いしばって」自律原則を固守するか、さもなければ、自律が唯一の倫理的原則ではないし、また、すべてのケースにおいて優越的な倫理的原則ではないことを承認するかのいずれかしかない。前者の立場を支持するものとして、これらのケースが含んでいる直観に反する帰結を甘受する方が、現代の生命医療倫理学の成果である自律原則の優越性を危険に曝すよりもよい、パターナリスティックな例外を認めることによって「滑り坂」に転がり込み、結局はわれわれの倫理的直観を損なうことによる損害よりも大きな損害を生じるくらいなら、パターナリスティックな例外を認めるべきではない、という論拠が考えられる。しかしこの論拠に対しては、これらのケースは、生命医療倫理学における適切な安全対策と、多様に細分化されたアプローチの必要性をこそ証明しているのだと反論することが可能である。

　第三に、患者の自律の尊重という原則にのみ、あるいはそれに優先的に依拠し、これに自律的人格間の競合する要求を調整する補完的原則として正義の原則を追加導入するという生命医療倫理学への転換は、社会的制度としての医療についての理解にも影響を及ぼす。例えば、自分の臓器を売買に供するという自律的決定にどう対処するか、自分あるいは子孫の遺伝的装備を改良したいという願望にどうやって歯止めをかけたらよいのかを理由づけることが困難になるからである。言い換えれば、個人の自律を基礎とする適法的な道徳に依拠するかぎり、サービス業の一種としての医療の発達という帰結をいかに免れることができるのかという道筋が見えなくなるのである。

　この意味で、個人の自律の無制限な優越性に対して、正義の原則から導出可能な範囲を超えないよう歯止めをかけることには十分な理由がある。本章第1節で取り上げた、人間の自然および自然性への訴えかけも、他の自律的人格の正当な要求にだけ依拠するというやり方を越えて、自己自身に関する自律的な自由処分権に対する歯止めを可能にする倫理的に重要な参照点を見いだそうとする試みとして理解することができる。[12]言い換えれば、自己の身体性は、個人の自己決定にとっての倫理的に有意な限界として考慮に引き入れられるべきなのである。個人

---

(12) 包括的によく練り上げられた構想としてはSiep (2004)を参照。

の自律へと還元することが不可能な社会的制度の倫理的重要性に訴えて、生命医療倫理学における倫理的理由づけのためのさらなる拠り所を手に入れようとする試みも、同じ方向を指し示している。「共同体主義」という表題の下にまとめられるこれらの試みは、筆者の見る限り、個人の自律を生命医療倫理学における唯一の、あるいは原則として優越的な価値として認めた場合に顕わになる倫理的喪失を描き出すことを意図している。

2. 生命医療倫理学にとってのヘーゲル社会存在論の意義

　自然および自然性に訴えて個人の自己決定に歯止めをかけるという第一の戦略に関するヘーゲルの立場については、上で述べた通りである。第二の戦略に関しては、今日の生命医療倫理学にとってのヘーゲル哲学の重要性が一層明白である。カントやフィヒテの伝統を引き継ぐ哲学者として、ヘーゲルは、個人の自律の擁護者である。意志の基本構造は、個人の自律意識の中で、そしてまた社会的、政治的制度の中で自由が自己実現するという意味で、自己意識的に自己自身へと関係することである。ヘーゲルによれば、自分自身の意志で自分自身の決定によって自分の人生を形作ることは、その背後に遡って問うことを許さず、かつ歴史において不可逆的な仕方で錬成されて来た人格および道徳的主体の権利に属する。「神の国」や「社会共同体」を優先して個人の自律を軽視することは、ヘーゲルの立場では認められない。前章までで示したように、ヘーゲルがその意志論において展開したのは、原子論や方法論的個人主義ではなく、個人の自律は社会的構築物や国家の契機として、そして社会的制度という枠組みの中でのみ実現され得るという全体論的社会存在論を基礎とした自律のモデルであった。個人の自律の存在論的構成条件には、この社会的実在性を、せいぜい契約論的な仕方で正義の原則に従って「比較考量」されるだけの利己主義的目標追求のための単に道具的な外的世界へと切り詰めることなく、倫理的意味と価値を持つものとして把握ないし承認することが含まれている。ヘーゲルが社会的制度の固有の倫理的価値を理解し、それによって個人の自律に歯止めをかける可能性を開くことができたのは、まさにヘーゲルがその意志論によっ

---

(13) 国家のテロスは、できる限り自律的な個人の現存を可能にし、保証することにあるというヘーゲルの想定は、人体実験や遺伝子テストへの参加意思といった例に見られるように、時として共同体主義的社会モデルに依拠して表明される社会に対する義務の過剰を防ぐためにも、倫理的観点において重要である。

て規範的な社会存在論を展開したからに他ならない。[14]

　この全体論的社会存在論としてのヘーゲルの意志論は、それ自体、人格の身体性ないし自然性と同様の二重性格を示す。構成的観点においては、個人の自律は、自由で自己規定的な、そしてこの意味で自律的な社会共同体の契機としてのみ可能である。この構成的な依存性は、個人の自律の原則に対する歯止めとなるものである。極端な葛藤状況においては、個人の自律のこうした存在論的依存は、個人が国家の自己維持のための犠牲になるという仕方で顕わになることすらある。[15]とはいえ、これが個人の意志に対する普遍的意志の優越性が顕われてくる極端なケースに過ぎないことは考慮しておかなければならない。さらに、例えばルーマンのシステム論とは異なり、ヘーゲルの社会存在論が本質的に規範的性格を持つことを思い起こす必要がある。すなわち、国家のテロスは、可能なかぎり自由で自己規定的な個人の現存を創出し、保証することにある。したがって、構成的な依存性は、共同体の倫理的要求への、つまりは個人が社会に対して果たすべき義務への歯止めとしての個人の自由の倫理的優越性によって支えられている。このように、人格の身体性および自然性の特徴でもあった構成的機能と規範的尺度という二重性格は、ここでは一層複雑な仕方で、別の符号を伴って再登場する。すなわち、客観的精神は、自然とは異なり、対自的存在と規範的本質を持っており、そのため、構成的依存性に加えて倫理的側面が考慮に入れられることになる。ヘーゲルにとって決定的に重要な問いは、自由で自己規定的な社会的構築物の倫理的優越性が、個人の自由と自己決定という規範的尺度といかにして両立し得るかにある。極端な葛藤事例においては、ヘーゲルは、社会の存在論的優越性から、個人の自律を犠牲にすることの正当性を引き

---

(14) ヘーゲル哲学が与える「もろ刃の剣」という印象は、社会全体も自律的個人も互いから独立には把握できない、また、両者の規範的要求は一方が優越するという関係には収まり切らず、具体的状況に即してその都度両者のバランスを図らなければならないというヘーゲルの想定の必然的帰結である。とはいえ、社会的制度の倫理的意義を自律的個人の利害関心へと還元しない点において、ヘーゲルは、一方で、社会的制度によって個人の自律に歯止めをかけることを基礎づけ、他方で、社会的制度を純粋に経済的な利益獲得活動へと還元するのではなく、それが社会的機能を果たすよう要求することが可能である。このことは、例えば健康保険や生命保険のように、人間の遺伝情報の評価が問題となる場面で、中心的な意義を持つ。こうした社会的制度は、リスク克服を目的に持ち、最終的には利己主義的目標に還元可能な連帯には解消し得ないということを、ヘーゲルを援用して理由づけることができるからである。これについては Quante (2010a, 第 VII 章) を参照。

(15) それどころかヘーゲルは、国家の自衛と自己維持という文脈における個人と国家との関係を特徴づけるために、「実体」（＝国家）と「消滅する契機」（＝個人の利害関心と権利）という表現を使用している (R§323-§324)。

出す。これに対して通常の事例においては、個人の自律の構成的枠組みは、自己決定が可能でありまた要求される範囲を定めている。そして理想的事例（ヘーゲルにとっては日常がそうであるように）においては、社会の自律と個人の自律とは収斂する。ここでは詳細に踏み込むことはできないが、以上のように、ヘーゲルの全体論的、規範的社会存在論が、規範的に理解された社会的制度の枠組みの中で、個人の自律を根拠づけ、かつその限界を定めるための魅力的な基礎を提供してくれるということを確認しておきたい。現実においては、個人の自由権のためのさらなる「防護壁」が必要となることは確かだが、ヘーゲルの基本的モデルは原理的には、個人の自律がそれ自身の構成的条件を掘り崩す恐れのある場合に、それに歯止めをかけるために有効である。

第3節　生命医療倫理学の方法としての全体論

　自律原則の優越性を認めた上で個人の自己決定に歯止めをかけることをいかにして基礎づけることができるかという疑問を抱いて生命医療倫理学に接する人にとって、人間の自然性と関わる主観的精神、並びに、社会的制度の固有の倫理的価値に関わる客観的精神に関するヘーゲルの理論は、魅力的な哲学的モデルである。今日、自律の優越性が社会的制度としての医療の（自己）理解に及ぼしている影響を考慮すれば、ヘーゲルの意志論は、個人主義的、原子論的に切り詰められた自律概念を出発点にすることなく、しかも同時に、個人の自由の優越性を保持し得る点で、魅力的である。この点でヘーゲル哲学は、「あれかこれか」という直観に反した選択を迫るのではなく、倫理的に重要な様々な側面を文脈に応じて比較検討することを要求する。これが可能なのは、ヘーゲルがその典型をカントの道徳哲学の中に見いだし、また今日の生命医療倫理学で広く受け入れられているような、あらゆる倫理的要求は個人の自律原則へ還元されるという想定を、ヘーゲルが出発点としていないからである。

　人格の生における倫理的に重要な次元としての人間の自然性に関して言えば、ヘーゲル哲学における根拠づけ力は比較的弱い。ヘーゲルは自然および自然性自体にはいかなる固有の倫理的価値も認めていないからである。しかし、ヘーゲルの意志論における、人間の身体性、そして自然的意志と人倫的制度との関係に関する詳細な論述に依拠すれば、ヘーゲルはこの点においても、参照するに値する重要な洞

察を提供してくれる。(16)

　社会共同体と国家と自律的個人との関係に関しては、歴史的経験と現代におけるバイオテクノロジーの発達を踏まえて、ヘーゲル意志論の構想の枠組みを保持しつつ、個人の保護権としての個人権および基本権を強化する必要がある。(17) これに対して、人間の自然性や自然、さらには人間以外の自然一般の倫理的重要性に関して、ヘーゲル自身の提供する手段だけを使って、ヘーゲルの自己理解の修正を理由づける可能性を探ってみると、自然哲学の終章における生命の理念の中に、内在的で未発達な承認の形態を伴った内在的目的性が見いだされる (ENZ§369)。さらに、自然は、認識と意欲として真と善を共に包括する理念に必然的に属している。これによれば、ヘーゲルが自然および自然性に認めた自律にとっての構成的な貢献を越えて、自然および自然性自身の評価的意義を認める余地はある。(18) いずれにせよ、ヘーゲルの体系は、自然と精神の関係に関しては、ヘーゲル自身の方法理解とその存在論的モデルが規定している以上に、敵対的であり二元論的である。本書第2章で解説した概念図式と内容との間の敵対関係の止揚は、ヘーゲルの『論理学』が存在論であると同時に論理学であることを可能にする基盤だが、ヘーゲルの概念全体論および根拠づけの全体論と結び付いて、本来的には、理念のあらゆる契機は記述的であると同時に評価的でもあるという想定に帰着するはずである。自然がその他在の形式における理念であるとすれば (ENZ§247)、自然はやはり理念である。そして、単に「内的なもの」(ENZ§248) としてでしかないにせよ、概念はやはり自然の中に具現化され、実在化されているのである。ここからして、自然に一切の評価的次元を認めないような仕方で自然と精神の絶対的差異を根拠づけることは、本来は到底不可能なはずである。この点においてヘーゲルは言い過ぎたのかもしれないし、われわれが自由な存在者として常に自然および自然性へと関係することができるという正しい見解から、自然および自然性は固有の倫理的価値を一切持たないという強すぎる帰結を引き出してしまったのかもしれない。ヘーゲル哲学の一元論は、主観性にとって構成的な側面をなす自然と身体性に固有の価値を認めることを許すものである。たとえこの価値が、自由な主体が自己自身に対して持つ評価的および規範的観点と関係づけることによっ

---

(16) Siep (1992a, 307-328；邦訳477-512頁) を参照。
(17) 同書285-306を参照。
(18) これについては Siep (2004) および Vieth/Quante (2005) を参照。

てのみ位置づけられるとしてもそうである。この関係的性格を、自然および自然性の価値は派生的でしかなく、主体によって世界へ投影されたものでしかないとする、それとまったく異なるイメージと混同しないことが決定的に重要である。

　バイオテクノロジーの発達は、多くの人が共有する苛立ちと喪失感を背景として、自然および自然性の倫理的中立性という想定は早急に過ぎるのではないかとか、ひょっとすると不適切なのではないかという危惧の念を引き起こしている。このような社会の変化を踏まえれば、自然と自然性と自由の関係に関してヘーゲル哲学の修正を試みるに当たって、ヘーゲル自身に依拠することができるのではないだろうか。ヘーゲルは概念と対象という二分法だけでなく、「分析的と総合的」という二分法も掘り崩しており、したがってヘーゲルの哲学には、カテゴリーの意味は現実世界の展開や変化から独立したものではないという理解が含まれている。歴史的経験（これには上の苛立ちと喪失感ももちろん含まれる）および社会の変化を踏まえれば、それにつれて、自然および自然性が持つ倫理的意義も変化することは考えられる。ヘーゲルの精神哲学は、純粋にアプリオリで、歴史的発展から切り離された議論に対するオールターナティブとなるものである。この点も、現代の生命医療倫理学にとっての重要な対話相手としてヘーゲルの精神哲学を再発見すべき理由である。

---

(19) この反省論理学的配置についての詳細は、Vieth/Quante (2005) で論じた。

訳　注

序　文
1. 正しくは "my station and its duties" で、義務を社会的役割に結び付ける立場を指す。T.H. Green や Bradley に見いだされる。Sidgwick H., My Station and Its Duties, in: *International Journal of Ethics* Vol. 4, No. 1 (Oct., 1893), pp. 1-17を参照。
2. M. Quante, *Hegel's Concept of Action*, Cambridge University Press, 2004. 邦訳：ミヒャエル・クヴァンテ著『ヘーゲルの行為概念：現代行為論との対話』、高田純・後藤弘志・渋谷繁明・竹島尚仁訳、リベルタス出版、2011年。

第3章
1. 『理性の復権　フィヒテとシェリングの哲学体系の差異』、山口祐弘・星野勉・山田忠彰訳、批評社、1985年、17頁。
2. 『懐疑主義と哲学との関係』、加藤尚武・奥谷浩一・門倉正美・栗原隆訳、未来社、1991年所収。
3. 対立し合う命題の等値を意味する。
4. 前掲邦訳『理性の復権　フィヒテとシェリングの哲学体系の差異』、27頁。

第5章
1. 以下において4センテンスに分けて分析されるため、多少訳文を改め、番号を付した。
2. この表現は、次の箇所を踏まえたものと思われる。「ここで私は自然学 Physik の領域に降りて行こう。問題は、いかにして世界が道徳的存在者のためにつくられてあらねばならぬ müssen か、ということである。わたしは退屈な、実験にこだわってせわしなく歩むわれわれの自然学に、いつしか再び翼を与えたい Flügel geben ものだと思う。／このようにして、もし哲学が理念を提供し、経験がデータを提供するとすれば、われわれは、私が最近ながらく期待していたような自然学を大規模な形でついに手に入れることができるであろう。今日の自然学が、われわれの持っているような、あるいは持つべきであるような創造的精神を満足させることができるとは思われないのである。」（加藤尚武訳「ドイツ観念論最古の体系プログラム」、『現代思想　臨時創刊　総特集ヘーゲル』vol. 6. 16、青土社、262頁）。

第7章
1. 以下、必要に応じて「自己」／「自我」の原語 (ICH/Ich/ich) を補った。

第8章
1. 邦訳では「普遍性」となっているが、クヴァンテの読み方を優先した。

第10章
1. 変更可能な暫定的初期値と、それに対する異議申し立てからなるオープンなプロセスを表現するために、R. ブランダムがその著 *Making it Explicit: Reasoning, Representing, and Discursive Commitment*, Harvard University Press (Cambridge) 1994 (177-178頁) で使用した表現。

第11章
1. 岩波書店発行『ヘーゲル全集』の該当箇所では、自己意識同士の自由と独立と解釈している。

第13章
1. Schiller, Ferdinand Canning Scott, 1864-1937；イギリスのプラグマティスト。デンマーク生まれ。オックスフォード大学で学んだ後、コーネル大学講師、オックスフォード大学フェロー、チューターを経て南カリフォルニア大学教授を務めた。実在は人間によって形成されると考えた。『イギリス哲学・思想事典』、日本イギリス哲学会編、研究社、2007年、605頁を参照。
2. 原文では「意志」となっているところを、クヴァンテは「自律的な個人」と読み替えている。

第14章
1. 本章の考察の鍵となる Volition 概念に「意欲」という訳語を当てたため、本章にかぎり wollen を主として「欲する」と訳して両概念を表現上明確に区別した。

文献リスト

Alexander, S. (1920): *Space, Time, and Deity*. Zwei Bände, London.
Baker, L.R. (2000): *Persons and Bodies — A Constitution View*. Cambridge.
Bayertz, K. (Hrsg.) (1996): *Sanctity of Life and Human Dignity*. Dordrecht.
——(1997): Ethik, Tod und Technik. In: J.S. Ach/M. Quante (Hrsg.): *Hirntod und Organverpflanzung. Ethische, medizinische, psychologische und rechtliche Aspekte der Transplantationsmedizin*. Stuttgart/Bad Cannstatt. S. 75-99.
Bennett, J. (1988): *Events and their Names*. Indianapolis.
Birnbacher, D. (1996): Ambiguities in the Concept of Menschenwürde. In: K. Bayertz (Hrsg.): *Sanctity of Life and Human Dignity*. Dordrecht, S. 107-121.
Bogdany, A. (1989): *Hegels Theorie des Gesetzes*. Freiburg.
Bonsiepen, W. (1997): *Die Begründung einer Naturphilosophie bei Kant, Schelling, Fries und Hegel*. Frankfurt/M.
Bowie, A. (1996): John McDowell's mind and world, and early romantic epistemology. In: *Revue Internationale de Philosophie* 197, S. 515-554.
Brand, M. (1984): *Intending and Acting*. Cambridge.
Brandom, R. (1979): Freedom and constraint by norms. In: *American Philosophical Quarterly* 16, S. 187-196.
——(2002): *Tales of the Mighty Dead*. Cambridge.
——(2004): Selbstbewusstsein und Selbst-Konstitution. In: C. Halbig u. a. (Hrsg.): *Hegels Erbe*. Frankfurt/M., S. 46-77.
Bratman, M.E. (1987): *Intention, Plans, and Practical Reason*. Cambridge. (『意図と行為：合理性、計画、実践的推論』門脇俊介・高橋久一郎訳、産業図書、1994)
——(1999): *Faces of Intention*. Cambridge.
——(2007): *Structures of Agency*. Oxford.
Broad, C.D. (1925): *The Mind and Its Place in Nature*. London.
Burkhardt, B. (1993): *Hegels »Wissenschaft der Logik« im Spannungsfeld der Kritik*. Hildesheim.
Cartwright, N. (1983): *How the Laws of Physics lie*. Oxford.
Castañeda, H.-N. (1987): Self-Consciousness, Demonstrative Reference, and the Self-Ascription View of Believing. In: *Philosophical Perspectives* 1, S. 405-454.
Chadwick, R. (1997): Das Recht auf Wissen und das Recht auf Nichtwissen aus philosophischer Sicht. In: F. Petermann u. a. (Hrsg.): *Perspektiven der Humangenetik*. Paderborn, S. 195-208.
Christman, J. (Hrsg.) (1989): *The Inner Citadel*. Oxford.
——(1991): Autonomy and personal history. In: *Canadian Journal of Philosophy* 21, S. 1-24.
Davidson, D. (1980): *Actions and Events*. Oxford. (『行為と出来事』服部裕幸・柴田正良訳、勁草書房、1990)
——(1984): *Inquiries into truth and interpretation*. Oxford. (『真理と解釈』野本和幸ほか訳、勁草書房、1994)
DeGeorge, R.T. (1984): Social Reality and Social Relations. In: *Review of Metaphysics* 37, S. 3-20.
Dennett, D.C. (1987): *The Intentional Stance*. Cambridge. (『「志向姿勢」の哲学：人は人の行動を読めるのか？』若島正・河田学訳、白揚社、1996)
de Vries, W.A. (1988): *Hegel's Theory of Mental Activity*. Ithaca.
——(1991): The dialectic of teleology. In: *Philosophical Topics* 19.2, S. 51-70.
Düsing, K. (1984): *Das Problem der Subjektivität in Hegels Logik*. Zweite Auflage, Bonn.
Dworkin, G. (1988): *The Theory and Practice of Autonomy*. Cambridge.
Emundts, D./Horstmann, R.-P. (2002): *G.W.F. Hegel. Eine Einführung*. Stuttgart.
Fichte, J.G. (1971a): *Grundlage des Naturrechts nach Principien der Wissenschaftslehre*. In: J.G. Fichte: Fichtes Werke, herausgegeben von I.H. Fichte, Band III. Berlin.
——(1971b): *System der Sittenlehre nach den Principien der Wissenschaftslehre*. In: J.G. Fichte: Fichtes Werke, herausgegeben von I.H. Fichte, Band IV. Berlin.
Fischer, J.M. (Hrsg.) (1986): *Moral Responsibility*. Ithaca.

―― (1994): *The Metaphysics of Free Will*. Oxford.
――/Ravizza, M. (Hrsg.) (1993): *Perspectives on Moral Responsibility*. Ithaca.
Frank, M. (1991): *Selbstbewusstsein und Selbsterkenntnis*. Stuttgart.
Frankfurt, H.G. (1989): Freedom of the Will and the Concept of a Person. In: J. Christman (Hrsg.): *The Inner Citadel*. Oxford, S. 63-76. (「意志の自由と人格という概念」近藤智彦訳、『自由と行為の哲学』門脇俊介・野矢茂樹編・監訳、春秋社、2010、99-127 頁）
Friedman, M. (1996): Exorcising the philosophical tradition: Comments on John McDowell's mind and world. In: *Philosophical Review* 105, S. 427-467.
Fulda, H.F. (1989): Hegels Dialektik als Begriffsbewegung und Darstellungsweise. In: R.-P. Horstmann (Hrsg.): *Seminar: Dialektik in der Philosophie Hegels*. Zweite Auflage, Frankfurt/M., S. 124-174.
――(2003): *Georg Wilhelm Friedrich Hegel*. München. (『ヘーゲル：生涯と著作』海老澤善一訳、梓出版社、2013)
Georges, K.E. (2002): *Handwörterbuch Lateinisch-deutsch*. Digitale Bibliothek 69. Berlin.
Goldman, A.I. (1970): *A Theory of Human Action*. Englewood Cliffs (N.J.).
Grimm, J./Grimm, W. (2004): *Deutsches Wörterbuch*. Elektronische Ausgabe, bearbeitet von H.W. Barz, Frankfurt/M.
Giusti, M. (2003): Geist und Community. Wie Hegelianisch sind die Kommunitaristen? In: *Hegel-Studien* 37, S. 91-106.
Habermas, J. (1968): Arbeit und Interaktion. In: derselbe: *Technik und Wissenschaft als »Ideologie«*. Frankfurt/M., S. 9-47. (『イデオロギーとしての技術と科学』長谷川宏訳、平凡社、2000)
Hacker, P.M.S. (1997): *Wittgenstein im Kontext der analytischen Philosophie*. Frankfurt/M.
――(2007): *Human Nature: The Categorical Framework*. Oxford.
Halbig, C. (2001): Wahrheitstheorie und Geschichtsphilosophie bei Hegel, in: M. Quante/E. Rózsa (Hrsg.): *Vermittlung und Versöhnung*. Münster, S. 105-125.
――(2002): *Objektives Denken. Erkenntnistheorie und Philosophy of Mind in Hegels System*. Stuttgart/Bad Cannstadt.
――/Quante, M. (2000): Absolute Subjektivität. In: F. Gniffke/N. Herold (Hrsg.): *Klassische Fragen der Philosophiegeschichte*. Münster, S. 83-104.
Harris, W.T. (1895): *Hegel's Logic*. Zweite Auflage. Chicago.
Hegel, G.W.F. (1977): *Hegel's Phenomenology of Spirit*. Übersetzt von A.V. Miller. Oxford.
――(2005): *Die Philosophie des Rechts. Vorlesung von 1821/22*. Frankfurt/M.
Heidemann, D. (2007): *Der Begriff des Skeptizismus: Seine systematischen Formen, die pyrrhonische Skepsis und Hegels Herausforderung*. Berlin.
Henrich, D. (1976): Hegels Grundoperation. In: U. Guzzoni u. a. (Hrsg.): *Der Idealismus und seine Gegenwart*. Hamburg, S. 208-230.
Hill, Th.E. Jr. (1991): *Autonomy and Self-Respect*. Cambridge.
Honneth, A. (1989): *Kampf um Anerkennung*. Frankfurt/M. (『承認をめぐる闘争：社会的コンフリクトの道徳的文法』山本啓・直江清隆訳、法政大学出版局、2003)
Horstmann, R.-P. (1986): Logifizierte Natur oder naturalisierte Logik? Bemerkungen zu Schellings Hegel-Kritik. In: R.-P. Horstmann/M.J. Petry (Hrsg.): *Hegels Philosophie der Natur*. Stuttgart, S. 290-308.
――(1990): *Wahrheit aus dem Begriff. eine Einführung in Hegel*. Frankfurt/M.
Jaeschke, W. (2004): Zum Begriff des Idealismus. In: C. Halbig u. a. (Hrsg.): *Hegels Erbe*. Frankfurt/M., S. 164-183.
Johnson, L.E. (1991): *A Morally Deep World*. Cambridge.
Kaplan, D. (1989): Demonstratives. In: J. Almog u. a. (Hrsg.): *Themes from Kaplan*. Oxford, S. 481-563.
Kim, J. (1993): The Non-reductivist's Trouble with Mental Causation. In: J. Heil/A. Mele (Hrsg.): *Mental Causation*. Oxford, S. 189-210.
――(1974): Noncausal relations. In: *Nous* 8, S. 41-52.

Korsgaard, C. (1996a): *The Sources of Normativity*. Cambridge. (『義務とアイデンティティの倫理学：規範性の源泉』寺田俊郎ほか訳、岩波書店、2005)
――(1996b): *Creating the Kingdom of Ends*. Cambridge.
Lewis, D. (1979): Attitudes De Dicto and De Se. In: *Philosophical Review* 88, S. 513-543.
Lombard, L.B. (1986): *Events: A Metaphysical Study*. London.
Lübbe-Wolff, G. (1986): Über das Fehlen von Grundrechten in Hegels Rechtsphilosophie. In: H.Ch. Lucas/O. Pöggeler (Hrsg.): *Hegels Rechtsphilosophie im Zusammenhang der europäischen Verfassungsgeschichte*. Stuttgart/Bad Cannstatt, S. 421-466.
Luhmann, N. (1997): *Die Gesellschaft der Gesellschaft*, 2 Bände. Frankfurt/M. (『社会の社会1』馬場靖雄ほか訳、法政大学出版局、2009、『社会の社会2』馬場靖雄ほか訳、法政大学出版局、2017)
Lukács, G. (1962): *Die Zerstörung der Vernunft*. Darmstadt.
MacIntyre, A. (1998): Hegel on faces and skulls. In: J. Stewart (Hrsg.): *The Phenomenology of Spirit Reader*. Albany, S. 213-224.
McDowell, J. (1994): *Mind and World*. Cambridge. (『心と世界』神崎繁ほか訳、勁草書房、2012)
――(1998a): Having the world in view: Sellars, Kant and intentionality. In: *Journal of Philosophy* 95, S. 431-491.
――(1998b): Two Sorts of Naturalism. In: derselbe: *Mind, Value and Reality*. Cambridge, S. 167-197. (「二種類の自然主義」佐々木拓訳、『徳と理性：マクダウェル倫理学論文集』大庭健監訳、勁草書房、2016)
――(1998c): *Mind, Value, and Realiy*. Cambridge.
――(2000a): Kant ist der Größte. Ein Interview mit Marcus Willaschek. In: *Information Philosophie* I, S. 24-30.
――(2000b): Vorwort. In: derselbe: *Mind and world*, zweite Auflage. Cambridge, S. vii-xxiv.
Meggle, G. (1983): *Grundbegriffe der Kommunikation*. Berlin.
Merker, B. (2004): Jenseits des Hirns. Zu Hegels Philosophie des subjektiven Geistes. In: B. Merker u. a. (Hrsg.): *Subjektivität und Anerkennung*. Paderborn, S.140-166.
Michelet, K.L. (1828): *Das System der philosophischen Moral und das christliche Moralprinzip*. Berlin.
Millikan, R. (1984): *Language, Thought and Other Biological Categories*. Cambridge.
Moore, M.S. (1997): *Placing Blame*. Oxford.
――(2009): *Causation and Responsibility*. Oxford.
Moravia, S. (1973): *Beobachtende Vernunft: Philosophie und Anthropologie in der Aufklärung*. München.
Moyar, D./Quante, M. (Hrsg.) (2008): *Hegel's »Phenomenology of Spirit«: A Critical Guide*. Cambridge.
Nagel, T. (1983): Das objektive Selbst. In: L. Siep (Hrsg.): *Identität der Person*. Basel 9, S. 46-67.
――(1986): *The View from Nowhere*. New York. (『どこでもないところからの眺め』中村昇・山田雅大・岡山敬二・齋藤宣之・新海太郎・鈴木保早訳、春秋社、2009)
Neuhouser, F. (2000): *Foundations of Hegel's Social Theory — Actualizing Freedom*. Cambridge.
Oshana, M.A.L. (1994): Autonomy naturalized. In: *Midwest Studies in Philosophy* 9, S. 76-94.
Parfit, D. (1989): *Reasons and Persons*. Oxford. (『理由と人格』森村進訳、勁草書房、1998)
Peperzak, A.T. (1987): *Selbsterkenntnis des Absoluten*. Stuttgart/Bad Cannstatt.
――(2001): *Modern Freedom. Hegel's Legal, Moral, and Political Philosophy*. Dordrecht.
Perry, J. (1979): The problem of the essential indexical. In: *Nous* 13, S. 3-21.
Pinkard, T. (1994): *Hegel's Phenomenology: The Sociality of Reason*. Cambridge.
――(2000): *Hegel. A Biography*. Cambridge.
Pippin, R.B. (1989): *Hegel's Idealism: The Satisfaction of Self-Consciousness*. Cambridge.
――(1997a): Hegel, Freedom, the Will. In: L. Siep (Hrsg.): *Hegel: Grundlinien der Philosophie des Rechts*. Berlin, S. 31-53.
――(1997b): *Idealism as Modernism: Hegelian Variation*. Cambridge.
――(1999): Naturalness and Mindedness: Hegel's Compatibilism. In: *The European Journal of Philosophy* 7, S. 194-212.
――(2004a): Hegels praktischer Realismus. Rationales Handeln als Sittlichkeit. In: C. Halbig u. a. (Hrsg.): *Hegels Erbe*. Frankfurt/M., S. 295-323.

―(2004b): Taking responsibility. Hegel on Agency. In: B. Merker u. a. (Hrsg.): *Subjektivität und Anerkennung*. Paderborn, S. 67-80.

―(2008): Hegel's Practical Philosophy. Cambridge. (『ヘーゲルの実践哲学：人倫としての理性的行為者性』星野勉監訳、法政大学出版局、2013)

Popper, K.R. (1971): *Open Society and Its Enemies*, Vol. 1-2. Princeton. (『開かれた社会とその敵1・2』内田詔夫・小河原誠訳、未来社、1980)

Quante, M. (1993a): *Hegels Begriff der Handlung*. Stuttgart/Bad Cannstatt. (『ヘーゲルの行為概念：現代行為論との対話』高田純・後藤弘志・渋谷繁明・竹島尚仁訳、リベルタス出版、2011)

―(1993b): Mentale Verursachung: Die Krisis des nicht-reduktiven Physikalismus. In: *Zeitschrift für philosophische Forschung* 47, S. 615-629.

―(1995): Rationalität ― Zement des Geistes? In: A. Wüstehube (Hrsg.): *Pragmatische Rationalitätstheorien*. Würzburg, S. 223-268.

―(1996): Absolutes Denken: Neuere Interpretationen der hegelschen Logik. In: *Zeitschrift für philosophische Forschung* 50, S. 624-40.

―(1997): Ethische Probleme mit dem Konzept der informierten Zustimmung im Kontext humangenetischer Beratung und Diagnostik. In: F. Petermann u. a. (Hrsg.): *Perspektiven der Humangenetik*. Paderborn, 208-228.

―(1998a): Der Ort des Geistes: In: *Zeitschrift für philosophische Forschung* 52, S. 292-313.

―(1998b): Die Enträtselung des Bewusstseins. In: *Zeitschrift für philosophische Forschung* 52, S. 610-633.

―(1998c): Understanding conceptual schemes. In: A. Wüstehube/M. Quante (Hrsg.): *Pragmatic Idealism*. Amsterdam, S. 174-190.

―(2000a): Manifest versus Scientific Worldview: Uniting the perspectives. In: *Epistemologia* 23, S. 211-242.

―(2000b): Zurück zur verzauberten Natur ― ohne konstruktive Philosophie? In: *Deutsche Zeitschrift für Philosophie* 48, S. 953-965.

―(2000c): The things we do for love. Zur Weiterentwicklung von Frankfurts Analyse personaler Autonomie. In: M. Betzler/B. Guckes (Hrsg.): *Autonomes Handeln. Beiträge zur Philosophie von Harry G. Frankfurt*. Berlin, S. 117-135.

―(2002a): Existentielle Verpflichtung und Toleranz. In: M.-L. Raters/M. Willaschek (Hrsg.): *Hilary Putnam und die Tradition des Pragmatismus*. Frankfurt/M., S. 344-362.

―(2002b): *Personales Leben und menschlicher Tod*. Frankfurt/M. (『ドイツ医療倫理学の最前線：人格の生と人間の死』高田純監訳、リベルタス出版、2014)

―(2003): Philosophische Freiheiten. In: S. Mischer u. a. (Hrsg.): *Auf Freigang: Metaphysische und ethische Annäherungen an die menschliche Freiheit*. Münster, S. 11-37.

―(2004): Georg Wilhelm Friedrich Hegel ― Individuelle Freiheit und sittliche Gemeinschaft. In: A. Beckermann/D. Perler (Hrsg.): *Klassiker der Philosophie heute*. Stuttgart, S. 419-438.

―(2006): Ein stereoskopischer Blick? In: D. Sturma (Hrsg.): *Philosophie und Neurowissenschaften*. Frankfurt/M., S. 124-145.

―(2007a): *Person*. Berlin. (『人格：応用倫理学の基礎概念』後藤弘志訳、知泉書館、2013)

―(2007b): The social nature of personal identity. In: *Journal of Consciousness Studies* 14, S. 56-76.

―(2007c): Autonomy for Real People, in: C. Lumer/S. Nannini (Hrsg.): *Intentionality, Deliberation and Autonomy ― The Action-Theoretic Basis of Practical Philosophy*. Aldershot, S. 209-226.

―(2009a): Das Argument des Vollzugswiderspruchs: Annäherungen an Carl Friedrich Gethmanns pragma-zentristische Subjektivitätstheorie. In: G. Kamp/F. Thiele (Hrsg.): *Erkennen und Handeln*, München, S. 41-62.

―(2009b): *Karl Marx: Ökonomisch-Philosophische Manuskripte*. Studienausgabe mit Kommentar. Frankfurt/M.

―(2010a): *Menschenwürde und personale Autonomie*. Hamburg. (『人間の尊厳と人格の自律：生命科学と民主主義的価値』加藤泰史監訳、法政大学出版局、2015)

―(2010b): After Hegel. The Realization of Philosophy through Action. In: D. Moyar (Hrsg.):

Routledge Companion to 19th Century Philosophy. London, S. 197-237.
——Einführung in die Allgemeine Ethik. Vierte Auflage. Darmstadt.
——(i.E.): Being identical by being (treated as) responsible. In: M. Kühler/N. Jelinek (Hrsg.): *Autonomy and the Self*. Dordrecht.
——/Schweikard, D. (2010): »Weltdeutungen und Ideologien«. In: W. Demel/H.-U. Thamer (Hrsg.): *Entstehung der Moderne. 1700 bis 1914* (=WBG Weltgeschichte, Band V). Darmstadt, S. 209-263.
Raters, M.L./Willaschek, M. (2002): Einleitung: Hilary Putnam und die Tradition des Pragmatismus. In: dieselben (Hrsg.): *Hilary Putnam und die Tradition des Pragmatismus*. Frankfurt/M., S. 9-29.
Rawlinson, M. (1996): Alterity and Judgement: Some Moral Implications of Hegel's Concept of Life. In: K. Bayertz (Hrsg.): *Sanctity of Life and Human Dignity*. Dordrecht, S. 161-175.
Rawls, J. (1971): *A Theory of Justice*. Cambridge. (『正義論』川本隆史ほか訳、紀伊国屋書店、2010)
——(1993): *Political Liberalism*. New York.
Redding, P. (1996): *Hegel's Hermeneutics*. Ithaca.
Ritchie, D.G. (1893): *Darwin and Hegel*. New York.
Rohs, P. (1982): *Form und Grund*. Dritte Auflage. Bonn.
——(1996): *Feld—Zeit—Ich*. Frankfurt/M.
Rosenkranz, K. (1977): *Georg Wilhelm Friedrich Hegels Leben*. Nachdruck der Erstausgabe Berlin 1844, Darmstadt. (『ヘーゲル伝』中埜肇訳、みすず書房、1983)
Rózsa, E. (1997): Hegels Auffassung der Versöhnung und die Metaphorik der „Vorrede" der Rechtsphilosophie — Risse am System? In: *Hegel-Studien* 32., S. 137-160.
——(2004): Versöhnung durch Religion? In: B. Merker u. a. (Hrsg.): *Subjektivität und Anerkennung*. Paderborn, S. 180-194.
——(2005): *Versöhnung und System. Zu Grundmotiven von Hegels praktischer Philosophie*. München.
——(2007): *Hegels Konzeption praktischer Individualität*. Paderborn.
Ruben, D.-H. (1985): *The Metaphysics of the Social World*. London.
Sandel, M. (1982): *Liberalism and the Limits of Justice*. Cambridge. (『リベラリズムと正義の限界』菊池理夫訳、勁草書房、2009)
——(1984): The Procedural Republic and the Unencumbered Self. In: *Political Theory* 1, S. 81-96.
Schmid, H.B./Schweikard, D.P. (Hrsg.) (2009): *Kollektive Intentionalität*. Frankfurt/M.
Schnädelbach, H. (2000): *Hegels praktische Philosophie*. Frankfurt/M.
Schweikard, D.P. (2007): »Ich, das Wir, und Wir, das Ich ist« — Hegels Theorie der konstitutiven Anerkennung als Alternative zum intentionalistischen Paradigma. In: G.W. Bertram u. a. (Hrsg.): *Socialité et reconnaissance: grammaires de l'humain*. Paris, S. 53-72.
——(2011): *Der Mythos des Singulären — Eine Untersuchung der Struktur kollektiven Handelns*. Paderborn.
Sedgwick, S. (1997): McDowell's Hegelianism. In: *European Journal of Philosophy* 5, S. 21-38.
Shatz, D. (1985): Free Will and the Structure of Motivation. In: *Midwest Studies in Philosophy* 10, S. 451-482.
Siep, L. (1979): *Anerkennung als Prinzip der praktischen Philosophie. Untersuchungen zu Hegels Jenaer Philosophie des Geistes*. Freiburg.
——(1981): Kehraus mit Hegel? In: *Zeitschrift für philosophische Forschung* 35, S. 518-531.
——(1982): Intersubjektivität, Recht und Staat in Hegels Grundlinien der Philosophie des Rechts. In: D. Henrich/R.-P. Horstmann (Hrsg.): *Hegels Philosophie des Rechts*. Stuttgart, S. 255-276.
——(1989): Person and Law in Kant and Hegel. In: R. Schürmann (Hrsg.): *The Public Realm*. Albany, S. 82-104.
——(1991): Hegels Idea of a Conceptual Scheme. In: *Inquiry* 34, S. 63-76.
——(1992a): *Praktische Philosophie im Deutschen Idealismus*. Frankfurt/M. (『ドイツ観念論における実践哲学』上妻精監訳、晢書房、1995)
——(1992b): Hegels politische Anthropologie. In: O. Höffe (Hrsg.): *Der Mensch — ein politisches Tier?* Stuttgart, S. 110-133.
——(1996a): Eine Skizze zur Grundlegung der Bioethik. In: *Zeitschrift für philosophische Forschung*

50, S. 236-253.
——(1996b): Ethik und Anthropologie. In: A. Barkhaus u. a. (Hrsg.): *Identität, Leiblichkeit, Normativität: Neue Horizonte anthropologischen Denkens*. Frankfurt/M., S. 274-298.
——(Hrsg.) (1997a): *G.W.F. Hegel. Grundlinien der Philosophie des Rechts*. Berlin.
——(1997b): *Zwei Formen der Ethik*. Opladen.
——(1999): Natur als Norm? Zur Rekonstruktion eines normativen Naturbegriffs in der angewandten Ethik. In: M. Dreyer/K. Fleischhauer (Hrsg.): *Natur und Person im ethischen Disput*. Freiburg, S. 191-206.
——(2000): *Der Weg der Phänomenologie des Geistes*. Frankfurt/M.
——(2004): *Konkrete Ethik*. Frankfurt/M. (『ジープ応用倫理学』山内廣隆 [訳者代表]、丸善株式会社、2007)
——(2010): *Aktualität und Grenzen der praktischen Philosophie Hegels. Aufsätze 1997-2009*. München.
——u. a. (2001): Direkter Realismus. Bemerkungen zur Aufhebung des Alltäglichen Realismus bei Hegel. In: R. Schumacher (Hrsg.): *Idealismus als Theorie der Repräsentation?* Paderborn, S. 147-163.
Stekeler-Weithofer, P. (1992): *Hegels Analytische Philosophie*. Paderborn.
Stephan, A. (1999): *Emergenz. Von der Unvorhersagbarkeit zur Selbstorganisation*. Dresden.
Taylor, C. (1983): Hegel and the Philosophy of Action. In: L.S. Stepelevich/D. Lamb (Hrsg.). *Hegel's Philosophy of Action*. Atlantic Highlands, S. 1-18.
——(1975): *Hegel*. Cambridge.
——(1976): Responsibility for self. In: A. Oksenberg Rorty (Hrsg.): *The Identities of Person*. Berkeley, S. 281-299.
——(1989): Cross-Purposes: The Liberal-Communitarian Debate. In: N.L. Rosenblum (Hrsg.): *Liberalism and the Moral Life*. Harvard, S. 159-182.
Ter Hark, M. (1995): Wittgenstein und Russell über Psychologie und Fremdpsychisches. In: E. von Savigny/O.R. Scholz (Hrsg.): *Wittgenstein über die Seele*. Frankfurt/M., S. 84-106.
Thalberg, I. (1989): Hierarchical Analyses of Unfree Action. In: J. Christman (Hrsg.): *The Inner Citadel*. Oxford, S. 123-136.
Tugendhat, E. (1979): *Selbstbewusstsein und Selbstbestimmung*. Frankfurt/M.
Velleman, J.D. (2006): *Self to Self*. Cambridge.
——(2009): *How We Get Along*. Cambridge.
Vieth, A./Quante, M. (2005): Chimäre Mensch? In: K. Bayertz (Hrsg.): *Die menschliche Natur*. Paderborn, S. 192-218.
Walzer, M. (1983): *Spheres of Justice — A Defense of Pluralism and Equality*. New York.(『正義の領分：多元性と平等の擁護』山口晃訳、而立書房、1999)
——(1990): The Communitarian Critique of Liberalism. In: *Political Theory* 1, S. 6-23.
Watson, G. (1989a): Free Agency. In: J. Christman (Hrsg.): *The Inner Citadel*. Oxford, S. 109-122.
——(1989b): Free action and free will. In: *Mind* 96, S. 145-172.
Wetzel, M. (2004): Das »Ontologische« und das »Epistemologische«. In: Halbig, C. u. a. (Hrsg.): *Hegels Erbe*. Frankfurt/M., S. 401-430.
Wiesing, U./Schonauer, K. (1997): Prognose und Solidarität — Zum Einfluß der Genomanalyse auf Kranken- und Lebensversicherungen. In: F. Petermann u. a. (Hrsg.): *Perspektiven der Humangenetik*. Paderborn, S. 229-245.
Wildt, A. (1982): *Autonomie und Anerkennung*. Stuttgart.
Willaschek, M. (1997): Der transzendentale Idealismus und die Idealität von Raum und Zeit. In: *Zeitschrift für philosophische Forschung* 51, S. 537-564.
——(2003): *Der mentale Zugang zur Welt. Realismus, Skeptizismus und Intentionalität*. Frankfurt/M.
——(2004): Charles S. Peirce, William James und John Dewey — Denken als Problemlösen. In: A. Beckermann/ D. Perler (Hrsg.): *Klassiker der Philosophie heute*. Stuttgart, S. 539-560.
Wollheim, R. (1980): *Art and its Objects*. Cambridge.
Wolff, M. (1984): Hegels staatstheoretischer Organizismus. In: *Hegel-Studien* 19, S. 147-178.
——(1992): *Das Körper-Seele-Problem: Kommentar zu Hegels Enzyklopädie (1830), §389*. Frankfurt/M.

初出一覧

第1章　序論
Georg Wilhelm Friedrich Hegel — Individuelle Freiheit und sittliche Gemeinschaft. In: A. Beckermann/ D. Perler (Hrsg.): *Klassiker der Philosophie heute*. Stuttgart: Reclam 2004, S. 419-438.

第2章　形而上学とコモン・センスのあいだ
Common Sense-Realisimi kohtaa Absoluuttisen Idealismin. In : *nün & näin* 22 (1999), S. 20-26.
Reconceiling Mind and World. In: *Southern Journal of Philosophy* 40 (2002), S. 75-96.

第3章　治療としての思弁哲学？
Spekulative Philosophie als Therapie? In: C. Halbig u. a. (Hrsg.): *Hegels Erbe*. Frankfurt/M.: Suhrkamp 2004, S. 324-350.

第4章　観察する理性の批判
»Die Vernunft unvernünftig aufgefaßt«. Hegels Kritik der beobachtenden Vernunft. In: Klaus Vieweg/Wolfgang Welsch (Hrsg.): *Hegels Phänomenologie des Geistes*. Suhrkamp: Frankfurt/M. 2008, S. 325-349.
»Reason (…) apprehended irrationally«. Hegel's Critique of Observing Reason. In: Dean Moyar/Michael Quante (Hrsg.): *Hegel's »Phenomenology of Spirit« A: Critical Guide*. Cambridge: Cambridge University Press 2008, S. 91-111.

第5章　精神の措定および前提としての自然
Die Natur: Setzung und Voraussetzung des Geistes. In: B. Merker u. a. (Hrsg.): *Subjektivität und Anerkennung*. Paderborn: Mentis 2004, S. 81-101.

第6章　階層形成か措定か
Schichtung oder Setzung? Hegels reflexionslogische Bestimmung des Natur-Geist-Verhältnisses. In: *Hegel-Studien* 37 (2002), S. 107-121.

第7章　自己意識と個別化
»Die Persönlichkeit des Willens« und das »Ich als Dieser«. Bemerkungen zum Individuationsproblem in Hegels Konzeption des Selbstbewusstseins. In: M. Quante/E. Rózsa (Hrsg.): *Vermittlung und Versöhnung*. Münster: Lit-Verlag 2001, S. 53-67.

第8章　意志と人格性
»Die Personalität des Willens«. Eine Analyse der begriffslogischen Struktur der §§ 34-40 in Hegels Philosophie des Rechts. In: L. Siep (Hrsg.): *G.W.F. Hegel, Grundlinien der Philosophie des Rechts*. Berlin 1997, S. 73-94.
»The personality of the will« as the Principle of Abstract Right: An Analysis of §§ 34-40 of Hegel's »Philosophy of Right« in Terms of the Logical structure of the Concept. In: R.B. Pippin/O. Höffe (Hrsg.): *Hegel on Ethics and Politics*. Cambridge: Cambridge University Press 2004, S. 81-100.

第9章　行為
Hegel. In: T. O'Connor/C. Sandis (Hrsg.): *Companion to the Philosophy of Action*. London: Blackwell 2010, S. 537-545.

第10章 責任
Hegel's Planning Theory of Action. In: A. Laitinen/C. Sandis (Hrsg.): *Hegel on Action*. Houndmills, Basingstoke, Hampshire: Palgrave MacMillan 2010, S. 212-231.

第11章 承認の文法
Die systematische Bedeutung der Anerkennungsrelation in Hegels Phänomenologie des Geistes. In: *Studien zu Hegels Philosophie*, hrsg. von der Japanischen Hegel-Gesellschaft, 13, (2007), S. 72-84 (in japanischer Sprache).

Az elismerés mint a szellem fenomenológiájának ontológiai princípiuma. In: *Kellék* 33-34 (2007), S. 175-189.

»Der reine Begriff des Anerkennens«. Überlegungen zur Grammatik der Anerkennungsrelation in Hegels »*Phänomenologie des Geistes*«. In: H.-C. Schmidt am Busch/C.F. Zurn (Hrsg.): *Anerkennung*. Berlin: Akademie Verlag 2009, S. 91-106.

»The Pure Notion of Recognition«: Reflections on the Grammar of the Relation of Recognition in Hegel's Phenomenology of Spirit. In. H.-C. Schmidt am Busch, C.F. Zurn (Hrsg.), *The Philosophy of Recognition: Historical and Contemporary Perspectives*. Lanham: Lexington Books, Rowman & Littlefield 2010, S. 89-106.

El reconocimiento como principio ontológico en la *Fenonmenologia del espiritu*. In: V. Lemm/J.O. Karzulovic (Hrsg.): *Hegel: Pensador de la actualidad*. Santiago: Ediciones Universidad Diego Portales 2010, S. 141-162.

第12章 個人、共同体、国家
»[...] die Bestimmung der Individuen ist, ein allgemeines Leben zu führen«. La struttura metafisica della filosofia sociale di Hegel. In: *Quaderni Di Teoria Sociale* 5 (2005), S. 221-250 (mit D.P. Schweikard).

»Leading a Universal life«: the systematic relevance of Hegel's social philosophy. In: *History of the Human Science* 22 (2009), S. 58-78 (mit D.P. Schweikard).

第13章 議論の余地のある人倫
Hegels pragmatistische Ethikbegründung. In: K. Engelhard/D.H. Heidemann (Hrsg.): *Ethikbegründungen zwischen Universalismus und Relativismus*. Berlin: Walter de Gruyter 2005, S. 231-250.

第14章 人格の自律
Personal Autonomy and the Structure of the Will. In: J. Kotkavirta (Hrsg.): *Right, Morality, Ethical Life. Studies in G.W.F. Hegel's Philosophy of Right*. Jyväskylä 1997, S. 45-74.

G.W.F. Hegel: La Autonomiá personal y la estructura de la voluntad. In: G. Leyva (Hrsg.): *La Filosofía de la Acción. Un análisis histórico-sistemático de la acción y la racionalidad práctica en los clásicos de la filosofía*. Madrid: Editorial Síntesis de Madrid/Universidad Autónoma Metropolitana 2008, S. 413-435.

第15章 無際限の自律？ 展望
Hegel und die biomedizinische Ethik. In: O. Breidbach/D.v. Engelhardt (Hrsg.): *Hegel und die Lebenswissenschaften*. Berlin: Verlag für Wissenschaft und Bildung 2001, S. 261-275.

訳者あとがき

本書は Michael Quante, *Die Wirklichkeit des Geistes: Studien zu Hegel*. Suhrkamp Verlag, Frankfurt am Main, 2011 の全訳である。

著者ミヒャエル・クヴァンテ氏は現在ミュンスター大学の教授（実践哲学講座）を務めるドイツを代表する哲学者の一人である。そのキャリアは若くしてすでにドイツ哲学協会 (Deutsche Gesellschaft für Philosophie) の会長を務める (2012年から2014年まで) など華々しい。これまでに出版された論文や著書の数は膨大で、そのうち日本では今のところ4冊の著書、4編の論文が翻訳・出版されている。したがって本書はクヴァンテ教授の著書の邦訳としては5冊目となる（詳細な学歴・職歴等についてはこれまでに出版されている翻訳書ですでに紹介されているので、ここでは省略させていただく。関心のある方はそれらを参照されたい）。

これまでに日本で翻訳・出版されている教授の著書および論文を以下に挙げておく。

【著書】
①『ヘーゲルの行為概念』（高田純・他訳）リベルタス出版　2011年
②『人格―応用倫理学の基礎概念』（後藤弘志訳）知泉書館　2013年
③『ドイツ医療倫理学の最前線――人格の生と人間の死――』（高田純監訳）リベルタス出版　2014年
④『人間の尊厳と人格の自律――生命科学と民主主義的価値――』（加藤泰史監訳）法政大学出版局　2015年

【論文】
①「ヘーゲル『精神現象学』における承認関係の体系的意義」（竹島尚仁訳）、『ヘーゲル哲学研究』（日本ヘーゲル学会編）、vol. 13、2007年、72-84頁、所収
②「「行為は現実性である」――ヘーゲルの帰属主義的・プラグマティズム的現実性概念――」（大河内泰樹訳）、『ヘーゲル哲学研究』（日本ヘーゲル学会編）、vol. 21、2015年、22-38頁、所収
③「ヘーゲルの市民社会構想における「理性性の映現」と社会的平和の限界」（硲智樹訳）、『ぷらくしす』（広島大学応用倫理学プロジェクト研究センター編）、通巻

第17号、2016年、101-112頁、所収
④「尊厳と多元性——今日におけるヘーゲル哲学のアクチュアリティとその限界——」（瀬川真吾訳）、『思想』、No. 1114、2017年、165-182頁、所収
⑤「介護の文脈における人格の自律、依存性そして尊厳」（瀬川真吾訳・解題）、『尊厳概念のダイナミズム　哲学・応用倫理学論集』（加藤泰史編）法政大学出版局、2017年、273-298頁、所収

　これらを見ればわかるように、クヴァンテ教授が重点的に取り組んでいる研究領域は、主にヘーゲル研究と生命倫理学の二本柱で成り立っている。つまり、古典文献研究と応用倫理学の言わば「二刀流」である。しかも、クヴァンテ教授においてはこの二つの「刀」はまったく無関係ではなく密接に関連している（詳しくは論文④を参照）。つまり、その応用倫理学研究は古典文献研究から教授が得た成果に支えられており（だからといって単純な「応用」では決してない）、また、その古典文献研究のスタイルは、歴史的文脈性を無視することなく体系的な観点からもテキストを読み解いていくというもので、そのかぎりそれは「歴史的な」読解にとどまるものではない。読者はクヴァンテ教授のこのような古典文献研究のスタイルを本書で目の当りにするであろう。
　本書にはその副題が示すとおり1999年から2010年までのクヴァンテ教授によるヘーゲル研究の成果が収められている。その研究成果がいまこうして日本で翻訳・出版されるに至ったのではあるが、ヘーゲル研究の立場から言えば、もう少し早い時期に翻訳・出版されてしかるべき著書であったように思う。その理由は、クヴァンテ教授の研究が現在のヘーゲル研究を牽引するまさに最前線に位置するものであるからであり、決して「時期を逸した」と言いたいわけではない。本書の「序文」で同じくヘーゲル研究者のロバート・ピピンが語っているように、これは1990年代以降の最も優れたヘーゲル研究の書であり、あらゆる次元でこれを凌駕するヘーゲル研究はいまだ出ていないと言っても過言ではない。そのかぎり、現在のヘーゲル研究の到達点とも言うべきこの著書がいまこうして翻訳・出版されることの意義はやはり少なくないであろう。
　本書がこのようにヘーゲル研究の最前線に位置づけられうると言われるその理由は、その研究の手法にある。すなわち、分析的な手法によってヘーゲルの思想を読み解きながらヘーゲル哲学の現代性とその限界を提示することが、まさに本書の核

心をなしている。そこで、本書の意義について読者に理解していただくためにも、ここで近年の——といっても第二次大戦以降ではあるが——ヘーゲル研究の流れとそこにおけるクヴァンテ教授の研究の位置を簡単に略述しておきたい。

　現在のヘーゲル研究は1960年代以降のアカデミー版ヘーゲル全集刊行とともに始まると言える。綿密な文献学的考証に基づいたヘーゲルのテキストが出版されるようになったことで、ヘーゲル哲学の形成史が解明される手はずがようやく整ったのである。そのとき多くの研究者の注目を集めたのが、『精神現象学』に至るまでのイエナ期ヘーゲルの思想形成史であった。こうした研究に取り組んだ世代は、第二次世界大戦後のヘーゲル研究の言わば「第一世代」であり、この世代に属している研究者と言えば、例えばK・デュージング、H・キムメーレ、D・ヘンリッヒ、M・リーデル、L・ジープ、R.-P.・ホルストマン、H・F・フルダなどを挙げることができる。

　本書の著者M・クヴァンテ教授は、この「第一世代」の緻密なテキスト・クリティークに基づく文献研究のスタイルを受け継ぎながらも（彼の師はL・ジープである）、同時に、分析的アプローチによってテキストを解釈するという、1990年代頃から起こったヘーゲル研究のひとつの方向性を提示した、「新たな」世代を代表する研究者である。ここでいう「分析的アプローチ」とは所謂「分析哲学 (analytic philosphy)」と呼ばれる哲学の手法 (methode) を意味している。クヴァンテ教授によれば、分析哲学に対する「偏見」が取り除かれ、それが哲学の方法 (methode) であることが理解されるなら、ヘーゲルと分析哲学のあいだの対話も十分に可能なのである。

　クヴァンテ教授のような新たな「第二世代」のヘーゲル研究者が登場した背景には、次のような二つの哲学史的展開があるように思われる。まずひとつめは、哲学するにあたって分析哲学がもはやそれを無視することができないほどの影響力を持つようになり、いまやそれが哲学の主流となっていることである（もちろんこの場合の「分析哲学」とは「方法」としてのそれを指す）。そして分析哲学を偏見なしに受け入れることができるようになった世代がちょうどクヴァンテ教授らの世代なのであろう。

　そしてもうひとつは、20世紀後半の分析哲学における「ヘーゲル・ルネサンス」である。一般にムーアとラッセルに代表される初期の分析哲学は反ヘーゲル主義を旗印に始まったとされる。だが、クワインによる論理実証主義への批判以降、分析哲学とヘーゲルの関係が少しずつ変わり始め、言わば、分析哲学の「ヘーゲル的転回」とでも言いうる展開が起こる。それは、分析命題と綜合命題の区別および還元主義という「経験主義の二つのドグマ」（これは1951年に出版されたクワインの論文タイ

トルでもある)に対するクワインの攻撃に始まり、W・セラーズによる「所与の神話」批判を経て、マクダウェル『心と世界 (Mind and World)』(1994年) およびブランダム『明示化 (Making It Explicit)』(1994年) へと結実する一連の動きを意味する (さらにこれはローティに始まるネオ・プラグマティズムの展開とも関連している)。マクダウェルやブランダムはまさに自分たちの哲学が「ヘーゲル的」であることを公言している。こうした分析哲学内部での動きが英語圏以外のヘーゲル研究者に刺激を与えたであろうことは想像に難くない。以後、ドイツ語圏のヘーゲル研究でも分析哲学とヘーゲルとの関係が多くの論者によって盛んに議論されているし、また英語圏のヘーゲル研究者とドイツ語圏のヘーゲル研究者の共同による論文集もいくつか出版されている。分析哲学とヘーゲル哲学のあいだを隔てるものはもはや存在しないだけでなく、両者のあいだで生産的な対話がなされるようになったのである。

　本書はこのような哲学史的展開を背景として生まれた本物のヘーゲル研究書である。ただ新しい資料を使うだけで「最新の研究」を標榜するような研究ではない。哲学書を読むとはいかなることであるかが、ここには示されている。ヘーゲルの思想を深く読み解き、それを自家薬籠中としながら、なおかつ最新の哲学的議論へと接続するその手腕は見事と言うほかはない。そのかぎり本書こそが最新かつ最深のヘーゲル研究書であることは間違いない。そしてこのことを示すのが、この書がヘーゲル研究者ではなくとも理解できる数少ないヘーゲル研究の書であるということである。そこでヘーゲル研究者はもちろんのこと、ヘーゲル研究者以外の哲学研究者にも是非とも本書を一読していただきたい。そうすれば必ずやそこには有意義な哲学的議論が生まれるに違いない。

　ここで翻訳の分担について紹介しておく。序論、第Ⅰ部、そして第Ⅳ部・第13章を硲智樹が、第Ⅱ部および第Ⅳ部・第11章・第12章を桐原隆弘が、第Ⅲ部および第Ⅳ部・第14章・第15章を後藤弘志がそれぞれ翻訳し、最後に監訳者である後藤が全体に目を通した。思わぬ誤訳があるとすればそれは各担当者の責であることをここに断っておく。ご批判をいただければ幸いである。

　最後に、本書の翻訳を快く勧めてくださっただけでなく、訳出に際して生じた訳者の疑問に丁寧に答えて下さったクヴァンテ教授には、心より感謝申し上げたい。

硲 智樹

313

事項索引

あ

意志　*16-21, 23, 45, 46, 90, 126, 132, 138, 139, 142, 144-151, 153-172, 174, 175, 179, 180, 182, 184, 186, 189, 192-197, 201, 206, 207, 219, 221, 229-239, 241, 247, 253, 254, 257, 258, 261, 262, 264-270, 273-284, 287, 289-291, 295-298, 300*

意志の自由　*18, 59, 174, 189, 261, 262, 264-266, 274, 276, 279, 282-284, 287*

意　図　*88-92, 165, 172, 173, 176-178, 181, 185-192, 194-196, 206, 213, 215, 217, 218, 234, 257, 265, 274, 275*

違法　*192, 257*

意欲　*17, 20, 44-46, 66, 109, 111, 113, 114, 146-150, 152, 154, 159, 160, 163-166, 176, 189, 192, 196, 206-209, 230, 248, 258, 261, 265-269, 271, 276, 277, 279-281, 289, 298, 300*

因果性　*19, 33, 34, 41, 46, 85, 110, 180, 194, 195, 274, 275*

因果的行為論　*218*

因果的相互作用論　*123*

因果法則モデル　*174*

運動　*68, 77, 83, 84, 110, 128, 134, 141, 142, 145, 146, 150, 162, 202, 204, 210-212, 217, 219, 276, 282*

穏健な自由主義　*227, 228*

恩赦　*193, 197*

か

外化　*89, 90, 99, 109, 111, 114, 116, 129, 165, 166, 175, 179*

懐疑主義　*13, 28, 35, 36, 38, 63, 66-70, 72, 245, 246, 248-250, 255, 259*

外在主義　*13, 24, 68, 71, 86, 87, 138, 180, 278, 284*

解釈学　*41, 42, 45, 83, 128, 134*

階層モデル　*122-127, 134*

階層的自己　*261-264*

概念図式と内容という二元論　*32*

概念全体論　*68, 298*

概念論理　*75, 78, 79, 142, 155, 161, 168, 170, 230, 232*

外面性　*29, 44, 109, 110, 117, 172, 175*

科学主義／反科学主義　*23, 28, 80, 86, 119-121, 124, 125, 127, 129, 130, 172, 179, 180*

家族　*11, 20, 21, 224, 236, 237, 239, 292*

価値と事実の二分法　*244, 245, 247*

活動性　*107-109, 140, 142, 149, 283*

カテゴリー　*14, 15, 19, 22, 27, 29, 31, 32, 48, 58, 68, 71, 87, 102, 108, 109, 128-130, 132-134, 139-141, 162, 165, 177, 182, 183, 186, 187, 192, 230, 235, 249, 250, 299*

可謬主義　*244, 245, 250*

還元主義　*121, 122, 124*

還元主義的物理主義　*122, 124*

観察者のパースペクティヴ　*41, 48*

観察する理性　*74-84, 87, 89-93, 95-97, 128, 132, 172-174, 219*

慣習　*20, 84, 89, 219*

間主観性　*169, 202*

感情　*72, 106, 117, 191, 195, 238, 254*

観念論と実在論の／という二分法　*33, 48*

願望　*164, 177, 261, 264-272, 276, 277, 279, 281-284, 293, 294*

帰責　*175, 184-189, 192, 195, 196*

帰責主義　*195, 196*

帰責能力　*185-189, 192, 193, 197*

帰属主義　*24, 184, 235, 282*

規定性　*101, 102, 111, 119, 143-145, 147, 150, 157, 159, 160, 162, 166, 168, 281*

規定有　*143, 145, 157, 158, 280*

企図　*178, 181, 185, 186, 187, 190, 192, 194, 195*

機能主義　*124, 135*

基本権　*227, 233, 298*

義務　*70, 185, 188, 237, 258, 290, 292, 295, 296, 300*

義務論　*180*

客観性　*29, 30, 37, 39, 40, 132, 148, 176, 177, 185, 187, 190, 192, 193, 195, 197, 198, 257, 275-277*

客観性の法　*185, 187, 190, 192, 193, 195, 197, 198*

客観的観念論　*68*

客観的精神　*17, 20, 24, 61, 92, 96, 106, 138, 184, 196, 201, 219, 223, 229, 230, 243, 250-255, 259, 273, 274, 276, 289, 291, 296, 297*

狂気　*191*

共同体　*11, 12, 21, 22, 46, 133, 175, 227, 234, 236, 241, 254, 255, 258, 259, 285, 289, 295, 296, 298*

共同体主義　*11, 12, 197, 220, 221, 227, 228, 229, 230, 237, 238, 242, 272, 295*

教養形成　*62, 68, 134*

許可　*165, 166*

禁止　*165, 166*

空間時間的個別性　*161*

具現化　*144, 151, 168, 169, 186, 206, 208-212, 214, 218, 236, 276, 277, 283, 289, 298*

愚行　*290*

具体性　*154, 155*

具体的(な)普遍性　*117, 142, 154*

契機　*15, 19, 77, 83, 102, 103, 106, 109, 116, 117, 127, 128, 131, 132, 141, 143, 145-147, 149, 150, 152-161, 164, 166, 169, 175, 183, 196, 203, 205, 208, 211, 218, 230-232, 234, 237, 239, 254, 255, 275, 276, 279-282, 284, 289, 290, 295, 296, 298*

経験主義　*31, 33, 36*

形式主義　*19, 38, 258, 268, 270, 272, 282, 283*

形式主義批判　*258, 270*

形式と内容の二元論　*140*

芸術／芸術作品　*15, 23, 45, 46, 49, 56, 113, 119, 120, 226, 252*

形態　*18, 20, 39, 51, 61, 64, 68, 76-78, 82, 87, 88, 96, 103-105, 109-111, 113, 117-120, 130, 131, 133, 154, 155, 160, 165, 170, 176, 184, 192, 194, 196, 208, 209, 212, 214, 221, 236, 237, 239, 242, 247, 252, 253, 255, 275, 276, 280, 281, 283, 291, 298*

刑罰　*153, 185, 193, 237*

契約　*153, 169*

契約論　*18, 21, 295*

契約論批判　*229, 233*

決意主義　*185, 196, 267, 282*

結果主義　*180*

決定論　*18, 19, 174, 278*

顕現／顕現形態　*15, 16, 18, 20, 21, 23, 45, 105, 108, 111-113, 119, 142, 147, 149, 151, 159, 166, 169, 172, 182, 203-205, 212, 236, 238, 241, 246, 247, 253, 254, 257, 281, 289, 291*

現実性　*15, 17, 21, 46, 52, 69, 71, 77, 91, 93, 111, 113, 118, 120, 123, 132, 147, 149, 159, 173, 184, 188, 192, 195, 234, 247, 248, 252, 282-285, 289*

原子論　*31, 33, 39, 230, 285, 295, 297*

行為　*11, 17, 18, 24, 42, 44, 45, 64, 84, 85, 88, 89, 90, 91, 92, 93, 109, 128, 132, 147, 148, 153, 164, 165, 171-197, 202, 204, 206-208, 210-214, 216-219, 223, 225-227, 231-234, 236, 237, 239, 241, 246, 257,*

261, 262, 265-271, 274, 279, 289
行為者　19, 85, 91, 124, 174-180, 182, 184-194, 213, 214, 241, 257, 263-265, 268, 274
行為者原因性　174
行為者の法　185
行為の計画論　178, 181-183, 185, 186
行為の自由　18, 262, 264
公共の福祉　228
構成主義　33, 68, 140
構築的な哲学　42, 43, 46, 48, 54, 55, 56, 57, 58, 60, 61, 62, 63, 64, 65, 66
行動主義　86
幸福　11, 177, 292
功利主義　243
合理主義　15, 76, 78, 246, 269
合理性　41, 67, 79, 175, 177, 187, 188, 225, 233, 234, 243, 271-273, 277, 280, 283, 293
心の哲学　41, 42, 56, 93, 95, 96, 115, 116, 119, 121-127, 133-135, 235, 252, 285, 293
個人　11, 18, 20-22, 60, 61, 63, 84-87, 89, 91, 92, 108, 139, 150, 151, 153, 158-163, 165, 167, 168, 172, 189, 197, 202, 211-228, 230, 231, 233-242, 252, 254-259, 267, 271-273, 275, 276, 282, 285, 286, 288, 289, 292, 294-298, 300
個人権　298
個人主義　11, 12, 214, 220, 222-229, 233, 240, 241, 268, 274, 295, 297
悟性　31, 32, 39, 40, 50, 60, 62, 72, 80, 126, 144, 237
個体性　84, 85, 88-94, 173, 254
個体的な人格性　143, 145, 148, 150, 158
国家　11, 15, 20-22, 222, 224, 227, 228, 236, 237, 241, 253, 254, 256, 285, 295, 296, 298
個別化の原理　138, 150, 151, 276
個別性　117, 132, 138, 139, 141-143, 145, 146, 148-150, 152, 155-161, 167, 169, 172, 192, 230, 231, 276, 280
コモン・センス　39, 40, 43, 46-49, 54-58, 61-66, 68-71
根拠づけの全体論　298

さ

再魔術化された自然　41
参加者の視点／パースペクティヴ　41, 48, 112, 128, 151, 244
思惟　29, 31, 32, 38, 39, 62, 76, 77, 83, 86, 107-110, 128, 140, 141, 146-148, 150, 152, 155, 160, 162, 166, 181, 184, 187, 189, 192, 196, 275, 279, 280, 289
恣意の自由　18, 19
自我　37, 38, 68, 70, 138, 143, 147, 157, 162, 163, 207-209, 228, 230
自己　14, 17, 18, 20, 23, 29, 38, 44, 45, 46, 47, 51, 52, 60, 62, 67,81, 89, 91, 92, 98, 99, 102, 107-120, 125, 126, 128, 129, 131, 133-135, 142-173, 177-185, 188, 192, 196, 197, 200, 201, 232-234, 237-240, 242, 247, 249, 252-257, 260, 265, 279-284, 294, 296-298
自己意識　22, 39, 45, 48, 68-72, 74-79, 82-88, 90, 93-95, 103, 109, 114, 132, 138, 139, 141, 143, 145-155, 157-168, 179, 182, 183, 194, 200, 202-219, 231, 233, 235, 241, 258, 273-280, 282, 283, 285, 289-291, 292, 295, 300
自己意識の社会的構成　196, 197
志向性　34, 35, 39, 41, 44, 45, 146, 147, 180, 279, 280
自己外存在　104, 106, 113, 117, 118, 120
自己規定　15, 17, 22, 23, 38, 108, 116, 117, 119, 133, 139-142, 144, 145, 148, 149, 154, 177, 188, 213, 241, 256, 276, 279-284, 296
自己言及　144, 147, 148, 150, 161, 207, 230
自己産出　15, 33, 113, 140, 141
自己展開　22, 76, 108, 110, 118, 140, 241, 289
自己同一化　21, 197, 233, 237, 265, 267, 268, 280-282, 284
自己同一性　111
自己内存在　91, 173
自己内反省　162, 169
自己否定　142, 146
仕事　88, 90, 91, 173, 250
市場　12, 224, 233, 236
自然　23, 34, 35, 43-49, 61, 75, 77, 78, 97-107, 109-120, 124, 125, 127-134, 150, 167, 168, 169, 253, 288, 291, 294-299
自然化　34, 262-264, 272, 273
自然主義　28, 34, 40, 42, 43, 45, 46, 116, 119, 120, 121, 172, 261, 263, 272, 273
自然的(な)意識　61-66, 68, 70, 201, 204
自然の階梯　110

志操　258
実在性　11, 16, 20, 22, 23, 35, 36, 44, 62, 63, 70, 77, 81, 84, 118, 132, 149, 159, 166, 168, 206, 231, 273, 278, 283, 289, 295
実在論　28, 33, 35-37, 39, 41, 42, 46-49, 81, 103, 106, 118, 132, 140, 252
実証主義　40, 134
実践知　109, 235
実践的なものの優位　207, 244, 245, 247, 248
実践理性　38, 173, 185, 195, 259
実体／実体性　14-18, 23, 41, 48, 69, 76, 81, 83, 86, 114, 122, 125, 144, 173, 184, 190, 204, 205, 210, 211, 231, 296
実体二元論　122, 123, 125, 127
自伝的自律説　271
自発性　31, 34, 35, 38, 39, 41, 42, 45, 144, 149
思弁哲学　54, 132, 241
思弁(的)論理学　141, 142, 154, 160, 182, 183, 187, 193, 195, 241
市民社会　233, 237, 253
社会存在論　202-204, 219, 226, 241, 295-297
社会の構成主義　68
釈明　174, 175, 185, 190, 191, 258
捨象　143, 145, 157, 162, 201
自由　16-22, 31, 45, 46, 49, 59, 80, 82, 85, 88, 90, 98, 108, 109, 111, 117, 118, 138, 139, 143, 144, 146-149, 152-155, 157-169, 174, 182, 189, 196, 204, 205, 210, 213, 239-242, 261, 262, 264-266, 269, 274-276, 278-285, 287-290, 294-300
宗教　11, 12, 23, 45, 46, 49, 56, 63, 113, 119, 120, 123, 135, 236, 237, 247, 250, 252
自由権　297
自由主義　11, 12, 197, 220-222, 227-230, 233, 238, 239, 241
自由主義−共同体主義論争　220, 221, 272
自由主義的な共同体主義　227-230, 238, 241
集団的行為　211
主観主義　19, 33, 36, 108, 196, 283
主観性　13, 15, 22, 32, 48, 49, 66, 68, 69, 71, 77, 103, 106, 108, 111, 114, 116-118, 132, 133, 140-142, 146, 152, 157, 172, 176, 178, 179, 184-186, 189-191, 202, 206, 247-249, 258, 275,

索引　315

276, 283, 285, 298
主観性の法　185, 190-193, 196-198
主観的意志の法　192, 257, 258
主観的観念論　76
主観的精神　16, 83, 96, 106, 112, 252, 253, 274, 288, 289, 297
純粋自我　207, 209
止揚　33, 44, 50, 52, 53, 61, 65, 68, 70, 99, 104, 105, 108, 114-118, 129, 134, 142, 150, 155, 168, 170, 195, 208, 209, 234, 243, 251, 256, 274, 286, 298
消極的自由　227
消去の物理主義　124
情状酌量　189, 191
承認　13, 19-22, 24, 35, 39, 71, 128, 154, 163, 164, 172, 177, 179, 183-185, 187-189, 192, 195, 200-204, 206, 209-219, 226, 228, 231-239, 247, 254, 257, 258, 277, 284, 289, 292-295, 298
処罰　182, 185, 189, 191, 192
所有／所有物　165, 166, 168, 169, 194, 290
自律　12, 13, 20-24, 34, 116, 120, 125, 142, 172, 179, 181, 196, 197, 202, 208, 209, 212, 213, 227-229, 231-234, 238, 239, 241, 242, 247, 255, -259, 261-275, 277-288, 291-298
自律原則の優越性　294, 297
人格　24, 58, 70, 118, 138, 139, 143, 145, 148, 150-158, 160-169, 178, 184, 196, 197, 226, 228, 234, 236, 238, 239, 241, 261-285, 287-297
人格性　119, 138, 139, 143, 145, 148, 150-158, 160, 162-170, 184, 196, 235, 290, 292
人格の社会的構成　228
人格の自律　24, 197, 261-268, 271-273, 275, 277-279, 281-285, 287, 288, 291, 293
人格の自律の必要条件　264
人格の同一性　291
人格法　170
進化論　45, 110, 133
新自由主義　228
心情　21, 254
心身関係　174, 194, 288
心身二元論　122
心身問題　46, 59, 115, 123, 273
身体性　111, 118, 277, 283, 289, 291, 294, 296-298
身体による時間-空間的個別化　208
信用　254

信頼　61, 177, 234, 246, 254, 258, 259
真理　14, 30, 44, 46, 67, 70, 75, 76, 81, 83, 104, 110, 184, 205, 246, 250, 285
心理学　48, 75, 77, 79, 84-87, 94, 95, 126, 128, 191, 196, 234, 289
心理主義／反心理主義　15, 76, 84, 184
人倫的意志　276, 282
人倫における道徳(性)の止揚　234, 243, 256
頭蓋論　74, 75, 77-79, 82, 87, 93-95
ストア的　61, 248
正義の原則　292, 294, 295
整合主義　14, 28, 34, 36-38, 249, 250
政治的全体主義　220
精神　13, 14, 22, 23, 29, 31, 33, 40, 43-46, 48, 49, 59, 68, 77, 78, 86, 93, 99-107, 109-121, 125-135, 139, 140, 152, 168, 173, 200, 202-206, 210, 211, 214, 215, 248, 278, 293, 298
精神哲学　97, 98, 104, 106, 117, 127, 133, 180, 206, 252, 299
精神物理学的法則　83
生命　44, 63, 72, 94, 106, 117, 118, 168, 205, 234, 260, 288, 290, 291, 292, 293, 294, 295, 297, 298, 299
生命医療倫理学　288, 290-295, 297, 299
責任　13, 24, 34, 48, 67, 175, 178, 181-188, 188-197, 206, 287
責任能力　185, 188, 192
責任(の)帰属　13, 24, 181-186, 188-191, 193-196
積極的自由　227
絶対者　72, 157
絶対(的)精神　60, 105, 113, 252
絶対知　51, 62, 67, 69, 74, 97, 109, 201, 249
絶対的否定性　99, 103, 111, 114-117, 129, 133
善　64, 184, 185, 188, 190, 192, 196, 197, 236, 243, 244, 248, 255, 298
善意志　184
選好　177, 178
善行原則　292, 293
全体主義　202, 211, 220-223, 228, 229, 238, 240, 256
全体論　14, 68, 140, 182, 220, 222-230, 235, 240, 241, 284, 285, 286, 290, 295-298
全体論・全体主義批判　222, 223, 228, 229, 238, 240

選択の自由　18, 19, 59, 147, 148, 230, 231
全般的免責　189, 190, 192
占有取得　291
創発理論　124
疎外　11, 21, 61, 63, 71, 99, 114, 116, 129, 228, 240, 241, 270
即自かつ対自的に自由な意志　138, 154, 155, 158, 160, 164, 165, 167, 275
素朴(な)実在論　39, 46, 49
尊厳　184, 190
存在論的全体論　140, 220, 284-286

た

第二の自然　16, 17, 28, 29, 41-49, 264
他在　45, 76, 107, 109, 111-116, 118, 130, 132, 142, 298
知覚　38, 43, 104, 218
知性　31, 38, 126, 289
抽象性　147, 149, 158, 160, 164, 165, 167, 169
抽象法　138, 139, 153-158, 160, 163, 165, 166, 168-170, 174, 232, 237, 292
超越論哲学　36, 38
超越論的統覚　109, 139, 140, 141, 143, 157
懲罰　182, 185
直接性　37, 40, 69, 70, 78, 87, 102, 109, 110, 117, 139, 158-160, 164, 165, 167-170, 230, 277
治療的な哲学　52-58, 63-66
定在　91, 93, 120, 139, 162, 163, 166, 168, 169, 236, 277
定有　102, 119, 120, 143-145, 151
デカルト主義　122, 125
出来事　13, 15, 23, 33, 69, 80, 81, 91, 92, 116, 151, 165, 175, 177, 186, 188-190, 193, 194, 216, 218, 257
適法／適法性　165, 169, 173, 192, 257, 294
デフォルト-チャレンジ　183, 238, 260
ドイツ観念論　48, 121, 207, 247
道具主義　43, 45, 108, 252
道具的な合理性　243
投射理論　252
道徳性　243, 251, 255, 256, 257, 260, 286
動物　15, 43, 110, 185, 192, 256, 264, 275
独我論　52, 68, 179
特殊性　108, 109, 138, 139, 141, 142, 145, 146, 149, 150, 152, 155, 156,

158-160, 164, 167, 169, 194, 218, 231, 233, 276
独断論　67
徳倫理学　180

な

内観　86, 263
内在主義　34, 71, 138, 267, 268, 271, 272
内面性　44, 91, 172
二階の意欲　265-269, 271, 276, 281
日常実在論　28, 35, 37, 48
人相術　74, 75, 77, 79, 82, 87-90, 92
認知科学　42, 48, 56, 96, 124, 125
認知主義／非認知主義　16, 184, 185, 190, 195, 196
脳　93-95, 125, 135
脳神経科学　96, 124
能動性　81, 84, 85, 280
能力心理学　196
能力二元論　283

は

パターナリズム　228, 240
傍からの眺め　41, 45
反懐疑主義　13, 197, 244-246, 248-250
反科学主義　13, 127
反個人主義　233
犯罪／犯罪者　153, 169, 178, 185, 191
反自由主義的な共同体主義　228, 229
反省　35, 37, 45, 49, 89, 90, 101-103, 106, 118, 127, 138, 139, 144, 150, 154, 162, 173, 187, 194, 234, 240, 243, 244, 258, 269, 271, 272, 277, 281, 282
反省概念　88, 97, 278
反省規定　101, 106, 112, 118, 127
反省構造　112, 144, 150
反省論理　23, 96, 102, 112-115, 119, 121, 128, 130, 131, 133-135, 168-170, 299
範疇的免責　186, 188, 189, 192
非還元主義的物理主義　122, 124
必然性　45, 46, 74, 79-81, 110, 132, 147, 158, 165
否定　80, 105, 115, 117, 134, 141, 142, 145, 146, 147, 150, 159, 165, 178, 209, 212, 218, 280, 286
否定性　99, 103, 111, 114-117, 129, 133, 141-143, 157, 231
非認知主義　185, 195
批判哲学　36, 37, 39
批判理論　243

非法則論的一元論　42
表現／表出　15, 16, 17, 18, 23, 49, 81, 88, 89, 90, 91, 119, 120, 152, 173, 208, 214, 231, 232, 241, 276, 278, 282
表出主義　173
非両立論　18, 19
不幸な意識　75
付随　95, 263
物件　169, 290
物件法　170
物象化　240, 241
部分と全体　232
普遍性　80, 81, 117, 138, 139, 141-143, 146, 147, 149, 150, 152, 154-161, 163, 166, 167, 169, 184, 192, 196, 197, 231, 233, 276, 280, 281, 300
普遍的自己意識　231
不法　169, 192, 257
プラグマティズム　13, 23, 24, 183, 207, 243-251, 255, 256, 259, 260
プラトン主義　264, 269
フランクフルト学派　240
文化相対主義　42, 227
分析哲学　26, 121, 122, 124, 125, 127, 139, 147, 148, 207, 218, 261
並行論　123
弁証法　28, 68, 152, 171, 200-202, 206, 212
変則的な一元論　124
法／権利　168
法的能力　163, 166
報復　182
方法の多元主義　42
方法論的個人主義　220, 241, 295
本質主義　15, 20, 30, 39, 46, 104, 140, 246, 289
本質論理　102, 103, 131, 177

ま

マルクス主義　227
民主主義　222
無危害原則　292, 293
無政府主義　227
命題の態度　16, 146, 148, 207, 252, 257
名誉　178, 184, 188-192
メタ倫理学　180, 184, 195, 252
免責　35, 93, 174, 176, 178, 179, 183, 184, 186, 188-193, 197
目的　19, 23, 46, 80, 110, 120, 132, 148, 158, 159, 168, 171, 176, 177, 179, 185, 194, 257, 290, 298

目的論　15, 20, 30, 39, 44, 46, 80, 84, 104, 110, 113, 116, 133, 140, 154, 157, 163, 166, 168, 176, 180, 194, 195, 232, 246, 274, 275, 287, 289
物自体　22, 38

や

有機体　104, 110, 117, 194, 205, 206, 236, 254, 277, 283, 286
揚棄　232

ら

利己主義　295, 296
理性　22, 31, 36, 38, 60, 67, 68, 75-82, 95, 126, 128, 148, 149, 171, 172, 177, 178, 179, 196-198, 247, 269, 270, 283, 289, 293
理性性　12, 14, 15, 45, 61, 71, 170, 191, 198, 246-248, 289
理念　15, 17, 28, 29, 43-47, 49, 66, 74, 87, 98-101, 104-120, 127-130, 132-135, 155, 232, 234, 238, 247, 248, 252, 253, 255, 261, 298, 300
理念の概念構造　44
リバタリアニズム　227
利福　185, 192
良心　179, 185, 192, 256, 257-259
両立論　18, 19
倫理学の全体論　140, 285, 286
歴史哲学　254
労働　171
論理学　22, 27, 30, 32, 44, 51, 77, 84, 98, 107, 109, 119, 126, 128, 133, 138, 141, 142, 145, 154, 155, 160, 163, 168, 169, 170, 177, 182, 183, 187, 193, 195, 252, 275, 281, 287, 289, 298
論理的（な）理念　44, 45, 98, 111, 116, 118, 119

わ

和解　60, 61, 248, 253, 256

人名索引

アリストテレス　12, 28, 35, 39, 41, 43, 48, 126, 144, 147, 256
アレクサンダー，サミュエル　124
アンスコム　181, 186
ウィトゲンシュタイン　28, 47, 54, 56, 61, 86, 119
ヴィラシェック，マルクス（Willaschek, M.）　24, 26, 39, 244
ヴェルマン，デイヴィッド　261

索引

ウォルツァー, マイケル　229
エヴァンズ　34, 40, 43
エピクロス　55
オシャナ, マリナ・A・L　262-264, 273
カートライト, ナンシー　81
カント　8, 12, 15, 22, 26, 27, 31, 34, 36-40, 71, 110, 140, 141, 143, 144, 153, 162, 170, 179, 229, 257, 261-263, 270, 271, 282, 283, 295, 297
キム, ジェグォン　122, 124, 125, 218
クリストマン, ジョン　263, 264, 271, 272, 279
クワイン　27, 31, 33, 34
コースガード, クリスティン　261
ゴールドマン, アルヴィン　181, 218, 219
サンデル, マイケル　220, 228
ジェイムズ, ウィリアム　244
ジープ, ルートヴィヒ (Siep, L.)　24, 30, 48, 51, 60, 66, 70, 84, 98, 106, 110, 118, 119, 128, 140, 141, 154, 162, 164, 167, 178, 200-202, 234, 249, 254-256, 285-289, 291, 292, 294, 298
シェリング　48, 64, 120, 140, 152, 300
シュヴァイカルト, ダーフィット (Schweikard, D. P.)　10, 13, 24, 211, 220, 235
シュテーケラー・ヴァイトホーファー　140
シュルツェ　66
ショーペンハウエル　52
シラー, フェルディナント　244
シラー, (フリードリヒ)　270
セラーズ　38
タールバーグ　269
デイヴィッドソン, ドナルド　31, 33, 35, 38, 40, 42, 83, 86
テイラー, チャールズ (Taylor, C.)　174, 223, 268, 272
デカルト　13, 43, 66-69, 71, 122-125
デネット, ダニエル　45, 252
デューイ, ジョン　244
デュージング, クラウス (Düsing, K.)　24, 107, 140, 247
トゥーゲントハット, エルンスト　202, 242, 256-259, 285, 286
ドゥオーキン, ジェラルド　261, 263, 264, 269, 270, 279, 282
ネーゲル, トマス (Nagel, T.)　47, 124, 162
バウアー, ブルーノ　241
パース, チャールズ・サンダース　244
ハッカー, ペーター　54
パトナム, ヒラリー　26, 244
ハーバーマス, ユルゲン　202

パーフィット　58
ハルビッヒ, クリストフ (Halbig, C)　24, 30, 39, 46, 49, 76, 83, 86, 128, 129, 138, 141, 152, 218, 235, 246
ピピン, ロバート (Pippin, R.B.)　7-10, 24, 59, 60, 85, 93, 140, 171, 172, 174, 177, 219, 257
ヒューム　36, 38, 66
ヒル, トーマス・E　261
ピンカード (Pinkard, T)　68, 68, 69, 86, 201
フィッシャー, ジョン・マーティン (Fischer, J.M.)　261, 265
フィート, アンドレアス (Vieth, A.)　24, 292, 298, 299
フィヒテ　15, 22, 70, 140, 144, 145, 153, 162, 163, 179, 206, 208, 209, 215, 217, 229, 247, 249, 295, 300
フォイエルバッハ　64
フッサール　84, 128
ブラットマン, マイケル　178, 181, 186
プラトン　43, 263, 264, 269, 270
フランク, マンフレート　202
フランクファート, ハリー・G　261-263, 264-269, 270
ブランダム, ロバート (Brandom, R.)　68, 69, 76, 101, 205, 300
ブランド　183
フリードマン　27
フレーゲ　84, 128, 147
ブロード, チャールズ・D　124
ペパーザック (Peperzak, A.T.)　99, 130
ホッブズ　12
ホッペ, ハンスゲオルク　181
ホルストマン, ロルフ-ペーター (Horstmann, R.-P.)　51, 64, 115, 116, 140, 206
ポパー, カール　202, 220, 242
マクダウェル, ジョン　26-30, 33-49, 54, 55, 124, 125
マッキンタイア, アラスディア (MacIntyre, A.)　12, 89
マルクス　9, 64, 227, 240, 241, 253
ミヒェレット, カール・ルートヴィヒ　274
ミラー　216, 217
ミル, ジョン・スチュアート　124
メグレ　213
モイヤー, ディーン (Moyar, D.)　24, 200
ヤコビ　36, 37, 40, 53
リュッベヴォルフ　286
ルカーチ　240
ルソー　12, 229

ルーベン　225
ルーマン　296
ロージャ, エルゼベト (Rózsa, E.)　24, 60, 61, 63, 248, 307
ロールズ, ジョン　220, 227, 228
ロック　12, 162, 178
ワトソン, ゲイリー　263, 264, 269-271, 279, 283
Baker, L. R.　226
Bennett, J.　217
Bogdany, A.　80
Bonsiepen, W.　98
Bowie, A.　26
Burkhardt, B.　98
Castañeda, H.-N.　144, 207
De George, R.T.　226
de Vries, W.A.　218, 275
Fulda, H.F.　115
Georges, K.E.　216
Giusti, M.　227
Grimm, J./Grimm, W.　216
Harris, W.T.　119
Heidemann, D.　67
Henrich, D.　140
Honneth, A.　200
Jaeschke, W.　76
Kaplan, D.　144
Lewis, D.　144
Lombard, L.B.　218
Millikan, R.　84
Moore, M.S.　175
Moravia, S.　74
Neuhouser, F.　231
Perry, J.　144
Raters, M.L.　244
Ravizza, M.　261
Redding, P.　80
Rohs, P.　140, 146
Schmid, H.B.　211
Shatz, D.　261
Stephan, A.　124
Ter Hark, M.　86
Wildt, A.　200
Wolff, M.　59, 83, 115, 286
Wollheim, R.　226

【著者略歴】
Michael Quante（ミヒャエル・クヴァンテ）
1962年生まれ。ベルリン自由大学、ミュンスター大学で哲学を専攻。1992年にミュンスター大学で博士号取得、2001年に教授資格を取得。デュースブルク＝エッセン大学教授、ケルン大学教授を経て、2009年からミュンスター大学教授。
ヘーゲルを中心としたドイツ観念論の研究のほか、生命医療倫理学の面でもドイツの研究をリードしている。

【訳者略歴】
後藤弘志（ごとう　ひろし）〔監訳〕（日本語版序文／第7～10章／第14～15章）
1961年生まれ。広島大学大学院文学研究科博士課程後期修了。トリア大学（ドイツ）哲学博士。広島大学大学院文学研究科教授。
〈主要業績〉
『フッサール現象学の倫理学的解釈：習性概念を中心に』〔単著〕（ナカニシヤ出版、2011年）
Die Rezeptionsgeschichte des Personbegriffs in der Moderne Japans〔単著〕(Michael Quante (Hg.), *Geschichte - Gesellschaft - Geltung*, Meiner 2016)
ミヒャエル・クヴァンテ『ヘーゲルの行為概念』〔共訳〕（リベルタス出版、2011年）
ミヒャエル・クヴァンテ『人格　応用倫理学の基礎概念』〔単訳〕（知泉書館、2013年）
ミヒャエル・クヴァンテ『ドイツ医療倫理学の最前線：人格の生と人間の死』〔共訳〕（リベルタス出版、2014年）
アンゼルム・W・ミュラー『徳は何の役に立つのか？』〔編訳〕（晃洋書房、2017年）他

桐原隆弘（きりはら　たかひろ）（第4～6章／第11～12章）
1970年生まれ。立正大学大学院文学研究科博士課程後期単位取得退学。フランクフルト大学（ドイツ）哲学博士。下関市立大学経済学部教授。
〈主要業績〉
「脳科学と自由意志―ヴォルフ・ジンガーの人間学的問題提起をめぐって」（日本哲学会編『哲学』第61号、2010年）
ヴォルフガング・ケアスティング『自由の秩序―カントの法および国家の哲学』〔共訳〕（ミネルヴァ書房、2013年）
ゲザ・リンデマン「ロボットのための人間と同等の尊厳？」〔訳・解題〕（加藤泰史編『尊厳概念のダイナミズム　哲学・応用倫理学論集』所収、法政大学出版局、2017年）
マティアス・ルッツ＝バッハマン『倫理学基礎講座』〔単訳〕（晃洋書房、2018年）他

硲智樹（はざま　ともき）（序文／第1～3章／第13章）
1976年生まれ。広島大学大学院文学研究科博士課程後期修了。博士（文学）。広島大学大学院文学研究科准教授。
〈主要業績〉
ベアーテ＝イレーネ・ヘーメル、トーマス・シュライエック編著『文化と宗教　基礎用語辞典　授業、講義、キャリアのための101の基本概念』〔共訳〕（海鳴社、2015年）
ミヒャエル・クヴァンテ「ヘーゲルの市民社会構想における「理性性の映現」と社会的平和の限界」〔単訳〕（広島大学応用倫理学研究センター編『ぷらくしす』第17号、2016年）他

リベルタス学術叢書 第7巻
精神の現実性──ヘーゲル研究──

2017年12月20日　第1刷発行

著　者　ミヒャエル・クヴァンテ（Michael Quante）
訳　者　後藤弘志／桐原隆弘／硲智樹
発行者　眞田　範幸
発行所　リベルタス出版
　　　　〒166-0003　東京都杉並区高円寺南1-10-18
　　　　（株）リベルタス内
　　　　電話：03-3311-2612
　　　　http://www.libertas-pub.com
編　集　瀬戸井厚子
組　版　延里　達也
印刷・製本　モリモト印刷株式会社

ISBN 978-4-905208-08-2 C3010
落丁本・乱丁本はお取り換えいたします．
この著作物の全部または一部を権利者に無断で複製（コピー）することは，著作権の侵害にあたり，著作権法により罰せられます．